THOMAS HEILER

# Kleine Stadtgeschichte

# Fulda

THOMAS HEILER

# Kleine Stadtgeschichte Fulda

## Vom 12. März 744 bis heute

parzellers BUCHVERLAG

## *Impressum*

ISBN 978-3-7900-0553-0

Layout Umschlag und Inhalt: Peter Link
Abbildung Vorsatz: Salver Fulda um 1725 (VM II Ea 52)
Abbildung Nachsatz: Plan der Stadt Fulda 1899
Titelbild: Henry Czauderna – stock.adobe.com

# Vorwort zur Neuauflage

Die im Jahr 2020 veröffentlichte „Kleine Stadtgeschichte Fulda" hat sowohl in der breiten Öffentlichkeit als auch in der Welt der Fachhistorie eine freundliche Aufnahme gefunden. Gelobt wurde neben dem aus den reichen Quellen der Archive und Bibliotheken geschöpften Materialreichtum die gute Lesbarkeit des Bandes. Dies freut und ehrt den Autor sehr, denn das Ziel meiner nunmehr durch den Eintritt in den Ruhestand beendeten Arbeit als Leiter des Fuldaer Stadtarchivs zwischen 1998 und 2026 war immer, Begeisterung für historische Themen zu wecken und für eine breite Öffentlichkeit so aufzubereiten, dass die Beschäftigung mit der Vergangenheit zu einer lehrreichen sowie bisweilen vergnüglichen Zeitreise und nicht zur quälenden Last wird.

Die Verfasserin einer Besprechung der „Kleinen Stadtgeschichte" bemerkte am Ende ihrer sehr wohlwollenden Rezension in einer wissenschaftlichen Fachzeitschrift, dass der Autor nicht nur mit einer großen Sachkenntnis, sondern auch mit „nicht geringer Sympathie" über „seine" Stadt schreibe. Da sich Wissenschaft im Allgemeinen durch nüchterne Distanz und Unvoreingenommenheit zu ihrem Thema auszeichnet, könnte dies durchaus auch als leise Kritik verstanden werden. Doch der Autor steht zu seiner Vorgehensweise, im Rahmen einer Gesamtschau der fuldischen Geschichte die sachliche mit der essayistischen Betrachtungsweise zu verbinden und dabei durchaus trotz aller Sachlichkeit Sympathien erkennen zu lassen. Dieses Verfahren hat 2025 in dem ebenfalls im Verlag Parzeller erschienenen Band „Schlaglichter der Fuldaer Geschichte. Bilder und Objekte aus 1275 Jahren" seine Fortsetzung gefunden.

Für die Neuauflage wurde ein neues Kapitel eingeschoben, das in aller Kürze die zwischen 2020 und dem Frühjahr 2026 für Fulda wesentlichen Ereignisse resümierend in den Gesamtzusammenhang stellt. Ansonsten blieb der Text unverändert erhalten.

Mein Dank geht ein zweites Mal an den Geschäftsführer von Parzellers Buchverlag Rainer Klitsch, der schon vor längerer Zeit eine aktualisierte und fest gebundene Neuauflage angeregt hat sowie an den Grafiker Peter Link, der in gewohnt zuverlässiger und kompetenter Weise die Gestaltung besorgte.

***Fulda, im Mai 2026***
***Dr. Thomas Heiler***

# Geleitwort

Es gibt nur wenige Städte in Deutschland, die wie Fulda auf eine dokumentierte Geschichte von fast 1300 Jahren zurückblicken können. Hervorgegangen aus dem im Auftrag des Heiligen Bonifatius 744 gegründeten Kloster, entwickelte sich die daran angelegte Siedlung schon bald zu einem ansehnlichen Ort, für den im Jahr 1019 der Abt des Klosters als Landesherr von Kaiser Heinrich II. in einer noch heute erhaltenen prunkvollen Urkunde das Münz-, Markt- und Zollrecht erhielt. Insofern gab es 2019 für die Stadt Fulda einen berechtigten Anlass, neben dem 1275-jährigen Klosterjubiläum auch stolz auf 1000 Jahre Stadtgeschichte zurückzublicken.

Die damaligen Feierlichkeiten, die mit einem Festgottesdienst am 12. März – dem Tag der Klostergründung – begannen, umfassten eine Vielzahl von Programmpunkten, darunter das große Bonifatius-Musical auf dem Domplatz oder aber die auf das Gründungsprivileg von 1019 Bezug nehmende Ausstellung im städtischen Vonderau-Museum unter dem Motto „Fulda handelt – Fulda prägt". Mehr als 400.000 Menschen aus nah und fern besuchten damals die vielen Veranstaltungen, unter denen ein buntes und fröhliches Bürgerfest an einem sonnigen Juliwochenende besonders herausragte. In jenen Tagen war ein Gemeinschaftsgefühl zu spüren, dass sowohl die alteingesessenen Fuldaer als auch die Neubürger ohne fuldische Wurzeln sowie die zahlreichen Gäste ergriff. Dass Geschichte identitätsstiftend sein kann, gerade in einer Stadt, in der inzwischen Menschen aus 141 Nationen ihren Hauptwohnsitz haben, stellte das erfolgreiche Gedenkjahr eindrücklich unter Beweis.

Ein Ergebnis des Doppeljubiläums war auch die vom damaligen Kulturamtsleiter und Stadtarchivar Dr. Thomas Heiler erstellte „Kleine Stadtgeschichte Fulda", die es sich zum Ziel gesetzt hatte, die so reiche und wechselvolle Vergangenheit der Stadt und ihrer Bürgerschaft, in ansprechender Weise und gut lesbar einem größeren Publikum nahezubringen. Dass ihm dies gut gelungen ist, bezeugen nicht nur die zahlreichen positiven Reaktionen aus der Bürgerschaft und der historischen Fachwelt, sondern auch der Umstand, dass der Band inzwischen vergriffen ist.

Parzellers Buchverlag unter seinem Leiter Herrn Rainer Klitsch bin ich daher besonders dankbar, dass er auf meine Anregung hin eine aktualisierte und fest gebundene Neuauflage veranlasst hat. Ich wünsche dem Band eine weite Verbreitung, denn die Kenntnis der eigenen Geschichte und das Bewusstsein für die über viele Generationen hinweg erkämpften Werte und Grundrechte sind in einer Zeit, in der unser demokratisches Gemeinwesen Bedrohungen von zahlreichen Seiten ausgesetzt ist, so wichtig wie niemals zuvor in der deutschen Nachkriegsgeschichte.

***Fulda, im Mai 2026***
***Oberbürgermeister Dr. Heiko Wingenfeld***

# Inhaltsverzeichnis

# I

# 2019 – So viel Jubiläum war nie

*Wir sind gleichsam Zwerge, die auf den Schultern von Riesen sitzen, um mehr und Entfernteres als diese sehen zu können - freilich nicht dank eigener scharfer Sehkraft oder Körpergröße, sondern weil die Größe der Riesen uns zu Hilfe kommt und uns emporhebt*

(Bernhard von Chartres, um 1120)

Gleich an vier bedeutende Ereignisse wurde 2019 in Fulda erinnert. Vor 1275 Jahren, am 12. März 744, begründete der Mönch Sturmi im Auftrag des Bonifatius ein Kloster, das schon bald zu einem der einflussreichsten geistlichen Zentren im Karolingerreich aufstieg. Die vor 1200 Jahren, am 1. November 819 geweihte Klosterkirche, die nach ihrem Urheber als Ratgarbasilika bezeichnet wurde, war angeblich das größte Gotteshaus nördlich der Alpen. In diesem fand zu Beginn des Jahres 919 der erste gewählte ostfränkisch-deutsche König Konrad I. aus dem Haus der Konradiner seine letzte Ruhestätte. Wie schon Bonifatius hatte auch Konrad ganz bewusst Fulda, das sein Gedenken durch Gebete wachhalten sollte, als seinen Bestattungsort gewählt. Der König dokumentierte damit das hohe Ansehen des Klosters zu jener Zeit. Und schließlich waren genau 1000 Jahre vergangen, seit Abt Richard von Fulda am 1. Juli 1019 von Kaiser Heinrich II. für den Ort Fulda das Münz-, Markt- und Zollrecht erhielt. Dieses Privileg stand am Beginn der Entwicklung der damals noch sehr kleinen Gemeinde zur Stadt.

*Gaude Fulda –*
*Plaude Germania*
*Freue Dich Fulda –*
*Frohlocke Deutschland*

(Motto des Bonifatiusjubiläums 1954)

Die genannten Ereignisse liegen zwar weit in der Vergangenheit und doch haben sie Auswirkungen bis heute. Der besondere Charakter Fuldas lässt sich nur beschreiben, wenn man die überragende Bedeutung des Klosters und der Reichsabtei für die Entstehung der Stadt ebenso zur Kenntnis nimmt wie die allmähliche Herausbildung einer Bürgergemeinde, die im Laufe der Jahrhunderte immer wieder eine größere Eigenständigkeit gegenüber der Landesherrschaft der Äbte und Fürstbischöfe anstrebte. Zu Recht sieht die moderne Geschichtsschreibung Fulda als „geistlich geprägte Stadt" und dies nicht nur bis zur Säkularisation des Jahres 1803. Gerade im 19. Jahrhundert gilt Fulda neben dem Rheinland und der Stadt Münster als Inbegriff des von der Forschung so bezeichneten „katholischen Milieus", das dem protestantisch geprägten deutschen Kaiserreich zunächst äußerst kritisch gegenüberstand. Als „schwarze Stadt" wird sie oft ironisch auch heute noch bezeichnet, doch sollte man sich bei der Verwendung dieses Etiketts bewusst sein, dass es die Nationalsozialisten waren, die nach Jahren der Unterdrückung und Verfolgung 1939 stolz verkündeten, dass Fulda nun keine schwarze Stadt mehr sei.

*Die Michaelskirche mit den Jubiläumsfahnen (Foto: Pressestelle der Stadt Fulda)*

Trotz dieser starken katholischen Prägung gab es im Laufe der Fuldaer Geschichte Tendenzen und Entwicklungslinien, die von ganz anderen als geistlichen Einflüssen bestimmt waren. So führte neben anderen Motiven vor allem die wirtschaftliche Not der überwiegend vom Kleinhandwerk lebenden Einwohner immer wieder zu einer ganz unchristlichen Ausgrenzung von Gruppen, die man für das eigene schlechte Schicksal verantwortlich machte. Die Verfolgung von vermeintlichen „Hexen" wie auch die Pogrome gegen die Juden sind unrühmliche Kapitel der Stadtgeschichte, an die gerade im Hinblick auf ein feierliches Jubiläumsjahr erinnert werden muss.

Es sind aber nicht nur diese negativen Irrwege, die bei einem Rückblick unsere Aufmerksamkeit verdienen. Die Historie Fuldas ist weitaus vielfältiger als es den Anschein hat. Kloster und barocke Residenz, so wichtig sie im Selbstverständnis und in der Außendarstellung der Stadt sind, stehen nur für einen Teil der Stadtgeschichte, an deren Gestaltung nunmehr über 40 Generationen beteiligt waren. Jede einzelne war für ihre Nachfolger jener Riese des oben genannten Zitats, auf denen die Zwerge aufsitzen konnten. Die Vergangenheit auf wenige herausragende Abschnitte zu reduzieren, ist nicht nur eine Missachtung vieler bemerkenswerter Biografien. Sie wird zudem dem Gang der Geschichte nicht gerecht, denn auch in Fulda lässt sich zeigen, dass die vermeintlich glänzenden Phasen auf den vorhergehenden Zeiten aufbauen.

So schuf ein heute weitgehend unbekannter Fürstabt wie Placidus von Droste (reg. 1678-1700) mit seinen wirtschaftlichen Maßnahmen erst die finanziellen Voraussetzungen für den Ausbau Fuldas zur Barockstadt, der mit den Namen seiner weitaus prominenteren Nachfolger Adalbert von Schleifras, Konstantin von Buttlar, Adolf von Dalberg und Amand von Buseck verbunden ist. Insofern gilt es auch, das Schicksal der Bürgergemeinde im Alten Reich bis 1806 viel stärker als bisher in den Blick zu nehmen, denn innerhalb des Gebiets der Fürstabtei Fulda war die Hauptstadt im Zusammenwirken mit den anderen fuldischen Städten ein wichtiger Faktor im politischen Kräftespiel und nicht nur willenloses Objekt fürstlicher Machtinteressen.

Und auch nachdem Fulda seine Funktion als Hauptstadt seit 1806 verloren hatte, kann keinesfalls die Rede davon sein, dass die Stadt in der Bedeutungslosigkeit verschwunden wäre. In ihr spiegelte sich die „große Geschichte" im Guten wie im Schlechten wider, von hier gingen aber auch viele Impulse nach außen aus, denen diese kleine Stadtgeschichte ebenso nachspürt wie den verschütteten Pfaden auf dem Weg zum heutigen Fulda.

Ein großes Problem das noch 1994 bei der 1250-Jahr-Feier im Raum stand, hat das Mehrfachjubiläum 2019 elegant gelöst. Damals war zwar vielen Einheimischen klar, dass man den Geburtstag des Klosters beging. Doch wer historisch nicht so bewandert war, der musste glauben, man feiere die Gründung der Stadt. Gerade dies hatte Bonifatius mit

*Ein Riesenrad auf der Pauluspromenade war die Hauptattraktion beim Stadt- und Bürgerfest Ende Juni 2019 (Foto: Pressestelle der Stadt Fulda)*

seinem Wunsch, mitten in der Einsamkeit eine klösterliche Gemeinschaft zu errichten, nicht bezweckt. Dass sich dennoch an den Konvent der Mönche eine Siedlung anlagerte, die sich allmählich zu einer Stadt entfaltete, war zwar nicht im Sinne des Erfinders, doch kann man es im Nachhinein als günstige Fügung ansehen. Mit dem Motto „1275 Jahre Kloster – 1000 Jahre Stadt Fulda“ war man 2019 aller Sorgen im Hinblick auf die historische Genauigkeit enthoben. Nichts kann Fuldas Ursprung als „Klosterstadt“ besser verdeutlichen als diese Sprachregelung.

Es hat im Festjahr zahlreiche Veranstaltungen gegeben, laute und leise, fröhliche und besinnliche. Auch fehlte es nicht an geschichtlichen Rückblicken und bemerkenswerten Publikationen. Dass gerade in diesem Jahr das Interesse einer breiten Leserschaft an einer handlichen Einführung in die Fuldaer Historie entstand, ist nicht verwunderlich. Daher ist der Autor dem Wunsch des Verlags Parzeller gerne nachgekommen, im Anschluss an das Jubiläumsjahr eine kleine, leicht lesbare Stadtgeschichte auf dem neuesten Stand der Forschung zu verfassen, die möglichst vielen Menschen die wesentlichen Etappen Fuldas vom Frühmittelalter bis zur unmittelbaren Gegenwart nahebringt. In der Hoffnung, dass der Gang durch 1275 Jahre Fulda nicht als trocken und langweilig empfunden wird, machen wir uns auf den Weg.

# II

# Naturraum und Stadtgeschichte

*Neulich machte ich eine kleine Exkursion übers Rhöngebirge hinein ins Fulderland. Man glaubt auf den Schweizerbergen zu sein, den kolossalischen Höhen und reizenden fruchtbaren Tälern nach ...Fulda selbst hat auch eine recht liebliche Lage*

(Friedrich Hölderlin in einem Brief an Georg Wilhelm Friedrich Hegel, 1794)

Wer Fuldas Geschichte mit dem 12. März 744 beginnen lässt, der verkennt einen maßgeblichen Akteur, der schon viel früher da war: die Natur. Das Fuldaer Becken ist Schauplatz und Rahmen der Historie. Begrenzt durch die Basaltfläche des Vogelsbergs im Westen, die durch den Vulkanismus geprägte Rhön im Osten und Süden sowie die überwiegend aus Buntsandstein bestehende Haune-Hochfläche im Norden und Nordosten, aus der basaltische Bergkuppen in einer regelhaft erscheinenden Anordnung hervorkommen, die zu dem Begriff des „Hessischen Kegelspiels" geführt haben, ist die Senke an der Fulda von früher Zeit an ein wichtiges Durchgangsgebiet gewesen. Von der Hochrhön, die in der 950 Meter hohen, etwa 20 Kilometer Luftlinie südöstlich von Fulda gelegenen Wasserkuppe ihre höchste Erhebung hat, fällt die Landschaft über die westliche Kuppenrhön kontinuierlich Richtung Fuldaer Becken ab, das in der Talsohle der Fulda eine Höhe von etwa 250 Metern aufweist.

*Nix, nox et nebulae*
*Sunt optima vercula Fuldae.*
*Nacht, Nebel und Frost,*
*In Fulda die beste Kost!*

(Heinrich Koenig, Ein Stillleben)

Das Fuldaer Stadtgebiet weist daher, abgesehen von den Erhebungen des Frauen- und Kalvarienbergs (329 Meter und 334 Meter) sowie des etwa fünf Kilometer östlich des Zentrums gelegenen Rauschenbergs (471 Meter) und des Haimbergs im Westen (410 Meter), einen Ost-West-Höhenunterschied von etwa 50 Metern auf. Diese Differenz war bis in das 20. Jahrhundert von größter Bedeutung für die Stadtentwicklung. Seit dem Mittelalter galten die unteren Lagen an der Fulda, die vom Hochwasser bedroht waren, als die schlechteren Wohnorte. Je weiter man nach Osten und in die Höhe kam, desto herrschaftlicher wurden die meisten Gebäude. Es ist bestimmt kein Zufall, dass die re-

*Kolorierter Plan der Fuldaer Gemarkung Richtung Süden nach Edelzell, um 1650 (VM, II D 166)*

präsentativen Bauten wie das Alte Rathaus, die fürstliche Münzprägeanstalt im Gebäude des späteren Päpstlichen Seminars und Jesuitengymnasiums (heute Vonderau Museum), die Kanzlei an Stelle des heutigen Palais Altenstein, aber auch die Stadtpfarrkirche, das Kloster der Franziskaner am Platz des jetzigen Kaufhauses Karstadt und auch das noch bestehende Kloster der Benediktinerinnen alle im Osten und damit in der besseren Lage der ummauerten Stadt lagen. Noch nach 1866, als das unbesiedelte Gebiet zwischen dem neu errichteten Bahnhof und der Innenstadt mit Wohnbebauung aufgefüllt werden sollte, argumentierte die Stadtverwaltung mit dem Argument, dass hier oben die Luft viel besser und gesünder sei als in der Unterstadt.

## *Das Klima*

Das Klima ist gekennzeichnet durch eine relative Niederschlagsarmut, bedingt durch die Lee-Lage östlich des Vogelsberges, an dem sich die in der Regel von Westen kommenden Wolkenmassen abregnen. Mit 650 mm im Jahre 2016 verzeichnet Fulda weniger Niederschläge als Frankfurt am Main (662 mm), während die Werte auf der Wasserkuppe (1027 mm) bedeutend höher liegen. Die Temperaturen sind mit einem langfristigen jährlichen Durchschnitt von etwa acht Grad Celsius zwei Grad niedriger als im Rhein-Main-Gebiet, doch auf einer Stufe etwa mit Gießen. Dagegen fällt die benachbarte hohe Rhön mit mehr als drei Grad unter dem Fuldaer Wert deutlich ab. Insofern hat die Außenwahrnehmung der Stadt lange darunter gelitten, dass man sie mit der Kälte der Rhön in Verbindung brachte. Mit dem Ausdruck „Hessisch Sibirien“ belegten im 19. Jahrhundert die kurhessischen Beamten, die nach Fulda versetzt worden waren, das gesamte Gebiet. Und auch Fuldas großer Sohn der Literatur Heinrich Koenig (1790-1869) schrieb, dass die Gegend um Fulda nicht überall vom Boden und nirgends vom Klima sonderlich begünstigt zu nennen sei. „Die Vegetation ist ein wenig bleichsüchtig, und so anmuthig auch die Hügel und Berge sich für den Beschauer aus der Ferne neben und übereinander gruppiren, immerhin bleibt es eine etwas blasse und magere Schönheit“.

## *Rhön und Vogelsberg*

Die gegen Ende des 18.Jahrhunderts zum ersten Mal wissenschaftlich erforschte Rhön war damals für die Außenstehenden abschreckend und faszinierend zugleich. Der erste, der sich eingehend mit ihr befasste, war der aus Kissingen stammende Priester und Historiker Franz Anton Jäger. In seinem 1803 erschienenen Buch „Briefe über die hohe Rhön Frankens in geographisch-physischer und historischer Hinsicht“ zeichnete er das Bild einer äußerst rauen und kargen Landschaft. Zum Klima bemerkte er dabei: „Wegen der nördlichen Lage und der beträchtlichen Höhe ist die Rhöne zur Winterzeit traurig, und auf ihrem Rücken bricht dann eine fürchterliche, angstvolle und höchst gefährliche Todenstille. Man kann mit Wahrheit sagen, daß der Winter hier fast ein halbes Jahr seine Wohnung aufgeschlagen habe [...] In der That kann man nie ohne Gefahr seines Lebens zur Winterszeit über dieses Gebirg reisen, und es ist nur zu oft der Fall, daß Leute bey hellem Tage diese Reise antreten, und dann so lange nicht mehr zum Vorscheine kommen, bis nach langer Zeit der Schnee zerschmilzt, und sie todt gefunden werden“.

*Julius von Kreyfelt, Schafherde in der Rhön, 1939 (VM, II C 1225)*

Zusammen mit der Schilderung von undurchdringlichen Nebelwänden und heftigen Stürmen entstand hier in der Literatur des 19. Jahrhunderts das Bild einer kargen und feindlichen Landschaft, die durch raue, aber von der Zivilisation unverdorbene und genügsame Menschen bewohnt wurde. In der Beschreibung der Rhön als „Land der armen Leute" setzte ihr der Journalist und Kulturhistoriker Wilhelm Heinrich Riehl in seinem 1854 erschienenen Werk „Land und Leute" ein literarisches Denkmal. Dieses führte allerdings nun deutschlandweit dazu, die Rhön ebenso wie den Hunsrück als rückständiges Armenhaus des Landes zu sehen und diesen Befund auch auf die benachbarten Gebiete zu übertragen.

Letztlich war es dem mit den Rhönbahnlinien Ende des 19. Jahrhunderts einsetzenden Fremdenverkehr und der positiven Aufwertung der Rhönlandschaft durch die Düsseldorfer Malerschule, die sich in Kleinsassen und die Milseburg verliebt hatte, zu verdanken, dass ein Wandel in der Betrachtung spürbar wurde. Die Fuldaer selbst sind und waren stets nach Osten auf die Rhön orientiert. Hierhin geht bis heute fast ausschließlich der Blick und richtet sich der Weg zum Landschaftsgenuss am Wochenende.

Dagegen spielte und spielt der Vogelsberg in der allgemeinen Wahrnehmung fast keine Rolle, obwohl es bis zum östlichen Fuß des Hohen Vogelsbergs bei Herbstein vom Stadtzentrum Fuldas aus nur unwesentlich weiter ist als bis zur Wasserkuppe. Der naturräumlich ebenfalls zum Vogelsberg gehörige Gieseler Forst liegt gar nur wenige Kilometer westlich von Fulda. Diese Hinwendung nach Osten dürfte damit zusammenhängen, dass historisch gesehen das Gebiet des Hohen Vogelsbergs zu Hessen-Darmstadt gehörte und sich damit westlich von Fulda bis zur Säkularisation eine Konfessionslinie zwischen dem katholischen Fulda und dem protestantischen Hessen auftat. Die Verwaltungsgrenzen bestehen bis heute. Zwischen dem Fuldaer Stadtteil Lüdermünd und dem zur Stadt Schlitz gehörigen Hemmen verläuft nicht nur die Grenze zwischen den Kreisen Fulda und Vogelsberg, sondern auch die zwischen den Regierungsbezirken Kassel und Darmstadt.

## *Die Fulda*

Der Fluss Fulda, von dem die Stadt ihren Namen erhielt, ist nicht prägend für das Stadtbild geworden. Insofern spielt er in der Wahrnehmung der Einheimischen wie der zahlreichen Gäste keine große Rolle. Mit der Landesgartenschau 1994, die erstmals die Fuldaauen in den Mittelpunkt rückte, hat sich einiges zum Besseren verändert. Als Naherholungsgebiet sind die stadtnahen Auen inzwischen sehr beliebt, doch eine emotionale Bindung zu diesem auf Fuldaer Gemarkung noch kleinen Fluss, der hier eher ein Bach ist, will sich nicht so recht einstellen. Aus historischer Sicht kann die Bedeutung der Fulda für die Siedlungsentwicklung allerdings nicht hoch genug eingeschätzt werden. Unterhalb der Wasserkuppe aus zwei Quellen in etwa 850 Meter entspringend, erreicht sie nach 30 Kilometern in Bronnzell die südliche Gemarkungsgrenze und durchzieht das Stadtgebiet von Süd nach Nord. Sie nimmt in diesem Bereich die Fliede, die Giesel, den Käsbach und den Engelhelmsbach im Süden, den Ronsbach, den Krätzbach, den Haimbach, die Waides und den Horasbach im Zentrum sowie die Lüder im Norden der heutigen Stadtgrenze auf.

*Blick von der Bardostraße über die im Dezember 1960 über die Ufer getretene Fulda Richtung Innenstadt (StadtAFd, BA-38792, Foto: Julius Caesar)*

*Hochwasser an der Fulda bei Horas, 1909 (StadtAFd)*

Selbstverständlich war das Vorhandensein von Wasser ein wichtiger Faktor bei der Auswahl des Klostergeländes durch Sturmi, der gleichzeitig dafür sorgen musste, dass die Mönche im Kloster nicht nasse Füße bekamen. Insofern erklärt sich der gebührende Abstand von 400 Metern, den der heutige Dom als Nachfolgeanlage der früheren Klosterkirche zum Fluss hält. Der auf dieser Strecke erreichte Höhenunterschied von etwa zehn Metern war ausreichend, um den Konvent hochwasserfrei zu halten. Dies galt aber nicht für die ersten Siedlungen, die sich unterhalb des Klosters anlagerten und mit Überschwemmungen sowie morastigem Boden zu kämpfen hatten. Als sich aus dieser Erfahrung heraus die heutige Stadt auf dem flussferneren Hochplateau südöstlich des Klosters bildete, war die Fulda aus dem Blickfeld der Bürger verschwunden.

## Brunnen und Kanäle

Die lebenswichtige Versorgung mit Trinkwasser gewährleisteten die zahlreichen Brunnen innerhalb der ummauerten Stadt, unter denen in späterer Zeit der Kaiserkumpf in der Karlstraße, der Kreuzkumpf auf dem Platz Unterm Heilig Kreuz und der Milchborn in der Marktstraße am bekanntesten sind. „Kumpf" und „Kump" sind Namen für Laufbrunnen, deren Wasserschalen von Quell- und Flusswasser gefüllt wurden, das über Leitungen herbeigeführt wurde. Der mutmaßlich älteste Brunnen in der Stadt ist der Kronhofbrunnen, der schon das karolingische Kloster mit Trinkwasser versorgt haben soll.

Das weitverzweigte Bewässerungssystem war nicht nur Lebenselixier für die Bewohner, sondern auch die wichtigste Grundlage des Wirtschaftslebens. Bereits Sturmi soll die Fulda in einem Kanal in Richtung des Klosters geleitet haben, offenbar um dort Mühlen zu betreiben. Mit Sicherheit wissen wir von einem Kanalbau des 14. Jahrhunderts, der beginnend bei der Kohlhäuser Brücke die Fulda entlang der heutigen Frankfurter Straße bis zum Südrand der ummauerten Stadt an das Löhertor führte und in seinem Verlauf in Teilen noch heute sichtbar ist. An diesem lagen die bedeutendsten Mühlen der Stadt: die Ziegelmühle, die Walkmühle und die Hornungsmühle. Sie sollten im 19. Jahrhundert zu den Keimzellen der Industrialisierung werden. Als Ableitung von diesem jüngeren Fulda-Kanal entstand ein Wassergraben, der zur Südwestecke der Stadtmauer führte und an dem sich die Vorstadtsiedlung der Lohgerber entwickelte, die das Wasser zum Waschen der Häute dringend benötigten. Es wird an späterer Stelle noch zu zeigen sein, wie vielfältig die Stadt von dem Gewässernetz der Fulda und ihren kleinen Zuflüssen profitierte.

*Blick über den Kreuzkumpf in die Friedrichstraße, um 1890 (Stadt AFd, BA-14425*

III

# Gibt es eine Geschichte vor Bonifatius?

*Eigil, der uns so sorgfältig jedes Geräusch, das Sturmi hörte, der so sorgfältig jede Begegnung mit lebenden Wesen erwähnt, der sollte es unterlassen haben, anzuführen, wenn irgendwie nur eine Spur menschlicher Niederlassung zu entdecken gewesen wäre?*

(Jakob Gegenbaur, Das Kloster Fulda im Karolinger Zeitalter, Fulda 1873)

## *Ein fränkischer Herrenhof?*

*Der Begründer der archäologischen Forschung im Fuldaer Land Joseph Vonderau an einem freigelegten Grab in Künzell-Lanneshof (in: Von Kügelgen, 2016)*

Eine der umstrittensten Fragen der Fuldaer Geschichte ist die nach einer Besiedelung des späteren Stadtgebiets vor Bonifatius. Kein Geringerer als Joseph Vonderau hatte als Ergebnis seiner Grabungen im Bereich des Fuldaer Domplatzes, bei der mehrere frühmittelalterliche Mauerzüge freigelegt worden waren, diese einem merowingischen Gutshof (curtis), der am Ende des 7. Jahrhunderts durch Brand zerstört worden sei, zugewiesen. Vonderau war davon überzeugt, dass es an der Stelle des späteren Klosters vom 1. bis zum 7. Jahrhundert zeitweise eine stark befestigte Siedlung gegeben habe, die ihr Ende in einem großen Feuer fand. Insofern be-

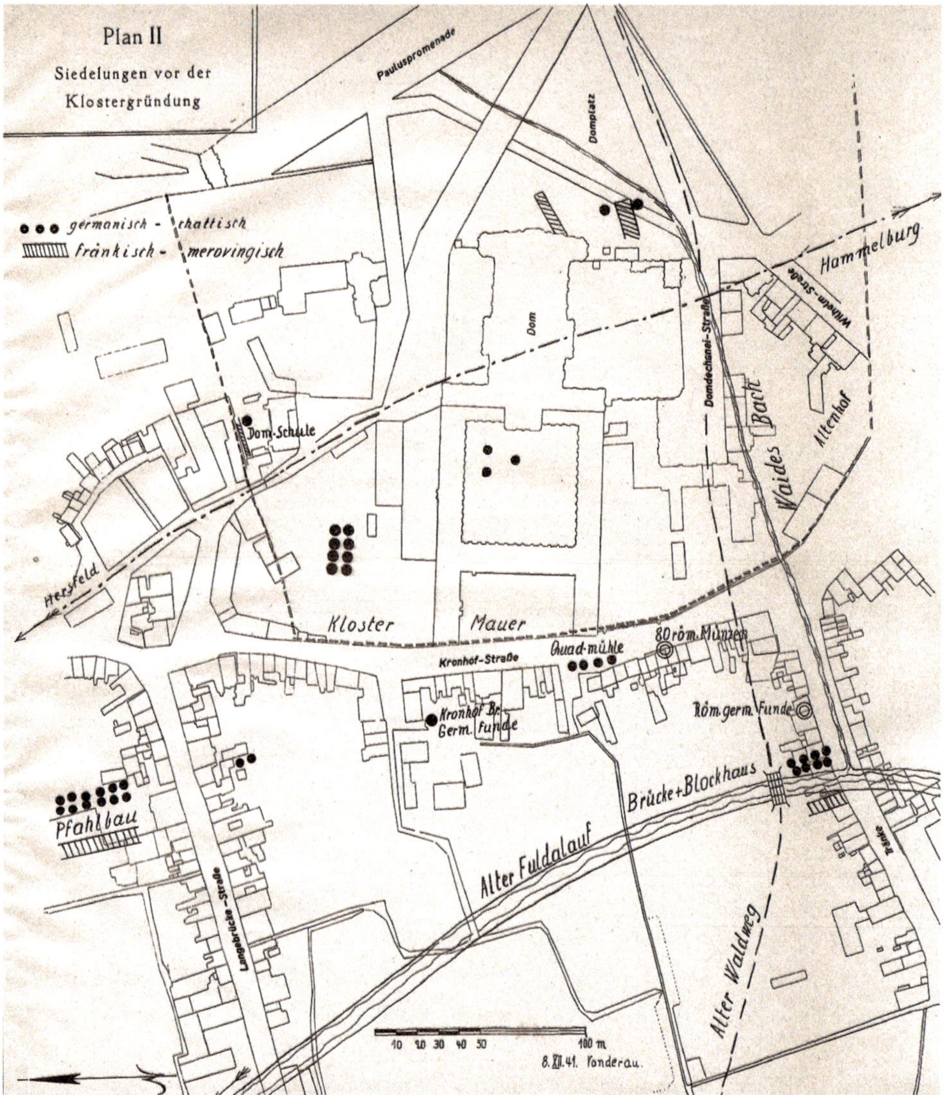


*Joseph Vonderau, Plan der Siedlung vor der Klostergründung, 1941 (in: Vonderau, 1946)*

zweifelte er, dass Sturmi in einem völlig unbekannten Gebiet nach dem Platz für eine Klostergründung Ausschau gehalten hatte. Dieser These schloss sich nach weiteren Grabungen auf dem Domvorplatz 1953 auch sein Nachfolger als Stadtarchäologe Dr. Heinrich Hahn an.

Sowohl die Annahme eines fränkischen Herrenhofs innerhalb eines größeren Ortes als auch eine Siedlungskontinuität von der Römerzeit bis kurz vor dem Eintreffen der Mönche ist von der archäologischen Forschung in den vergangenen Jahren in Frage ge-

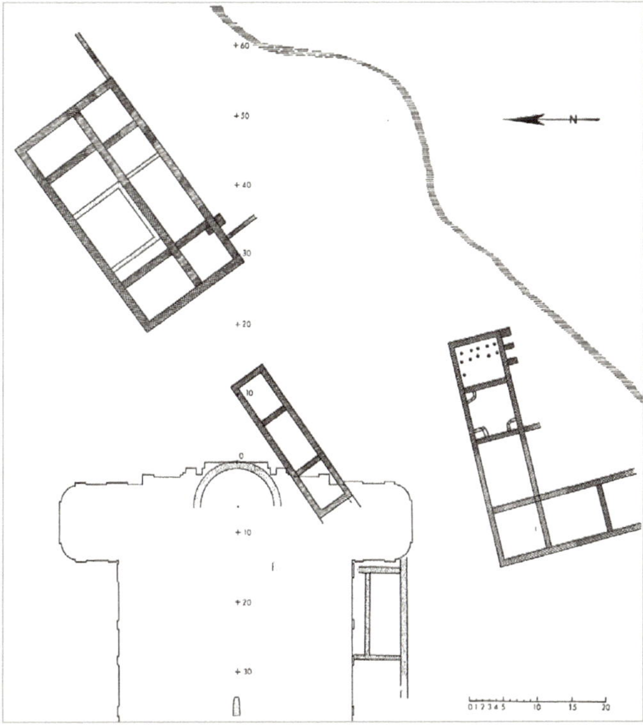


*Heinrich Hahn, Vorbonifatianische Bauten auf dem Domplatz, 1954 (in: Hahn, 1954)*

*Luftaufnahme der Ausgrabungen auf dem Domplatz, 1953 (VM)*

stellt worden. Die Funde Vonderaus im Zuge der seit dem späten 19. Jahrhundert getätigten Grabungen könnten, so die Aussage neuerer Studien, auch dem frühen Kloster zugewiesen werden. Bei dieser Diskussion dürfte das letzte Wort noch nicht gesprochen sein. Neue Erkenntnisse wird man von den Historikern nicht erwarten können, da die schriftlichen Quellen zur Frühzeit Fuldas bekannt sind und es äußerst unwahrscheinlich ist, dass weitere bisher unentdeckte Dokumente hinzukommen. Licht in das Dunkel kann einzig die Bodenforschung bringen. Insofern ist es von größter Bedeutung, dass bei allen im Boden gründenden Baumaßnahmen im historischen Zentrum Fuldas die Stadtarchäologie regelmäßig hinzugezogen wird.

Noch unsicherer als der Nachweis eines merowingischen Gutshofs ist die Annahme einer seit der Römerzeit durchgehenden Besiedlung. Zwar konnte Vonderau kaiserzeitliche Fundstellen im heutigen Stadtgebiet freilegen, die auf eine Siedlung im Bereich des Klosters spätestens seit der Zeit um Christi Geburt schließen lassen. Auch Keramik- und Münzfunde belegen die römisch beeinflusste Kultur in den ersten beiden Jahrhunderten unserer Zeitrechnung. Ob eine wie auch immer beschaffene Ansiedlung die Völkerwanderungszeit vom 4. bis zum 6. Jahrhundert überdauerte, erscheint mehr als zweifelhaft. Funde, die eine Ortschaft nachweisen können, sind jedenfalls nicht bezeugt.

## *Pfahlbauten in der Fuldaaue?*

Auch einer anderen schönen Theorie Vonderaus wurde in den letzten Jahren der Boden entzogen. Bei seiner ersten Grabung in der Langebrückenstraße stieß er 1898 auf eine mächtige Torfschicht, die mit parallelen Reihen von Pfählen durchstochen war. Diese Hölzer waren durch waagrechte Balken miteinander verbunden. Vonderau sah hierin die Überreste von Pfahlbauten, die im prähistorischen Europa vor allem im Bereich der Alpenseen von der Jungsteinzeit bis in die Eisenzeit keine Seltenheit waren. Für Fulda ging er von einem langen Bestand dieser Bauten aus und vermutete ihr Ende im Laufe der Völkerwanderungszeit. Damit wäre vor der Ankunft Sturmis eine jahrhunderte-, wenn nicht gar jahrtausendealte Siedlungskontinuität in Fulda beendet worden. Mit Hilfe der Altersbestimmung von Hölzern, der Dendrochronologie, ist es inzwischen möglich, die von Vonderau gefundenen Pfahlreste zu datieren. Sie stammen aus dem 8. und 9. Jahrhundert n.Chr. und fallen somit als Stütze für die lieb gewonnene Erzählung von den Fuldaer Pfahlbauten aus. Die Stadtarchäologie, die sich in jüngster Vergangenheit kritisch mit den Thesen Vonderaus auseinandergesetzt hat, kommt stattdessen zu dem Ergebnis, dass es sich bei der Pfahlkonstruktion um eine Untergrundbefestigung handelt, die als eine Art Straßendecke das Fortkommen in den sumpfigen Fuldaauen ermöglichen sollte.

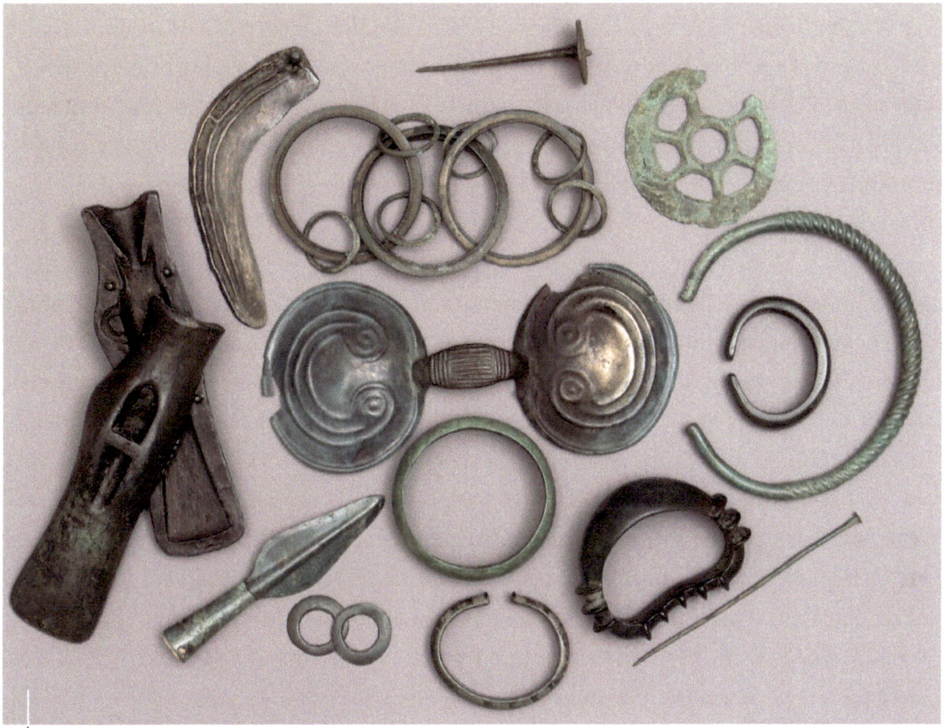

*Bronzefunde am Haimberg (VM. Foto: Zbigniew Jez)*

## Vor- und frühgeschichtliche Funde

Nach wie vor sind die Forschungen Joseph Vonderaus wie auch Heinrich Hahns trotz des einen oder anderen methodischen Mangels und manch mutmaßlicher Fehlschlüsse für die Vor-und Frühgeschichte Fuldas und seines Umlandes von unschätzbarem Wert. Sie haben nämlich gezeigt, dass es zumindest jeweils zeitlich begrenzt Ansiedlungen im Fuldaer Becken gab. Dies belegen Funde der Michelsberger Kultur (ca. 4000 bis 2700 v.Chr.) am Haimberg und Schulzenberg, der spätsteinzeitliche Bestattungsplatz ebenfalls am Schulzenberg (ca. 2700 bis 2200 v.Chr.), Hügelgräber der mittleren Bronzezeit am Trätzhof (ca. 1600-1200 v.Chr.) ebenso wie eine spätbronzezeitliche Siedlung am Haimberg (ca. 1200-800 v.Chr.) sowie urnenfelderzeitliche Reihengräber am Lanneshof zwischen Künzell und Petersberg (ca. 1000 v. Chr.). Möglicherweise hält der unterhalb des Klosters gelegene Bereich der Fuldaaue bei künftigen Grabungen noch Überraschungen bereit. Gerade hier konserviert der Boden, wie jüngste umweltarchäologische Untersuchungen gezeigt haben, bemerkenswerte Kulturschichten von der Steinzeit bis zum 18. Jahrhundert.

Somit gibt es eine Geschichte vor Bonifatius, die der Historiker allerdings nicht erzählen kann. Es fehlen die Namen, es fehlen die Biografien. Insofern bleibt nur die Hoffnung, dass die Archäologie mit ihren Nachbardisziplinen wie etwa der Archäobotanik künftig weitere Funde ans Tageslicht fördern wird, die es erlauben, mehr über die Lebensumstände der namenlosen „Ur-Fuldaer“ zu erfahren.

## *Antsanvia und Ortesweg*

Leben gab es unmittelbar vor Bonifatius mit Sicherheit auf den Straßen des Fuldaer Landes. Aufgrund der strategisch günstigen Lage zwischen den bedeutenden Altsiedellandschaften des Thüringer Beckens, des Würzburger Raums und des Rhein-Main-Gebiets haben Straßenverbindungen zwischen diesen frühmittelalterlichen Zentren bestanden. Mit der „Antsanvia“ und dem „Ortesweg“ sind auch schon früh die Namen dieser Wege überliefert. Erstere ist als spätlateinisch „antiana via“ (Alter Weg) zu deuten und bezeichnet eine Straße, die von Mainz aus über die Wetterau kommend westlich an Fulda vorbei bei Kämmerzell den Fluss überquerte und über Hünfeld und Vacha in Richtung Eisenach führte. Der Ortesweg kam aus dem Marburger Raum und kreuzte westlich von Fulda bei Giesel die Antsanvia, um bei Kohlhaus die Fulda zu überqueren und über die Wasserkuppe ins Grabfeld mit der Königspfalz Salz zu führen. Insofern lag das spätere Fulda am Schnittpunkt von zwei bedeutenden Altstraßen und war schon vor Bonifatius zwar belebt, aber eben seit langem nicht mehr dauerhaft besiedelt.

# IV

# Die Qual mit den Quellen

*Denn die einen sind im Dunkeln. Und die andern sind im Licht.*
*Und man siehet die im Lichte. Die im Dunkeln sieht man nicht.*

(Bertolt Brecht, Die Moritat von Mackie Messer)

Nach den einführenden Kapiteln gilt es noch eine grundlegende Frage zu beantworten: Kann man auf etwa 350 Seiten die Geschichte einer Stadt beschreiben und es allen recht machen? Natürlich nicht. Geschichtsschreibung heißt Auswahl, Gewichtung und die Konzentration auf das Wesentliche. Was Letzteres ist, darüber gehen die Meinungen weit auseinander. Der eine bevorzugt den biographischen Ansatz, der andere denkt in Strukturen und großen Linien. Für den einen ist die Religion das Wesentliche, für den anderen steht nach dem Motto „Geld regiert die Welt" das Wirtschaftsleben im Vordergrund. „Alles falsch" sagen die Anhänger einer „Geschichte von unten", die sich nicht für die Leistungen der Könige und Feldherren interessieren, sondern den „kleinen Mann" in den Blick nehmen. Dass man eine Stadtgeschichte auch aus der Sicht der Architektur, der Kunst- und Kulturgeschichte, der Kommunalwissenschaften oder der Verfassungsgeschichte schreiben kann, sei nur der Vollständigkeit halber erwähnt. Und auch ein Anekdotenbändchen nach dem Motto „Schön war die Zeit" oder „Früher war alles besser" ist durchaus denkbar.

*Quod non est in actis,*
*non est in mundo*
*Was nicht in den Akten steht,*
*ist nicht in der Welt*

(Alte Rechtsregel)

Im Folgenden wird es keine Präferenz für eine der Herangehensweisen geben. Wichtig ist es, die großen Linien im Blick zu behalten und die bisher nur schlecht beleuchteten Phasen und Aspekte der Fuldaer Geschichte in ein helleres Licht zu rücken. Allerdings stellt sich hier ein grundsätzliches Problem, nämlich das der oftmals fehlenden schriftlichen und bildlichen Quellen. So sympathisch die Forderung ist, sich nicht immer nur den großen Politikern und Militärs zuzuwenden und stattdessen das Leben der „einfachen Leute" zu schildern, so unmöglich ist die Erfüllung dieser Forderungen angesichts der oftmals desolaten Quellenlage. Die Großen hinterlassen genügend Spuren in den Akten und finden oft Biografen, die ihre Taten in den schönsten Farben malen. Stattdessen lebt und arbeitet ein armer Schlucker weitgehend unbemerkt von der Öffentlichkeit vor sich hin. Er bleibt damit für die Nachwelt ebenso ein unbeschriebenes Blatt Papier wie die Hausfrau oder die Bäuerin, die jahraus jahrein klaglos der Haus-und der Feldarbeit nachgehen. Sofern Sie nicht mit der Obrigkeit in Konflikt kommen und damit aktenkundig werden, verschwinden ihre Biografien mit ihrem Tod für immer. Ein seltenes Glück ist es, wenn etwa der Fuldaer Bürger Gangolf Hartung ein Tagebuch verfasst, das aus Sicht des Untertanen die schrecklichen Ereignisse des Dreißigjährigen Kriegs in der Stadt schildert.

Wer sich mit der Geschichte Fuldas beschäftigen will, der findet eine fast uferlose Zahl von Büchern und Aufsätzen zu den unterschiedlichsten Themen. Im Schlusskapitel soll hier für die Interessierten eine Schneise in das Dickicht geschlagen werden. Der Erkenntnisfortschritt kommt im Idealfall aus der Durchforstung bislang unbearbeiteter Aktenbestände in den Archiven. Gerade im Bereich der Geschichte des 19. und 20. Jahrhunderts kommen hier immer noch Akten, die aus den Verwaltungen an die Archive abgegeben werden, hinzu.

## Urkunden des Mittelalters

Für die früheren Zeiten, namentlich das Mittelalter, ist allerdings kein Zuwachs an Quellen mehr zu erwarten. Dabei zählt die schriftliche Hinterlassenschaft des Klosters Fulda an Urkunden und sonstigen Dokumenten für das Frühmittelalter (744 – etwa 1050) europaweit zu den ganz herausragenden Archivbeständen. Die älteste im Original er-

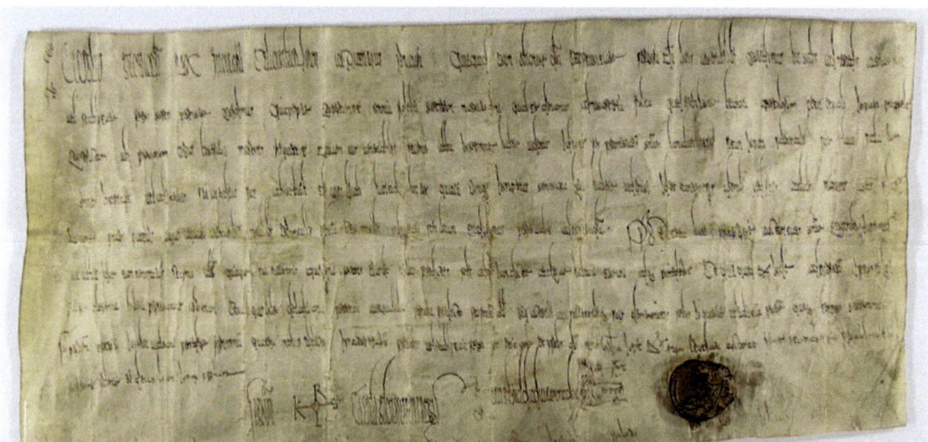

*Urkunde der Schenkung Hammelburgs durch Karl den Großen an das Kloster Fulda, 777 (Foto: Staatsarchiv Würzburg)*

haltene Königsurkunde auf deutschem Boden stammt aus Fulda und dokumentiert die Schenkung des schwäbischen Ortes Deiningen im Jahre 760 durch König Pippin III. an das Kloster Fulda. Ebenfalls aus Fulda stammt die älteste in Bayern verwahrte Originalurkunde, in der die im Jahre 777 erfolgte Schenkung von Hammelburg durch Karl den Großen an das Kloster Fulda festgehalten wird. Der Umstand, dass sich die Urkunde des Jahres 760 im Hessischen Staatsarchiv Marburg, das Diplom von 777 aber im Staatsarchiv Würzburg befindet, lässt aufhorchen. Warum liegen diese wichtigen Quellen nicht in Fulda, wird der Lokalpatriot fragen. Die Antwort ist etwas komplex.

## *Staatliche Archive (Würzburg, München, Marburg)*

*Widmungsbild des Codex Eberhardi, um 1160. Der Verfasser des Kopialbuchs, der Mönch Eberhard, liegt zu Füßen von Bonifatius (links) und Sturmius (Hessisches Staatsarchiv Marburg, K 426, fol. 6r)*

Die das Kloster sowie die spätere Fürstabtei und das Fürstbistum betreffenden Dokumente lagerten bis zum Ende des Alten Reichs tatsächlich alle in Fulda, der größte Teil davon spätestens seit dem 18. Jahrhundert im Stadtschloss. Bei der Säkularisation 1802/03 wurden diese Unterlagen als staatliche Dokumente an die Rechtsnachfolger ausgehändigt. Dies führte dazu, dass man aus Fulda, das 1816 zu Kurhessen gekommen war, in den 1820er Jahren all jene Dokumente von Gebieten nach Bayern abgab, die früher zum Fürstbistum gehörten (die Ämter Hammelburg, Brückenau und Schildeck), seit 1816 aber bayerisch waren. Hier gelangten sie in das zuständige staatliche Archiv nach Würzburg. Zwischenzeitlich mussten von dort aus die Dokumente aus der Zeit vor 1401 nach München abgegeben werden, wo man ein zentrales bayerisches Reichsarchiv plante. 1993 kamen aber alle ehemals fuldischen Bestände, darunter auch die Urkunden des Klosters Thulba, wieder nach Würzburg zurück, wo sie noch heute liegen.

Die nicht nach Bayern ausgehändigten Archivalien blieben zunächst in Fulda und lagerten bis 1875 im Palais Altenstein, um dann in das für Fulda zuständige Staatsarchiv nach Marburg gebracht zu werden. Mutmaßlich in der Zeit zwischen der Säkularisation und der Abgabe nach Marburg gab es einen erheblichen Verlust an Dokumenten, dessen Gründe bisher nicht geklärt sind. Etwa 90 Prozent der Fuldaer Regierungsakten vor 1803 gingen verloren. So ist zwar die frühe Klostergeschichte durch die Urkunden und Urkundenabschriften, unter ihnen der berühmte, um 1160 erstellte „Codex Eberhardi", gut dokumentiert, die Zeit danach weist allerdings große Lücken auf. Dies erschwert die Aufarbeitung der Fuldaer Stadtgeschichte erheblich.

## *Stadtarchiv Fulda*

Glücklicherweise gibt es das Fuldaer Stadtarchiv, das zentral die Bestände der Stadt sowie der eingemeindeten Ortsteile sichert und langfristig archiviert. Doch hier ist ebenfalls festzustellen, dass sowohl das Mittelalter (ca. 1000-1500) als auch die Frühe Neuzeit (1500-1800) von vielen Fehlstellen geprägt ist. Die Gründe hierfür sind unklar. Als der erste Stadtarchivar Josef Kartels 1900 eine erste Bestandsaufnahme der im Rathaus noch vorhandenen Akten erstellte, waren die Defizite in der Überlieferung bereits eingetreten. Eine gezielte Vernichtungsaktion, etwa durch einen Verkauf der Dokumente an eine Papiermühle, ist nicht zu erkennen. Bemerkenswert ist, dass sich die komplette Rechnungsüberlieferung der Stadt (seit 1571) und auch die der zahlreichen Spitäler (seit dem 16. Jahrhundert) erhalten hat. Die Erfahrung zeigt nämlich, dass gerade Rechnungen häufig im wahrsten Sinne des Wortes dezimiert wurden, das heißt, nur jede zehnte wurde aufbewahrt, die neun anderen zum Schreddern gebracht. Es dürfte wohl über die Jahrhunderte hinweg eine Mischung aus Schlamperei, schlechter Aktenführung und Desinteresse gewesen sein, die für den Verlust eines wichtigen Teils der städtischen Akten des späten Mittelalters und der Frühen Neuzeit verantwortlich ist. Diese Nachlässigkeit war mit einiger Sicherheit in der nur rudimentär ausgebildeten städtischen Kanzlei beheimatet, was einen Rückschluss darauf erlaubt, dass die Professionalität in der städtischen Verwaltung weit von jener in größeren Städten wie etwa dem benachbarten Würzburg entfernt war. Erst im 19. Jahrhundert setzt auch in Fulda eine dichte Überlieferung von Jahresbänden ein. Es ist bezeichnend, dass die einzig umfangreichen frühneuzeitlichen Akten- und Rechnungsserien des Fuldaer Stadtarchivs von den Zünften und den Spitälern stammen. Diese verwalteten im Alten Reich ihre Unterlagen selbst. Als geschlossene Bestände kamen deren Archive erst im Laufe des 19. Jahrhunderts in die städtischen Registraturen. Wären sie schon früher dort gewesen, hätte sich auch hier wohl ihre Spur verloren.

## Sammlungen

Aus der Kenntnis der Überlieferungsverluste der früheren Jahrhunderte sichert heutzutage das Stadtarchiv konsequent die städtischen Dokumente, egal ob diese analog oder nur noch digital vorliegen, um sie der Nachwelt zugänglich zu machen. Darüber hinaus führt die Erkenntnis, dass die Geschichte einer Stadt nicht nur im Handeln ihrer Verwaltung ablesbar ist, zur Sammlung möglichst vieler einschlägiger Quellen, die ebenfalls geeignet sind, späteren Generationen Auskünfte über unsere Gegenwart zu geben, seien es Nachlässe von Fuldaer Persönlichkeiten oder aber die Unterlagen von Vereinen, Verbänden, Firmen und politischen Gruppierungen. Nur aus der Gesamtschau der Dokumente wird später einmal ein möglichst wirklichkeitsgetreues Abbild der Jetztzeit geschrieben werden können.

*Das Stadtarchiv Fulda sammelt auch Unterlagen aus privaten Abgaben, von alten Reisepässen, Fotos und Feldpostbriefen bis hin zu einem Messer, das ein Kriegsgefangener heimlich bei sich trug (StadtAFd)*

Unsere Stadtgeschichte, die bis zur jüngsten Gegenwart reicht, kann sich nur für die letzten zwei bis drei Jahrzehnte auf eine solche Fülle von aussagekräftigen Unterlagen stützen. Für die übrige Zeit ist man überwiegend auf das von den Verwaltungen produzierte Aktenmaterial in den öffentlichen Archiven des Bundes, des Landes, der Stadt und der Kirchen angewiesen. Alle Vorgänge, die dort berichtet werden, spiegeln das Verwaltungshandeln wider und sind in der Regel nicht in der Absicht geschrieben, die Nachwelt zu unterrichten. Die Begrenztheit dieser Quellen im Hinterkopf zu behalten und sie immer wieder auch kritisch zu befragen und zu bewerten, gehört zur wichtigsten Aufgabe der Historikerzunft. Zudem sollte man stets bedenken, dass sich die Geschichtsbetrachtung nur auf die Stellen beziehen kann, die im Lichte der Überlieferung liegen und „die im Dunkeln sieht man nicht".

V

# 12. März 744

*Es ist weiterhin ein Waldgebiet da in einer Einöde von ungeheurer Weltverlassenheit inmitten der Völker unseres Missionsgebiets, in dem wir ein Kloster erbaut und Mönche angesiedelt haben, die nach der Regel des heiligen Benedikt leben, Männer von strenger Enthaltsamkeit ohne Fleisch und Wein, ohne Met und Knechte, zufrieden mit dem, was sie von eigener Hand erarbeiten.*

(Bonifatius in einem Brief an Papst Zacharias, 751)

Fuldas Eintritt in die schriftlich überlieferte Geschichte lässt sich auf den Tag genau datieren. Am 12. März 744 begann der von sieben Mitbrüdern begleitete Mönch Sturmi im Auftrag des Missionserzbischofs Bonifatius mit der Errichtung eines Klosters am Ort „Eihloha", gelegen am Fluss „Fulda" in einem Gebiet namens „Bochonia". Dem Baubeginn war eine lange Suche vorausgegangen, über die wir bestens informiert sind. Es dürfte wohl kein vergleichbares Beispiel einer frühmittelalterlichen Siedlungsgründung im Frankenreich geben, das so gut und vor allem weitgehend glaubhaft dokumentiert ist. Wir verdanken dieses außergewöhnliche Wissen Fuldas viertem Abt Eigil, der von 818 bis 822 sein Amt ausübte und mutmaßlich während dieser Zeit eine Lebensbeschreibung seines Vorgängers und Verwandten Sturmi verfasste. Diese „Vita Sturmi" gehorcht zwar den Formprinzipien mittelalterlicher Heiligenviten, die bestrebt sind, den Aufstieg eines Menschen zum Ideal der Vollkommenheit nachzuzeichnen und die Taten ihres jeweiligen Helden stets ins beste Licht zu rücken. Doch dieser hagiographische Ansatz führt bei Eigil nicht so weit, dass hierbei der historische Kern der Geschichte auf der Strecke bliebe. Er hätte sich dies auch gar nicht leisten können, denn sein Hauptthema, die Errichtung des Klosters Fulda, lag nur etwas mehr als zwei Generationen zurück. Um 820 dürfte es doch noch den einen oder anderen Mönch gegeben haben, der von älteren Mitbrüdern aus erster Hand die wahre Gründungsgeschichte des Klosters erfahren hatte.

Dennoch stellt sich natürlich auch hier die Frage, warum Eigil zur Feder griff und für wen er schrieb. Im Vorwort der Vita Sturmi betont Eigil, dass er auf drei Fragen seiner Auftraggeberin, einer ansonsten unbekannten Nonne namens Angildruth, Antwort geben wolle, nämlich nach der Lebensgeschichte des Sturmi, dem Ursprung des Klosters Fulda und dessen weiterem Schicksal. Letzteres lässt aufhorchen. Denn zu der Zeit, als Eigil die Vita Sturmi schrieb, hatte der Mönchskonvent schon stürmische Jahre mit äußeren Belastungen und schweren inneren Streitigkeiten hinter sich und war weit entfernt von jenem Ideal der Einsamkeit und Askese, das am Beginn seiner Geschichte gestanden hatte. Insofern ist unsere Hauptquelle für die Klostergründung mit einiger Vorsicht zu lesen, weniger im Hinblick auf den Wahrheitsgehalt der mitgeteilten historischen Ereignisse, als vielmehr auf den von Eigil geschaffenen Erzählrahmen. Pius Engelbert, dem wir eine wissenschaftliche Druckausgabe der Sturmiusvita verdanken, geht davon aus, dass diese Lebensbeschreibung dazu dienen sollte „Fulda durch die Besinnung auf den eremitischen Ursprung und durch die Betonung des Einsamkeitsideals eine neue geistige Grundlage zu verschaffen. […] Durch die Erinnerung an die Ideale des Ursprungs glaubte Eigil die Krisen der Gegenwart beheben zu können“ . Eine andere Betrachtungsweise bringt Steffen Patzold in die Diskussion, nämlich dass Abt Eigil seinen Mönchen verständlich machen wollte, „wie es dazu gekommen war, dass sich Fulda der Welt viel weiter geöffnet hatte, als es Bonifatius und Sturmius zunächst mit der Gründung des Klosters in der Einsamkeit der Buchonia beabsichtigt haben mochten“.

## *Dramatische Suche*

In Kenntnis dieser Grundhaltung lässt sich die in dramatischen Bildern dargestellte Suche nach dem richtigen Platz für eine Klostergründung besser einordnen. Der wohl aus einem bayerischen Adelsgeschlecht stammende Sturmi war zu einem unbekannten Zeitpunkt als Knabe von seinen Eltern dem Bonifatius übergeben worden, in dessen nordhessischem Umfeld sich Sturmi in den Dreißiger Jahren des 8. Jahrhunderts bewegte. Seinem Wunsch nach einem eremitischen Leben folgend errichtete Sturmi eine Einsiedelei in Hersfeld. Vorausgegangen war ein Gespräch mit Bonifatius, in dem ihm dieser zu einem Leben in der Einsamkeit ermuntert hatte. Dem Angelsachsen gefiel die von seinem Schüler getroffene Ortswahl allerdings nicht. Unter Hinweis darauf, dass in der Nähe Hersfelds die „wilden Sachsen“ wohnten, forderte er Sturmi auf, einen entfernteren und tiefer in der Einöde gelegenen Platz zu suchen, wo er vor Überfällen sicher sei. Der Schüler gehorchte seinem Meister. Von Hersfeld aus fuhr er mit zwei Gefährten fuldaaufwärts und erreichte am dritten Tag die Mündung der Lüder in die Fulda. Hier verließ sie allerdings der Mut und man kehrte um, machte aber noch einen kleinen Erkundungsversuch beim Ort Rombach, womit allerdings keine Siedlung, sondern der Unterlauf des gleichnamigen Flusses vor der Einmündung in die Fulda beim heutigen Ort Fraurombach gemeint ist.

Bei der anschließenden dritten Unterredung mit Bonifatius erhielt Sturmi, der bisher nur einen sicheren Platz für die Verlegung seiner Hersfelder Einsiedelei gesucht hatte, von seinem Mentor dezidiert den Auftrag, den Platz für die Errichtung eines Klosters in der

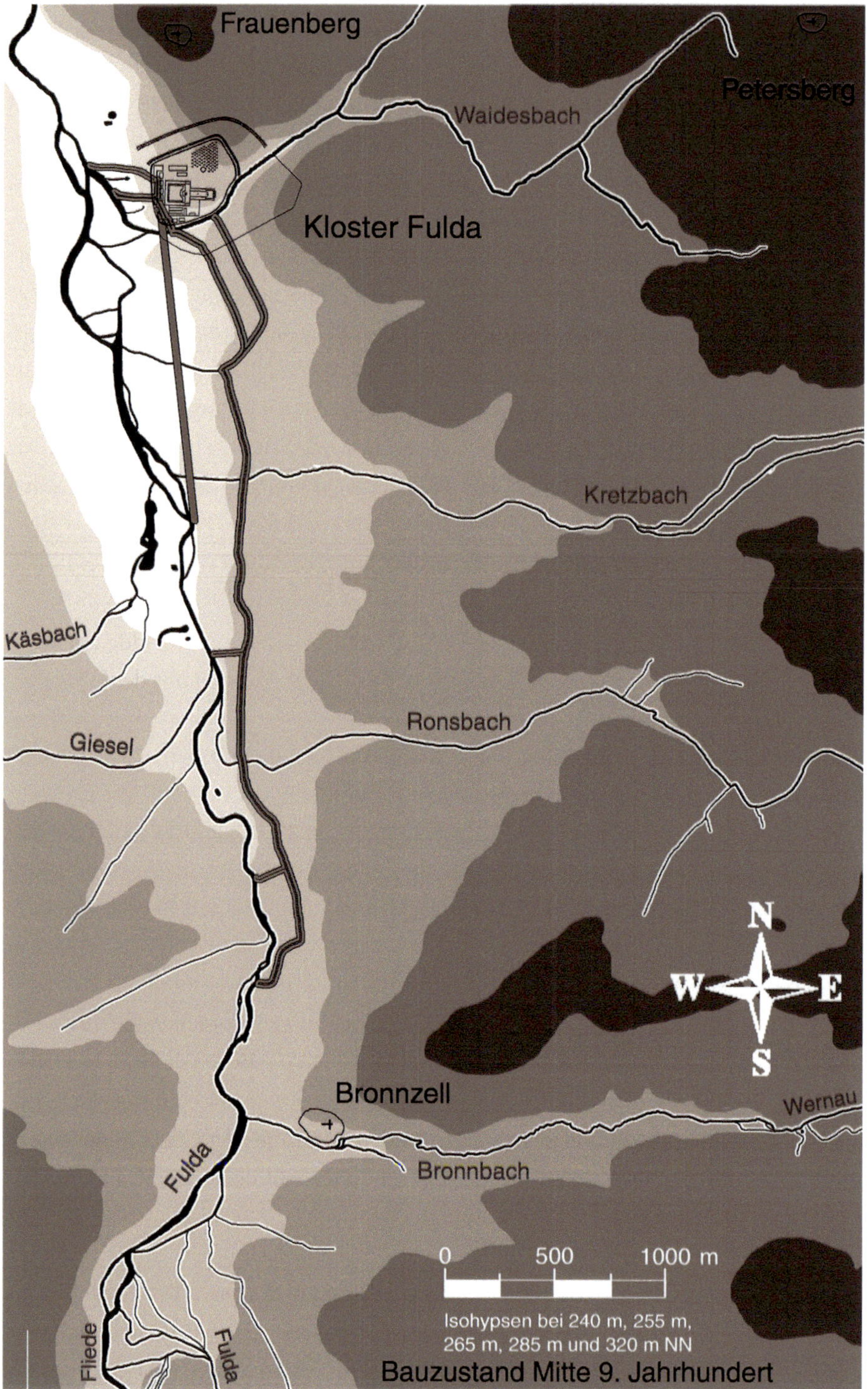


*Die geographische Situation des jungen Klosters mit möglichen Vorläufern des Sturmius-Kanals. (Entwurf: Thomas Kind, in: Stadtgeschichte I, S. 60)*

Einsamkeit zu suchen. Prophetisch gab Bonifatius seinem Schüler folgende Sicherheit mit auf den Weg: „Die Stätte ist von Gott in jener Einöde bereitet. Christus wird sie seinen Knechten zeigen, wenn es ihm gefällt". Völlig allein machte sich Sturmi abermals auf die Suche. Dieses Mal ritt er durch die Fuldaauen und kam beim heutigen Ort Kämmerzell an die Fuldafurt. Dass es dort so einsam nicht war, zeigt die Bemerkung seines Biographen Eigil, dass an dieser Stelle eine Kaufmannsstraße zwischen Thüringen und Mainz durchführte, die Antsanvia. Hier sei er auf badende Slawen getroffen, die sich ihm gegenüber feindlich zeigten. Man hat diesen Hinweis in der Forschung entweder so interpretiert, dass es sich nicht um Slawen, sondern eine Gruppe von Sklaven gehandelt habe, die man durch dieses Gebiet führte oder aber andererseits die in der Quelle genannten Slawen als Kaufleute interpretiert, die hier durchzogen. Das Problem einer möglicherweise frühen slawischen Besiedlung des Fuldaer Raumes ist im Übrigen noch nicht abschließend geklärt. Die unzweifelhaft zahlreichen Ortsnamen im Umfeld Fuldas, die mit ihrem Zweitglied -winden (Wenden = Slawen) eindeutig auf eine slawische Besiedlung hinweisen, hat man bisher dem hochmittelalterlichen Landesausbau (ca.1000–1200) zugerechnet.

Doch zurück zu Sturmi. Er zog von der Fuldafurt weiter, ließ das Gebiet des späteren Klosters links liegen und kam über die Mündung der Giesel in die Fulda auf dem Ortesweg bis zur Fuldafurt bei Bronnzell. Hier traf er auf einen Händler aus der Wetterau namens Orcis, der auf dem Weg in das Grabfeld war und die Gegend bestens kannte, so dass er ihm die Namen der Örtlichkeiten nennen konnte. Von ihm erfuhr Sturmi, dass er sich in einem Gebiet aufhielt, das man mit seinem alten Namen als „Eihloha" bezeichnete. Dieses althochdeutsche Wort bedeutet „Eichenwald" und verweist damit ebenso auf die Vegetation wie „Buchonia", das trotz vieler phantasievoller Deutungsversuche in der älteren und jüngeren Forschung schlicht als „Buchenland" zu deuten ist.

Die Geschichte mit den Slawen und Orcis bezeugt, dass es mit der in der Vita immer wieder beschworenen Abgeschiedenheit des zu wählenden Klosterortes nicht weit her war. Zwei gegenläufige Erzählungen werden somit gut sichtbar. Zum einen soll das Einsamkeitsideal herausgestellt werden, zum anderen weiß es die wahre Historie besser. Der im Auftrag des Bonifatius zu findende Platz der Verheißung war von Kaufmannswegen durchzogen, auf denen viele unterwegs waren. Zudem sind die von Orcis mitgeteilten Namen ein Beleg für die Vertrautheit der Durchziehenden mit der Gegend. Eine völlig wilde und unbekannte Umgebung wäre namenlos gewesen.

Sturmi, der bisher auf der linken Fuldaseite unterwegs war, wandte sich nach seiner Begegnung mit Orcis an der Furt bei Bronnzell um und zog rechts der Fulda wieder nach Norden. Hier kam er über den heutigen Röhlingswald zu einem Fluss, der laut der Vita Sturmi „bis auf den heutigen Tag Grezzibah heißt". Es handelt sich dabei, wie unschwer zu erkennen ist, um den Krätzbach / Grezzbach, dessen mitgeteilter althochdeutscher Name einen „Bach am dornigen Gestrüpp" bezeichnet, abermals ein Beleg für die Bekanntheit des Gebietes bei den kundigen Reisenden. Da er an der Krätzbachmündung nicht fündig wurde, machte er sich weiter nach Norden auf den Weg und stieß endlich beim Unterlauf der Waides kurz vor der Fulda auf die von Bonifatius prophezeite Stelle. Vom ersten Moment an war sich Sturmi sicher, den richtigen Ort gefunden zu haben und ihm war klar, dass er diesen Moment Bonifatius verdankte, dessen Verdienste und Gebete Gott dazu veranlasst hatten, ihm diesen Platz zu offenbaren. Sofern er denn, wie die ältere Forschung im Gefolge der Herrenhof-Theorie Vonderaus annahm, bei seinem Fund „auf altem Kulturland, nicht auf dem Boden jungfräulicher Wildnis“ (Pius Engelbert) stand, wird darüber in der Vita nichts berichtet, entweder weil man den Mythos des verheißenen Landes mitten in der Einöde nicht zerstören wollte oder aber, weil es tatsächlich nichts gab.

Allein auf sich gestellt, war es nur zu verständlich, dass Sturmi nicht gleich mit dem Werk begann. Innerhalb eines Tages kehrte er nach Hersfeld zurück und von dort eilte er zu Bonifatius, um ihm die Neuigkeiten zu berichten. Was nun geschah, wirft ein Licht auf die Macht- und Rechtsverhältnisse in der damaligen Zeit. Ein vermeintlich herrenloses Land konnte nicht einfach mit einem Kloster besiedelt werden. Es bedurfte hierzu der Genehmigung durch den Landesherrn, in diesem Falle des fränkischen Hausmeiers Karlmann (reg. 741–747), eines Bruders des nachmaligen Königs Pippin III. (reg. 741–768, König seit 751). Da Karlmann ein großer Unterstützer des bonifatianischen Missionswerks war, verwundert es nicht, dass der Hausmeier dem angelsächsischen Missionar die Bitte nicht verweigerte.

## Die Karlmann-Schenkung

Die berühmte Schenkung Karlmanns, die wahrscheinlich 743 vollzogen wurde, ist als Urkunde leider nicht mehr vorhanden. Was wir von ihr wissen, teilt uns die Vita Sturmi mit. Sie berichtet, dass Karlmann nach Beratung mit den Fürsten des Reichs ein Gebiet im Umkreis des künftigen Klosterareals von vier Meilen aus seinem Recht in das des göttlichen Herrn übergab, womit Bonifatius freie Hand und völlige Rechtssicherheit für sein Kloster erhielt. Zudem schickte der Hausmeier nach Unterzeichnung der Urkunde Boten in das Grabfeld, um den dortigen Adeligen aufzutragen, ihre Eigengüter im Bereich der Karlmann-Schenkung ebenfalls an den Heiligen Bonifatius zu übertragen. Ganz offenbar lag also das spätere Kloster bereits in der Einflusszone einer fränkischen Adelsschicht, die in einem getrennten Rechtsakt den Weg für ein neues Kloster frei geben musste, was auch geschah, selbst wenn darüber keine Dokumente vorliegen.

Die Grenzen der Schenkung überliefert uns im 12. Jahrhundert der berühmte Mönch Eberhard, der offenbar aus einer authentischen Grenzumschreibung des 8. Jahrhunderts zitiert, die Grundlage für die Einweisung Sturmis in den Besitz des darin liegenden Gebietes war. Diese Festsetzung des Klosterareals nennt insgesamt 25 Grenzpunkte, die entweder Höhenzüge (Wisselsröder Küppel, Rosskuppe bei Dammersbach, der Himmelsberg bei Giesel), Straßen (Antsanvia, Ortesweg) oder vorzugsweise Wasserläufe nennt (Grumbach, Haune, Igelbach, Wanne, Zillbach, Goldbach, Bieber, Hosbach, Traisbach, Marbach, Glasbach, Lüder, Bimbach, Fliede, Döllbach und Milmich). Zeichnet man diese Grenzorte auf eine Karte ein, so ergibt sich tatsächlich ein Areal, das vom Zentrum Fulda aus einen Kreis von 8-10 Kilometern bildet.

Immer wieder wird in jüngerer Zeit bei Ortsjubiläen von Siedlungen, die innerhalb der Grenze der Karlmann-Schenkung liegen, stolz auf diesen Umstand hingewiesen und damit unterstellt, dass der jeweilige Ort schon im 8. Jahrhundert bestanden haben muss. Dies ist allerdings ein frommer Wunsch. Die Grenzbeschreibung, die ausschließlich natürliche Grenzen und eben keine menschlichen Niederlassungen erwähnt, zeigt damit deutlich, dass eine kontinuierliche Besiedlung des Fuldaer Landes erst mit der Gründung des Klosters begann. Insofern kann der 12. März 744 zu Recht als Initialzündung der Fuldaer Geschichte gelten.

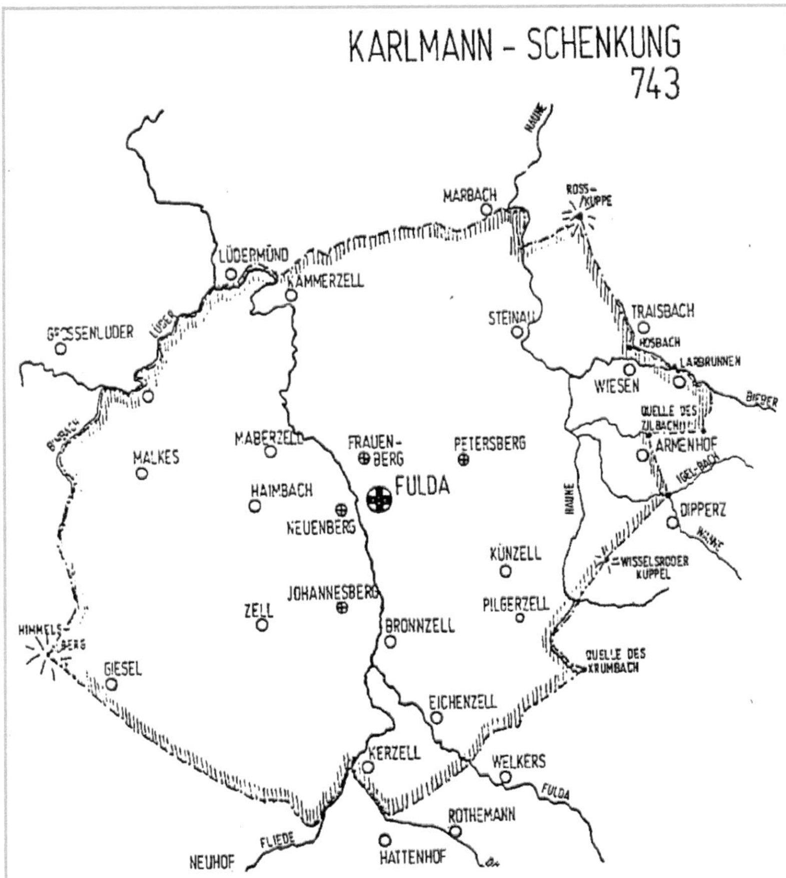


*Das Gebiet der Karlmann-Schenkung (in: Berge / Jäger / Martin, 1994, S. 12)*

# VI

# Wachstum und Widerstand (744–ca. 850)

Bereits zwei Monate nach der Inbesitznahme des Landes kam Bonifatius im Mai 744 mit einigen Werkleuten nach Fulda, um dort nach dem Rechten zu sehen und Anweisungen zum Bau der Kirche zu geben, die 751 geweiht, aber wohl erst nach dem Tod des Angelsachsen endgültig fertiggestellt wurde. Bonifatius selbst soll sich bei seinem Inspektionsbesuch auf den Bischofsberg, den heutigen Frauenberg, zum Gebet zurückgezogen haben. Mit der Errichtung eines eigenen Klosters, das er auch als seine spätere Grablege ausersehen hatte, war für den Missionserzbischof ein wichtiger Wunsch in Erfüllung gegangen. Sein Ziel, ein der Askese verpflichtetes benediktinisches Musterkloster in der Weltabgeschiedenheit zu errichten, das weithin als ein „monastisches Zentrum mit Vorbildcharakter", gelten konnte, schien erreicht zu sein.

## *Ora et labora*

Die 747 unternommene Reise Sturmis nach Rom und Monte Cassino, wo er das monastische Leben noch besser kennenlernen sollte, zeigt deutlich, an welchem Beispiel man sich in Fulda orientierte, wobei man sich hier unter dem Einfluss des Bonifatius für eine noch strengere Auslegung der Ordensregel als in Monte Cassino, dem Kloster des Heiligen Benedikt, entschied. Hiermit war vor allem der völlige Verzicht auf alkoholische Getränke gemeint. Auch das bekannte Diktum von „Ora et labora" (Bete und arbeite) war in Fulda in seinen beiden Bestandteilen sehr ernst gemeint. Die harte körperliche Arbeit, die neben dem Klosterbau auch eine gewaltige Rodungs-und Kultivierungstätigkeit umfasste, dürfte in der Frühphase des Klosters viele Mönche jeden Tag an den Rand der Erschöpfung gebracht haben.

Doch die von Bonifatius immer wieder betonte und in der frühen Klostertradition hochgehaltene Ferne des monastischen Lebens von weltlichen Geschäften war auf Dauer nicht durchzuhalten. Die Gründung eines Mönchskonvents war Mitte des 8. Jahrhunderts nicht nur ein rein dem Glauben verpflichteter Akt, sondern hatte gleichzeitig eine enorme

*Die Säule mit ionischen Voluten trägt das Tonnengewölbe in der Krypta der Michaelskirche, einem der ältesten noch erhaltenen Kirchenräume in Deutschland (Foto: Franziska Ihle-Wirth)*

*Der Heilige Bonifatius überwacht von seinem Zelt auf dem Frauenberg die Bauarbeiten am Kloster. Kupferstich von Peter Fehr (in: Schannat, 1729, S. 1)*

politische Bedeutung. Keiner dürfte dies besser gewusst haben als Bonifatius selbst. Mit seiner vom Papsttum getragenen Missionsarbeit im Ostfrankenreich, der Reorganisation alter Bistümer in Bayern sowie der Gründung von neuen Bistümern in Würzburg, Büraburg und Erfurt griff er auch in das weltliche Geschehen ein, denn die nunmehr Äbten und Bischöfen zugeordneten Gebiete traten in Konkurrenz zu den Adeligen des Reichs, die ebenfalls einen Ausbau ihrer Territorien vorantrieben. Insofern war die Rückendeckung durch die fränkischen Hausmeier, namentlich Karlmann, von entscheidender Bedeutung für die kirchenorganisatorische Tätigkeit des Angelsachsen.

## Privilegien gegen Mainz und Würzburg

Dem jungen Kloster Fulda drohte Gefahr allerdings weniger von weltlichen Größen wie den Adeligen des Grabfeldes, sondern vielmehr von zwei mächtigen geistlichen Nachbarn, dem Bistum (seit 780/782 Erzbistum) Mainz im Westen und dem 741/742 von Bonifatius begründeten Bistum Würzburg im Süden. Letzteres griff in seinem geistlichen Zuständigkeitsbereich weit nach Norden aus und musste sich durch die Gründung Fuldas, das in seiner Einflusssphäre lag, provoziert fühlen. Um sein Kloster zu schützen, erreichte Bonifatius bei Papst Zacharias 751 die Ausfertigung eines folgenreichen Privilegs. Der Papst bestätigte Bonifatius und seinen Nachfolgern, dass ihr Kloster künftig nicht mehr der Gerichtsbarkeit jeder anderen geistlichen Institution mit Ausnahme der römischen unterworfen war. Damit unterstand Fulda in geistlichen Angelegenheiten direkt dem Papsttum und war nicht der Herrschaft der benachbarten Bischöfe unterstellt. Dieses sogenannte Exemtionsprivileg (Exemtion = Herausnahme aus der kirchlichen Organisation) begründete die frühe Sonderstellung des Klosters und hatte weitreichende Auswirkungen in der Auseinandersetzung mit den Bistümern Mainz und Würzburg, die letztlich erst mit der Erhebung Fuldas zum Bistum im Jahre 1752 endete. Der Sprengstoff lag von Beginn an darin, dass die Exemtion nur das Kloster, nicht aber jene Gebiete umfasste, über die Fulda mit der Karlmann-Schenkung und den später hinzugekommenen Gütertraditionen verfügte. Somit galt die Exemtion auch nicht für die seit dem 10. Jahrhundert entstehende Siedlung Fulda, deren Bürgerkirche, die heutige Stadtpfarrkirche, zunächst der Diözesangewalt des Würzburger Bischofs unterlag. Trotz dieser Einschränkung zeigt das nicht mehr im Original erhaltene Zachariasprivileg von 751 aufs Deutlichste die besondere Bedeutung, die man in Rom der Gründung des Bonifatius beimaß. Erst 968 erhielt Hersfeld als zweites deutsches Kloster ein vergleichbares Recht.

Wie weitsichtig Bonifatius bei der Einholung der Exemtion gehandelt hatte, zeigt ein Konflikt, der unmittelbar nach seinem Tod 754 ausbrach. Der Mainzer Bischof Lul, einst ein enger Vertrauter des Bonifatius und sein Nachfolger als Bischof von Mainz (reg. 754-786), erhob nach dem Tod des Angelsachsen Ansprüche auf das Kloster Fulda, unter Hinweis darauf, dass ihm Bonifatius vor seiner letzten Missionsreise sein Kloster anvertraut habe, um es zu schützen. Zunächst konnten sich Sturmi und die Fuldaer Mönche dem Zugriff Luls erwehren, doch gelang es dem Mainzer Bischof, beim fränkischen König Pippin die Leitung der Abtei zu erwerben, während Sturmi weit weg in die Verbannung nach Jumièges in die Normandie geschickt und das Exemtionsprivileg von 751 durch den König eingezogen wurde. Damit befand sich das Kloster genau dort, wo es Bonifatius nicht haben wollte, nämlich mitten in weltlichen Streitigkeiten um Macht und Einfluss.

## *Königskloster*

Die Vereinnahmung Fuldas durch Lul sollte allerdings nur zwei Jahre dauern. Pippin begnadigte Sturmi 765, gab ihm das Privileg des Papstes Zacharias zurück und verpflichtete ihn dazu, künftig sein Recht und seinen Schutz nur noch beim König zu suchen. Hierin liegt der Ursprung von Fuldas Stellung als Königskloster, das Karl der Große mit einer im Jahre 774 ausgestellten Urkunde, in der er dem Kloster die Immunität und die freie Abtswahl gewährte, feierlich verbriefte. Die beiden Privilegien von 751 und 774 bildeten die Grundlage, auf der sich die Entwicklung der Abtei in den folgenden Jahrhunderten in geistlichen wie weltlichen Dingen vollzog.

Für das junge Kloster sollte die Königsnähe nicht immer von Vorteil sein. Sie bedeutete die Verpflichtung zum Reichsdienst, von der Beherbergung des großen königlichen Gefolges bis hin zur Teilnahme an militärischen Zügen. Sturmi war auf diese Weise an der Seite Karls des Großen an den Sachsenkriegen beteiligt, wo er erkrankte und 779 in seinem Kloster Fulda starb.

*Martyrium des Heiligen Bonifatius, 1742? (VM II D 60b)*

## Bonifatiusverehrung und Güterschenkungen

Zu diesem Zeitpunkt war die Mönchsgemeinschaft schon auf mehrere Hundert Personen angewachsen. Zu verdanken war dies dem Umstand, dass unmittelbar nach dem Tod des Bonifatius, der auf einer Missionsreise in Friesland 754 erschlagen worden war, eine Welle von Schenkungen an das Kloster Fulda einsetzte. Dieses hatte der Missionar schon früh als seine Begräbnisstätte bestimmt, doch bedurfte es großer Anstrengungen, um den Leichnam gegen die Ansprüche der Bischöfe von Utrecht und Mainz dann doch in Fulda in der dortigen Klosterkirche bestatten zu können. Damit wurde Fulda zum Zentrum der Bonifatiusverehrung, die sich in jener Zeit nicht nur an Pilgerscharen zum Grab erkennen ließ, sondern auch dazu führte, dass eine wohlhabende Schicht von Gutseigentümern einen Teil ihres Besitzes dem Kloster des Heiligen Bonifatius übertrug. Um diese Übergaben (Traditionen), die neben Grundstücken und nutzbaren Rechten auch Leibeigene (Manzipien) umfassen konnten, besser zu verstehen, muss man sich in die damalige Glaubenspraxis versetzen.

Man erwartete sich durch die Schenkung von weltlichem Besitz an einen Heiligen dessen Fürsprache im Himmel zum eigenen Seelenheil wie auch dem von bereits verstorbenen Verwandten. Zudem hatten diese sogenannten Seelgerätstiftungen auch den Zweck, die Mönche zu veranlassen, das Jahrtagsgedächtnis an den Schenker und seine Familie durch Gebete wachzuhalten (Memoria). Insofern war mit den Schenkungen auch die Hoffnung auf eine religiöse Gegenleistung verbunden.

## Das Kloster als Großgrundbesitzer

Die Übergaben an das Kloster vermehrten sich im Laufe des 8. und frühen 9. Jahrhunderts. Sie kamen aus allen Teilen des Frankenreichs, überwiegend aber aus dem Rhein-Main-Gebiet, Thüringen und Franken. Zu Beginn des 9. Jahrhunderts dürfte das Kloster der größte Grundbesitzer im Reich gewesen sein. Die Besitzungen reichten von der Nordsee bis nach Südtirol. Es ist nicht verwunderlich, dass die Mönche hier kaum noch den Überblick behalten, geschweige denn, die Güter ordentlich verwalten konnten. Der auch als Verwaltungsfachmann herausragende Abt Rabanus Maurus (reg. 822–842) suchte Abhilfe zu schaffen, indem er in acht Büchern (Chartulare) sämtliche Fuldaer Besitzungen mit den jeweiligen Rechtstiteln in Form von Urkunden und Protokollnotizen erfassen ließ und dabei insofern eine Ordnung schuf, als die Inhalte der Bände geographisch nach Gauen gegliedert waren: vom Elsaß bis Sachsen und von Friesland bis Bayern. Von diesen hat sich im Original nur noch ein Band erhalten, der im Staatsarchiv Marburg verwahrt wird. Die Inhalte der verschollenen übrigen Bände können nur zum Teil über den „Codex Eberhardi“ rekonstruiert werden.

*Karte der zell-Orte im Umkreis des Klosters Fulda (in: Schannat, 1729, S. 28)*

Die nur noch fragmentarisch erhaltenen Aufzeichnungen über den frühen Klosterbesitz lassen erahnen, mit welch komplexen Sachverhalten die Mönche konfrontiert wurden, modern gesprochen wären hier Managementfähigkeiten wichtiger gewesen als Glaubenseifer. Dass sich der große Besitz auf Dauer nicht halten ließ und spätestens im Hochmittelalter dem Kloster durch vor Ort ansässige Herrschaftsträger entzogen wurde, steht auf einem anderen Blatt.

## *Raumerschließung*

Neben der Verwaltung des riesigen Grundbesitzes stand die weitere Inbesitznahme und Kultivierung des Klosterareals an. Wie sich der Ausgriff auf die das Kloster umgebende Landschaft im Einzelnen vollzog, lässt sich nur vage rekonstruieren. Man hat die zahlreichen -zell-Orte im Fuldaer Land mit einer systematischen Besiedlung durch die Mönche (cella = Mönchszelle) in Verbindung gebracht. Zwar gibt es frühe -zell-Orte wie etwa Bronnzell, das als „Promestescella" belegt ist und in seiner höchst umstrittenen Deutung immer wieder mit einem slawischen Namen in Verbindung gebracht wird. Auch kann man in Gläserzell und Kämmerzell möglicherweise einen Hinweis auf eine kulturelle Tätigkeit des Klosters sehen und ersteres mit Glasmachern und letzteres mit einem Kämmerer in Verbindung bringen. Zahlreiche -zell-Orte sind jedoch relativ spät bezeugt (nach 1000), so dass es eher nicht wahrscheinlich ist, dass wir es hier generell mit einer Erschließungsmaßnahme der Mönche des 8. Jahrhunderts zu tun haben. Festen Boden betreten wir mit der Gründung der Klöster und Propsteien auf dem Frauenberg (Weihe 809), in Johannesberg (Weihe 812) und Petersberg (Weihe um 836).

Sicher ist ebenfalls, dass schon bald Laien im Umfeld des Klosters siedelten und sich als Handwerker, Taglöhner oder sonstige Dienstleister eine Einkommensquelle erhofften. Diese Personen wohnten mit ihren Familien unterhalb des Klosters zur Fulda hin. Ihre Siedlung, die später einmal zum Eichsfeld, zum Altenhof und zur Hinterburg werden sollte, war die erste bürgerliche Niederlassung im heutigen Stadtgebiet. Ob sie die Mönche in ihrer harten Arbeit entlasten konnten, muss offen bleiben.

## *Streit im Kloster*

Die Größe des Konvents erreichte 781 die Zahl von 364 Mönchen. Um 825 lebten etwa 670 Brüder im Haupt- und in den Nebenklöstern, eine für die damalige Zeit außerordentlich hohe Zahl, die einer Kleinstadt entsprach. Dass es hierbei zu Spannungen kam, ist nicht verwunderlich. Der Streit im Kloster Fulda, der unter dem dritten Abt Ratgar (reg. 802–817) kulminierte, war von so grundlegender Bedeutung, dass sich Kaiser Karl der Große selbst um eine Beilegung bemühte und Gesandtschaften zur Vermittlung nach

Abt Ratgar in einer Karikatur, die ihn als Einhorn in einer Schafherde zeigt (in: Brower, 1612, S. 90)

Fulda schickte, nachdem er von den Fratres um Hilfe gebeten worden war. Diese hatten sich über Ratgars Amtsführung bitterlich beklagt und unter anderem die umfangreiche Bautätigkeit kritisiert. Diese allein zum Grund des Streits zu erklären, dürfte allerdings zu kurz gegriffen sein, zumal auch unter Ratgars Nachfolger Eigil (reg. 818–822) weitergebaut wurde. Die später nach Ratgar benannte Basilika wurde erst unter Eigil geweiht (819), der den Auftrag zum Bau der Michaelskirche gab, die 822 fertiggestellt wurde. Auch die Erklärung, dass es bei diesem Streit um die Öffnung des Klosters für die weltliche Bildung und die Wissenschaft ging, dürfte allein nicht ausreichen, um die inneren Spannungen zu erklären. Es war offenbar eine Fülle von Reformmaßnahmen des Abts Ratgar, der das Kloster an die Erfordernisse der Gegenwart anpassen wollte und mit den Neuerungen den Zorn eines Teils der Brüder auf sich zog. Der Streit endete mit der Absetzung des ungeliebten Abts. Mit seinem Nachfolger Eigil trat ein altersweiser Mann an die Spitze des Klosters, der nicht zuletzt mit der Niederschrift der Vita des Gründungsabts Sturmi darum bemüht war, die ursprüngliche Konzeption der Weltabgeschiedenheit des Konvents mit den aktuellen geistlichen und weltlichen Herausforderungen zu versöhnen.

# VII

# Bildungszentrum von europäischem Rang

*Wir ermahnen Euch, die Bemühungen um wissenschaftliche Bildung nicht nur nicht zu vernachlässigen, sondern sie mit demütiger und gottgefälliger Anstrengung zu dem Zweck wetteifernd zu lernen, dass Ihr leichter und richtiger die Geheimnisse der heiligen Schriften durchdringen könnt.*

(Aus einem Mahnschreiben Karls des Großen an den Fuldaer Abt Baugulf)

Überregional und über die Grenzen Deutschlands hinaus steht Fulda für ein frühmittelalterliches Bildungszentrum, das seinesgleichen im fränkischen Reich des 9. und 10. Jahrhunderts suchte. Dass Fulda in eine solche Stellung kam, dürfte zum einen mit den materiellen Ressourcen zusammenhängen, die hier den Betrieb einer Schule sowie von Buch- und Schreibwerkstätten ermöglichten, zum anderen aber ist es auf einige herausragende Gelehrte zurückzuführen, die das Kloster zu ihrem zeitweiligen Aufenthaltsort machten.

## *Ermahnung Karls des Großen*

Noch um 800 sah sich Karl der Große genötigt, bei Abt Baugulf (reg. 779–802) wie auch bei anderen Reichsklöstern die Pflege der wissenschaftlichen Bildung anzumahnen. Bis dahin war dieses Aufgabenfeld des monastischen Lebens in Fulda eher klein geschrieben worden. Der Unterricht dürfte sich auf die Vermittlung der notwendigsten Lese- und Schreibfertigkeiten sowie von Grundkenntnissen der lateinischen Sprache beschränkt haben. Mit dem späteren Karlsbiographen Einhard (um 770–840) hatte Abt Baugulf einen herausragenden Schüler in seinem Kloster, der dort bereits als 18jähriger die Urkunden verfasste und seine Umgebung an Bildung offenbar so weit übertraf, dass er von Fulda an die Hofschule Karls des Großen gesandt wurde, wo er unter seinem Lehrer Alkuin (735–804) zu einem der führenden Gelehrten im Karolingerreich und zum wichtigsten Begleiter und Vertrauten Karls des Großen aufstieg.

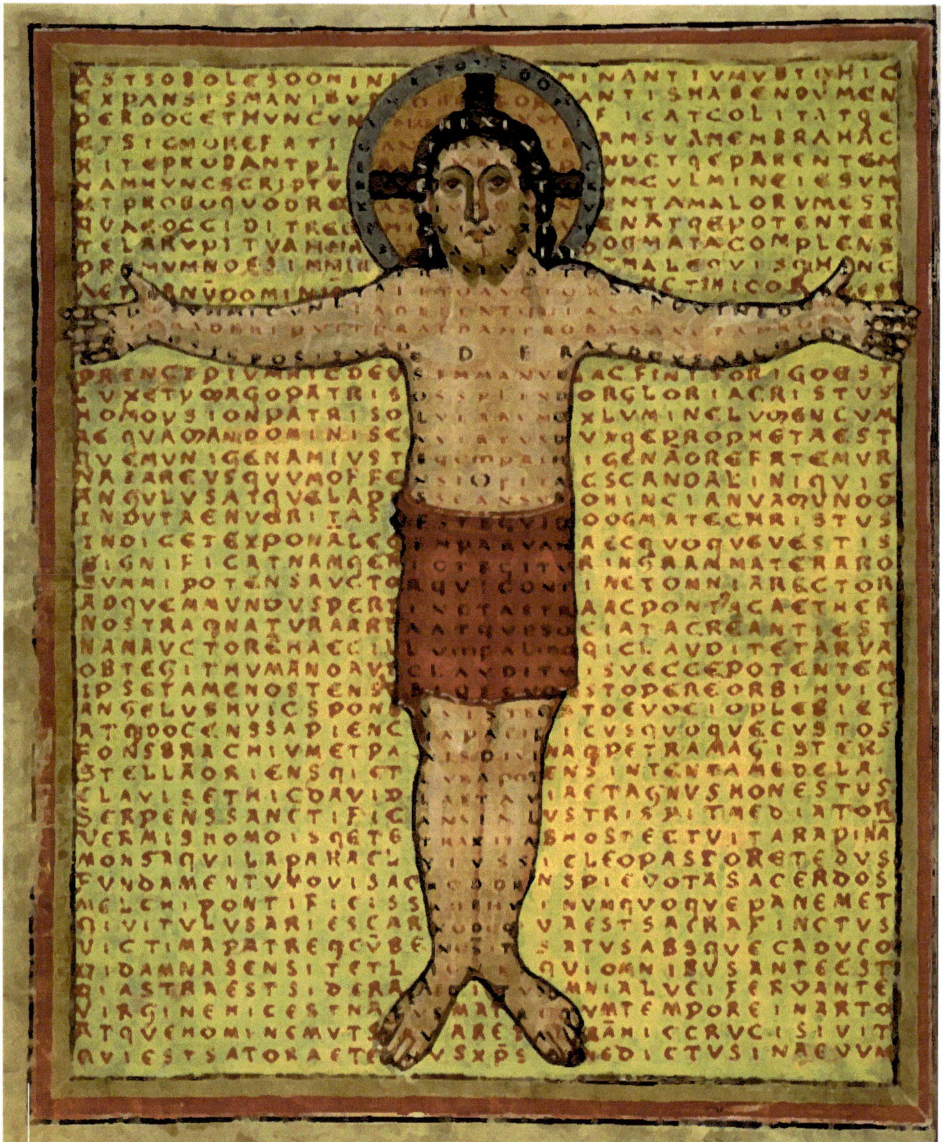

*Rabanus Maurus, De laudibus sanctae crucis. Darstellung des gekreuzigten Christus (BAV, Cod. Reg. Lat. 124, fol. 8v)*

Unter Abt Ratgar war Brun Candidus (um 770/780–845) zu Einhard an die Aachener Hofschule geschickt worden, um dort seine Bildung zu vertiefen. Zurückgekehrt nach Fulda bekleidete er offenbar wichtige Klosterämter und schuf mit der Vita des Abts Eigil ein literarisches Denkmal von außerordentlicher stilistischer Qualität, die sich auch darin ausdrückt, dass die Vita in zwei Fassungen erstellt wurde, in Prosa und in Hexametern.

Foto: Erich Gutberlet

*Sandsteinrelief Karls des Großen im Fuldaer Dom (Ausschnitt), 14. Jh. (StadtAFd)*

Sie ist damit ein wichtiges Beispiel für die „karolingische Renaissance", die unter anderem die Kenntnis und Vermittlung antiker Tradition und Literatur förderte. Leider sind die von Brun verfassten Lebensbeschreibungen der Äbte Baugulf und Ratgar verschollen.

## Rabanus Maurus

Ein Glücksfall für Fulda war Rabanus Maurus, der seit 788 im Kloster erzogen wurde. Als Schüler des Alkuin erfuhr er wie zuvor schon Einhard und Brun Candidus eine umfassende Förderung an der Hofschule Karls des Großen. Von Alkuin erhielt er auch den Beinamen „Maurus", den auch schon der Ahnherr des Benediktinerordens Benedikt von Nursia (gest. 547) seinem Lieblingsschüler verliehen hatte. Im Gegensatz zu Einhard kehrte Rabanus Maurus nach seiner Weiterbildung im Jahre 801 nach Fulda zurück. In seiner Zeit als Leiter der Klosterschule verfasste er eine Vielzahl von Schriften, unter denen das Figurengedicht „De laudibus sanctae crucis" (Vom Lob des Heiligen Kreuzes) die größte Verbreitung erzielte. Etwa 80 mittelalterliche Abschriften, eine im sonstigen Überlieferungsvergleich gewaltige Zahl, künden von der Popularität dieses Werkes. Die darin enthaltenen 28 Figurengedichte, die Text und bildliche Darstellung in einmaliger Weise miteinander verknüpfen, offenbaren das Heilsgeschehen unter Bezug auf den Kreuzestod Christi. Noch sechs dieser Abschriften wurden zu Lebzeiten des Rabanus in Fulda hergestellt, so dass davon auszugehen ist, dass die hiesige Mal- und Schreibschule im ersten Drittel des 9. Jahrhunderts zu Spitzenleistungen fähig war. Leider befindet sich keines der überlieferten Exemplare mehr in Fulda.

*Alkuin (Albinus) präsentiert den jungen Rabanus Maurus dem Heiligen Bischof Martin von Tours (BAV, Cod. Reg. Lat.)*

Als Universalgelehrter, der alle Bereiche des Wissens seiner Zeit zu erfassen suchte und als Vermittler der antiken und frühchristlichen Tradition, hat Rabanus Maurus auf seine Zeitgenossen einen großen Einfluss ausgeübt. Der ihm viel später zugelegte Titel eines „Primus praeceptor Germaniae“ (Erster Lehrer Deutschlands) mag zwar übertrieben sein, kennzeichnet aber doch ganz gut seinen universellen pädagogischen und didaktischen Ansatz, der tief in der Frömmigkeit seiner Zeit wurzelte. Die von ihm herausgegebene Enzyklopädie (De rerum naturis) war nicht nur eine Sammlung des bekannten Wissens, sondern auch als ein Hilfsmittel bei der Bibelauslegung konzipiert, in dem nach der tieferen Bedeutung der jeweiligen Begriffe gefragt wurde. Ganz der praktischen Klerikerausbildung war schließlich sein Buch „De institutione clericorum“ (Von der Ausbildung der Geistlichen) gewidmet, das wesentlich den Schriften der Kirchenväter Augustinus (354–430) und Gregor dem Großen (um 540-604) sowie der weitverbreiteten Etymologie des Isidor von Sevilla (um 560-636) verpflichtet ist.

## Die Schreibwerkstatt

Eine solch umfangreiche schriftstellerische und wissenschaftliche Tätigkeit, wie sie Raban an den Tag legte, bedurfte einer großen Bibliothek. So verwundert es nicht, dass der große Gelehrte alles daransetzte, in der Fuldaer Schreibwerkstatt (Skriptorium) möglichst viele einschlägige Texte der Antike und des frühen Christentums abschreiben zu lassen. In Zeiten vor der Erfindung des Buchdrucks und der Verfügbarkeit von Papier bedeutete die Herstellung von Büchern in Form von Handschriften einen gewaltigen personellen und finanziellen Kraftakt. Für eine einzige Handschrift benötigte man die zu Pergament bearbeitete Haut vieler Tiere. Insofern war jeder neue Band in der Bibliothek ein kleines und teures Meisterwerk. Es ist geschätzt worden, dass die Fuldaer Bibliothek zur Zeit Rabans und Rudolfs, seines Nachfolgers in der Klosterschule, etwa 1.000–2.000

Bände umfasst haben soll und damit eine der bedeutendsten Sammlungen im Karolingerreich war. Ohne die Leistung der Fuldaer Schreiber wären heute einige wichtige Texte der Antike nicht bekannt.

## *Die „Wiege der althochdeutschen Literatur"*

Auch die deutsche Sprachgeschichte hat dem Kloster viel zu verdanken. Zwar wird sich die euphorische Feststellung des bekannten Mittelalterforschers Edmund Stengel, wonach Fulda „die Wiege der althochdeutschen Literatur" sei, in dieser Verkürzung nicht halten lassen. Doch ohne Fulda wüssten wir nichts vom Hildebrandslied, jenem ältesten als Fragment erhaltenen Heldengedicht in deutscher Sprache, das literarisch eindrucksvoll vom Kampf zwischen Hildebrand und seinem Sohn Hadubrand erzählt. Die Mönche schrieben den althochdeutschen-altsächsischen Text in den 830er Jahren auf die Außenseiten eines Handschriftenbandes mit theologischem Inhalt und zeigten damit auch ihr Interesse an weltlichen Stoffen. Die althochdeutschen Textdenkmäler, die mit Fulda in Verbindung gebracht werden, sind vielfältig und reichen von einfachen Gebrauchsschriften bis hin zu Evangelienbearbeitungen. Einzelne ins Althochdeutsche übersetzte Wörter, sogenannte Glossen, finden sich in zahlreichen ursprünglich dem Kloster gehörigen Handschriften. Darüber hinaus zeigen die „Fuldaer Beichte" und das Fulda zugeordnete „Fränkische Taufgelöbnis" vom Bemühen um eine Übertragung zentraler christlicher Riten in die Volkssprache. Unter die medizinischen Gebrauchstexte fallen die „Basler Rezepte" und die berühmten „Merseburger Zaubersprüche", die mutmaßlich in Fulda schriftlich fixiert wurden. Auch die Sicherung bedeutender Rechtstexte und Rechtshandlungen sind über ein Fuldaer Fragment des fränkischen Stammesrechts der „Lex Salica" beziehungsweise über die „Hammelburger Markbeschreibung", die das Gebiet eines an Fulda geschenkten Territoriums in ihren Grenzen festschrieb, nachzuweisen. Als große Übersetzungsleistung und Höhepunkt steht die in Fulda vorgenommene Übertragung der Evangelienharmonie des Syrers Tatian (gest. um 170), dessen aus den vier Evangelien zusammengetragene Lebensgeschichte Jesu in einem Codex des Bonifatius, dem sogenannten Victor-Codex, in Fulda bereits lateinisch vorlag und dessen Text sowohl in einer Abschrift der Vorlage als auch in einer Übersetzung in die Volkssprache zu einem neuen Band vereinigt wurde. Insgesamt ist die Forschung inzwischen zwar zurückhaltender als früher in der Zuweisung althochdeutscher Texte zum Fuldaer Skriptorium, „doch eine gewisse Konzentration althochdeutscher Textdenkmäler in Fulda lässt sich dennoch nicht verkennen" (Wolfgang Beck).

Rabanus Maurus war nicht nur ein Gelehrter und einer der herausragenden Köpfe seiner Zeit. Mit seinem Antritt als fünfter Abt Fuldas (reg. 822–842) konnte er auch seine Qualitäten als Verwaltungsfachmann zeigen. Das bereits genannte Beispiel der von ihm in Auftrag gegebenen Chartulare zur Erfassung des umfangreichen Klosterbesitzes

*Lehrbetrieb in der Fuldaer Klosterschule. Miniatur in der Würzburger Bischofschronik des Lorenz Fries (Stadtarchiv Würzburg, Ratsbuch 412, fol. 28v)*

ist hier nur das markanteste Beispiel. Sein Rückzug im Jahre 842 und sein Exil auf dem Petersberg unterbrachen seine Karriere nur vorübergehend. Als Erzbischof von Mainz (reg. 847–856) wirkte er weitere neun Jahre bis zu seinem Tod 856. Nach seinem Weggang aus Fulda hielt sich dort noch für eine gewisse Zeit die literarische Blüte.

## Die Klosterschule

Sein Nachfolger in der Klosterschule, Rudolf von Fulda (gest. 865), verfasste mehrere Schriften zur Geschichte, darunter eine Lebensbeschreibung der Heiligen Lioba und eine Schilderung der von Rabanus und ihm selbst veranlassten Reliquienüberführungen nach Fulda. Offen bleibt, ob Rudolf, der in der Fuldaer Kanzlei auch Urkunden verfasste und sich dabei manche Verfälschung zuschulden kommen ließ, auch an der Abfassung der „Fuldaer Annalen", einer wichtigen Quelle für das frühe 9. Jahrhundert, beteiligt war.

Vom Ruf des Raban angezogen, hielten sich während dessen Amtszeit in Fulda eine Reihe weiterer kluger Köpfe als seine Schüler auf, darunter Lupus von Ferrières, Otfried von Weißenburg und Walahfried Strabo. Lupus ist als Autor mehrerer Heiligenviten hervorgetreten, Otfried gehört mit seinem Evangelienbuch zu den wichtigsten Schöpfern der althochdeutschen Literatursprache und Walahfried, seit 838 Abt des Klosters Reichenau, schuf mit seinem „Hortulus", einem Buch über den Gartenbau, eines der bedeutendsten mittelalterlichen Werke zur Gartenkultur.

Mit seinem selbstbewussten Schüler Gottschalk (gest. um 869), der um 810 dem Kloster Fulda als Knabe übergeben worden war, geriet Raban allerdings in einen tiefen Konflikt, der sich daran entzündete, dass es Gottschalk im Erwachsenenalter ablehnte, das vorgeschriebene Ordensgelübde, die sogenannte Profess, abzulegen. Es entwickelte sich eine auf Synoden ausgetragene Auseinandersetzung über die Rechtmäßigkeit einer Zwangsprofess für jene, die bereits als Kind an ein Kloster gekommen waren, wobei im Falle des Gottschalk unklar ist, wie sein Fall endgültig entschieden wurde. Sein Weg kreuzte sich mit dem des Raban ein zweites Mal. In seinem Amt als Erzbischof von Mainz ging Rabanus Maurus hart gegen die theologischen Lehren des Gottschalk von der Vorherbestimmung des Menschen, den Gott schon von Beginn an erlöst oder verdammt habe, vor. Eine Mainzer Synode unter Rabans Vorsitz verurteilte im Jahre 848 Gottschalk zu lebenslanger Kerkerhaft, in der er 20 Jahre später verstarb.

## Die Malschule

Während Fuldas Ruf als literarisches Zentrum gegen Ende des 9. Jahrhunderts verblasste, erreichte die Malschule seit der zweiten Hälfte des 9. Jahrhunderts und im 10. Jahrhundert ihre größte Blüte. Bereits von Brun Candidus, der die Apsis der Ratgar-Basilika ausgemalt haben soll, wird angenommen, dass er als Buchmaler tätig war. Die in Fulda vorgenommene Illuminierung von Rabans Figurengedicht zum Kreuzeslob wurde bereits erwähnt. Als eines der herausragenden Exemplare der Buchillustration seiner Zeit gilt das reich ausgestattete „Fuldaer Evangeliar“, das um 850 geschaffen wurde.

*Fuldaer Evangeliar. Miniatur des Heiligen Markus, um 850 (Universitätsbibliothek Würzburg, M.p.th.f. 66, fol. 73v)*

# VIII

# Vom Kloster zur Marktsiedlung (ca. 850–1019)

*Fulda ist eine große Stadt im Lande der Franken, aus Steinen gebaut. Sie wird nur von Mönchen bewohnt, und kein Weib betritt sie, weil ihr Märtyrer es so angeordnet hat. [...] Tartûši erzählt: Nie sah ich in allen Ländern der Christen eine größere Kirche als hier und eine reichere an Gold und Silber.*

(Aus dem Reisebericht eines arabischen Gesandten an den Hof Ottos des Großen, 973)

Auch diese kleine Stadtgeschichte ist in Gefahr, sich bei der Darstellung der Anfänge in der Klostergeschichte zu verirren und die Stadt aus dem Auge zu verlieren. Allerdings ist der weitere Gang der Ereignisse nicht verständlich, wenn man die nahezu ausschließlich vom Kloster geprägte Frühzeit unberücksichtigt ließe. Der Konvent, Sturmius, Bonifatius, die Ratgar-Basilika und die Michaelskirche nehmen auch heute noch im Selbstverständnis und in der Außendarstellung der Stadt eine wichtige Rolle ein. Dass Bonifatius gerade keine Stadt gründen wollte, sondern die Einsamkeit suchte, ist eine Ironie der Geschichte. Die Kluft zwischen Ideal und Wirklichkeit war, wie sich gezeigt hat, schon den Mönchen des frühen 9. Jahrhunderts bewusst und insofern standen Kontemplation und weltliche Geschäftigkeit bereits früh eng beieinander.

## *Siedlung an der Langenbrücke*

Die kleine unbefestigte Siedlung, die nordwestlich des Klosters zur Fulda hin entstanden war, hatte keine Entwicklungsmöglichkeiten, da der Fluss eine ständige Hochwassergefahr mit sich brachte und das relativ steil ansteigende Gelände eine landwirtschaftliche Bebauung schwierig machte. Wie die Siedlung aussah und wer sie bewohnte, wissen wir nicht. Auch ist unklar, ob es sich bei der halbrunden Freifläche am Angel um einen ursprünglichen kleinen Marktplatz oder einen Anger handelte. Sicher ist allerdings, dass der Weg über die heutige Langebrückenstraße die Hauptverbindung des Klosters nach außen darstellte. Ob Pilger, Geschäftsleute, Klosterschüler oder Kaiser und Könige, alle wählten

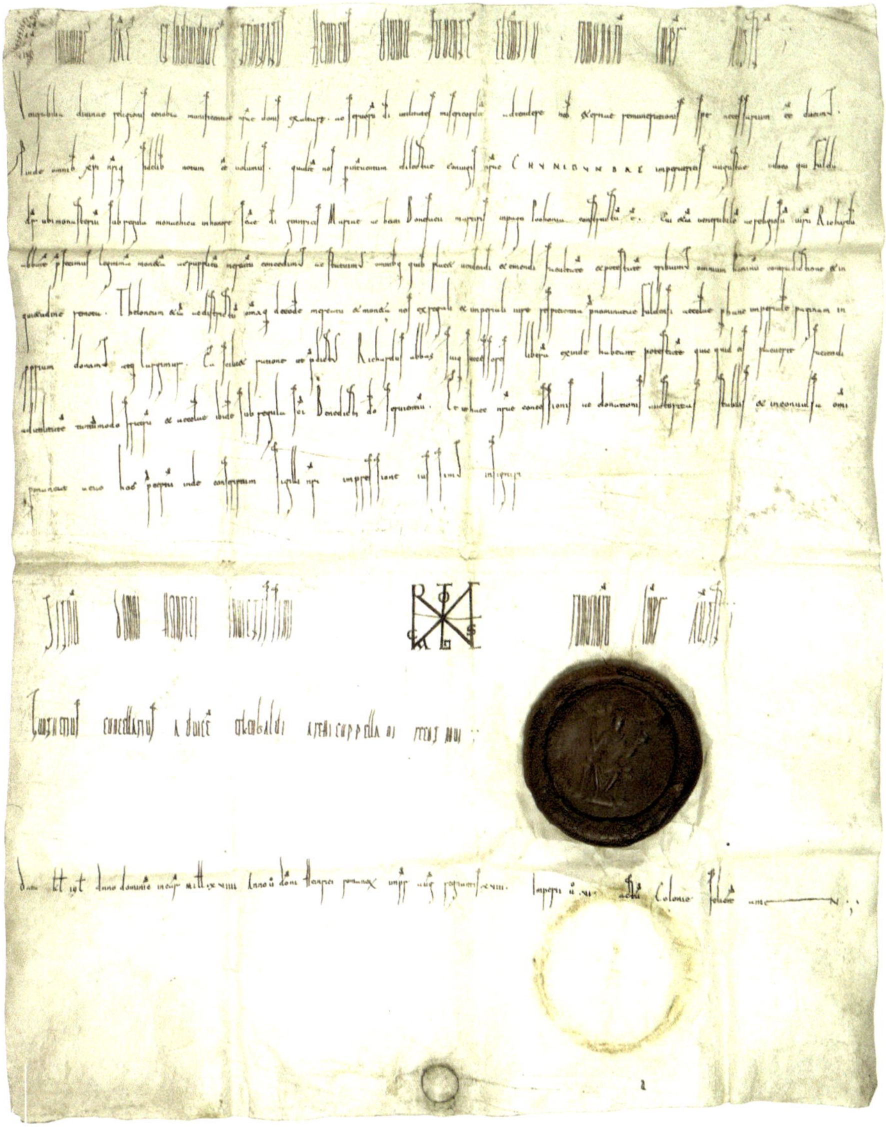

*Verleihung des Münz-, Markt- und Zollrechts durch Kaiser Heinrich II. an das Kloster Fulda, 1. Juli 1019 (Hessisches Staatsarchiv Marburg, Best. Urk. 75, Nr. 88)*

den Weg von Westen über die Lange Brücke zum Grab des Bonifatius. Wie wichtig dieser Zugang war, zeigt die Meldung eines Chronisten, wonach unter dem Fuldaer Abt Sigihard (reg. 869–891) eine steinerne Brücke über die Fulda errichtet worden sei. Dieser Vorgängerbau der Langen Brücke wäre damit die erste Steinbrücke auf deutschem Boden, weit vor jenen in Würzburg und Regensburg aus der Mitte des 12. Jahrhunderts, die bisher als die ältesten Brückenbauwerke dieser Art galten.

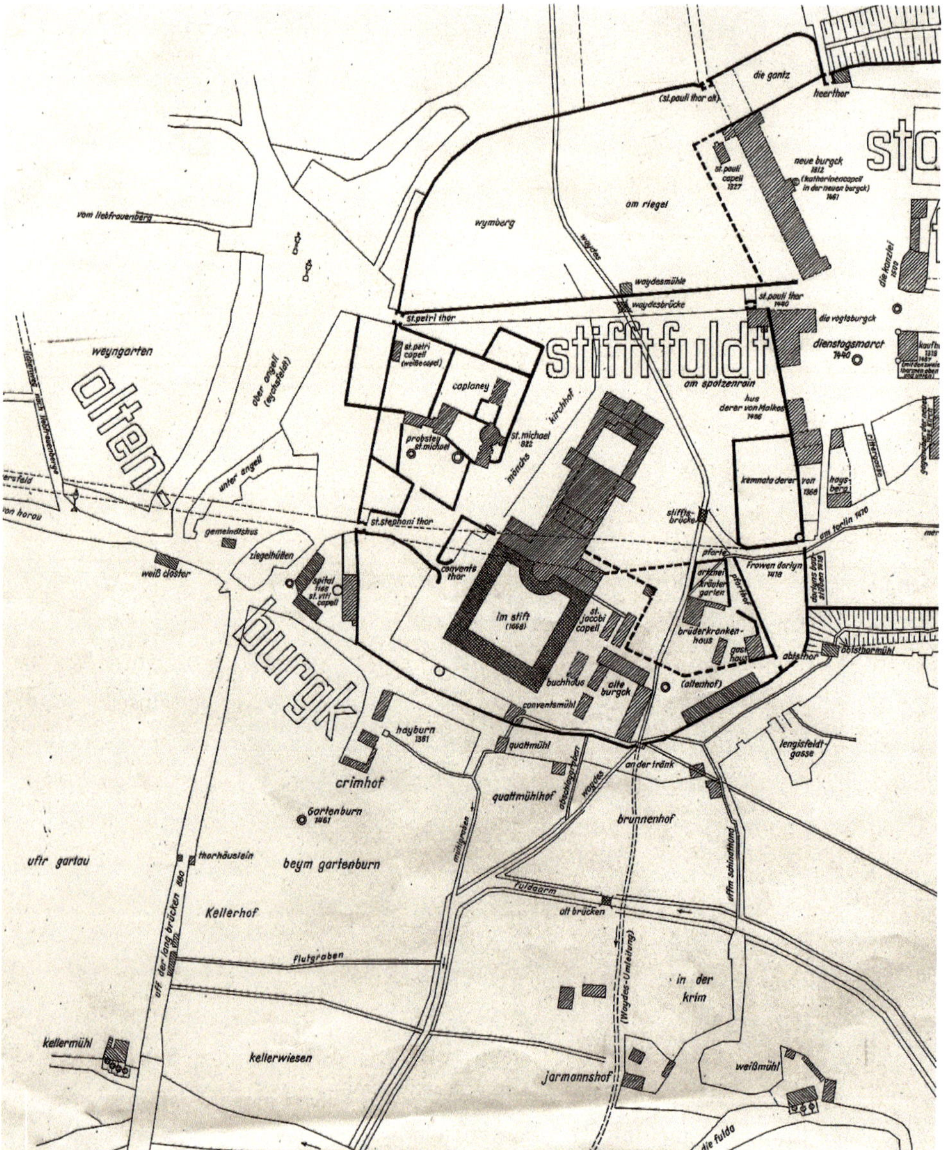


*Rekonstruktion des mittelalterlichen Grundrisses des Stiftsbezirks und des Altenhofs (in: Jestaedt, 1937–1940)*

## *Eine neue Siedlung im Südosten*

Schon im 9. Jahrhundert führte die Ausdehnung des Klosters und mutmaßlich auch die große Zahl an Pilgern dazu, dass die bestehende kleine Ortschaft beim Kloster nicht mehr ausreichte und sich die Besiedlung nach Südosten auf die günstiger gelegene Hochfläche auf der anderen Seite des Klosters verlagerte. In welcher Form sich diese Neuanlage vollzog, darüber schweigen die Quellen, wobei das frühe 10. Jahrhundert, in dem das Kloster einen Großteil seiner Mönche verlor und im Jahre 919 nur noch 109 Brüder zählte, ohnehin als sehr überlieferungsarme Zeit gilt. Immerhin ist bereits 852 in einer Urkunde von einer „villa" (Dorf) die Rede.

Es ist zu mutmaßen, dass in unmittelbarem Anschluss an den ummauerten Klosterbereich, ausgehend vom heutigen Bonifatiusplatz, die Erschließung des Geländes in Richtung auf die jetzige Stadtpfarrkirche erfolgte und schon bald darüber hinaus nach Süden bis zum späteren Florentor voranschritt. Im Zentrum dieser Neusiedlung entstand eine Kirche, die zunächst dem Heiligen Mauritius geweiht war. Da dieser insbesondere in der Ottonenzeit besonders verehrt wurde, ist anzunehmen, dass die Wahl des Patroziniums in die Blüte der ottonischen Herrschaft in die 2. Hälfte des 10. Jahrhunderts fällt. Die Kirche war nicht nur religiöses, sondern auch geographisches Zentrum der sich allmählich ausbildenden Bürgergemeinde. Anfänglich wurde die Seelsorge für den Ort von Weltgeistlichen des Frauenberges ausgeübt. 1049 einigten sich der Abt von Fulda und der Würzburger Bischof in ihrem Streit um die geistlichen Hoheitsrechte darauf, dass auch künftig das Kloster nicht der Diözesangewalt des Würzburger Bischofs und seiner Nachfolger unterstehen sollte, während die Besetzung der Pfarrstelle in der Kirche des Ortes Fulda so geregelt wurde, dass der Abt den Pfarrer bestimmte, der Würzburger Bischof diesen dann förmlich einsetzte. Damit war die geistliche Oberhoheit Würzburgs im Bereich der Stadtpfarrei, die kirchenrechtlich zusammen mit den Pfarreien Kämmerzell und Florenberg einen geistlichen Verwaltungsbezirk (Archidiakonat) bildete, für die kommenden Jahrhunderte festgeschrieben. Dem Fuldaer Abt gelang es allerdings im Laufe des Spätmittelalters, die Stadtpfarrei immer mehr an sich zu ziehen und die Rechte Würzburgs zurückzudrängen.

## *Früher Stadtgrundriss*

Während die Siedlung nach Norden zum Klosterbezirk nur einen Straßenzugang aufwies, teilten sich vor der Pfarrkirche die Wege in einer noch heute auf dem Platz Unterm Heilig Kreuz erkennbaren markanten Gabelung. Hier lief der Verkehr von und nach Südwesten zum späteren Kohlhäuser Tor, nach Süden zum Florentor und nach Südosten zum Peterstor. Langfristig die wichtigste Verbindung für die Stadt war jene, die auf der seit dem Spätmittelalter so bezeichneten „Via Regia" (Königsweg) von Frankfurt kommend über die Löherstraße hereinkam und nach Leipzig weiterführte. Sie konkurrierte mit dem alten Fernweg, der den direkten Weg aus Westen über die Langebrückenstraße nahm und über das Eichsfeld die Verbindung in die heutige Leipziger Straße wählte. Neben der überregional wichtigen Hauptroute gingen in der Mitte der neuen Siedlung aber auch die nur lokal bedeutsamen Straßen zum Florenberg und nach Südosten Richtung Petersberg ab. Beide führten zu wichtigen kirchlichen Zentren und frühen Pfarreien im Umfeld von

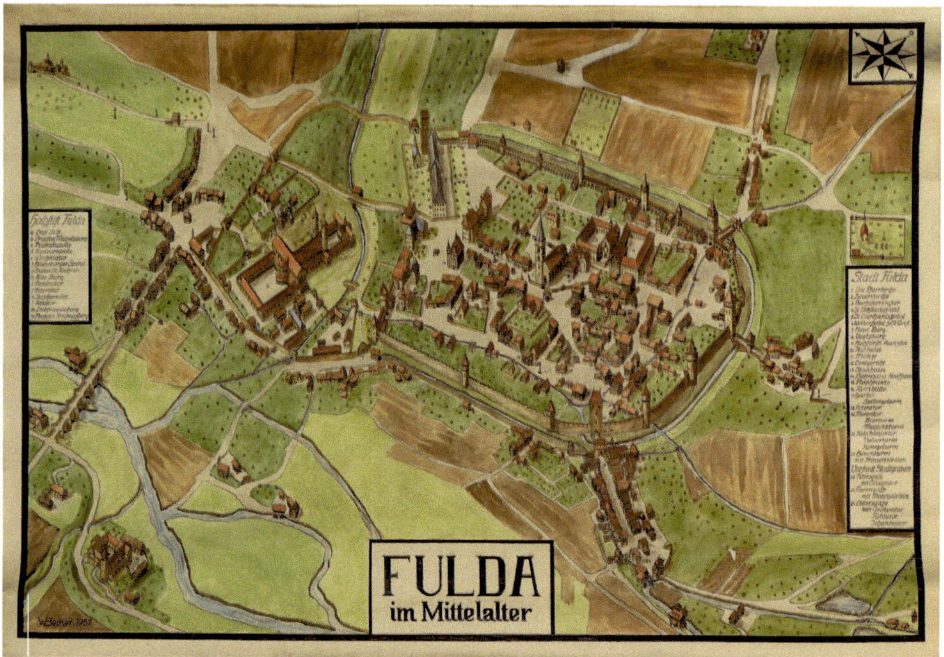


*Ansicht des mittelalterlichen Fulda auf Grundlage der Rekonstruktion von Aloys Jestaedt. Plan von Wilhelm Becker, 1952 (StadtAFd, Karten und Pläne)*

Fulda. Auffällig ist, dass es weder auf der gesamten West- noch auf der Ostseite der sich bildenden Stadt einen Zugang gab.

## Verleihung des Münz-, Markt- und Zollrechts (1019)

Für die junge Siedlung erhielt 1019 der bedeutende Fuldaer Abt Richard (reg. 1018–1039) von Kaiser Heinrich II. (reg. 1002–1024) das Münz-, Markt- und Zollrecht. Wichtig ist, dass dieses Recht nicht der Bürgergemeinde verliehen wurde, sondern dem Abt für den Ort Fulda, der zu dieser Zeit noch nicht als „civitas“ (Stadt), sondern als „locus“ bezeichnet wurde. Bei den drei Rechten handelt es sich um Regalien, also ursprünglich dem König vorbehaltene nutzbare Hoheitsrechte, die dieser an die Reichsfürsten weitergeben konnte. Während der Zeit des „Ottonisch-Salischen Reichskirchensystems“, bei dem sich die königliche Macht vor allem auf die geistlichen Fürstentümer stützte, war die Verleihung von Rechten ein probates Mittel, um die Bischöfe und Reichsäbte an den König zu binden. Neben Fulda profitierten noch eine Reihe von anderen geistlichen Institutionen von vergleichbaren Privilegierungen, so etwa Corvey für den Ort Meppen (945/946), Sankt Gallen mit Markt und Münze in Rorschach (947), Lorsch mit dem Markt in Bensheim (956), Gandersheim (990) und Quedlinburg (994).

Verständlich werden solche Rechtevergaben nur, wenn man bedenkt, welche Gegenleistungen eine kleine Reichsabtei wie Fulda, die in ihrem bescheidenen Territorium nur geringe Einnahmemöglichkeiten hatte, erbringen musste. Der Reichsdienst verschlang gewaltige Beträge in Form von zu stellenden Panzerreitern, der Beherbergung des Königs und seines Gefolges sowie der Beratertätigkeit durch den Abt. Man hat errechnet, dass es von der Klostergründung bis zum Jahr 1024 etwa hundert Zusammenkünfte der Äbte mit dem jeweiligen Reichsoberhaupt gab, angesichts des gewaltigen finanziellen und organisatorischen Reiseaufwandes in jener Zeit eine außerordentlich hohe Zahl.

## *Münzprägung*

Insofern kommt das Privileg von 1019 im wahrsten Wortsinne einer „Lizenz zum Gelddrucken" gleich, allerdings mit einem bedeutenden Unterschied zur Gegenwart. Die in Fulda und später auch in den anderen zum Fürstentum gehörigen Münzstätten Gerstungen, Hameln, Hammelburg, Salzungen und Vacha geprägten Münzen standen mit ihrem Feingehalt an Silber für einen entsprechenden Materialwert, während die heutigen Banknoten nur ein Versprechen des Ausgebers darstellen, diese in seinem Gebiet als gesetzliche Zahlungsmittel zu akzeptieren. Geprägt wurden in Fulda zunächst zweiseitige Münzen aus Silberblech mit einem Gewicht von etwa einem Gramm. Im Laufe des 12. Jahrhunderts ging man zu einseitig geprägten Pfennigen (Brakteaten) über, die zum Teil nur noch etwa ein halbes Gramm wogen. In dem Moment, als der Abt das Recht hatte,

*Denar aus der Amtszeit des Abtes Richard (1018-1039) mit Brustbild des Hl. Bonifatius (VM, 1019/663)*

*Brakteat aus der Zeit Konrads III. von Malkes (1221–1246). Brustbild des Abtes mit Krummstab und Buch, darüber ein Tor und zwei Türme (VM, 1019/17)*

den Feingehalt der Münzen selbst zu bestimmen, war die Versuchung groß, die Differenz zwischen dem Nennwert und dem Materialwert einschließlich der Produktionskosten immer weiter zu vergrößern. Der daraus erzielte Gewinn, auch Schlagschatz genannt, erhöhte zwar die fürstlichen Einnahmen, barg aber auch die Gefahr der Inflation und der Zurückweisung der Münzen in Form von öffentlichen Münzverrufungen auf dem Gebiet anderer Herrschaften. Dieses Problem sollte vor allem in der Frühen Neuzeit eine größere Rolle spielen. Die erste Fuldaer Münzstätte lag vermutlich im Bereich des heutigen Vonderau Museums. Ein Münzmeister ist mit „Bertoldus monetarius" erstmals Ende des 12. Jahrhunderts genannt. Während bis zu dieser Zeit die Pfennige die einzig ausgeprägte Währung in Fulda darstellten, kamen in der Folge auch höherwertige Münzen aus Gold und Silber in den Umlauf. Durchaus lukrativ konnte auch das Zollrecht sein, denn die Maut auf durchgeführte Waren stellte eine bequem zu verwaltende Einnahmequelle dar, deren finanzieller Ertrag für die Fürstabtei allerdings im Mittelalter mangels aussagekräftiger Quellen nicht abzuschätzen ist.

## Marktrecht

Von größter Bedeutung war das Marktrecht, das nicht einfach darin bestand, einen Markt abhalten zu dürfen. Der Markt und seine Besucher standen unter dem besonderen Rechtsschutz, auch bezeichnet als Marktfreiheit, die vom Marktherrn garantiert wurde. Sichtbares Zeichen des Schutzes war das auf dem Markt aufgestellte Kreuz. Dieses findet sich heute noch am 1434 erstmals so bezeichneten Platz „Unterm Heilig Kreuz". Mit dem Marktrecht war für die Händler die Verpflichtung verbunden, nur dort ihre Ware feilzubieten. Der „Fürkauf" (Vorverkauf) außerhalb des Marktes war in der Regel bei Strafe verboten, um den preistreibenden Zwischenhandel zu unterbinden. Die Missachtung des Verbots gab immer wieder Anlass zu Beschwerden und Streitigkeiten.

Für Fulda war unter den Bestimmungen der Urkunde des Jahres 1019 vor allem das dem Abt verliehene Marktrecht der Ausgangspunkt für eine Stadtentwicklung, die sich im Laufe des 11. Jahrhunderts offenbar ziemlich konsequent vollzog. Förderlich war hierbei der Umstand, dass es in der weiten Umgebung zwischen Kassel und Würzburg sowie Frankfurt und Erfurt in der beginnenden Salierzeit keine Siedlung mit einem vergleichbaren Entwicklungspotential gab.

Im Stadtgrundriss bildete sich neben dem erstmals 1440 so benannten Dienstagsmarkt am heutigen Bonifatiusplatz und dem Platz Unterm Heilig Kreuz ein dritter Markt im Süden aus, der 1358 als Sonnabendsmarkt und später als Buttermarkt bezeichnet wurde. In der Frühphase der Stadtwerdung spielte damit der Handel für die Gemeinde wie für das Umland eine entscheidende Rolle. Neben dem Kloster, das in der oben zitierten Äußerung eines arabischen Gesandten wegen seiner Pracht einen tiefen Eindruck bei den Fremden hinterließ, etablierte sich eine Kommune, die befördert durch die nach wie vor überregionale Ausstrahlungskraft der Mönchsgemeinschaft und der prachtvollen Kirchenbauten ihren Anteil an der positiven Entwicklung hatte. Fulda steht somit als prominentestes Beispiel für eine „Klosterstadt", die sich allmählich vom geistlichen Stadtherrn emanzipierte.

# IX

# Das mittelalterliche Fulda (1019–1500)

*Um zu bewirken, daß der Ort und unsere Bevölkerung darin in allen Kriegsgefahren in Sicherheit und Ruhe leben können, habe ich die ganze Ansiedlung der Fuldaer mit einer sehr starken Mauer umgeben, mit Wall und Damm befestigt, Außenwerke angelegt, eisenbeschlagene und mit Riegeln versehene Tore angebracht […]*

(Aus dem Tatenbericht des Abts Marquard, um 1160)

## *Die rechtliche Stellung der Stadt*

*Der bedeutende Fuldaer Abt Marquard (reg. 1150–1165) in einer farbigen Miniatur des Codex Eberhardi, um 1160 (HStAM, K 426, fol. 191r)*

*Darstellung des Stadt- und Stiftsheiligen Bonifatius auf einem Stadtsiegel, das im Original nicht mehr überliefert ist. Die Nachzeichnung stammt aus dem Werk des 1617 verstorbenen Geschichtsschreibers Christoph Brower (in: Brower, 1612, S. 165)*

Im Gegensatz zu vielen jüngeren Städten ist für Fulda keine förmliche Stadtrechtsverleihung nachzuweisen. Während kleineren Städten der Reichsabtei Fulda wie Brückenau (1310), Hammelburg (1303), Hünfeld (1310) und Lauterbach (1266) das Stadtrecht in Form einer besonderen königlichen Privilegierung zugebilligt wurde, fehlt dieser Rechtsakt für die Hauptstadt Fulda. Dies ist nicht besonders verwunderlich, da viele der bereits früh bestehenden Siedlungen im Reich, die schon im 12. Jahrhundert de facto die Rechtsqualität einer Stadt erreicht hatten, zu dieser frühen Zeit keine eigene Bestätigung darüber erhielten. Zum Wesen einer Stadt gehörte neben dem Marktrecht ein zumindest eingeschränktes Recht der kommunalen Selbstverwaltung im Bereich der Finanzen und der öffentlichen Ordnung, das Vorhandensein eines Bürgerrechts, das den mit diesem Privileg ausgestatteten Bewohnern eine Teilhabe an der Stadtpolitik durch ein aktives und passives Wahlrecht in den Rat gab sowie das Recht, eigenes Personal einzustellen, um die städtischen Aufgaben bewältigen zu können. Sichtbarstes, aber nicht unbedingt notwendiges Kennzeichen einer Stadt war die sie umgebende Mauer, die zum einen den Einwohnern Schutz bot, zum anderen aber auch klar den Rechtsbereich der Stadt markierte. Völlig unterschiedlich ist der Grad der Autonomie, den eine Kommune im Entwicklungsgang zu einer Stadt erreichen konnte. Die Spanne reicht von einer völligen Abhängigkeit zum jeweiligen Stadtherrn bis zur freien Reichsstadt, die nur noch den Kaiser über sich

*Abt Johann II. von Henneberg (reg. 1472-1513) nimmt die Stadt in seinen Schutz und gewährt ihr die althergebrachten Rechte, 1472 (StadtAFd, Urk. Nr. 77)*

hatte. Es wird sich beim Gang durch die Geschichte Fuldas bis zum Ende des Alten Reichs zeigen, dass hier gegenüber dem Fürstabt als Landesherrn nur ein sehr eingeschränktes Maß an Selbstständigkeit erreicht werden konnte.

Als Abt Marquard (reg. 1150–1165) in der Mitte des 12. Jahrhunderts den Ort Fulda mit einer Mauer umgeben ließ, war damit der Prozess der Stadtwerdung offenkundig abgeschlossen. Eine Münze mit der Umschrift FVLDA CIVITAS (Stadt Fulda) war bereits unter Abt Erlolf (reg. 1114–1122) spätestens 1116 geprägt worden. Man hat dies schon als Beleg für die Rechtsqualität Fuldas als Stadt zu Beginn des 12. Jahrhunderts gedeutet und auch gemutmaßt, ob nicht unter Kaiser Heinrich V. (reg. 1106–1125) bei dessen Besuch in Fulda Ende August des Jahres 1114 die Stadtrechte verliehen worden seien. Dies ist zwar nicht auszuschließen, doch wäre es verwunderlich, wenn ein so prominentes Dokument im Laufe der Zeit verloren gegangen wäre. Auch gibt es Zweifel, ob sich der Begriff CIVITAS zur Zeit Erlolfs tatsächlich auf die Stadt bezieht oder ob damit nicht der ummauerte Stiftsbezirk gemeint ist. Unabhängig von diesen Einschränkungen ist davon auszugehen, dass spätestens mit der Ummauerung die Rechtsqualität einer Stadt erreicht war.

Gegen eine urkundlich erfolgte Verleihung des Stadtrechts spricht auch der Umstand, dass sich der Stadtrat in Notzeiten niemals auf ein solches Recht berief, sondern stattdessen zwei Mal auf dem Höhepunkt von Konflikten mit dem Landesherrn durch Befragen zusammentrug, worin denn nun die Rechte der Stadt bestünden. Das erste Mal wurde zu Beginn des 15. Jahrhunderts in eine wohl von der Stadt in Auftrag gegebene Kopie eines Rechtsbuchs, des „Kleinen Kaiserrechts", die für Fulda geltenden Rechte miteingetragen. Genannt werden als städtische Privilegien das Eigentum über alle Tore und Türme der Stadtmauer, deren Baulast die Stadtgemeinde trug, daneben die Rechte der freien Ratswahl und der Bestellung von städtischem Personal. Ein zweites Mal kam es nach dem Bauernkrieg im Jahre 1541 zu einer vom Stadtrat veranlassten Befragung der Ältesten und Redlichsten, worin denn nun das Recht der Stadt bestehe. Die Befragung, die in der Rechtssprache als Weistum bezeichnete wird, führte zur schriftlichen Fixierung von 21 Paragraphen, die wiederum die Verfügungsgewalt über die Stadtbefestigung und die freie Wahl des Personals in den Mittelpunkt stellten.

Trotz Phasen, in denen die Stadt ihrem Landesherrn größeren Widerstand entgegensetzte, wurde die Oberherrschaft der Äbte niemals ernsthaft in Zweifel gezogen. Beim Amtsantritt eines neuen Abts musste die Stadt diesem Treue und Gehorsam schwören. Im Gegenzug bestätigten diese in einer eigens ausgestellten Urkunde, Fulda bei seinen nicht näher definierten „alten Freiheiten und Rechten" zu belassen. Zwischen 1472 und 1576 wurden acht Privilegien dieser Art erlassen, die letzte vom Stiftsadministrator (reg. 1576-1578) und Würzburger Bischof (reg. 1573-1617) Julius Echter von Mespelbrunn. Seit Fürstabt Balthasar von Dernbach (reg. 1572-1576, 1602-1605), der nicht nur die Rekatholisierung seines Stifts vorantrieb, sondern auch eine neue Politik fürstlicher Stärke gegenüber den Stiftsstädten vertrat, wurden die Freiheitsbestätigungen nicht mehr verliehen. Fulda blieb bis zum Ende des geistlichen Fürstentums eine vom Landesherrn kontrollierte Stadt mit relativ geringen Rechten.

## *Die ersten Bürger und das Bürgerrecht*

In der zweiten Hälfte des 12. Jahrhunderts treten uns in den Quellen die ersten namentlich bekannten Bürger entgegen: Willihardus, Gundelach und Bernardus werden anlässlich von Güterschenkungen als Bürger Fuldas *(cives Fuldensis)* bezeichnet. Mit *Ebbeceiz*, der Ehefrau des genannten Gundelach, erfahren wir erstmals auch den Namen einer Einwohnerin, die nach dem Tode von Mann und Sohn ihren Besitz in Kämmerzell dem Fuldaer Kloster schenkte. Das kleine Beispiel dieser Witwe zeigt, dass zumindest die vermögenden Frauen im Mittelalter keineswegs rechtlos waren, sondern durchaus als Vertragspartner auftreten konnten. Im Laufe des 13. Jahrhunderts sind eine ganze Reihe von Fuldaern in den Urkunden erwähnt, die neben dem Hinweis auf ihre Eigenschaft als Bürger zum Teil noch über Funktionsbezeichnungen verfügen, wie etwa jener bereits erwähnte Bertholdus Münzmeister *(monetarius)*. Am häufigsten erscheint das Amt des Schultheißen *(scultetus)*, seit dem 13. Jahrhundert auch das des Schöffen *(scabinus)*. Aufgrund der Beinamen, die sich später zu festen Nachnamen entwickelten, lässt sich für

*Die Geschwister und frühchristlichen Märtyrer Simplicius, Faustinus und Beatrix wurden im Laufe des Hochmittelalters zu Fuldaer Stadtpatronen. Ihr Symbol sind die drei Lilien, die noch heute im Fuldaer Stadtwappen erhalten sind. Die Abbildung (li.) zeigt Simplicius mit Schwert und Schild auf einem Stadtsiegel des 14. Jahrhunderts (StadtAFd).*
*In der ersten Grablege der Geschwister im römischen Stadtteil Magliana findet sich ein aus dem 6. Jahrhundert stammendes Fresko mit den Portraits der Märtyrer. Hier das Bild von Beatrix (StadtAFd, Foto: Franziska Ihle-Wirth)*

einen Teil der frühen Bewohner auch die ursprüngliche Herkunft erschließen: *Jordanus de Colhusen* (1205), *Otto de Malcoz* (1225), *Ludewicus de Leimbach* (1225), *Siboto de Martbach* (1225), *Albertus de Nova Curia* (1241) und *Gerhardus de Hunevelt* (1270) verweisen auf die umliegende Orte Kohlhaus, Malkes, Leimbach, Marbach, Neuhof und Hünfeld. Auch innerstädtische Ortsbezeichnungen wie „Vom Steinerhaus“ *(de lapidea domo)* oder „Am Heerhof“ *(an dem Herhove)* erlauben in ihrer Verwendung als Namenszusatz einen Einblick in die frühe Siedlungsgeschichte.

Wie in anderen Städten des Reichs war die Teilhabe an der Stadtpolitik durch das aktive und passive Wahlrecht für den städtischen Rat an die Verleihung des Bürgerrechts gebunden. Dieses konnten nur volljährige christliche Männer mit gutem Leumund und einem ordentlichen Einkommen, das die Zahlung eines Bürgergeldes bei der Aufnahme ermöglichte, erwerben. Zudem war ein Bürgereid zu schwören, der in seiner ältesten bekannten Fassung fünf Verpflichtungen enthielt: die Treue zum Landesherrn und zur Stadt, der Verzicht auf den Handel mit Auswärtigen, sofern er zum Nachteil der Stadt werden konnte, die Befolgung der obrigkeitlichen Gebote, die Anerkennung des hiesigen Gerichtsstandes sowie das Verbot des Wegzugs ohne Genehmigung. Zu den Bürgerpflichten gehörten neben dem Wach-, Wehr- und Schanzdienst auch Hand- und Spanndienste sowie vor allem die Zahlung von Steuern, die ursprünglich nur im begründeten Einzelfall erhoben wurden und damit vornehm als Bede (Bitte) umschrieben wurden.

Man kann davon ausgehen, dass nur ein kleiner Teil der städtischen Bevölkerung über das Bürgerrecht verfügte. Frauen waren grundsätzlich von der Verleihung ebenso ausgenommen wie die Juden sowie Personen mit geringem Einkommen, seien es Knechte, Kleinhandwerker und Taglöhner. Zudem gab es in Fulda über Jahrhunderte hinweg die Tendenz, Auswärtigen den Erwerb des Bürgerrechts durch ein im Vergleich zu den Einheimischen viel höheres Bürgergeld zu erschweren. Man suchte damit im Bereich des meist überbesetzten Handwerks auswärtige Konkurrenz fern zu halten.

Fragt man nach den Einwohnerzahlen des mittelalterlichen Fulda, so sind hier nur sehr grobe Schätzungen möglich. Die erste erhaltene Bürgerliste des Jahres 1525 erfasst 369 Bürger. Auf dieser Grundlage wird man für jene Zeit von einer Einwohnerzahl innerhalb der ummauerten Stadt von etwa 1.800 bis höchstens 2.000 Personen ausgehen können. Nicht inbegriffen ist hier die Siedlung in der Unterstadt im Bereich Altenhof, Tränke, Hinterburg und Eichsfeld.

## *Städtische Führungsschichten und der Streit um die Ratsverfassung*

Trotz der spärlichen Quellenüberlieferung des hohen und späten Mittelalters können wir aus den Streitigkeiten um die Besetzung des städtischen Rats klar ablesen, wer in Fulda unter der Aufsicht des fürstäbtlichen Stadtherrn den Ton angab. Es handelt sich um drei Gruppen, die um die Vorherrschaft rangen. Die älteste ist die der Schöffen, die wohl schon seit dem 12. Jahrhundert den Abt bei der Rechtsprechung, daneben aber auch bei der Verwaltung der Stadt unterstützte oder in seinem Auftrag selbst wahrnahm. Über die Tätigkeit im städtischen Gericht, aber auch bei der Sicherung der Stadtbefestigung und dem Aufbau einer Finanz- und Steuerverwaltung bildete sich eine Schicht von Dienstleuten des Abts heraus, die innerhalb der Stadt in verschiedenen Funktionen tätig war. Diese in der Forschung als „Meliorat“ bezeichnete Führungsgruppe dürfte sich sowohl aus Kaufleuten wie fürstäbtlichen Amtsträgern zusammengesetzt haben. Mitte des 13. Jahrhunderts beanspruchten die Schöffen die beiden wichtigsten Posten in der Stadt Fulda, nämlich die Ämter des Schultheißen und des Untervogts. Während ersteres die Aufsicht über die städtische Verwaltung umfasste, resultierte letzteres aus dem Recht der Vogtei. Hintergrund ist der Umstand, dass die geistlichen Fürsten nach kirchlichem Recht alle weltlichen Angelegenheiten, insbesondere die Strafgerichtsbarkeit, nicht selbst durchführen konnten, sondern dafür Vertreter (Vögte) beauftragen mussten. Im Hochmittelalter war die Vogtei der Reichsabtei Fulda an die Grafen von Ziegenhain übertragen worden, welche die ihnen verliehene Macht vor allem zum eigenen Vorteil nutzten und damit den Fürstabt während der Bürgeraufstände des 14. Jahrhunderts in erhebliche Bedrängnis brachten. In der Fuldaer Ortsvogtei, die auch den Bereich außerhalb der Stadtmauern

*Die freigelegte Fassade des Anwesens Friedrichstraße 26 zeigt ein gotisches Fenster. Die mittelalterliche Nutzung des Hauses ist ungewiss. Der Stern unter der Bogenspitze stellt möglicherweise das Wappen der Grafen von Ziegenhain dar (Foto: Pressestelle der Stadt Fulda)*

umfasste, übten die Ziegenhainer sowie die von ihnen eingesetzten Untervögte das auch finanziell lukrative Amt der Gerichtsbarkeit aus. In ihrer Niederlassung im Umfeld des heutigen Bonifatiusplatzes, möglicherweise im Anwesen Habsburgergasse 2, saßen die Ziegenhainer wie ein Stachel im Fleisch des Fürstabts.

Gegen die Dominanz der Schöffen erhoben sich zwei weitere Gruppen, nämlich die Zünfte und die Gemeinde. Unter letzterer ist nicht die Gesamtgemeinde zu verstehen, sondern die Gemeinschaft der Kaufleute. Diese bestand nur zu einem kleinen Teil aus Vertretern des Groß- und Fernhandels, wie die Lage Fuldas an dem Handelsweg Frankfurt-Leipzig nahelegen könnte. Stattdessen wird man davon ausgehen können, dass hier vorwiegend Kleinhändler, die sogenannten Höker, vertreten waren. In der dritten und zahlenmäßig stärksten Gruppe verband sich das in Zünften organisierte Handwerk, das im Laufe des späten Mittelalters und der Frühen Neuzeit zur dominanten Kraft aufsteigen sollte.

Hatten sich bis ins 14. Jahrhundert hinein die Äbte bei der Verwaltung der Stadt ausschließlich auf die Schöffen gestützt, die in einem ständigen Rat die Geschicke der Stadt lenkten, so drängten nun die Gemeinde und die Zünfte immer mehr auf eine politische Teilhabe. Der innerstädtische Konflikt wurde schließlich im Jahre 1384 in einem umfangreichen Vertragswerk gelöst. Die darüber vom Fürstabt Friedrich I. von Romrod (reg. 1384-1395) ausgestellte und im Stadtarchiv noch erhaltene Urkunde kann vereinfacht formuliert als das Gründungsdokument des Fuldaer Stadtrats angesehen werden. In den detaillierten Bestimmungen werden die Bemühungen sichtbar, das Machtverhältnis der drei Führungsgruppen fein auszutarieren und künftigen Konflikten vorzubeugen. Hierbei nahm der neue Abt Friedrich I. von Romrod eine entscheidende Vermittlerrolle ein, nicht ganz uneigennützig, denn ein nicht funktionsfähiger städtischer Rat konnte der finanziell chronisch klammen Reichsabtei keine Steuern und sonstigen Sonderzahlungen bewilligen. Die Verfassungsurkunde des Jahres 1384 betonte das „alte Herkommen", in dem die Ratswahl zu Michaelis (29. September) eines jeden Jahres bestätigt, ein engeres Ratsgremium für die laufenden Geschäfte und ein erweitertes Gremium für die Sonderaufgaben gebildet und insgesamt vier Bürgermeisterposten vorgesehen wurden. Neu war, dass die Kaufleute und Zünfte gegenüber den Schöffen erheblich gestärkt wurden. Hatten die Schöffen bisher ausschließlich den aus neun Personen bestehenden engeren Rat (Oberrat) besetzt, so standen ihnen dort künftig nur noch zwei Sitze zur Verfügung, während sich Kaufleute und Zünfte die übrigen sieben Sitze teilten. Zudem wurden die Geschäfte dieses geschäftsführenden Rates genauer definiert. Während sich vier Mitglieder um die Steuern und Finanzen kümmerten und damit eine Art Bürgermeisterrolle einnahmen, besorgten die übrigen fünf Vertreter die sonstigen Angelegenheiten. Der erweiterte Rat (Unterrat), der 24 Personen umfasste, bestand zur Hälfte aus Schöffen sowie zwei Vertretern der Gemeinde und zehn des Handwerks (Metzger, Bäcker, Wollweber, Lohgerber, Schuhmacher). In der Folge wurde die Ratsverfassung zu Gunsten des Einflusses der Handwerker weiterentwickelt. Auch die Schneider, Leinweber und Schmiede erhielten im Laufe des 15. Jahrhunderts das aktive und passive Wahlrecht für den Stadtrat. Zudem erlangten die vier Mitglieder des engeren Rats als formell ernannte Bürgermeister eine herausgehobene Funktion. Zu trennen ist hiervon das Amt des Schultheißen. Dieser wurde vom Fürstabt eingesetzt und war als dessen Vertreter in den Ratsversammlungen, die ohne seine Anwesenheit gar nicht abgehalten werden durften, immer zugegen. Auch dies war ein Zeichen dafür, dass von einer Unabhängigkeit Fuldas im Alten Reich niemals die Rede sein konnte.

# Bürgeraufstände

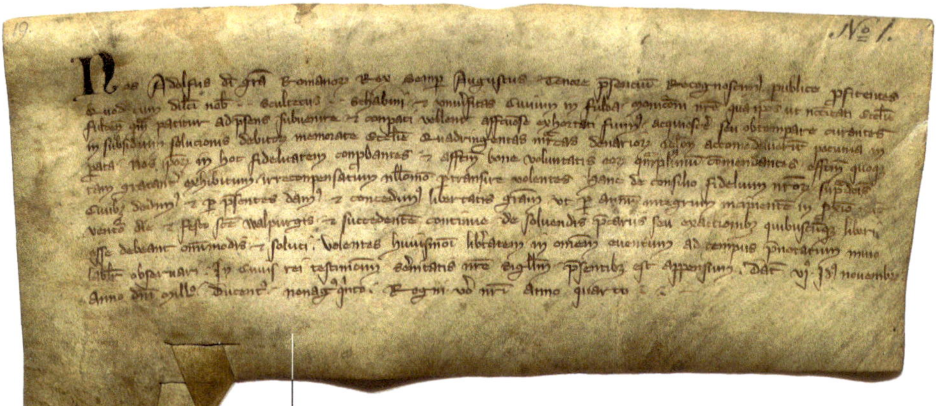

*In der ältesten Originalurkunde des Stadtarchivs aus dem Jahr 1295 verleiht König Adolf von Nassau der Fuldaer Bürgerschaft für ein Jahr Steuerfreiheit (StadtAFd, Urk. Nr. 1)*

Gegen die obrigkeitliche Bevormundung protestierten in vielen Städten des Reichs die Bürger. Insbesondere im 14. Jahrhundert entluden sich zahlreiche, schon lange schwelende Konflikte, so auch in Fulda. Die Hintergründe waren jeweils vielfältig. Manche Kommunen suchten sich ihres Stadtherrn zu entledigen und eine freie Reichsstadt zu werden. Von solchen Ambitionen ist in Fulda nur wenig zu spüren. Zwar gab es im Jahre 1487 eine Erklärung von Bürgermeister und Rat, dass man eine freie Reichsstadt werden wolle, doch am gleichen Tag musste die Forderung gegenüber dem Fürstabt wieder zurückgenommen werden. Dennoch ist das Bestreben zu erkennen, in der Stadtverwaltung eine größere Selbstständigkeit zu erreichen und auch eine eigene „Außenpolitik“ durch Verbindungen mit anderen Städten zu betreiben. Der wichtigste Konfliktpunkt war allerdings recht profan. Die ständig unter Finanznot und Verschuldung leidenden Fürstäbte waren auf die finanziellen Hilfsleistungen der Stadt regelmäßig angewiesen. Die älteste im Stadtarchiv verwahrte Urkunde aus dem Jahre 1295 dokumentiert diesen Umstand eindrucksvoll. Von König Adolf von Nassau (reg. 1292–1298) wurde die Stadt zu einer Sondersteuer von 400 Mark Kölner Pfennigen an die Abtei verpflichtet. Dass sie hierfür eine einjährige Bedebefreiung erhielt, war nur ein schwacher Trost angesichts der hohen finanziellen Lasten, die immer wieder zu tragen waren. In einer Phase, als die Besteuerung, die bis dahin immer an bestimmte Notlagen geknüpft war, in eine regelmäßige Verpflichtung überging, reagierte man auf Seiten der Städte, so auch in Fulda, besonders empfindlich bei jeder neuen Forderung. Die Schöffen, die als verlängerter Arm des Fürstabts, die Steuern einziehen mussten ohne dass sie stadtintern gegenüber der eigenen Bevölkerung eine Legitimation als Ratsherren besaßen, taten sich zunehmend schwer mit ihrer Rolle als landesherrlicher Erfüllungsgehilfe. Bis dahin war es dem Abt gelungen, den Schöffen lukrative Ämter in der Landesverwaltung zu verschaffen und sie damit auf eine Ebene mit den eigenen Dienstleuten (Ministerialen) zu stellen. Diese prestigeträchtige Funktion ließ sich im Laufe des 14. Jahrhunderts immer weniger mit der Aufgabe vereinbaren, die Rechte der Stadt zu wahren und zu schützen.

Hinzu kommt, dass sich zwischen dem Stiftskapitel und dem jeweiligen Fürstabt seit dem 13. Jahrhundert zunehmend Spannungen im Hinblick auf die Stiftsverwaltung ergaben. Hierbei standen immer wieder Finanzfragen im Vordergrund. Dabei ging es auch um die Trennung des Vermögens zwischen Abt und Kapitel. Auf dem Höhepunkt der Auseinandersetzungen verlegte Abt Heinrich V. von Weilnau (reg. 1288–1313) seine Residenz vom Kloster in eine neu errichtete Burg auf der Anhöhe zwischen Kloster und Stadt an der Nordostflanke der Stadtmauer. Die neue Residenz dürfte zum einen den Finanzbedarf der Äbte und damit den Finanzdruck auf die Stiftsstädte immer weiter erhöht haben, zum anderen gerieten sie in Fulda in eine Auseinandersetzung mit der städtischen Führungsschicht der Schöffen, die ihre aus der Untervogtei herrührenden Gerichtsrechte ausbauen wollten. Dahinter stand der große Konflikt zwischen den Äbten und den Grafen von Ziegenhain als Vögten, die den Abt in der Ausübung seiner landesherrlichen Macht zu beschneiden versuchten. Zwar kam es im Jahre 1320 zu einem Kompromiss, bei dem Abt Heinrich VI. von Hohenberg (reg. 1315–1353) dem Grafen Johann I. von Ziegenhain die Ortsvogtei in Fulda weiter zugestand, im Gegenzug aber die Steuerhoheit in Fulda erlangte. Doch auf die Dauer trieben die unterschiedlichen Interessen auf eine militärische Auseinandersetzung zu. 1322 kam es zum ersten Eklat zwischen dem Abt und dem städtischen Meliorat beim Streit um die Gerichtsrechte, welche die Bürger für sich beanspruchten. Der städtische Widerstand wurde offenbar gewaltsam gebrochen und einige der bedeutendsten Vertreter der Fuldaer städtischen Oberschicht verließen daraufhin die Stadt, um sich in Frankfurt und Gelnhausen anzusiedeln. Schon bald sah sich Abt Heinrich VI. aber gezwungen, wieder einzulenken. In einer militärischen Auseinandersetzung mit dem Würzburger Bischof Wolfram von Grumbach (reg. 1322–1332) erlitt sein Ritterheer eine vernichtende Niederlage und der Abt geriet dabei sogar vorübergehend in würzburgische Gefangenschaft. Zur Finanzierung des Lösegelds suchte Heinrich VI. den Kontakt zu den ausgewanderten Bürgern, unter denen ihm ein Teil einen hohen Kredit gewährte und wieder zurückkehrte. Auf diese Weise wurden am Bonifatiustag des Jahres 1326 Heinrich Rotzmaul, Johann und Fritz Stefan, Helwig Friese und Konrad Mühl wieder als Bürger Fuldas aufgenommen.

Der Friede hielt nur kurz. Auf Drängen seines Kapitels musste Abt Heinrich einen Plan zur Schuldentilgung des Stifts vorlegen, dessen wesentliche Säule eine zusätzliche steuerliche Belastung der Stadt Fulda war. Ein wichtiger Teil der Fuldaer Oberschicht verließ aus Erbitterung über die ständig sich ausweitende Steuerlast die Stadt in Richtung Frankfurt. Selbst der ziegenhainische Untervogt Heinrich Herdan schloss sich der Abwanderung an. Das in Fulda verbliebene Meliorat trat nun in offenen Widerstand zum Abt und trug im April 1331 Johann I. von Ziegenhain die Stadtherrschaft an. Sowohl die alte als auch die neue Abtsburg wurden durch die Bürger 1331 zerstört, während außerhalb der Stadt die Truppen des Abts über das von den Ziegenhainern geführte militärische Aufgebot siegte. In dem von Erzbischof Balduin von Trier vermittelten Schiedsspruch wurden der Bürgeraufstand und die Zerstörung der Burgen des Abts ausdrücklich missbilligt. Mit ihrer Forderung nach einer Ausgrenzung der Neuenburg außerhalb der Stadtmauern konnten sich die Bürger nicht durchsetzen. Stattdessen mussten sie Wiedergutmachung leisten, die Abtsburg wiederaufbauen und öffentlich Buße leisten, um aus der Reichsacht gelöst zu werden. Immerhin gestand der Schiedsspruch den Bürgern nunmehr eine eigene Steuererhebung zu und stellte auch eine neue Ratsverfassung in Aussicht. Der Spruch konnte die Gemüter allerdings nicht beruhigen. Ein zweiter Bürgeraufstand des Jahres 1332 brach nach kurzer Zeit in sich zusammen. Der Abt griff mit brutaler Gewalt durch und ließ offenbar einige der städtischen Anführer hinrichten. während ein anderer Teil die Stadt verließ. Möglicherweise hat der große Aderlass, den Fulda zwischen 1330 und 1332 erfuhr, auch dazu beigetragen, dass sich hier in der Folge keine starke Kaufmannsschicht mehr ausbilden konnte und die Stadt vorwiegend vom Kleinhandwerk lebte.

## *Die Macht der Zünfte*

Im Schatten der großen Auseinandersetzung zwischen der alten Oberschicht der Schöffen und den Fürstäbten um die Vorherrschaft in der Stadt konnten sich seit dem Spätmittelalter die in den Zünften vereinigten Handwerker immer mehr nach vorne drängen. Mit der Förderung des Fürstabts Friedrich I. von Romrod wurden die Zünfte zum dominierenden Faktor des städtischen Wirtschaftslebens. Der eidliche Zusammenschluss von Handwerkern zu einem genossenschaftlichen Verband ist in Fulda seit dem Jahr 1307 nachzuweisen, als die Schuster durch Abt Heinrich V. von Weilnau ein entsprechendes Privileg erhielten. 1338 waren die Lohgerber oder Löher erstmals mit einem Zunftbrief ausgestattet worden. Es folgten unter Abt Friedrich I. die Schmiede, die Schneider, die Leinweber und die Krämer mit jeweils eigenen Ordnungen.

Die urkundlichen Satzungen des Abts kamen im Laufe der Zeit immer mehr der Anerkennung von bürgerlichen Interessengruppen gleich. In der Frühzeit der Zünfte waren diese von der Obrigkeit auch als Bedrohung empfunden worden. Abt Heinrich VII. von

*Darstellung der Fuldaer Zunftwappen. Kolorierte Zeichnung von Gustav Iller (1879-1952), um 1900 (VM, II D 866)*

Kranlucken (reg. 1353–1372) erwirkte im Jahre 1357 von Kaiser Karl IV. ein Verbot aller Zünfte und Einungen in der Stadt Fulda sowie im gesamten Stiftsgebiet. Diese Intervention war allerdings angesichts der Bedeutung, welche die Zünfte zwischenzeitlich erreicht hatten, nur ein kurzfristiger Rückschlag auf dem Weg der Handwerkerschaft zur dominierenden Gruppe in der Stadtpolitik. Vom späten 14. bis ins frühe 19. Jahrhundert war die Zunftverfassung der maßgebliche Ordnungsrahmen für den weitaus größten Teil des städtischen Wirtschaftslebens, wobei

*Zunftstöcke der Fuldaer Handwerkerschaft im Vonderau Museum (Foto: Daniel Bley)*

*Zunftpokal der Kammmacher- und Nadlerzunft, 1610 (im Vorderdergrund) und Zunftkanne der Büttner, 1606 (VM, IV K 31 und 32)*

die im Spätmittelalter nur in wenigen Zunftartikeln definierten Richtlinien des wirtschaftlichen Handelns im Laufe der Frühen Neuzeit immer weiter differenziert wurden. Entstanden sind hierbei Genossenschaften, die unter der Aufsicht der Obrigkeit eine relativ große Autonomie besaßen und die ihre inneren Angelegenheiten von der Aufnahme neuer Mitglieder über Ausbildungs- und Prüfungsfragen bis hin zur Unterstützung von in Not geratenen Zunftangehörigen sowie deren Familienmitgliedern selbst regelten. Vergleichbar den heutigen Innungen und Kammern dienten sie nicht nur der Interessenvertretung, sondern sie übernahmen auch öffentliche Aufgaben wie die Gewerbekontrolle.

Allerdings erreichten die Zünfte zu keiner Zeit eine vom Abt unabhängige Stellung. Ihre Errichtung musste ebenso wie die Zunftordnung durch den Landesherrn bestätigt bzw. erneuert werden. Als Zeichen der Unterordnung wurde seit der Gründung der Zünfte jeder neu aufgenommene Meister auf den Abt vereidigt. Diesem standen auch ein Teil der Gebühren für den Eintritt in die Zunft wie auch die Strafgelder bei Verstößen gegen die Zunftordnung zu. Zudem zog er Streitigkeiten zwischen den Handwerkern an seine Gerichtsbarkeit. Die Indienstnahme der Zünfte zeigt sich nicht zuletzt darin, dass die Mitglieder zu Kriegsleistungen und zur Brandbekämpfung herangezogen werden konnten. Traditionell waren die Schuhmacher für die Herbeischaffung der Feuerleiter und der Feuerhaken verantwortlich, für die Feuerspritzen sorgten die Wollweber und die Schneider. Die Zimmerleute, Maurer und Schreiner sollten zuerst auf die Leitern steigen und wenn nötig zum Löschen auf die Dächer klettern. Den kleinen Zünften einschließlich den Krämern oblag der Transport der Wassereimer; Schmiede, Metzger, Bäcker, Bierbrauer und andere, die mit Feuer umgehen konnten, waren in vorderster Linie zum Löscheinsatz eingeteilt.

Eine solche Verordnung, die allerdings erst für das 18. Jahrhundert überliefert ist, lässt auf eine straffe Organisation innerhalb des Handwerks schließen und auch hierzu dienten die Zunftordnungen, die das innere Leben der Zünfte im Laufe der Zeit bis ins Kleinste regelten. Dies bezog sich auf die Aufnahme in die Genossenschaft der Meister, die dafür zu entrichtenden Gebühren, die Beschäftigung von Lehrlingen, Gesellen und Knechten, die Fertigung eines Meisterstücks, das korrekte Verhalten auf dem Markt, in der Öffentlichkeit und bei den Versammlungen (Geboten), die Abgrenzung gegenüber anderen Handwerken, die Wahl und Kompetenz der Zunftvorsteher sowie die Verpflichtung zur gegenseitigen Hilfe. Trotz vieler Besonderheiten weisen die Zunftordnungen doch eine Vielzahl von Übereinstimmungen auf.

Bei der Aufnahme wurde unterschieden zwischen Einheimischen und Auswärtigen. Letztere hatten weitaus höhere Hürden zu überwinden. So gab es das Einstandsgeld für Fremde, während die einheimischen Meistersöhne in der Regel davon ausgenommen waren. Die Schneider bestimmten bereits 1351, dass ein Auswärtiger beim Eintritt an den Abt wie auch an die Zunft jeweils 10 Schilling Heller, 2 Kannen Wein und 2 Pfund Wachs zu bezahlen habe. Der Sohn eines heimischen Schneidermeisters war hingegen von der Gebühr befreit. Gerade die Einstandsgelder erwiesen sich als ein probates Mittel, den Zugang zu den Zünften zu beschränken und mit der Bevorzugung des eigenen Nachwuchses

*Zunfttruhe der Schneider, 1634, renoviert 1848 (VM, III A 54)*

*Zunfttruhe der Leinweber, 1698 (VM III A 52)*

geschlossene Gruppen zu schaffen, in die man im Laufe der Zeit wegen der gewaltigen Erhöhung der Gebühren immer schwieriger hineinkam. Neben ehelicher Geburt und gutem Leumund wurden in einigen Fällen noch zusätzliche Erwartungen an das neue Zunftmitglied formuliert. Dieses durfte etwa bei den Hutmachern wie auch bei den Metzgern kein Schäfersohn sein, ein Hinweis auf die „Unehrenhaftigkeit" dieser Berufsgruppe, die oft mit den Schindern oder Abdeckern gleichgesetzt wurde.

Zu diesen Bestimmungen trat in der Zeit der Gegenreformation unter Abt Balthasar von Dernbach noch eine religiöse Klausel hinzu. Wer in die Zunft der Leinweber aufgenommen werden wollte, der musste seit 1605 katholisch sein. Bei jenen Berufen, in denen offenbar ein Mangel an heimischen Bewerbern vorhanden war, wich man allerdings von diesem Kriterium ab. Die Bader hatten neben einem guten Leumund nur nachzuweisen, dass sie einer der drei im Heiligen Römischen Reich anerkannten Religionen (katholisch, protestantisch, reformiert) angehörten.

Die Organisation der Zünfte im Inneren richtete sich nach jenen Gepflogenheiten, die allgemein im Reich üblich waren. Die Zunft wählte sich spätestens alle zwei Jahre zwei bis vier Vorsteher. Diese führten die Geschäfte und verwalteten die Finanzen, die durch Strafgelder sowie die „Mitgliedsbeiträge", die bei der jährlichen Versammlung in die Kasse (Büchse) geworfen werden mussten, Zuwachs erhielten. Die Rechnungsprüfung gehörte zu den wichtigsten Obliegenheiten der neu eintretenden Vorsteher, die ihre ausscheidenden Vorgänger beim Amtswechsel kontrollierten. Alle wichtigen Zunftentscheidungen wurden bei der jährlichen Vollversammlung aller Meister, dem sogenannten Gebot, behandelt. Diese Zusammenkünfte trugen durchaus Züge eines streng geregelten Rituals, das die Legitimität des alten Herkommens und der Tradition betonte und dabei nach außen hin das Selbstbewusstsein des Handwerks dokumentierte. Jährlich stets auf den gleichen Tag, so etwa bei den Wollwebern an Dreikönig, trafen sich alle Meister auf der Zunftstube, wo Punkt zwölf Uhr mittags die Zunfttruhe geöffnet wurde, in der sich sowohl die Kasse als auch alle schriftlichen Unterlagen der Genossenschaft befanden. Die mindestens zwei Schlüssel, die zur Öffnung der Lade benötigt wurden, hatten das Jahr über die Viermeister in Verwahrung. Mit Öffnung der Truhe galten für die Versammlung strenge Verhaltensmaßregeln. So legte die Ordnung der Leinweber fest, dass es bei Strafe verboten war, Waffen wie Degen oder Dolche beim Gebot zu tragen; diese mussten sie vor der Stubentür stehen lassen. Auch jedes derbe Wort, Fluchen oder Schimpfen war beim Gebot untersagt. Zudem wurde auch auf die Kleidung geachtet. Zur Versammlung solle ein jeder mit voller Kleidung, Schuhen, Strümpfen und Mantel erscheinen, ehrbar, züchtig und bescheiden, nicht liederlich in Pantoffeln mit einer Tabakspfeife, einer Nachtmütze und ungekämmt, heißt es etwa in der Satzung der Wollweber. Ein fester Bestandteil des Gebots war das Verlesen der Zunftartikel, die auf diese Weise nicht in Vergessenheit geraten sollten. Im Gebot wurden alle Angelegenheiten von grundsätzlicher Bedeutung besprochen, von der Aufnahme neuer Meister, der Aufnahme und Lossprechung der Lehrlinge über die Festsetzung von Strafen bis hin zur Verwendung der eingenommenen Gelder für eigenes Personal oder für karitative Zwecke.

Sowohl die Truhen als auch die Zunftfahnen, die bei den Prozessionen getragen wurden, haben sich als Zeichen handwerklicher Tradition und Autonomie in mehreren Exemplaren bis heute erhalten. Nicht weniger als 13 Truhen des 17. bis 19. Jahrhunderts aus der Stadt Fulda verwahrt das Vonderau Museum. Das älteste datierte Objekt stammt aus dem Jahr 1694. Neben den fünf erhaltenen Zunftfahnen des späten 18. und frühen 19. Jahrhunderts sind noch sieben Zunftstöcke (seit 1743) überliefert sowie ein aus dem Jahre 1610 stammender Pokal der Nadler und Kammmacher.

Meist in eigenen Satzungen wurde die Lehrlingsausbildung und das Gesellenwesen behandelt. Auch diese hatten zunächst eine Aufnahme zu beantragen und Gebühren zu bezahlen. Meist war nach der Zulassung und einer vierzehntägigen Probe eine dreijährige Lehrzeit vorgesehen, an deren erfolgreichen Abschluss sich eine zwei- bis dreijährige Wanderschaft in der Fremde anschloss. Jeder Meister durfte nur eine begrenzte Anzahl von Gesellen und Lehrjungen haben, in der Regel drei. Die Lehrlinge und Gesellen standen unter einem besonderen Schutz der Zunft. Wenn etwa bei den Weißgerbern ein Meister seine ihm anvertrauten Auszubildenden übel traktierte und diese dadurch zum Weglaufen nötigte, wies die Zunft den Betroffenen einen anderen Meister zu.

Wer schließlich die Lehr-, Gesellen- und Wanderzeit überstanden hatte, dem stand vor der Ernennung zum Meister noch die Anfertigung des Meisterstücks bevor. Bei den Hutmachern waren drei Stücke zu fertigen, nämlich ein Hochkopf, ein Kapphut und ein Bürgershut. Die Schneider verlangten einen Mannsrock, einen Frauenrock sowie einen

Frauenmantel. Die Büttner sollten in drei Tagen drei Stücke herstellen, nämlich ein Fass, einen Badezuber und einen Brunneneimer. Eine Truhe mit vorgegebenen Maßen ließen die Schreiner fertigen. Das Meisterstück der Weißbäcker bestand im Backen eines Weizenbrotes ohne Zugabe von Hefe oder Sauerteig, wie es im Fuldischen Gebrauch sei. Besonders anspruchsvoll war das Meisterstück bei den Maurern und Steinhauern, die mit individuellen Aufgaben konfrontiert wurden. Nach den von den Meistern vorgegebenen Maßen und Besonderheiten eines zu errichtenden Gebäudes musste sowohl ein Modell erstellt als auch ein Riss gefertigt werden.

Gerade im Falle der Maurer und Steinhauer regelten die Zunftbriefe nicht nur die inneren Verhältnisse der Korporation, sondern sie schufen mit klaren Vorschriften zur Bauausführung einen ordnungsrechtlichen Rahmen. So war es den Maurern strikt verboten, Schiedmauern zwischen zwei Häusern abzubrechen, Überhänge mit Tragsteinen in der Mauer zu bauen oder Feuerstätten auf hölzerne Böden zu setzen und nur mit einem gebackenen leinenumwickelten Stein zu sichern. Schornsteine durften nur mit gebackenen Steinen aufrecht über das Dach hochgezogen werden. In der Barockzeit schrieb eine baupolizeiliche Ratsverordnung des Jahres 1722 erstmals eine städtische Genehmigung bei Um- und Neubauten zwingend vor.

Die Zunftsatzungen regelten auch das Marktgeschehen. Dies betraf insbesondere das Verbot des Vor- oder Fürkaufs sowie die Untersagung jeglichen unlauteren Wettbewerbs. Geregelt wurde auch die Zulassung zu den Märkten. So war es den Hutmachern erlaubt auf freie Märkte zu ziehen, doch sollten sie nicht auf Dorfkerwen handeln. Die Leinweber durften die sechs würzburgischen Jahrmärkte besuchen, allerdings konnten sie nur zwei Ballen Tuch mitnehmen. Eine Ausschlussklausel für fremde Handwerke und Juden hielt diese vom Markt fern bzw. erschwerte diesen erheblich den Handel. Die Weißgerber konnten in ihrer Zunftordnung durchsetzen, dass Fremde und Juden auf den Märkten nicht vor 12 Uhr mit rohen Häuten handeln durften. Den einheimischen wie fremden Metzgern war sogar jeglicher Handel mit Leder untersagt. Die mächtige Stellung der Gerber zeigte sich auch in den Zunftartikeln der Löher, die Konflikte mit den Metzgern, Kürschnern und Schuhmachern in der Regel zu ihren Gunsten festschreiben ließen. So durften Schuhmacher kein rohes Leder kaufen. Ebenso war den anderen Handwerkern mit Ausnahme der Weißgerber, Sattler, Riemenschneider und Handschuhmacher der Handel mit großen und kleinen Fellen sowie mit Schaf- und Hammelhäuten verboten. Sogar Selbstjustiz war den Löhern in eingeschränktem Maße erlaubt, denn Lederdiebe durften von ihnen ohne Prozess körperlich gezüchtigt werden.

Bei den Schreinern war auswärtigen Handwerkern der Verkauf ihrer Ware nur zu den vier Jahrmärkten erlaubt, nämlich an Bonifacii (5. Juni), Simplicii (29. Juni), Allerheiligen und dem Sonnabend in der Palmwoche. Das Mittel der Diskriminierung war den heimischen Zünften nicht unbekannt. Die Wollweber behaupteten in ihrer Satzung, dass die Schweinfurter Händler Tücher in das Land brächten, die zehn Jahre und noch älter seien, um neu aufgekratzt und gepresst auf dem Markt verkauft zu werden. Auch zwischen den Zünften musste das Marktverhalten geregelt werden. Streit gab es beispielsweise zwischen den Wollwebern und Gewandschneidern wegen des Verkaufs und Schneiden fremden Tuchs. So wurde festgelegt, dass Gewandschneider kein Tuch zum Schnitt unter drei Ellen verkaufen durften, Wollweber sollten kein fremdes Tuch schneiden oder vermengen. Selbst innerhalb einer Zunft gab es heftige Konkurrenz. Die Schuhmacher wiesen ihre Mitglieder an, dass beim Markt keiner seinen Stuhl vor den Tisch des anderen setzen solle, keinen Kunden dem anderen abspenstig mache und an seine Tisch führe, auch nicht deuten, rufen oder winken dürfe.

Trotz dieser Vielzahl von einengenden und den Markt behindernden Regelungen darf die stabilisierende Funktion der Zünfte nicht übersehen werden, die letztlich im Zusammenwirken mit der Obrigkeit stets darum bemüht waren, für eine einigermaßen gerechte Verteilung der knappen Ressourcen und Verdienstmöglichkeiten auf eine relativ große Zahl von Handwerksmeistern zu sorgen. Dass dies letztlich nicht gelang und im Laufe des 18. Jahrhunderts ein dramatischer Rückgang der Handwerksmeister zu verzeichnen war, lag an zahlreichen Faktoren, vom fehlenden Hinterland über nicht vorhandene Bodenschätze, geringe Bevölkerung, knappem Kapital bis hin zu überregional nur im Textilbereich gefragten Produkten, die sich allerdings im 18. Jahrhundert großer Konkurrenz stellen mussten.

## *Die Jüdische Gemeinde*

Die Geschichte der Stadt Fulda ist seit dem Hochmittelalter untrennbar mit dem Leben der hier spätestens seit dem 12. Jahrhundert bestehenden jüdischen Gemeinde verbunden. Es liegt im Wesen der schriftlichen Zeugnisse, die uns über die weit zurückreichende christlich-jüdische Vergangenheit unterrichten, dass meist nur die dramatischen Ereignisse in den Blickpunkt gerückt werden, während die Zeiten eines friedlichen Miteinanders in der Regel keine Aufmerksamkeit der Chronisten finden.

Die erste Erwähnung einer jüdischen Gemeinde in Fulda steht im Zusammenhang mit einem Pogrom, der reichsweit für Aufsehen sorgte. 1235 beschuldigte man die hiesigen Juden, die Kinder eines Müller umgebracht zu haben, um deren Blut für rituelle Zwecke zu verwenden. Den ungeheuerlichen Vorwurf griff Kaiser Friedrich II. (reg. 1212–1250) auf und sprach nach einer eingehenden Untersuchung die Beschuldigten von dem Vorwurf frei. Das klare Urteil kam für die Betroffenen allerdings zu spät. Offenbar ein großer Teil der jüdischen Gemeinde, mehr als 30 an der Zahl, war durch Lynchjustiz ermordet worden. 1301 verpfändete König Albrecht I. (reg. 1298-1308) zur Tilgung seiner Schulden dem Fuldaer Abt die in seinen Städten und festen Orten lebenden Juden. Das

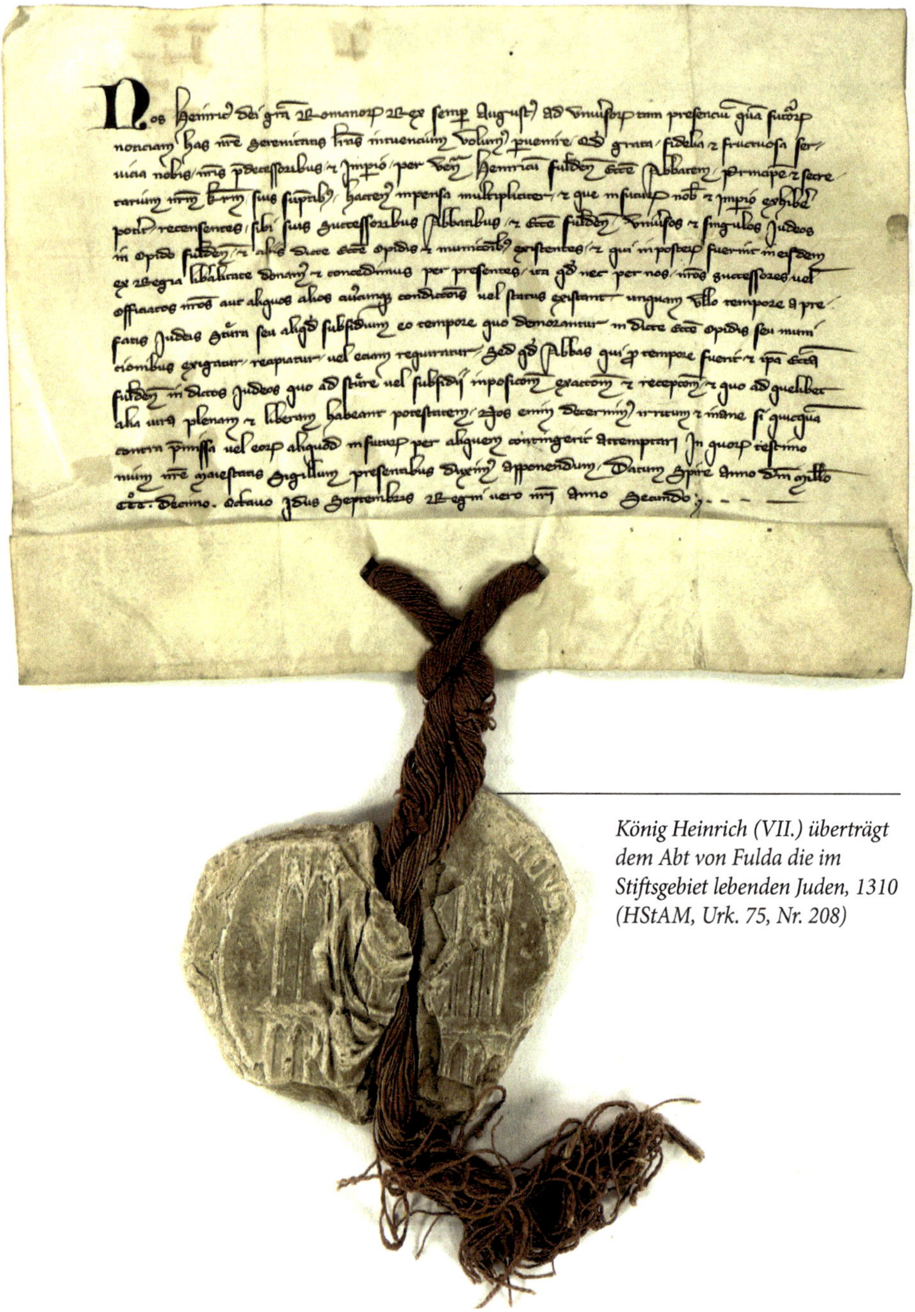

*König Heinrich (VII.) überträgt dem Abt von Fulda die im Stiftsgebiet lebenden Juden, 1310 (HStAM, Urk. 75, Nr. 208)*

hier zu greifende „Judenschutzregal", ein zunächst nur den Königen vorbehaltenes Recht der Steuererhebung als Kompensation für die Verleihung eines Aufenthaltsrechts, ging nur wenige Jahre später (1310) vollständig auf den Fuldaer Abt über. Für diesen war das Privileg bis ins 18. Jahrhundert hinein eine wichtige Geldquelle. Die in ganz Europa zwi-

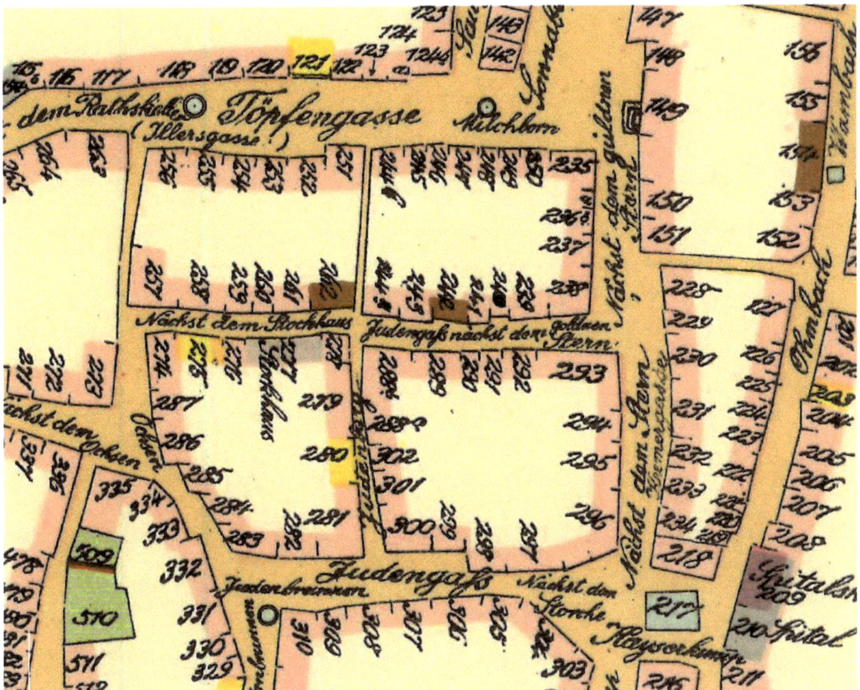


*Ausschnitt aus dem Jestaedt-Kataster mit dem jüdischen Viertel um die Mittelstraße und dem Stockhaus, 1727 (StadtAFd, NL 64 Jestaedt)*

schen 1348 und 1350 grassierende Pest führte an vielen Orten zur Verfolgung von Juden, die man für die Seuche verantwortlich machte. In Fulda wurden im März 1349 mehr als 100 Mitglieder der jüdischen Gemeinde umgebracht. Trotz der immer wieder aufflammenden Pogrome gibt es seit dem 14. Jahrhundert auch sporadische Hinweise darauf, dass die jüdische Gemeinde im Stadtbild präsent war. 1367 wird erstmals eine Judengasse genannt. Eine Synagoge erscheint 1423 als „Juden Schule" in den Quellen, ein jüdischer Friedhof ist seit 1476 urkundlich verbürgt. Auch gesellschaftlich begann durch die von den Fürstäbten zögerlich gewährte Ansiedlung jüdischer Familien eine allmähliche Normalisierung des christlich-jüdischen Zusammenlebens. 1492 erfolgte die erstmalige Anstellung eines jüdischen Arztes zur Versorgung der Armen durch Abt Johann II. von Henneberg (reg. 1472–1513).

Die Phasen des friedlichen Miteinanders wechselten in der Folge immer wieder mit Verfolgungen und Vertreibungen. Diesen lagen nicht nur religiöse Motive zugrunde, sondern sie sind zu einem wichtigen Teil auch in der wirtschaftlichen Lage zu suchen. Die überwiegend vom Zunfthandwerk in bescheidenen ökonomischen Verhältnissen lebende Bürgerschaft suchte einen Schuldigen für die schlechte wirtschaftliche Lage Fuldas, das schon längst den wirtschaftlichen Anschluss an die größeren Nachbarstädte verpasst

*Gedenktafel für den jüdischen Rabbiner und Gelehrten Maharam Schiff in der gleichnamigen Straße neben dem Alten Jüdischen Friedhof (Foto: Pressestelle der Stadt Fulda)*

hatte. Die immer wieder in dieser Zeit von den Stadtbürgern gegen die Juden erhobenen Vorwürfe wegen unerlaubten Handelns mit Zunftprodukten und angeblich wucherischen Geldgeschäften zielten letztlich auf die Ausschaltung unliebsamer Konkurrenz. Es waren gerade die Städte der Fürstabtei Fulda (neben der Hauptstadt insbesondere Brückenau, Hammelburg und Hünfeld), die immer wieder die Fürstäbte nötigten, Ausweisungsverfügungen zu erlassen oder zumindest die Juden in ihrer Tätigkeit zu behindern.

## Das mittelalterliche Stadtbild

Die unter Abt Marquard I. um 1160 errichtete Stadtmauer umgab auf einer Länge von etwa 1,7 Kilometern die Bürgerstadt. Sie war von Beginn an so großzügig bemessen, dass sie bis in das 19. Jahrhundert hinein ausreichend war und während der Frühen Neuzeit nicht erweitert werden musste. Eine Fuldaer Besonderheit sind die drei Vorstädte Löherstraße, Florengasse und Petergasse. Sie lagen zwar außerhalb des Stadtmauerrings, besaßen aber an ihrem stadtauswärtigen Ende jeweils ein weiteres Stadttor, nämlich das Johannestor und das Fuldator in der Löherstraße, das Törlein oder auch Mannstörlein in der Florengasse und das Cläsges- oder Nikolaustor in der Petersgasse. Die Bewohner

*Darstellung von einzelnen Partien der Stadtmauer. Zeichnung von Ernst Wenzel, 1909 (Bibliothek des Bischöflichen Priesterseminars)*

*Das Nikolausspital. Gemälde von Nikolaus Kleineberg (1863-1946), (VM II C 398)*

dieser Straßen waren Einwohner der Stadt Fulda, bewahrten sich aber doch auch eine gewisse Sonderstellung. Besonders ausgeprägt war diese in der Haupteinfallstraße von Frankfurt, der Löherstraße, die zum einen von dem Handwerk der Lohgerber geprägt, zum anderen aber mit ihren Gasthäusern und den Pferdewechselstationen auf den Fernverkehr ausgerichtet war. In der Florengasse waren viele Metzger angesiedelt, während die Petersgasse im Gegensatz zu heute eine wichtige Ausgangsstraße nach Südosten war. Dies dokumentieren das mächtige Peterstor und auch der Umstand, dass sich am Ende der Straße ein bedeutendes Spital befand. Dieses 1319 erstmals erwähnte Nikolausspital diente ursprünglich der Versorgung der Leprakranken, die man auch als „Gutleute" bezeichnete. Von daher rührt der im Mittelalter verwendete Name Gutleuthaus. In der Frühen Neuzeit war es ein Männerspital. Die erstmals von Ursula Braasch-Schwersmann geäußerte Vermutung, wonach die Petersgasse für den Verkehr viel wichtiger war als das Heertor, dürfte mit einiger Sicherheit zutreffend sein.

Am stadtseitigen Beginn der Löherstraße liegt das städtische Heilig-Geist-Spital, das sein heutiges Aussehen einer barocken Neugestaltung durch den Baumeister Andrea Gallasini (1681–1766) unter Fürstabt Adolf von Dalberg (reg. 1726–1737) verdankt. Es wurde

*Das Katharinenhospital jenseits der Langenbrücke. Lithographie von Augustin Heider, 1828 (VM, II Ea 81)*

gegen Ende des 13. Jahrhunderts für alte und gebrechliche Bürger der Stadt begründet und hat im Mittelalter offenbar keine herausragende Rolle bei der Versorgung der Bevölkerung gespielt. Ebenso alt ist ein weiteres Leprosorium jenseits der langen Brücke, das Katharinenspital, das zunächst leprakranken Frauen und Kindern vorbehalten war und wie das Nikolausspital an einer bedeutenden Straße außerhalb der Stadtmauer lag. Das vierte und jüngste städtische Spital wurde 1451 in der Karlstraße durch eine Bruderschaft errichtet. Das St. Leonhard geweihte Haus diente der Versorgung von Pilgern beiderlei Geschlechts. Ende des 15. Jahrhunderts wurde das Spital für alle „arme und elende Leute“ geöffnet.

Die besondere Wichtigkeit der Wasserversorgung spiegelt sich ebenfalls im Stadtbild wider. Zwar wurde die ummauerte Stadt nicht direkt von der Fulda durchflossen, doch ein gut verzweigtes System von Kanälen, Nebenflüssen und Brunnen sorgte dafür, dass der Fluss die Lebensader der Stadt wurde. Hatte schon der Gründungsabt Sturmi mit einem Fulda-Kanal das Kloster mit Wasser versorgen lassen, so wurde diese Idee spätestens im 14. Jahrhundert von neuem aufgegriffen und ein neuer Kanal errichtet, der bei der Kohlhäuser Brücke begann und bis zur heutigen Bardostraße führte, um dort die Walkmühle im Bereich des heutigen Löhertores zu betreiben. Bis in die 70er Jahre des 20. Jahrhunderts war dieser etwa zweieinhalb Kilometer lange künstliche Flussweg ein sichtbarer Bestandteil des Stadtbildes am Rande der südlichen Innenstadt. Heute ist er oberirdisch entlang der Frankfurter Straße bis zum Badegarten, von wo er nach Westen in die Fulda zurückgeleitet wird, noch erkennbar. Der verfüllte Abschnitt um den Kothenbachweg sowie die Johannis-, Löher- und Bardostraße lässt nicht mehr erkennen, dass hier Fuldas bedeutendste Mühlen standen, aus denen sich im 19. Jahrhundert Industriebetriebe entwickelten.

*Die Quatmühle in der Kronhofstraße. Gemälde von D. Vonderau (VM, II C 603)*

Der spätmittelalterliche Fulda-Kanal erschloss nicht nur die zum Walken des Tuches gebrauchte Walkmühle, sondern auch die Ziegel- und die Hornungsmühle, die zum Mahlen des Korns genutzt wurden. Wie lebenswichtig der Kanal für die Stadt war, zeigt eine Verabredung zwischen den Wollwebern und Lohgerbern über die Nutzung des Kothenbachs und den Unterhalt des Stadtgrabens bei Kohlhaus aus dem Jahre 1390. Hierbei wurde festgelegt, dass beide Zünfte den Kanal nutzen und auch unterhalten sollten. Gerade letzteres war sehr aufwändig und erforderte einen enormen personellen Einsatz, der allerdings erbracht wurde, um eine für die Stadt lebenswichtige Verbindung nicht versiegen zu lassen.

*Die Maschinenfabrik Wilhelm Hartmann in der Frankfurter Straße neben dem Fuldakanal, 1976 (StadtAFd, BA-41159. Foto: Julius Caesar)*

Neben den am Kanal liegenden Mühlen gab es noch eine ganze Reihe von Bauten, welche die Wasserkraft nutzten, so die bei der Hornungsmühle gelegene Schneidmühle zum Holzschnitt. An der Langebrückenstraße gab es die Brücken- oder Kellermühle, die ebenso wie die 1337 erstmals urkundlich erwähnte Wiesenmühle dem Konvent gehörte. Außerhalb des Flussbetts der Fulda lag die Krätzmühle am von Künzell zufließenden Krätzbach, der auch die Bachmühle und über den Krätzgraben die Spitalsmühle am Heilig-Geist-Spital mit Wasser versorgte. In der Unterstadt gab es die aus dem Löhergraben gespeiste Abtstormühle sowie die zur Herstellung von Rüstungen genutzte Harnischmühle und die wohl sehr alte Quadmühle in der Kronhofstraße.

Neben der Fulda versorgten der von Osten zufließende Bach im Galgengraben sowie die Waides und der Krätzbach die Stadt mit Wasser. Die Waides, deren Bett sich von vielen unbemerkt durch den Schlossgarten zieht und unterirdisch den Domplatz quert, um bei der Tränke auf die Kronhofstraße zu stoßen, wurde schon im hohen Mittelalter in ihrem unteren Teil verlegt. Ursprünglich mündete sie bei der heutigen Domschule in einen östlichen Seitenarm der Fulda. Wohl im 13. Jahrhundert erfolgte im Zuge der Anlage der Wiesenmühle, für die man die gesamte Wasserkraft der Fulda benötigte, die Aufgabe dieses Seitenarmes. Für die Waides wurde die heute noch bestehende Umleitung über den fürstlichen Altenhof geschaffen, wo sie als Viehtränke diente, dabei aber auch das Siedlungsgebiet der Tränke bis weit in das 20. Jahrhundert hinein anfällig für Hochwasser machte. Der unscheinbare Krätzbach kann in seiner Bedeutung für die Stadtentwicklung gar nicht hoch genug eingeschätzt werden. Er war Bestandteil eines weit ausgreifenden Kanalsystems, das über den Krätzgraben den Westen und Südwesten der Stadt an eine Bewässerung anband. Innerhalb der Stadtmauer durchfloss er im Wollwebergraben die heutige Kanalstraße und befriedigte hierbei den gewaltigen Wasserbedarf des Fuldaer Textilhandwerks. Parallel hierzu floss außerhalb der Mauer durch den Stadtgraben der aus dem Fulda-Kanal gespeiste Löhergraben, der für die Lohgerber von großer Bedeutung war und die Bildung der Löhervorstadt erst ermöglichte. Die im Mittelalter offenen Kanäle des Wollweber- und Löhergrabens nahm die in die Tränke umgeleitete Waides wieder auf und führte sie in die Fulda zurück. Dies zeigt, dass die Stadt spätestens seit dem 14. Jahrhundert über ein planvolles Bewässerungssystem verfügte, das sowohl der Trinkwasserversorgung als auch dem Handwerk diente. Auch die stadtnahe Landwirtschaft profitierte von der ausgeklügelten Bewässerung. Die für Fulda typische gemischte Erwerbsform aus handwerklicher Betätigung und der Nutzung von Gärten innerhalb und außerhalb der Stadtmauer war nur durch die Unterhaltung eines Kanalsystems sicherzustellen.

Zur Wasserversorgung trug auch eine Vielzahl von Brunnen bei. Unter ihnen dürfte der Kronhofbrunnen unterhalb der Klosteranlage der älteste sein. Innerhalb der Altstadt weist der erste Stadtplan von 1727 eine ganze Fülle von Brunnen in der Florengasse, an der Ohm, in der Karlstraße (Kaiserkumpf), am Buttermarkt (Milchborn), in der Marktstraße, Unterm Heilig Kreuz (Kreuzkumpf), am Luckenberg (Luckenborn), in der Mitte sowie am Ende der Friedrichstraße (Kraftborn und Oberer Stadtkumpf) und am Bonifatiusplatz aus. Im östlichen Teil der Stadt finden sich Brunnen im Küchengarten der Residenz, in der Nonnengasse und im Innenhof des heutigen Vonderau Museums. Die flussnahen unterstädtischen Gemeinden verfügten über eine Vielzahl von Wasserreservoiren, unter denen der nur noch als Straßenname vorhandene Gartenbrunnen an der Langebrückenstraße der bedeutendste war.

Fuldas Stadtbild im Mittelalter, soweit es sich aus späteren Plänen und baulichen Zeugnissen rekonstruieren lässt, weist neben den charakteristischen drei Vorstädten die

*Der Alte Jüdische Friedhof zwischen Linden- und Rabanusstraße, 1907. Gemälde von Gustav Iller (VM, II C 111)*

Besonderheit auf, dass innerhalb seiner Stadtmauern eine unsichtbare Zweiteilung zwischen einem bürgerlichen Westteil und einem herrschaftlichen und geistlichen Ostteil erkennbar ist. Während die drei Märkte vom Dienstagsmarkt über den Platz Unterm Heilig Kreuz bis zum Buttermarkt die Längsseite der Stadt von Nord nach Süd bestimmten und entlang der Achse Schmiedegasse (heute Friedrichstraße) und Töpfergasse (heute Marktstraße) die bürgerlichen Bauten ebenso dicht drängten wie im gesamten westlichen Teil der Stadt, war etwa ein Viertel des ummauerten Stadtbereichs der bürgerlichen Bautätigkeit entzogen. Es handelt sich um das Gelände zwischen Stadtschloss und dem heutigen Vonderaumuseum im Bereich der Nonnengasse, der Schulstraße, des Steinwegs und der Universitätsstraße. Das Areal, das nach Osten durch die Stadtmauer parallel zur heutigen Rabanusstraße begrenzt wurde, lag in der Verfügungsgewalt des Abts, der hier fürstäbtliche oder geistliche Einrichtungen ansiedelte. Über die Residenz, die fürstliche Kanzlei an Stelle des heutigen Hotels „Zum Kurfürst“, das 1623 begründete Kloster der Benediktinerinnen, das um 1235 errichtete Franziskanerkloster an Stelle des heutigen Kaufhauses Karstadt bis hin zur fürstlichen Münze und auch mutmaßlich erstem Rathaus im Gebäude des jetzigen Vonderau Museums erstreckte sich ein hoheitlicher und geistlicher Bereich, der außerhalb des städtischen Lebens und abseits der Hauptverkehrswege lag.

Kapellen gab es in den bereits genannten Spitälern Zum Heilig Geist, St. Kathrin, St. Nikolaus und St. Leonhard. Eine Besonderheit ist die 1451 gestiftete Marienkirche am Severiberg. Sie war die Zunftkirche der Wollweber, die sie nach ihrem Patron, dem heiligen Bischof Severus von Ravenna (gest. um 346), als Severikirche bezeichneten. Bemerkenswert ist, dass sich in Fulda neben den Benediktinern im Mittelalter nur die Franziskaner niederließen. Daneben unterhielten die Dominikaner, die Serviten von Vacha und die Augustiner aus Schmalkalden in Fulda Termineien, worunter nicht ständig besetzte Niederlassungen zu verstehen sind, zu denen gelegentlich oder regelmäßig Prediger entsandt wurden, die hier auch Almosen sammelten. Über ihre Tätigkeit in Fulda ist nur sehr wenig bekannt. Am heutigen Universitätsplatz lag zudem der Hof der Beginen, einer geistlichen Gemeinschaft von unverheirateten Frauen und Witwen, die bis zum Abzug des benachbarten Franziskanerordens infolge des Bauernkriegs unter deren geistlicher Leitung standen. Der Beginenhof, auch „Große Klause" und später „Alte Mang" genannt, ging 1653 in den Besitz der Jesuiten über, die das Gebäude in einen landwirtschaftlichen Gutshof, den späteren Ackerhof, umgestalteten. Die Existenz eines „Weißklosters" im Bereich der Hinterburg, das auf einem Stich von Matthäus Merian von 1650 eingezeichnet ist, lässt sich nicht belegen.

Zum Stadtbild der Innenstadt gehörten im Mittelalter auch die Friedhöfe. Da man die in den Kirchen ruhenden Heiligen als Fürsprecher im Jenseits ansah, wurden in der Regel neben den Kirchen auch die Grabstätten angelegt. Die erste Bürgerkirche an der Stelle der heutigen Stadtpfarrkirche war von einem sich zur Nonnengasse hin erstreckenden Friedhof umgeben, dem allerdings mitten in der Stadt enge Grenzen gesetzt waren. Spätestens mit dem gotischen Ausbau der Pfarrkirche Mitte des 15. Jahrhunderts war dieser Begräbnisplatz für Fulda zu klein geworden, auch wenn zusätzlich im Inneren der Stadtpfarrkirche noch bis ins 18. Jahrhundert Bestattungen vorgenommen wurden. Es ist davon auszugehen, dass seit dem Spätmittelalter als Ausweichplätze die Grabstätte vor dem Kohlhäuser Tor beim Heilig-Geist-Spital sowie der Hof um die Severikirche genutzt wurden. Dort bestatteten offenbar sogar bis zum frühen 18. Jahrhundert die Zunftmitglieder ihre Toten. Mit dem Anstieg der Fuldaer Bevölkerungszahl während des 16. Jahrhunderts war es nicht mehr möglich, in der Innenstadt einen Friedhof zu unterhalten. Deshalb wurde 1531 beim Peterstor außerhalb der Stadtmauern ein „Neuer Friedhof", der heutige Alte Städtische Friedhof, angelegt. Dieser ist zunächst wegen der Ferne zu einem Gotteshaus und der fehlenden Ummauerung nicht angenommen worden. Erst als 1537 die Kapelle vom Friedhof vor dem Kohlhäuser Tor an ihre heutige Stelle am Alten Städtischen Friedhof verbracht und der Platz eingefriedet wurde, erfolgten dort die ersten Bestattungen.

X

# Krise, Revolution und Reformation (1500–1525)

Das Spätmittelalter (ca. 1250–1500) ist immer wieder als eine Zeit der Krise beschrieben worden, die in ihren unterschiedlichen Erscheinungsformen von der Agrarkrise bis hin zur Glaubenskrise reicht. Für die Stadt Fulda und ihr Umland sind während des 15. Jahrhunderts auf den ersten Blick keine Entwicklungen zu erkennen, die auf eine besonders zugespitzte Lage hindeuten, wie sie etwa bei den Bürgeraufständen des vorausgegangenen Jahrhunderts zu erkennen war. Hunger. Armut, Missernten und soziale Ungleichheit waren die ständigen Begleiter des mittelalterlichen und frühneuzeitlichen Menschen, so dass es zunächst keine Vorzeichen für einen solch gewaltsamen Ausbruch der Unzufriedenheit gab, wie er sich dann 1525 im sogenannten Bauernkrieg entlud.

*Portrait des Fürstabts Johann III. von Henneberg. Kupferstich von Hans Brosamer, 1541 (VM, II Ec 4)*

## Äbte im Zwiespalt

Die Regierungszeit des Fürstabts Johann II. von Henneberg (reg. 1472–1513), eines gebildeten Juristen, der 1458 zum Rektor an der Universität Erfurt berufen wurde, gilt als durchaus erfolgreich. Der Henneberger unternahm Reformversuche im kirchlichen Bereich und schuf durch eine sparsame Politik die finanziellen Grundlagen, um die von seinen Vorgängern verpfändeten Besitzungen wieder einzulösen. Anders war dies bei seinem Nachfolger Hartmann Burggraf von Kirchberg (reg. 1513–1521/29). Auch er war ein promovierter Jurist, der durch seine verschiedenen Funktionen als Domherr und Hofrat in Mainz, Assessor am Reichskammergericht und kaiserlicher Gesandter bestens in geistlichen und weltlichen Kreisen vernetzt war. In Fulda, wo er bereits 1507 zum Koadjutor mit dem Recht auf die Nachfolge des Fürstabts Johann II. gewählt worden war, ließ sich Hartmann fortan eher selten blicken. Das Stiftskapitel verfolgte das Engagement des künftigen Fürstabts mit äußerstem Misstrauen. Offenbar war hier jemand am Werk, dem die Fuldaer Bühne zu klein war und der nach Höherem strebte. Hartmanns Machtambitionen äußerten sich unmittelbar nach dem Tode seines Vorgängers, als er die Chance nutzte, um die völlig überschuldete Reichsabtei Hersfeld in das Stift Fulda einzugliedern. Damit machte er sich die Landgrafschaft Hessen-Kassel zum Feind, die eine Ausdehnung Fuldas in sein Machtgebiet nicht klaglos hinnehmen wollte. Um sich für eine bevorstehende militärische Auseinandersetzung zu wappnen, tastete Hartmann die Ersparnisse seiner Vorgänger an, die eigentlich zum Rückkauf der Pfandschaften bestimmt waren. Dadurch kam es zum offenen Bruch mit dem Stiftskapitel und der Ritterschaft, die sich als Wahrer der Landesrechte betrachteten. Hartmann entzog sich dem Konflikt durch seine Flucht nach Hammelburg, von wo aus er mit dem Kaiser und der hessischen Landgräfin weiterverhandelte, um seine Position zu sichern. Hierbei verzichtete er auf die Inkorporation Hersfelds, was ihm vom Fuldaer Stiftskapitel ebenfalls sehr verübelt wurde.

In dieser verwickelten Situation suchte das Fuldaer Kapitel nach einer Alternative für Abt Hartmann. Man einigte sich dabei mit dem Grafen Wilhelm von Henneberg, dass dessen Sohn Johann zum Nachfolger Hartmanns gewählt werde, sobald dieser gestorben oder zurückgetreten sei. Mit Hilfe des Kaisers, der auf dem Wormser Reichstag im Jahre 1521 die Angelegenheit entscheiden sollte, verzichtete Hartmann gegen eine Abfindung und eine jährliche Pension auf die Regierung, behielt aber den Titel eines Abts von Fulda. Zu diesem Zeitpunkt war sein designierter Nachfolger Johann von Henneberg gerade einmal 18 Jahre alt. Zwar war er früh von seinem Vater für den geistlichen Stand bestimmt worden, hatte trotz seiner jungen Jahre schon zahlreiche Universitäten besucht und mehrere geistliche Pfründen inne, doch zu seinem neuen Amt verspürte er nicht die geringste Lust. Eindringlich bat er seinen Vater Wilhelm von Henneberg, ihn vor der Mönchskutte zu bewahren. Diese hätte er zwar noch nicht zu Lebzeiten des abgesetzten Hartmann als Koadjutor, spätestens aber bei der Übernahme der Abtswürde anlegen und das Mönchsgelübde schwören müssen. Die innere Zerrissenheit des Johann von Henneberg steht durchaus stellvertretend für diese Umbruchszeit, in der spätestens seit der Reformation eindringlich über das Wesen des geistlichen Standes diskutiert wurde. Letztlich fügte sich

Johann in sein Schicksal und trat 1531 in den Benediktinerorden ein, doch blieb er Zeit seines Lebens ein „Abt im Zwiespalt" (Wolfgang Breul).

Nimmt man diese wenigen Informationen über die politischen Hintergründe im Fulda der Wende vom 15. und 16. Jahrhundert zusammen, dann ergeben sich doch Zeichen, die auch hier auf eine Umbruchsituation hindeuten. Die hochgesteckten politischen Ziele, die ein Abt vom Schlage eines Hartmann von Kirchberg verfolgte, sind zeittypisch. Die zunehmenden Auseinandersetzungen zwischen den einzelnen Territorien des Reichs zeigen einen Zustand, der sich nach dem berühmten Diktum des österreichischen Historikers Theodor Mayer (1883–1972) als Übergang vom „mittelalterlichen Personenverbandsstaat zum territorialen Flächenstaat" beschreiben lässt. Gemeint ist damit, dass die Herrschaft im Mittelalter auf einer persönlichen Beziehung zwischen den Parteien beruhte, sei es zwischen Lehensherr und Lehensmann oder aber zwischen dem Grundherrn und dem Bauern oder gar dem Leibeigenen. Dabei war es normal, dass ein Untertan auch mehrere Herren hatte. So konnte ein freier Bauer im Fuldaer Land einen adeligen Grundherrn haben, der ein anderer war als der Gerichtsherr und zuletzt war er auch noch dem Fürstabt von Fulda untertan, der als oberster Landesherr über allem thronte.

## *Der Weg zur Landesherrschaft*

Die Wende vom Mittelalter zur Frühen Neuzeit war im gesamten Deutschen Reich gekennzeichnet von einer zunehmenden Konzentration, bei der die größeren Landesherren versuchten, die kleineren Gewalten in ihrem Herrschaftsbereich auszuschalten und dabei das ganze Land ihrer ausschließlichen Verfügungsgewalt zu unterwerfen. Dies betraf in erster Linie den niederen Adel, aber auch eigenständige reichsunmittelbare Gebiete, die nur dem Kaiser untertan waren. Die kleineren unter ihnen wurden schnell die Beute eines größeren, wie die nur kurzfristige Eingliederung Hersfelds nach Fulda zeigt. Doch auch die Reichsabtei Fulda musste befürchten, von einem der Nachbarn „geschluckt" zu werden. Die Landgrafschaft Hessen-Kassel richtete ebenso wie das Hochstift Würzburg seine gierigen Blicke auf die zwar kleine, aber sehr traditionsreiche Reichsabtei. Beiden ist es auch kurzfristig gelungen, sich Fuldas zu bemächtigen. Würzburg herrschte hier 1576, Hessen-Kassel von 1632 bis 1634. Doch davon weiter unten.

Mit der Territorialisierung war nicht nur die Herrschaft über die Leute, sondern über das Land verbunden. Insofern mussten die Grenzen der Machtausübung gegenüber den Nachbarn klar abgesteckt werden. Hierbei schärfte sich das juristische Bewusstsein dafür, worin die Herrschaft eigentlich bestand. Die schönen Karten der Geschichtsatlanten, in denen die Gebiete der verschiedenen kleinen Territorien farblich voneinander abgesetzt sind, legen den Schluss nahe, dass es klar definierte Abgrenzungen gab. Dies konnte allerdings so lange nicht der Fall sein, als sich die verschiedenen Rechte der jeweiligen

Herrschaftsträger überlagerten oder aber mehrere Herren Ansprüche auf das gleiche Gebiet erhoben. Ein schönes Beispiel bieten hierfür die Auseinandersetzungen zwischen Fulda und Würzburg um Gebiete in der Rhön. So beanspruchte Fulda die vier Dörfer Batten, Thaiden, Findlos und Seiferts, die im 15. Jahrhundert Wüstungen waren, bevor sie von Fulda aus wiederaufgebaut wurden. Von alters her gehörten die Orte allerdings zum würzburgischen Amt Auersberg-Hilders, dessen Amtmann die neu angesiedelten Bewohner dazu verpflichten wollte, die würzburgische Gerichtshoheit anzuerkennen und die damit verbundenen Abgaben zu bezahlen. In einem langen Prozess, der durch den Schiedsspruch des unparteiischen Grafen Philipp von Solms 1508 beendet wurde, einigte man sich darauf, dass die Hochgerichtsbarkeit, die sich mit jenen Fällen befasste, die zur Todesstrafe führen konnten (Mord, Raub, Brandstiftung und Notzucht), bei Würzburg verblieb, während Fulda die übrigen Rechte in den Dörfern wie die Abhaltung des Dorfgerichts oder die Erhebung der Steuern erhielt. Zu Militärdiensten konnten die Bewohner der vier Orte von beiden Herrschaften herangezogen werden.

Vor dem Hintergrund solch juristischer Auseinandersetzungen ist es nicht verwunderlich, dass man in den fürstlichen Kanzleien Personal benötigte, das juristisch und historisch geschult war, um solche Prozesse erfolgreich zu führen. Es setzte eine Professionalisierung der Verwaltung ein, die auch dazu führte, dass die Rechte der Obrigkeit sowie die Pflichten und Abgaben der Untertanen systematisch erfasst wurden. Der Druck auf den „kleinen Mann" nahm durch die Intensivierung der fürstlichen Herrschaftsausübung ständig zu. Diese führte auch dazu, dass der Landesherr immer weiter in die gemeindlichen Allmenden sowie in die Weide- und Forstrechte der Untertanen zu seinem eigenen Vorteil eingriff. Im Bauernkrieg sollte dies eine wichtige Rolle spielen.

## Ein neuer Geist

Ein weiterer Grund, der zur Entstehung eines Potentials an Unzufriedenheit und zur Kritik an den herrschenden Zuständen führte, lag in einer großen geistigen Wende, die man später mit dem Begriff des Renaissance-Humanismus belegt hat und die sich neben der Literatur und Philosophie auch auf die Architektur, die Plastik und die Malerei erstreckte. Die von Italien seit der Mitte des 14. Jahrhunderts ausgehende Bewegung stellte die Bildung und die Vervollkommnung der menschlichen Tugenden in den Vordergrund. Hierbei sah man die Antike als Vorbild. Die Beschäftigung mit den griechischen und römischen Autoren gehörte deshalb zum Selbstverständnis der humanistischen Gelehrtenwelt, die im Gegensatz zu vielen Theologieprofessoren und Klerikern ihrer Zeit über eine glänzende Kenntnis des Altgriechischen und des Lateinischen verfügte. Mit ihrer Neuorientierung des Bildungsideals gerieten die Humanisten zwangsläufig in Konflikt mit dem über die Jahrhunderte hinweg zusammengefügten kirchlichen Lehrgebäude, dem man

*Rektoratsblatt des Johannes Crotus Rubeanus (Johann Jäger) vom Wintersemester 1520/21 an der Universität Erfurt. Das Wappen des Rektors wird umgeben von 16 weiteren Wappen bedeutender Humanisten, darunter Adam Krafft und Ulrich von Hutten (Stadtarchiv Erfurt, Inv. Nr. 1-1/10B 13-46, Bd. 2 1498–1599)*

ein erstarrtes Denken vorwarf. Mit Spott und Verachtung wurde der Lehrbetrieb an den Universitäten bedacht und mit beißender Rhetorik die zurückliegenden Jahrhunderte, für die in dieser Zeit der abwertende Begriff „Mittelalter“ aufkam, in Bausch und Bogen verdammt.

Diese große geistige Auseinandersetzung hat auch in Fulda ihre Spuren hinterlassen. Einige herausragende Vertreter des Humanismus wirkten in der Stadt und viele Fuldaer Studenten wurden an anderen Universitäten von der neuen geistigen Strömung beeinflusst. Nicht weniger als 320 Bürgersöhne wurden zwischen 1400 und 1520 an den deutschen Universitäten registriert, davon 230 in Erfurt, das für Fulda bis zur Gründung der Würzburger Alma Mater 1582 der nächstgelegene Universitätsort war. In Erfurt breiteten sich nach 1500 die huma-

*Titelblatt der Dunkelmännerbriefe in der zweiten Auflage von 1517.*

*Ulrich von Hutten. Kupferstich von Carl August Schwerdgeburth (1785–1878) (VM, II Ec 94)*

nistischen Ideen rasch aus und stießen offenbar auf begeisterten Zuspruch der Studenten. Einer von ihnen, der aus Thüringen stammende Johann Jäger (um 1480–1545), der sich in humanistischer Manier mit Crotus Rubeanus einen lateinischen Namen zulegte, kam auf Vermittlung des Fuldaer Koadjutors Hartmann von Kirchberg, der selbst in Erfurt studiert hatte und dort sogar Rektor war, im Jahre 1510 an die Fuldaer Stiftsschule, welche die Tradition der alten Klosterschule fortsetzte. Diesen Schritt bereute er schon bald, da er nun fernab von seinen humanistischen Freunden mit ungelehrten Priestern und Mönchen konfrontiert war. Statt Bildung fand er bei den Geistlichen die Jagd nach Pfründen und Wuchergeschäfte. Als Ventil für seine Verärgerung erschuf Crotus Rubeanus in seiner Fuldaer Zeit einen Teil der „Dunkelmännerbriefe", eine Satireschrift gegen ungebildete Kleriker, die zu den bekanntesten literarischen Werken des 16. Jahrhunderts zählt. Trotz des Unbehagens über die Zustände in seiner Umgebung blieb Crotus Rubeanus bis 1516 an der Stiftsschule und kehrte sogar von 1522 bis 1524 nach Fulda als deren Leiter zurück. Prominenter Mitautor der „Dunkelmännerbriefe" war Ulrich von Hutten (1488–1523), der von 1499 bis 1505, also noch vor der Amtszeit des Crotus, die Fuldaer Stiftsschule besucht hatte, um dann ein unstetes Leben mit Studien an zahlreichen deutschen und italienischen Universitäten zu führen. Als humanistischer Poet, Schriftsteller und politischer Publizist übte er mit seiner Kritik am Papsttum und der Betonung eines Reichspatriotismus im Vorfeld der Reformation einen großen Einfluss aus.

*Adam Krafft. Holzschnitt von Thomas Georg, 1564? (Landesbibliothek Darmstadt)*

Fulda war somit zu Beginn des 16. Jahrhunderts über seine Studenten an auswärtigen Hochschulen ebenso wie über den Aufenthalt führender Repräsentanten der humanistischen Bewegung in der Stadt doch nicht so fernab vom intellektuellen Geschehen wie man es aufgrund seiner geringen Größe und des Fehlens einer eigenen Universität annehmen könnte.

Für das kritische Potential, das sich mittlerweile hier gebildet hatte, stehen die Namen Adam Krafft (1493/94–1558), Balthasar Raidt (um 1494–1565) und Justus Menius (Jodokus Menig, 1499–1558). Alle drei stammten aus angesehenen Fuldaer Familien, hatten die hiesige Stiftsschule durchlaufen, in Erfurt studiert und hatten sich dort für den Humanismus und die Lehren Luthers begeistert. Während Menig nach seinen auswärtigen Studien offenbar nicht mehr nach Fulda zurückkehrte, stehen Adam Krafft und Balthasar Raidt am Beginn der Reformation in Fulda. Krafft, der in Erfurt und Leipzig die führenden Köpfe des Humanismus kennengelernt hatte und auch Luther persönlich begegnet war, kam 1521 nach Fulda zurück und übernahm hier die Leitung der Stiftsschule. Seit 1522 hatte er eine Predigerstelle an der Fuldaer Stadtpfarrkirche inne. Dort griff er Themen auf, die in jener Zeit besonders in der Diskussion standen. Dabei handelte es sich zum einen um die Vielzahl der Messen, die ohne Beteiligung der Gemeinde nur zum Gedenken an die Messstifter gehalten wurden. Zum anderen wurde von Krafft die Notwendigkeit von Klöstern und damit des mönchischen Lebens in Frage gestellt. Wie die Reformatoren seiner Zeit forderte auch Krafft die Erlaubnis der Priesterehe und drängte die Kleriker, die im Konkubinat lebten, zur Heirat. Damit waren offenbar auch Abt Hartmann von Kirchberg und der Koadjutor Johann III. von Henneberg gemeint, die Beziehungen zu Frauen unterhielten.

Neben Krafft predigten in gleichem Sinne auch Balthasar Raid und der aus Vacha stammende Georg Witzel (1501–1573). Beide erbaten sich vom Koadjutor die Erlaubnis, heiraten zu dürfen. Als ihnen dies versagt wurde, verließen sie 1524 das Gebiet der Reichsabtei. Adam Krafft musste Anfang des Jahres 1525 seine Predigerstelle in Fulda räumen und ging zunächst nach Hersfeld, wo der hessische Landgraf Philipp I. (reg. 1509/18–1567) auf ihn aufmerksam wurde. In kurhessischen Diensten wirkte Krafft als Hofprediger, Theologieprofessor an der neu gegründeten Universität Marburg, als Kirchenvisitator und als Gesandter. In diesen vielfältigen Funktionen trug der Fuldaer Bürgersohn zur Umsetzung der Reformation in der Landgrafschaft Hessen bei.

Mit dem Weggang der reformatorischen Prediger aus Fulda entspannte sich die Lage im Gebiet der Reichsabtei Fulda nicht. Es lag ganz im Gegenteil eine gefährliche Spannung in der Luft, die sich unmittelbar vor dem Bauernkrieg entlud. Mitten in der Stadt kam es im Februar 1525 wegen eines in den Quellen nicht namentlich genannten Predigers zu Unruhen. Man vermutet wohl zu Recht, dass es sich bei dieser Person um den Theologen Thomas Müntzer (um 1489–1525) handelte. In Fulda schien er nach dem Weggang Adam Kraffts mit seinen radikalen Predigten auf große Resonanz gestoßen zu sein, so dass ihn der Koadjutor Johann III. von Henneberg wegen des verursachten Aufruhrs in einem Turm einsperren ließ. Kurze Zeit später ließ man Müntzer in Unkenntnis seiner wirklichen Identität wieder frei. Von Fulda zog er nach Mühlhausen und wurde dort zum radikalen Führer des Bauernaufstands in Thüringen. Nach der Niederschlagung der Erhebung wurde er Ende Mai 1525 hingerichtet.

## *Der Bauernkrieg*

Seit Anfang April 1525 gingen die ersten Nachrichten von Aufständen in Süddeutschland in Fulda ein. Zudem brachten Fuldaer Bürger in der Karwoche Druckschriften revolutionären Inhalts von der Frankfurter Frühjahrsmesse mit. Darunter waren offenbar auch die seit März im Reich weit verbreiteten „Zwölf Artikel der Bauernschaft“. In diesen bündelten sich wirtschaftliche, politische und religiöse Forderungen wie das Recht der freien Wahl des Pfarrers, die Reduzierung des Zehnten und der Frondienste, die Abschaffung der Leibeigenschaft oder die Rückgabe der Gemeindeforsten und der Allmende an die Bauern und Bürger. An Ostern (16./17. April) brach der Widerstand gegen die Obrigkeit, dem sich vor allem die Städte Fulda und Hammelburg angeschlossen hatten, offen aus. Ein namentlich nicht bekannter Priester in Dipperz, zu dem am Ostersonntag angeblich 600 Menschen zogen, entzündete mit seinen Lehren offenbar die Massen so sehr, dass unmittelbar darauf die bewaffnete Rebellion im Fuldaer Land ausbrach. Johann III. von Henneberg verließ das Stadtschloss und flüchtete zunächst nach Burghaun und kurz darauf nach Bieberstein. Der Fuldaer Stadtrat schloss sich weitgehend den Aufstän-

*Propstei Petersberg. Unsignierter Kupferstich, ca. 1680 (VM, II Ea 80a)*

dischen an und verband damit die Hoffnung auf mehr Unabhängigkeit von der Herrschaft des Fürstabts. In Verhandlungen mit einem Vertreter des Abts versuchte man die an die fuldischen Verhältnisse angepassten zwölf Artikel umzusetzen. Eine Besonderheit der fuldischen „Acht Artikel der Gemeinde" bildete hierbei die Forderung nach einer Einnahme der Nebenklöster. Während die gemäßigten Kräfte des Stadtrats das Vermögen dieser Institutionen registrieren und in Verwahrung nehmen wollten, setzten sich die Bauern durch und plünderten die Klöster Petersberg und Frauenberg sowie die Stiftskirche und Priesterwohnungen. Innerhalb einer Woche stieg die Zahl derer, die sich in den Bauernhaufen gegen die Herrschaft erhoben, auf angeblich über 10.000 Personen. Am 21. April wurde die Stiftsstadt Vacha eingenommen. Der Koadjutor ging unter dem Druck der Ereignisse auf die Forderung der Aufständischen ein. Da diese aber in der Folge den geistlichen

Charakter der Herrschaft der Fürstäbte in Frage stellten und Fulda zu einem weltlichen Fürstentum namens „Buchen“ machen wollten, war die Regentschaft Johann III. von Hennebergs ernsthaft in Frage gestellt. Weil die Fuldaer Erhebung auch auf die benachbarte Reichsabtei Hersfeld übergriff, als deren Schutzherr sich der hessische Landgraf Philipp I. verstand, wurde dieser auf den Plan gerufen. Um ein weiteres Ausgreifen in sein eigenes Territorium zu verhindern, aber auch auf Bitten des Fuldaer Koadjutors, stellte Philipp ein Heer auf, das am 3. Mai 1525 die zahlenmäßig überlegenen Bauernhaufen in einem Gefecht beim Fuldaer Frauenberg vernichtend schlug. Die Anführer des Aufstandes, unter ihnen der Prediger von Dipperz und der Fuldaer Uhrmacher Hans Dahlhopf, wurden hingerichtet. Die Gunst der Stunde suchte Philipp zu nutzen, um sich für seine Hilfe nicht nur finanziell entschädigen zu lassen, sondern auch die Reichsabtei Fulda in eine enge Abhängigkeit zur Landgrafschaft zu bringen. Man einigte sich schließlich auf einen Verzicht der hessischen Ansprüche gegen die Zahlung des sehr hohen Betrags von 18.000 Gulden.

# XI

# Das Ringen um den rechten Glauben (1525–1605)

Mit der vernichtenden Niederlage der Bauern und Bürger waren die Konfliktpunkte, die zum Aufstand des Jahres 1525 geführt hatten, noch nicht aus der Welt. Nach wie vor beanspruchten die Fuldaer Bürger ein größeres politisches Mitspracherecht und auch Zugeständnisse bei der Religionsausübung. Obwohl der Koadjutor Johann von Henneberg unmittelbar nach der erfolglosen Erhebung der Bürgerschaft klargemacht hatte, dass ihm die „neuen unordentlichen Zeremonien" im Gottesdienst an der Stadtpfarrkirche missfielen, weigerte sich offenbar ein Großteil der Fuldaer zur Feier der alten Messe zurückzukehren. Man riskierte damit einen weiteren Konflikt mit dem geistlichen Oberherrn, der es allerdings zunächst nicht darauf ankommen ließ. Der Koadjutor, mit sich selbst noch im Unreinen über seine künftige Rolle als Fürstabt und möglicherweise auch noch unter dem Eindruck der Verwüstung von Kirchen und Klöstern, die zum Wegzug der noch wenigen verbliebenen Franziskaner geführt hatten, scheute in dieser Phase vor einer gewaltsam durchgesetzten Rekatholisierung zurück. Es ist deshalb davon auszugehen, dass in der Stadtpfarrkirche der Gottesdienst in deutscher Sprache und mit der Kommunion in beiderlei Gestalt, also mit der Ausgabe von Brot und Wein an die Gläubigen, gefeiert wurde.

## *Vermittlungstheologen und Reformkatholiken*

Zu einer gänzlichen Abkehr vom alten Glauben, die im fuldischen Hammelburg allmählich zur Aufrichtung eines protestantischen Kirchenregiments führte, kam es in Fulda allerdings nicht. Dies dürfte viele Ursachen haben. In seiner Hauptstadt zog der Landesherr die Zügel möglicherweise straffer an als im entfernten Hammelburg. Zudem scheint sich in Fulda kein charismatischer Prediger in der Nachfolge von Krafft und Raid gefunden zu haben, der die Bevölkerung auf die neue Lehre einschwor. Es ist auch nicht zu verkennen, dass viele Bürger über Pfründen und Messstiftungen direkt oder indirekt eng mit der alten Kirche verbunden waren und sowohl materiell als auch über die damit gewährleistete Seelsorge davon profitierten.

*Georg Witzel. Kupferstich von Hans Brosamer, 1542 (VM, II Ee 110)*

Mittelfristig gab es noch einen weiteren Grund, warum es in Fulda trotz starker Sympathien großer Teile der Bevölkerung für die Forderungen der Reformation nach der Priesterehe, dem Laienkelch und die Messe in deutscher Sprache nicht zum offenen Bruch kam. Der Theologe Johann Femel (1554), der wie Krafft und Raid ebenfalls dem Erfurter Humanistenkreis entstammte, aber altgläubig geblieben war, erhielt in den frühen 1530er Jahren die Predigerstelle an der Stadtpfarrkirche. Hier versuchte er eine vermittelnde Position zwischen beiden Seiten einzunehmen. Mit Balthasar Raid, der ihn in Fulda besuchte, fand sich Femel, so der Bericht Raids, in bester theologischer Übereinstimmung. Diese Interpretation dürfte übertrieben sein, doch sie zeigt, dass es in jener Zeit in Fulda nicht nur die Anhänger der alten Lehre und die Lutheraner gab, sondern auch Persönlichkeiten, die dazwischenstanden. Die moderne Forschung hat sie als „humanistische Reformkatholiken“ bezeichnet.

Der bedeutendste unter ihnen war der schon genannte Georg Witzel, der zunächst in der Frühphase der Reformation im Umfeld von Krafft und Raid als protestantischer Prediger wirkte, dann aber wieder zum alten Glauben zurückkehrte. Nach Fulda kam er im Jahre 1540 als Rat des Abts Johann III. von Henneberg und dessen Nachfolgers Philipp Schenk zu Schweinsberg (reg. 1541–1550). In Schweinsbergs Auftrag erarbeitete Witzel eine 1542 publizierte Kirchenreformordnung, die allen wesentlichen Forderungen der neuen Lehre entgegenkam, gleichzeitig aber auch den Wert des Mönchtums betonte. Mit einer Abschaffung des Klosterlebens hätte sich unweigerlich die Frage nach dem Fortbestand des Hauptklosters der Benediktiner und damit auch nach der Legitimation der Reichsabtei gestellt. Insofern war es von größter Bedeutung für den Fürstabt, dass die geistlichen Institutionen durch die Reform nicht geschwächt, sondern gestärkt werden mussten. Zu einer tiefgreifenden Umgestaltung des Hauptklosters kam es in der Folge nicht, doch verschaffte die Kirchenordnung dem Fürstabt Aufschub, bis der Streit der Konfessionen auf Reichsebene geklärt werden konnte. Die zwischen den extremen Positionen der Altgläubigen und der kompromisslosen Lutheraner lavierende Haltung führte in der Stadt Fulda zu einer relativ entspannten konfessionellen Lage, wo offenbar beide Seiten trotz der Spannungen eine Form der Religionsausübung fanden, die nicht zum offenen Konflikt führte.

## Kriegszüge

Allerdings lebte man auch in Fulda zu dieser Zeit nicht auf einer Insel der Glückseligen, denn der im Reich schwelende Konfessionsstreit führte im Schmalkaldischen Krieg der Jahre 1546/47 zu einem militärischen Kampf zwischen den von Kaiser Karl V. angeführten Truppen katholischer wie auch protestantischer Fürsten gegen den Schmalkaldischen Bund, der unter Führung der beiden bedeutendsten protestantischen Reichsterritorien Hessen und Kursachsen stand. Trotz der Neutralität des Fuldaer Landes erpressten durchziehende Truppen des Schmalkaldischen Bundes die gewaltige Summe von 30.000 Gulden, die in einer Zeit der Inflation und der Hungersnot die Bevölkerung besonders hart traf. Fulda wurde ungeachtet der Geldzahlung geplündert und hatte zudem eine Seuche zu verkraften, die von den marodierenden Soldaten eingeschleppt worden war.

Nur wenige Jahre später gab es erneut kriegerische Auseinandersetzungen zwischen Protestanten und Katholiken im Reich. Dabei kam es 1552 wieder zu Plünderungen in Fulda, diesmal durch Truppen des Herzogs Christoph von Oldenburg, der zudem vom Landesherrn und der Stadt noch 16.000 Gulden einforderte. Dabei wurde den Fuldaern der letzte Groschen aus den Taschen gezogen. Den Kirchenschatz hatte man zuvor nach Schweinfurt gebracht, wo er 1554 von Markgraf Albrecht Alkibiades von Brandenburg-Kulmbach geraubt und zu Geld gemacht wurde. In den 1550er Jahren zogen marodierende Banden weiter durch das Fuldaer Land, wobei es keinen Unterschied machte, ob es sich um reguläre Kriegstruppen oder entlassene Soldaten handelte, die von Mord, Plünderung und Raub lebten. Auch hier zeigte sich, dass der Fürstabt von Fulda, in diesem Fall Wolfgang Dietrich von Uissigheim (reg. 1550–1558), einem Land vorstand, das aufgrund seiner geringen Größe und finanziellen Leistungsfähigkeit, eines nicht vorhandenen eigenen Truppenaufgebots, einer kaum einsatzfähigen Miliz und fehlender moderner Befestigungsanlagen hilflos äußeren Feinden ausgesetzt war. Der Historiker Horst Carl charakterisierte diesen Zustand als „strukturelle Wehrlosigkeit eines geistlichen Fürstentums und seiner Hauptstadt". Vor der unsicheren militärischen Lage zogen sich sowohl der Fürstabt als auch sein Berater Georg Witzel aus Fulda zurück. Witzel verließ 1554 die Stadt und blieb bis zu seinem Lebensende im Jahre 1573 in Mainz, während Wolfgang Dietrich 1558 in seinem Frankfurter Exil verstarb.

## Augsburger Religionsfrieden

Durch den Augsburger Religionsfrieden des Jahres 1555 hatte man sich im Reich auf einen Ausgleich zwischen den Konfessionen verständigt. Das protestantische Bekenntnis wurde reichsrechtlich anerkannt, allerdings nicht die ungestörte Religionsausübung des Einzelnen in seinem jeweiligen Territorium. Das „ius reformandi" gab dem jeweiligen Landesherrn das Recht, die geltende Konfession in seinem Land festzuschreiben. Die Untertanen, die nach einem anderen Bekenntnis lebten, hatten das „ius emigrandi", das Recht der Emigration. Aus heutiger Sicht war dies ein recht zynischer Umgang mit dem Glauben des Einzelnen, der sein gesamtes bisheriges Leben aufgeben und sein Heil in der Fremde suchen musste.

Immerhin war mit dem Vertrag von Augsburg auch ein allgemeiner Landfrieden verkündet worden, der eine lange Friedensperiode zu verheißen schien. Diese dauerte denn auch 63 Jahre, um dann in einer der größten Katastrophen der deutschen Geschichte zu enden.

Bis zum Jahre 1570 waren die sechs Fuldaer Fürstäbte, die seit dem Beginn der Reformation amtierten, zwar dem alten Glauben treu geblieben, doch suchten sie nicht zuletzt auf der Grundlage von Witzels Kirchenreformordnung den Ausgleich mit den zahlreichen Protestanten in ihrem Land. Das sollte sich mit dem Amtsantritt des Abts Balthasar von Dernbach (reg. 1570–1576, 1602–1606) schlagartig ändern. Die Stadt Fulda bekam dies sofort zu spüren, indem er ihr keinen Freiheitsbrief ausstellte, den die Stadt bisher von jedem neuen Abt seit 1472 bekommen hatte. Darin stand zwar nicht viel. Der Abt nahm als Gegenleistung dafür, dass ihm die Stadt huldigte, diese in seinen besonderen Schutz und beließ sie bei ihren althergebrachten Freiheiten. Floskeln zwar, doch von wichtiger atmosphärischer Bedeutung im Verhältnis zwischen Stadt und Landesherr.

Abt Balthasar war fest entschlossen, von der konzilianten Linie seiner Vorgänger abzuweichen und den alten Glauben in seinem Herrschaftsbereich als alleingültig durchzusetzen. Damit zog er natürlich den Widerstand der zahlreichen de facto Protestanten in Stadt und Land auf sich. Als Mittel im Kampf für die Rekatholisierung des Landes berief Balthasar im Jahre 1571 die Jesuiten nach Fulda, die durch ihre Glaubensstrenge als Garant für die katholische Erneuerung galten. Die sogenannte Gegenreformation konnte sich auf die Beschlüsse des Konzils von Trient (1545–1563), das die katholische Kirche auf einen inneren Reformkurs brachte, stützen. Zu den Ergebnissen des Konzils gehörte auch die Forderung nach der Errichtung von Priesterseminaren, um die Ausbildung in der Seelsorge zu verbessern. Diesen Punkt griff Abt Balthasar auf, indem er 1572 auch in Fulda ein Seminar errichtete, das an der Stelle des heutigen Vonderau Museums stand und zu den ältesten Einrichtungen seiner Art gehörte.

Die Jesuiten bezogen das verlassene Kloster der Franziskaner am heutigen Universitätsplatz und gründeten ebenfalls 1572 ein Schulkolleg, das sich in seiner Ausbildung

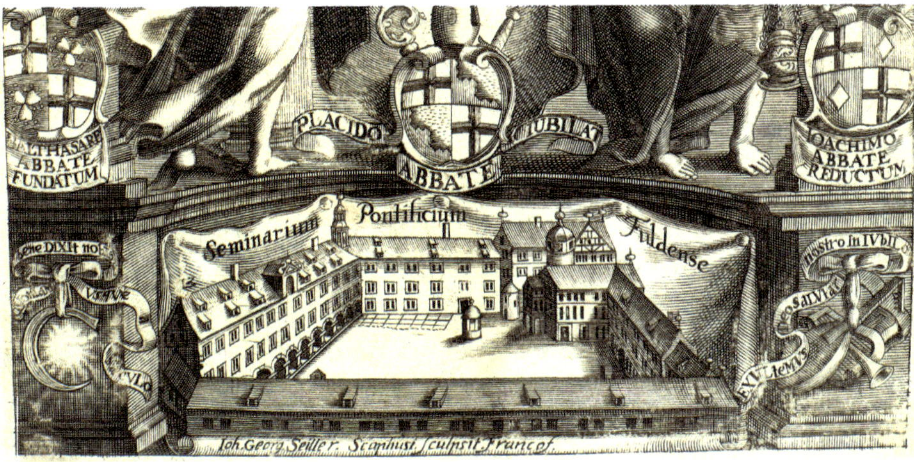


*Ansicht des Päpstlichen Seminars, 1684. Ausschnitt aus dem Titelblatt zum 100jährigen Bestehen des Seminars. Kupferstich von Johann Georg Seiler (VM, II Eh 17)*

streng an der katholischen Lehre ausrichtete. Dieses Jesuitengymnasium wurde 1584 durch ein Päpstliches Seminar erweitert. Dabei handelte es sich um ein vom Papst finanziertes Internat, in dem adelige Studenten des Jesuitenkollegs untergebracht waren. Insbesondere versuchte man hier Studenten aus Norddeutschland zum katholischen Glauben zurückzuführen und zu Priestern auszubilden. Für arme Studenten gab es päpstliche Stipendien.

Die Jesuiten waren der Bürgerschaft in vielerlei Hinsicht ein Dorn im Auge. Die eingeleitete Gegenreformation griff in die Glaubenspraxis der vergangenen Jahrzehnte tief ein und verlangte von jedem ein klares Bekenntnis zur katholischen Kirche. Auch die absolutistische Manier, in der Balthasar von Dernbach seine Politik gegenüber dem Stiftskapitel, dem Adel und den Städten durchzusetzen suchte, regte den Widerstand der Bürgerschaft. Und zuletzt ging es wie immer um das Geld. Die Jesuiten beanspruchten Sonderrechte für sich, darunter die eigene Weineinlagerung. Dem standen die alten städtischen Freiheiten entgegen, die besagten, dass nur Personen mit Bürgerrecht eine begrenzte Menge Wein bei sich lagern durften und der innerstädtische Weinverkauf allein der Stadt vorbehalten war. Die Einnahmen aus diesem Recht, das man als Bannwein bezeichnete, lag einschließlich der auf den Wein erhobenen Getränkesteuer in der Frühen Neuzeit bei jährlich etwa 650 Gulden, was etwa ein Fünftel der gesamten städtischen Jahreseinnahmen ausmachte. Vor diesem Hintergrund verwundert es nicht, wenn sich der „gemeine Mann" darüber beschwerte, dass die Jesuiten, die den Wein nicht bei der Stadt kauften, Sonderrechte beanspruchten. Es kam hierbei sogar im Jahre 1579 zu einer Protestkundgebung vor der fürstlichen Kanzlei. Als dies nichts nutzte, zog die Bürgerschaft direkt zu den Jesuiten und holte den dortigen Wein aus dem Keller.

*Abt Balthasar von Dernbach. Kupferstich nach der Vorlage des Hofmalers Alexander Wiskemann (gest. 1622), (VM, II Ec 241)*

Wie sehr das Klima vergiftet war, zeigt ein fürstlicher Befehl aus dem Jahre 1580, der den Fuldaer Bürgern bei strengster Strafe verbot, die Fronleichnamsprozession zu stören. Offenbar hatte es im Jahr zuvor Übergriffe der Bürgerschaft auf die Teilnehmer an der Prozession gegeben. Es war sogar zu Handgreiflichkeiten und Prügeleien gekommen. Auch diese Form des bürgerschaftlichen Protests richtete sich gegen die Jesuiten, die erst wenige Jahre zuvor die Prozession in Fulda eingeführt hatten.

In dieser angespannten Zeit war derjenige, der die Kontroversen ausgelöst hatte, von seinem Amt entbunden. In einer spektakulären Aktion wurde der Abt am 23. Juni 1576, als er sich in Hammelburg aufhielt, von dem dort versammelten Stiftskapitel und der Ritterschaft zur Abdankung genötigt. Vorausgegangen waren Verhandlungen der Fuldaer Opposition gegen Dernbach mit dem Würzburger Bischof Julius Echter von Mespelbrunn (reg. 1573–1617), die eine Union zwischen Würzburg und Fulda zum Ziel hatten. Unmittelbar nach dem „Staatsstreich" wurde Julius Echter in Fulda zum Administrator gewählt. Im Gegensatz zu Dernbach verlieh er der Stadt nach altem Brauch einen Freiheitsbrief, der nur vier Tage nach den Hammelburger Ereignissen ausgestellt wurde. Lange ließ sich die de facto Einverleibung Fuldas durch Würzburg reichsrechtlich nicht aufrechterhalten. Es kam zu einem Eingriff des Kaisers, der bis zum Ausgang der rechtlichen Prüfung den Deutschmeister Heinrich von Bobenhausen (reg. 1576–1586) zum Administrator des Stifts Fulda bestellte. Er wurde nach zehn Jahren durch den Deutschmeister Maximilian von Österreich (reg. 1586–1602) ersetzt. Unter beiden wurden die konfessionellen Fragen zwar nicht so rigoros behandelt wie unter Dernbach, doch suchten sie die Geschicke im Sinne der eingeschlagenen katholischen Reformbewegung zu lenken. Unterstützt wurden sie dabei auch von Dernbach, der von seinem Exil auf dem nahe gelegenen Schloss Bieberstein die Fäden im Hintergrund zog. Vor einem Verbot der protestantischen Religionsausübung schreckten beide Administratoren jedoch zurück.

Als Balthasar von Dernbach durch einen Beschluss des Reichshofrats, des höchsten Reichsgerichts, wieder in sein Amt eingesetzt wurde, war es endgültig vorbei mit der Toleranz in Glaubensfragen. Die 1542 gefundene Reformlösung wurde endgültig kassiert. Der Laienkelch wurde abgeschafft, die katholische Messe auf Grundlage der im Konzil von Trient festgelegten Riten als verbindlich eingeführt. Der protestantisch gewordenen Bevölkerung wurde nunmehr sinnbildlich die Pistole auf die Brust gesetzt. Wer sich nicht zum katholischen Glauben auf der Grundlage des Trienter Konzils bekannte, dem blieb nur die Auswanderung. Davon machten einige Familien aus der höchsten städtischen Führungsschicht Gebrauch, so etwa die Familie von Jossa. Insgesamt erlitt die Stadt Fulda längst nicht einen so hohen Aderlass wie Hammelburg, das im Laufe des 16. Jahrhunderts eine protestantische Stadt geworden war. Wer hier an Ostern des Jahres 1604 nicht in der Kirche erschien, um das Bußsakrament und die heilige Kommunion zu empfangen, wurde zur Auswanderung genötigt. Etwa 120 Familien verließen daraufhin die Stadt, überwiegend die wirtschaftliche Führungs- und Bildungselite. Die Fürstabtei Fulda war fortan bis zum Ende des Alten Reichs mit Ausnahme der Gebiete eines wichtigen Teils der Fuldaer Ritterschaft fast ausschließlich ein katholisches Land.

# XII

# Auf dem Weg in die Katastrophe (1605–1648)

*Hie endet sich das 1632. jahr. Ist ein zimliches [ordentliches] jahr gewessen, ist die frucht wohl gerathen, aber der wein ist sehr all derfroren. Undt ist ein solcher aufruhr mit krigsvolck balt in allen ländter gewessen, dass nit genuchsam darvon zu schreiben ist.*

(Aus den chronikalischen Aufzeichnungen des Fuldaer Bürgers Gangolf Hartung)

Die Konflikte der Konfessionsparteien überdecken viele Themen, die für die Fuldaer Bevölkerung des 16. Jahrhunderts ebenfalls sehr wichtig waren. Aus der Siedlung wurde aufgrund der relativ starken Bevölkerungszunahme eine ansehnliche Stadt, die ihre Einwohnerzahl zwischen 1525 und 1600 von etwa 1.800 auf 3.800 Personen mehr als verdoppelt hatte. Rechnet man noch die damals eigenständige Unterstadt hinzu, so kommt man auf etwa 5.000 Einwohner am Ende des Jahrhunderts. Andere Schätzungen gehen sogar von 6.200 Einwohnern aus. Nach heutigen Maßstäben sind dies bestenfalls die Dimensionen einer Kleinstadt. Bedenkt man aber, dass Köln als die größte deutsche Stadt um 1600 etwa 40.000 Einwohner zählte und Frankfurt etwa 18.000, so war der Abstand Fuldas zu diesen Großstädten in der Relation geringer als heute. Bei den genannten Zahlen ist darauf hinzuweisen, dass es sich um Hochrechnungen aufgrund der registrier-

*Fürstabt Johann Bernhard Schenk zu Schweinsberg. Gemälde von Emanuel Wohlhaubter im Fürstensaal des Stadtschlosses (VM, 2012/24)*

ten Bürger und Steuerzahler handelt. Verlässliche Einwohnerstatistiken gibt es erst seit dem 19. Jahrhundert.

Fulda lag mit seiner Bevölkerungsentwicklung offenbar im reichsweiten Trend, der nach dem Ende der Agrarkrise des Spätmittelalters einen starken Zuwachs zwischen 1500 und 1570 verzeichnet, der sich bis 1618 abschwächt. Insgesamt geht man davon aus, dass die Einwohnerzahl in Deutschland von 9 Millionen um 1500 auf etwa 17 Millionen im Jahre 1618 stieg. Im ersten Drittel des Jahrhunderts sorgte ein günstiges Klima für gute Ernten. Die relativ gute Nahrungsmittelversorgung trug ihren Teil dazu bei, dass die Sterblichkeitsrate zurückging und die Geburtenrate stieg. Innerhalb der Stadtmauer wurde der vorhandene Platz enger, so dass man sich 1531 entschloss, den unmittelbar neben der Stadtpfarrkirche gelegenen Friedhof vor die Stadt zu versetzen. 1540 wurden dort, am heutigen Alten Städtischen Friedhof, die ersten Bestattungen vorgenommen.

## *Jahrtausendsommer und Wetterkapriolen*

Genau zu dieser Zeit zeigten sich aber auch auffällige Wetterereignisse wie der „Jahrtausendsommer" des Jahres 1540, der eine extreme Wärme und Trockenheit mit sich brachte. Der Fuldaer Bürger Valentin Müntzer (gest. um 1566) hielt in seiner 1549 erschienenen Chronik fest, dass in diesem Jahr der Sommer so trocken gewesen sei, dass etliche Brunnen in Fulda austrockneten und in der Folge auch ein großer Mangel an Getreide herrschte. Begleitet wurde die Dürre von einem Pestausbruch im Jahre 1542. Nur vier Jahre später gab es laut der Chronik von Müntzer einen solchen Mangel an Korn, dass man, was noch nie geschehen sei, das Korn aus Franken nach Fulda holen musste. Den

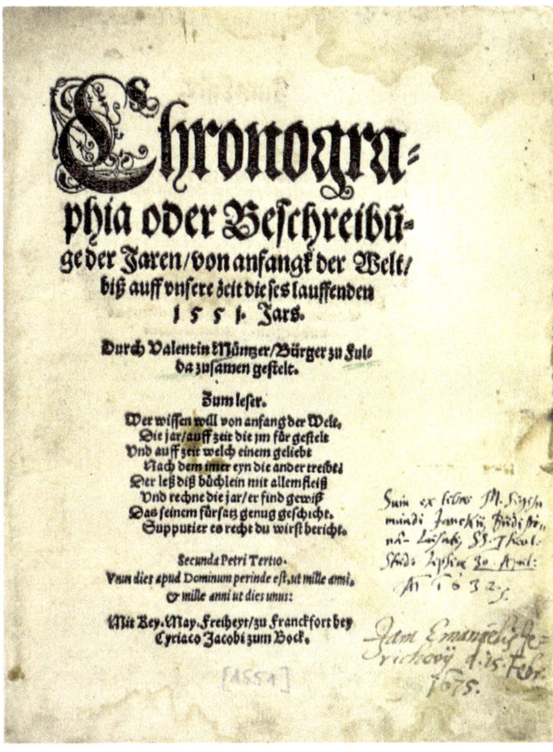
Chronographia oder Beschreibūge der Jaren/von anfangk der Welt/ biß auff unsere zeit dieses lauffenden 1551. Jars.

Durch Valentin Müntzer/Bürger zu Fulda zusamen gestelt.

Zum leser.

Wer wissen will von anfang der Welt,
Die jar/auff zeit die jm für gestelt
Vnd auff zeit welch einem geliebt
Nach dem imer eyn die ander treibt
Der leß diß büchlein mit allem fleiß
Vnd rechne die jar/er find gewiß
Das seinem fürsatz genug geschicht.
Supputier es recht du wirst bericht.

Secunda Petri Tertio.
Vnum dies apud Dominum perinde est, ut mille anni, & mille anni ut dies unus:

Mit Key. May. Freiheyt/zu Franckfort bey Cyriaco Jacobi zum Bock.

*Titelblatt der Chronik des Fuldaer Bürgers Valentin Müntzer, 1551 (StadtAFd, Ma 76)*

dreifachen Preis konnten sich allerdings nur die wenigsten leisten, so dass Mitte des 16. Jahrhunderts neben den bereits beschriebenen Einfällen auswärtiger Truppen auch noch eine große Hungersnot in der Stadt herrschte.

Die historische Klimaforschung hat für die Jahre nach 1560 eine „kleine Eiszeit" konstatiert, die im Verbund mit vermehrten Niederschlägen zu Missernten, Lebensmittelknappheit, Inflation, Unterernährung und dadurch vergrößerter Anfälligkeit für Seuchen war. Insbesondere die Pest zeigte sich als ständiger Begleiter der Fuldaer in jenen Jahren. Für 1597, 1607 und 1613 sind große Epidemien in Fulda und seiner Umgebung nachzuweisen. Bei letzterer sollen nach einem Bericht des Fuldaer Bürgers und Chronisten Gangolf Hartung (1597–1667), dem als Zeitzeuge eine hohe Glaubwürdigkeit zukommt, etwa 400 Menschen gestorben sein.

## Hexenwahn

Dass bei einer solchen Häufung von Schicksalsschlägen eine Unruhe unter den Bewohnern aufkam, ist verständlich, zumal wenn man konstatiert, dass der Aberglaube in der Frühen Neuzeit trotz des Vordringens der Wissenschaften noch eine wichtige Rolle spielte. Insofern könnte man die in der Fürstabtei Fulda zwischen 1603 und 1605 aufgekommene Welle an Hexenverfolgungen, der 270 Menschen zum Opfer fielen, mit diesen Katastrophen in Verbindung sehen. Die als „Hexen" bezeichneten Personen, denen man die Fähigkeit zum Schadenszauber unterstellte, waren die Sündenböcke für Entwicklungen, für die es sonst keine Erklärung zu geben schien. So naheliegend diese Deutung ist, so greift sie doch zu kurz. Die nach der Wiedereinsetzung des Abts Balthasar von Dernbach durch den Strafrichter Balthasar Nuß (um 1545–1618) betrie-

*Der „Hexenturm", ein Teil der Stadtbefestigung, der seinen Namen erst Anfang des 19. Jahrhunderts bekam und mit der Hexenverfolgung mutmaßlich nicht in Verbindung zu bringen ist. Postkarte, um 1910 (StadtAFd, BA-41906)*

bene Hexenjagd bietet eine ganze Reihe von Erklärungsmustern, die jeweils nur einen Teil des Phänomens beschreiben können. Neben Aberglauben und der Suche nach Schuldigen ist die Rolle des rigoros seine Herrschaftsgewalt durchsetzenden Abts Balthasar von Dernbach ebenso zu befragen wie die Rolle der Justiz bei der Disziplinierung der Untertanen. Und zuvorderst ist die Person des Balthasar Nuß zu nennen, dessen Habgier und Rücksichtslosigkeit selbst nach den Maßstäben der Zeit jede Vorstellung überstiegen. Es ist eine bittere Ironie, dass Nuß am Ende nicht verurteilt wurde, weil er mit den von ihm durchgeführten Prozessen mehrere hundert Unschuldige auf dem Gewissen hatte. Ihm wurde zur Verhängnis, dass er sich nicht an die Prozessregeln hielt. Diese sahen zwar die Folter zur Erzwingung des rechtlich notwendigen Geständnisses vor. Doch war die Tortur an bestimmte Regeln gebunden, die eine kontinuierliche Steigerung der verursachten Schmerzen von der ersten Stufe der Auspeitschung bis hin zum Aufziehen an den nach hinten gebundenen Armen an einem Flaschenzug vorsah. Nuß und seine Gerichtsknechte folterten oft wild, so dass seine Opfer vorzeitig ohne die Ablegung eines Geständnisses verstarben. Zudem bereicherte er sich an den Gefangenen und stellte sogar den Hinterbliebenen noch hohe Rechnungen für seine geleisteten „Dienste“. Dies verstieß gegen die Regeln der „Carolina“, der damals geltenden Strafprozessordnung. Nuß wurde nun seinerseits vom Fuldischen Hofgericht der Prozess gemacht, der mit seiner Hinrichtung im Jahre 1618 endete.

Eine Stimmung der allgemeinen Verunsicherung ist in Fulda unter der Amtszeit Dernbachs und der kaiserlichen Administratoren mit Sicherheit anzunehmen. Die Religionsfrage war nur ein Teil davon. Missernten und wirtschaftliche Konkurrenz im völlig überbesetzten Zunfthandwerk taten ein Übriges, um die Stimmung zu drücken. Hierzu kam noch die politische Unterdrückung, die mit dem absolutistischen Regierungsstil des Fürstabts eine neue Stufe erreichte.

## *Der Stadtrat als geschlossene Gesellschaft*

Bereits 1570, im ersten Jahr seiner Regierung ließ Balthasar von Dernbach den Bürgermeistern und allen Stadträten verkünden, dass er künftig keinen von den Bürgern gewählten Rat mehr haben wolle, sondern ein ständiges, von ihm selbst bestimmtes Gremium an seine Stelle setzen werde. Zwar änderte sich an der personellen Zusammensetzung wenig, doch stand ein vom Fürst ausgewählter „beständiger Rat“ in einem ganz anderen Abhängigkeitsverhältnis zu diesem, als wenn er von den Bürgern gewählt worden wäre. Da der Widerstand des Rates in religiösen Fragen trotz dieses Eingriffs nicht zu dämmen war, erklärte der Abt im Jahre 1574 den beständigen Rat für aufgelöst. Künftig sollte wieder die Wahl entscheiden, wobei für ein Ratsamt nur noch Katholiken zugelassen werden durften. Auch Dernbachs Nachfolger Johann Friedrich von Schwalbach (reg. 1606–1622)

*Kolorierte Vedute der Stadt von Osten. Holzschnitt von Christian Stimmer nach der Vorlage von Hans Rudolph Manuel gen. Deutsch und Hans Brosamer. Erschienen in der Cosmographie des Sebastian Münster, Köln 1575 (VM, II Ea 309)*

unternahm einen erneuten und letztlich geglückten Versuch, einen beständigen Rat zu errichten. Dieser bestand, wie bereits 1570, aus zwölf Schöffenvertretern, die als Oberrat oder innerer Rat bezeichnet wurden, während die vier Vertreter der Gemeinde und die acht Repräsentanten der Zünfte als Unterrat amtierten. Alle vierundzwanzig Räte waren vom Fürstabt persönlich ausgesucht worden, da sie tüchtig und qualifiziert seien. An Wahl und Zusammensetzung des Bürgermeisteramts änderte sich nichts. Die vier Bürgermeister, bestehend aus zwei Schöffen, einem Kaufmann und einem Zunfthandwerker, wurden nach wie vor alle zwei Jahre von ihren jeweiligen Korporationen gewählt.

Durch die Reform des Jahres 1611 war der Rat eine nahezu geschlossene Gesellschaft, die in der Regel nur im Todesfall durch ein neues Mitglied ergänzt wurde, zumal auch die Bürgermeister einzig aus dem Kreis der Räte genommen werden durften. Immerhin gab es auch Fälle, in denen durch altersbedingten Amtsverzicht der Platz für frisches Blut im Ratsgremium freigemacht wurde. In Kriegszeiten kam es durch Epidemien allerdings zu starken Fluktuationen. So fielen fünf Vertreter des Unterrats der Pest des Winters 1635/36 zum Opfer.

## Kriegsausbruch

Die große Katastrophe des Dreißigjährigen Kriegs traf mit der Fürstabtei Fulda ein kleines Territorium des Heiligen Römischen Reichs, das während der gesamten Kriegszeit als Mitglied der katholischen Liga treu auf der Seite des Kaisers stand, selbst aber nicht in der Lage war, das eigene Land zu verteidigen und die Bevölkerung zu schützen. Statt teurer Söldnertruppen leistete man sich nur eine aus der Bevölkerung rekrutierte Landmiliz, die im Ernstfall gegen die professionell agierenden Söldnerarmeen keine Chance hatte. Insofern war das fuldische Gebiet durchziehenden Heeren nahezu schutzlos ausgeliefert, wobei es je länger der Krieg dauerte gleichgültig war, ob fremde oder befreundete Truppen durchzogen. Einen großen Schaden hinterließen beide.

Zunächst traf es im September 1619 den Süden der Reichsabtei. Etwa 100 nicht näher bezeichnete Reiter hatten, nachdem ihnen die Stadt keine Wegzehrung geben wollte, etwa eine gleiche Zahl Bauern und Bürger auf das Feld gelockt und dort erschossen oder erschlagen. War dies aufgrund des anfänglichen kaiserlichen Siegeszugs nur ein schlimmer Vorbote, dem zunächst keine Angriffe auf die Stadt Fulda folgten, so änderte sich dies ab 1621. In diesem Jahr zog eine etwa 10.000 Mann starke protestantische Armee unter Christian von Braunschweig-Lüneburg durch das Fuldaer Land. Warum der skrupellose Söldnerführer den Beinamen „der tolle Christian“ oder der „wilde Halberstädter“ trug, sollte die Bevölkerung bald erfahren. Allein schon die Nachricht, dass er im Anmarsch sei, veranlasste Abt Johann Friedrich von Schwalbach zur Einberufung von 3.000 Mann Landmiliz, die sich mit ihren Büchsen und langen Spießen in Fulda sammelten. Damit konnte zwar die Hauptstadt zunächst vor Überfällen geschützt werden, doch traf es wieder den fuldischen Süden sehr hart. Hammelburg wurde geplündert und auch der Kirchenschatz geraubt. Mehr als sechs Tonnen Gold, so schreibt Gangolf Hartung, seien dem Halberstädter in die Hände gefallen. Auch wenn diese Zahl übertrieben ist, so zeigt sie doch die Rücksichtslosigkeit, mit der alles, was glänzte, gestohlen wurde. Als Reaktion auf den Hammelburger Überfall ließ der Fuldaer Abt die Befestigung seiner Hauptstadt besonders stark bewachen. Mehr als 100 Mann wurden an der Stadtmauer postiert und das Florentor, an dem man offenbar den Einfall erwartete, besonders stark gesichert.

Zwar konnte damit 1621 eine Plünderung verhindert werden, doch kam „der tolle Christian" 1622 mit seinen Truppen ein weiteres Mal. Sie plünderten und brandschatzten in Hünfeld und rings um Fulda. Die Stadt selbst konnte sich durch die Zahlung mehrerer Tausend Gulden und die Lieferung von Lebensmitteln an die marodierende Soldateska retten. Der Chronist Hartung vermerkt, dass bei der Belagerung nicht nur die Bürger, sondern auch die Juden, die Studenten und die Gesellen mit einem Gewehr Wache halten mussten. Die Geistlichen wurden zum Beobachtungsdienst auf die Stadtmauertürme geschickt. Zunehmend litt man aber in der Stadt unter der Einquartierung kaiserlicher Soldaten, meist Bayern und Kroaten, die sich unter der notleidenden Bevölkerung keine Freunde machten. Gesoffen hätten sie, „sehr doll gehandelt" und den armen Leuten viel Leid angetan, wie der Chronist berichtet. Zu Pfingsten des Jahres 1623 mussten für bayerische Truppen unter dem Kommando des Grafen von Tilly, die im Raum Fulda lagerten, 80.000 Brotlaibe in der Stadt gebacken werden. Zudem wurde von jedem Bürger eine Sondersteuer eingetrieben. Dies bedeutete neben der ständigen Bereitstellung von Quartieren eine erhebliche Belastung für die Fuldaer. Angesichts dieser Umstände lässt die Nachricht Gangolf Hartungs, dass die Bürger zu Pfingsten 1624 eine Komödie mit dem Titel „Sodom und Gomorrha" aufgeführt hätten, auf eine große Menge an Galgenhumor schließen. Die Einnahmen aus der Komödie hätten die mehr als 100 Schauspieler zwei Tage lang fröhlich vertrunken.

## *Der Krieg ernährt den Krieg*

Die zunehmende Verrohung, mit der die Fuldaer konfrontiert wurden, zeigt sich an vielen Stellen in Hartungs Chronik. 1626 wurde etwa ein Soldat, der aus bayerischen Diensten desertiert und wieder aufgegriffen worden war, am Galgen auf dem Gemüsemarkt gehängt und dort einen ganzen Tag lang zur Schau gestellt, bis man ihn endlich herunternahm. Ein Jahr später schlug der Henker die Namen von fuldischen Bürgersöhnen,

Reliefportrait in Kupfer von Albrecht von Wallenstein (VM, II B 315)

Reliefporträt von Johann t'Serclaes Graf Tilly (VM, II B 316)

die aus dem kaiserlichen Heer geflohen waren, an denselben Galgen. Sie waren damit in Abwesenheit zum Tode verurteilt.

Seit 1626 wurde Fulda auch von Wallensteins kaiserlichen Truppen heimgesucht. Der „Generalissimus", der wie kein anderer für den Typus des Kriegsunternehmers und Söldnerführers in diesem Krieg steht, nutzte damit wie zuvor schon Tilly das Fuldaer Land als Nachschubbasis. Seine Truppen hatten bei ihrer eigenen Versorgung mit Geld und Lebensmitteln, so der Zeitzeuge Hartung, „den armen leutten viell ubells gethan". Neben den unzähligen Abgaben und Plünderungen zeigte sich auch das Problem, dass Landeskinder als Soldaten geworben wurden und damit vor Ort nicht mehr als Verteidiger zur Verfügung standen. Obwohl der Fürstabt Werbungen in fremde Dienste verbot, ließ sich dieser zusätzliche Aderlass nicht aufhalten. Begleitet wurde die dramatische Lage seit 1621 von einer Inflation, die sich darin zeigte, dass immer mehr minderwertiges Geld, das nicht den erforderlichen Feingehalt an Edelmetall aufwies, in das Land eindrang. So verlor der Gulden zwischen 1617 und 1622 mehr als 80% seines ursprünglichen Wertes und machte damit die ohnehin schon schwer geschröpfte Bevölkerung noch ärmer.

Der bisherige Siegeszug der kaiserlichen Truppen, von denen die auf Seite des Kaisers stehenden Fuldaer außer Sondersteuern, Raub, Plünderung und Totschlag nichts hatten, endete 1631 mit dem Eintritt der Schweden unter ihrem König Gustav Adolf in das Kriegsgeschehen. Nach dem glänzenden Sieg der schwedisch-sächsischen Truppen in der Schlacht von Breitenfeld am 17. September 1631 geriet die katholische Liga erheblich in die Defensive. Bereits Mitte des Jahres war man in Fulda von einem Angriff des hessischen Landgrafen Wilhelm auf das Stiftsgebiet ausgegangen. Zwar hatte Fürstabt Johann Bernhard Schenk zu Schweinsberg (reg. 1623–1632) zunächst noch versucht, Truppen zur

Verteidigung der Stadt zu werben und beim Heertor die Stadtmauer zu verbessern, doch zog er es am 24. August 1631 vor, nach Hammelburg zu fliehen. Es gingen auch aus Angst vor den Hessen viele Bürger mit Frau und Kind entweder nach Brückenau oder nach Hammelburg. Nur zwei Tage später standen hessische Regimenter vor der Stadt. Für die Zahlung der ungeheuren Summe von 60.000 Reichstalern waren sie bereit, auf die Niederbrennung Fuldas zu verzichten. Zwar lenkte eine zwischenzeitliche bayerische Offensive die Hessen kurzfristig ab, doch mit dem Abzug der Truppen des Generals Tilly, der im Oktober 1631 noch drei Tage Quartier bezog, war das Land völlig ungeschützt. Landgraf Wilhelm V. konnte im November 1631 in aller Ruhe die Stadt besetzen und mit den Plünderungen beginnen. Zunächst ging es nur um den besten Wein aus dem Schlosskeller, in diesem Fall etwa 30 Fuder, umgerechnet knapp 30.000 Liter, Kleinwallstädter Wein, der nach Kassel transportiert wurde. Weit schlimmer war aber der Raub der bedeutenden Bibliotheksbestände, die bis heute entweder verloren oder in aller Welt verstreut sind.

## *Schwedisch-hessische Besetzung*

Folgt man dem Chronisten Hartung, so wurde aus Fulda alles weggetragen und nach Kassel verbracht, was nicht niet- und nagelfest war, von Kunstgegenständen bis hin zu Fischen und Zitronenbäumen. Hatten sich die Hessen schon durch diese Plünderungen die Bevölkerung zum Feind gemacht, so verstärkten die Maßnahmen, mit denen die Reichsabtei Fulda in das Territorium des Landgrafen eingegliedert werden sollten, den Hass auf die neuen Landesherren umso mehr. Daran konnte auch der königliche Glanz nichts ändern, der mit Gustav Adolfs Gemahlin Eleonore im Januar 1632 in die Stadt einzog. Sie weilte, von Leipzig mit 14 Kutschen kommend, drei Tage im Stadtschloss. Auf ihren Ausflügen kam sie in die Kirche der Jesuiten, in das Benediktinerinnenkloster, das erst wenige Jahre zuvor von Abt Johann Bernhard gegründet worden war und in die Stiftskirche. In allen drei Kirchen wurde „auf Luther gesungen“, wie Hartung missfällig vermerkt. Wenige Tage nach ihr war der schwedische Kanzler Axel Oxenstierna (1583–1654) in der Stadt, deren Schicksal in den nächsten zwei Jahren in schwedischen und hessischen Händen lag. Obwohl hessische Truppen das Stiftsgebiet schon besetzt hatten, drängte Landgraf Wilhelm V. darauf, diesem Zustand einen rechtlichen Rahmen zu geben, der über eine schnöde Annexion hinausging. Er ließ sich daher die Fürstabtei von dem Schwedenkönig formell schenken, wobei es einen Streit darum gab, ob das Obereigentum des Landes bei der Krone Schwedens bleiben sollte, das gegenüber Hessen-Kassel somit in die Rolle eines Lehensherrn gerückt wäre.

Fernab solcher Rechtsfragen bleibt festzuhalten, dass die Landgrafschaft Hessen-Kassel in den kommenden zwei Jahren das Sagen in der Fürstabtei Fulda hatte und durch seinen unsensiblen Umgang mit den Befindlichkeiten der Bevölkerung so ziemlich

*Die Karikatur aus dem Dreißigjährigen Krieg zeigt nach der für die kaiserlichen Truppen vernichtenden Niederlage in der Schlacht von Breitenfeld 1631 am Tisch sitzend General Tilly mit seinen Generalen, denen unverdaubare Kost in Form von eroberten Städten durch den schwedischen Löwen Gustav Adolf, Johann Georg I. von Sachsen, Landgraf Wilhelm V. von Hessen und den schwedischen General Horn serviert werden. Der Landgraf hat Fulda auf dem Tablett (VM, II Ed 55)*

alles tat, um sich unbeliebt zu machen. Eine zivile hessische Verwaltung übernahm seit Beginn des Jahres 1632 die Herrschaft in Stadt und Land. Die neue weltliche und geistliche Verwaltung unter dem Kriegsrat Johannes Antrecht und dem Kasseler Hofprediger Theophilus Neuberger wählte als erste Amtshandlung einen symbolischen Akt, nämlich die Vertreibung der Jesuiten, die als Inbegriff des Katholizismus und der Gegenreformation galten. Zwar hielt sich in der Folge Landgraf Wilhelm V. mit provokanten religionspolitischen Entscheidungen in Fulda zurück, doch seine Beamten vor Ort wie etwa der Kanzler Wilhelm Burkhard Sixtinus (1572–1652) waren weitaus rigider. Sixtinus, der wie sein Landesherr kalvinistisch war, verhielt sich in konfessionspolitischen Fragen unversöhnlich. Nachdem man noch zu Beginn des Jahres 1633 den Katholiken neben den Kalvinisten die Ausübung ihrer Religion zugestand, wurden schon im Juli die katholischen Gottesdienste verboten und der Kirchenschlüssel der Stadtpfarrkirche den Priestern entzogen. Die Franziskaner und die Benediktiner verließen den Frauenberg und den Petersberg. Nur noch in der Severikirche konnten die katholischen Bürger zusammenkommen, allerdings musste auch hier der dortige Kaplan Andreas Almenrodt auf Weisung der Hessen die Predigt einstellen.

## Die Kriegswende 1634

Mit der vernichtenden Niederlage der Schweden und ihrer Verbündeten gegen die kaiserlichen Truppen in der Schlacht bei Nördlingen änderte sich 1634 das Kriegsgeschehen grundlegend. In kürzester Zeit wurden die schwedisch besetzten Gebiete in Süddeutschland wieder geräumt. Dies galt auch für Fulda, aus dem Ende September die hessische Regierung fliehen musste. Mit Sack und Pack seien der Statthalter, seine Familie, die Prediger und alle hessischen Beamten aus der Stadt geflohen, wie Gangolf Hartung zufrieden in seiner Chronik vermerkt. Am 26. September sei das erste Kind in der Stadt wieder katholisch getauft worden, nachdem es ein Jahr lang nur kalvinistische Taufen gegeben habe. Mitte Oktober 1634 gab es allerdings noch einmal einen hessischen Überfall auf das Stiftsgebiet, bei dem Hünfeld geplündert und die Bürgerschaft von Fulda noch einmal mit Strafzahlungen belegt wurde. 1.000 Mann kroatische Soldaten unter dem Obristen Markus von Corpes kamen am 18. Oktober der Stadt zu Hilfe. Sie töteten 18 der hessischen Soldaten, die sich im Stadtschloss einquartiert hatten und schickten die Gefangenen nach Schweinfurt in das Lager des kaiserlichen Generals Octavio Piccolomini. Damit war das hessische Intermezzo in Fulda beendet, auch wenn es in den folgenden Jahren immer wieder einzelne Überfälle gab. Ende Oktober hielten die Franziskaner und die Jesuiten wieder ihren Gottesdienst. Am 1. November feierte man im Stift das Hochamt und sang nach der Predigt eines Franziskanermönchs das Tedeum.

Dennoch sollte es noch 14 Jahre dauern bis man auch in Fulda endlich aufatmen konnte. Durchmärsche feindlicher wie freundlicher Truppen, Einquartierungen, Seuchen und Brände führten zu massenhaftem Tod und zur Verelendung der Überlebenden. Auch die Chronik Gangolf Hartungs bricht zwischen 1635 und 1643 weitgehend ab. Nur wenige Meldungen sind dort noch der Nachwelt hinterlassen wie jene zum 6. Mai 1636, als betrunkene Soldaten im Gasthaus zum Einhorn in der Marktstraße um sich schossen und damit einen Großbrand in der Innenstadt auslösten, dem 50 Häuser zum Opfer fielen. Als Vorbote des Friedens, der endlich im Oktober 1648 in Münster und Osnabrück geschlossen wurde, kann der Guss der Osannaglocke gelten, die man als Ersatz für ihre zersprungene Vorgängerin „mit grosser Mühe und Sorge“, so Hartung, am 18. September 1648 auf den Turm der Stiftskirche ziehen konnte.

# XIII

# Ein schwieriger Neuanfang (1648–1700)

Der Westfälische Friede, bestehend aus den zwei Abkommen von Münster und Osnabrück, schuf 1648 nicht nur die Voraussetzungen einer weitgehend friedlichen Ordnung im Alten Reich für die kommenden 150 Jahre, sondern war für ein relativ kleines Territorium wie die Fürstabtei Fulda eine verfassungsrechtliche Lebensversicherung. Im Vertragswerk, das zahlreiche territoriale Änderungen festschrieb, behielt das Fürstentum Fulda im Gegensatz zu Hersfeld, das zur Landgrafschaft Hessen-Kassel kam, seine Selbstständigkeit. Diese hatte allerdings einen hohen Preis. Zusammen mit den geistlichen Fürstentümern Mainz, Köln, Paderborn und Münster musste Fulda an die Landgrafschaft 600.000 Reichstaler bezahlen, ein so hoher Betrag, dass der Fürstabt seine Ämter Geisa und Eiterfeld an die Hessen verpfänden musste und einen Teil des Amtes Vacha dem nördlichen Nachbarn ganz überließ. Mit den Entschädigungen an die Schweden, den sogenannten Satisfaktionsgeldern, die für die Fürstabtei Fulda knapp 64.000 Reichstaler betrugen, wurde dem Land und auch der Stadt Fulda eine große Schuldenlast aufgebürdet. Diese war nur mit hohen Steuerzahlungen in den Griff zu bekommen. Doch wer sollte diese Steuern bezahlen?

*Pax sit christiana, universalis, perpetua*

*Es möge ein christlicher, allgemeiner und immerwährender Friede herrschen*

(Artikel 1 des Westfälischen Friedens)

## *Bevölkerungsverluste*

Nach dem Ende des Dreißigjährigen Kriegs lebten um 1650 im weltlichen Herrschaftsbereich der Fuldaer Fürstäbte nur noch halb so viele Einwohner wie 30 Jahre zuvor. Weniger die direkten militärischen Aktionen als vielmehr Hunger, Krankheiten und Seuchen hatten zu einem bis dahin nicht gekannten Massensterben geführt. Auch die Hauptstadt Fulda hatte einen Rückgang der Bevölkerung von etwa 3.700 auf 2.000

*Die sogenannte Pestsäule unterhalb des Frauenbergs stammt aus dem Jahr 1651. Sie erinnert an die Abwendung der großen Pestepidemie Mitte des 14. Jahrhunderts und an den Friedensschluss von 1648 (Foto: Franziska Ihle-Wirth)*

*Ansicht von Hammelburg. Kupferstich aus Matthäus Merian, Topographia Hassiae, 1646 (VM, II Ea 377)*

Einwohner zu beklagen. Auf dem flachen Land waren viele Dörfer verlassen, die Felder wurden nicht mehr bestellt. Erst in der Mitte des 18. Jahrhunderts hatte Fulda wieder so viele Einwohner wie 1618. Damit nahm die Hauptstadt wegen des Zuzugs in Folge seiner Residenzfunktion eine weitaus bessere Entwicklung als die anderen Städte im Bereich der Fürstabtei. Insbesondere das lange Zeit prosperierende Hammelburg, dessen Wirtschaftskraft vor dem Dreißigjährigen Krieg derjenigen von Fulda gleichkam, sollte sich bis zum Ende des 18. Jahrhunderts nicht mehr von dem Aderlass erholen.

In den Dörfern war die Situation äußerst unterschiedlich. Durch Binnenwanderung aus benachbarten Gemeinden konnte ein kleiner Flecken wie Harmerz südlich von Fulda, der um 1650 verwaist war, schon Anfang des 18. Jahrhunderts den Vorkriegsstand wieder erreichen, allerdings hatte die neue Bevölkerung keine historischen Wurzeln im Ort. Ähnliches lässt sich auch im vom Krieg schwer betroffenen Hünfelder Land feststellen. In Mackenzell sind nur sechs der dort im Jahre 1676 registrierten 36 Familiennamen schon 1560 genannt. In Großenbach stimmten von den 37 Familien des Jahres

1676 nur acht mit denen im Jahre 1628 überein. Da die Fürstäbte als Obereigentümer der im Rahmen der Grundherrschaft ausgegebenen Ländereien ein vitales Interesse daran hatten, dass die Grundstücke bebaut wurden, führte diese Not an Pächtern häufig zu einem sozialen Aufstieg jener Überlebenden, die vor dem Krieg als Hüttner nur wenig Land besaßen. Diese traten in die verwaisten Güter ein und konnten ihren Besitz häufig um ein Mehrfaches vergrößern. Zudem erlangten sie in der Regel das beste bäuerliche Besitzrecht, nämlich die Erbleihe, die ihnen das Recht einräumte, den Hof an die Nachkommen weiterzugeben. Insofern machte sich trotz der dramatischen Ausgangslage auch auf dem Land mit der Zeit ein bescheidener Wohlstand breit, der für viele allerdings auf Gedeih und Verderb vom Wetter und der Ernte abhängig war. Kaum Bodenschätze und selbst in der ersten Hälfte des 18. Jahrhunderts noch keine Produktionsstätten in größerem Maßstab stehen stellvertretend für ein wirtschaftsschwaches kleines Territorium, dessen Bewohner sich von den Einkünften aus der Landwirtschaft und dem Kleinhandwerk ernährten.

Trotz der für die Stadt Fulda zunächst sehr ungünstigen Ausgangslage gelang es, langsam wieder zu einem normalen Leben zurückzufinden. Während in den Kriegsjahren 1640, 1643 und 1645 keine Neubürger in die Stadt kamen, wurden 1649/50 bereits wieder 16 Bürger mit ihren Familien registriert. Sie kamen überwiegend aus dem Umland (Michelsrombach, Mackenzell, Birstein, Orb, Hünfeld, Bischofsheim und Eisenbach), aber auch von weiter her (Mainz, Mellrichstadt und Heiligenstadt). Mit Niclas de Mangot aus Troyes in der Champagne und Adam Stoß aus Rapperswil im Schweizer Kanton Sankt Gallen kamen zwei Neubürger sogar aus dem Ausland. Offenbar war das vom Krieg geschundene Fulda sehr schnell wieder Anlaufstation für viele, die sich in der Stadt einen besseren Schutz versprachen und das vorübergehend menschenleer gewordene Land mieden. Die Depression nach 30 Kriegsjahren schlug bei den Überlebenden schon bald in das Gegenteil um. Bereits 1649 erließ Fürstabt Joachim von Gravenegg (reg. 1644–1671) eine Verordnung, wonach der übermäßige Aufwand bei Kindstaufen und Hochzeiten einzuschränken sei. In einer Zeit, in der sich die Untertanen über die schweren Kriegsschäden beklagten, könne es nicht angehen, dass sich viele arme Personen mit ihren Familienfeiern völlig überschuldeten und dadurch an den Bettelstab gerieten. Auch scheint im Fuldaer Land und in der Stadt schon bald wieder übermütiges Fastnachtstreiben geherrscht zu haben. 1652 sah sich der Fürstabt genötigt, in einer weiteren Verordnung übermütige Umzüge, Vermummungen und Maskeraden, die einher gingen mit großer Sünde und Laster, zu verbieten. Ob dieser Befehl befolgt wurde, darf sehr bezweifelt werden. Doch wer kann es den Fuldaern verdenken, dass Sie mitten in der größten Notlage nach Zerstreuung suchten? Diese Form der Bekämpfung eines Traumas ist auch noch nach dem Ende des Zweiten Weltkriegs zu beobachten, als nur wenige Monate nach der Kapitulation Kinos und Theater wieder ihre Tore öffneten.

## Wiederaufbau und Sparpolitik

Der Wiederaufbau des Landes wurde begleitet von Missernten, Teuerungen und Unwettern. Immer wieder musste die fürstliche Regierung eingreifen und den gewinnbringenden Verkauf von Lebensmitteln außer Landes verbieten. Die Stimmung in der Bevölkerung war aufgrund der steuerlichen Belastungen und der Teuerungsraten schnell auf den Tiefpunkt. Daran konnten auch die dirigistischen Eingriffe der Fürstäbte, die mit Preisregulierungen die Not bekämpfen wollten, nichts ändern. Das Problem für Stadt und Land waren aber nicht die jüdischen Handelsleute, sondern neben den Missernten vor allem die alte Schuldenlast, ständige Truppendurchzüge und Einquartierungen in den Auseinandersetzungen des Reichs mit dem Frankreich Ludwigs XIV. Fulda war in diesen Kriegen der Frühen Neuzeit, wie es der Historiker Horst Carl formulierte, eine „Offene Stadt".

*Fürstabt Joachim von Gravenegg. Gemälde von Johannes Sprenger, 1670 (VM, II C 533)*

Trotz der widrigen äußeren Umstände gelang es dem Fürstabt Placidus von Droste (reg. 1678–1700) mit einer klugen Sparpolitik, sein Land wieder auf eine solide wirtschaftliche Grundlage zu stellen und sogar einen Überschuss in einer geschätzten Höhe von 100.000 bis 200.000 Reichstalern anzulegen, von dem seine bauwütigen Nachfolger profitieren konnten. Drostes Ruf als „Sparbrötchen" wird allerdings seinen Leistungen nicht gerecht. Er kaufte verpfändete Stiftsgüter zurück, erwarb zusätzliche neue Adelsgüter und war auch als Bauherr tätig. In seiner Amtszeit entstanden in Fulda der Stationsweg am Frauenberg, der Neubau des Päpstlichen Seminars (heutiges Vonderau Museum) sowie der nicht mehr erhaltene Nordflügel des Stadtschlosses. Vollendet wurde unter ihm der bereits von Joachim von Gravenegg begonnene Konventsbau des Klosters, in dem inzwischen das Priesterseminar untergebracht ist.

Die größte städtische Baumaßnahme in dieser Zeit war die Errichtung eines Brauhauses im Bereich der heutigen Brauhausstraße, das in der Regie des Stadtrats betrieben

*Fürstabt Placidus von Droste. Gemälde von Konrad Albin, 1681 (VM, II C 22)*

wurde. Die Einnahmen aus dem Bierbrauen waren in der gesamten Frühen Neuzeit die wichtigste Finanzquelle der Stadt. Im Zeitraum von 1571 bis 1802 erzielte man daraus mit einem Jahresmittel von 1.043 Gulden etwa 30% der durchschnittlichen Gesamteinkünfte von etwa 3.500 Gulden. Die Einnahmen ergaben sich in der Regel nicht aus dem Vertrieb selbstgebrauten städtischen Bieres, sondern aus dem Verkauf von Pfannzeichen an die Bürger, denen damit gestattet wurde, ihr Bier entweder in den städtischen Brauhäusern oder aber zu Hause selbst zu brauen. Im 18. Jahrhundert resultierten

*Bauplan des Brauhauses, 1694 (StadtAFd, Bestand X G, Nr. 2)*

die Einnahmen auch aus einer Abgabe auf das verbraute Malz, die sich die Stadt und der Landesherr teilten. In Notzeiten auf das Bier erhobene Getränkesteuern flossen allein der landesfürstlichen Kasse zu. Zudem erzielte die städtische Kasse noch Einnahmen aus Gebühren für das Darren des Malzes sowie der Verwahrung von Bier im Ratskeller für jene, die zu Hause kein Bier lagern konnten. Während der Bauphase des Brauhauses ging der Stadt Fulda allerdings das Geld aus. Durch einen Kredit des damaligen Stiftsdechanten Adalbert von Schleifras konnte 1694 der Bau vollendet werden. Die hierzu noch im Stadtarchiv verwahrten Dokumente enthalten die ältesten bekannten Baupläne der Stadt.

## Die Ausweisung der Juden 1671

Fürstlich-Fuldische Juden-Ordnung

De Anno 1751.

*Titelblatt der Fuldischen Judenordnung von 1751 (StadtAFd, Mandate 1751 Juli 29)*

Die seit dem Mittelalter bestehende unselige Folge der gegen die jüdische Bevölkerung gerichteten Pogrome und Übergriffe nahm auch in der Frühen Neuzeit nicht ab. Die 1560 erlassene Judenordnung des Fürstabts Wolfgang II. Schutzbar von Milchling (reg. 1558–1567) war der Ausgangspunkt für eine ganze Reihe ähnlicher Verfügungen, die bis in die zweite Hälfte des 18. Jahrhunderts hinein das jüdische Leben bis ins Kleinste regulierten. Für die Betroffenen bedeutete dies entweder die Aufforderung zur Auswanderung oder aber ein Leben in ständiger Bedrängnis und Schikane. Als 1591 ein marodierendes Söldnerheer durch Fulda zog und die jüdische Bevölkerung ausplünderte, sprang trotz Aufforderung der Landesherrschaft niemand aus der Bürgerschaft den Opfern zur Seite. Die Strafe für die Stadt war enorm. Kaiser Rudolf II., der als Garant des Judenschutzregals die Plünderung als persönlichen Angriff empfinden musste, verfügte für die unterlassene Hilfeleistung eine Buße von 8.000 Gulden, das Doppelte eines städtischen Jahresetats. Der Betrag wurde dann auf 2.000 Gulden reduziert, die für die Baukosten der Michaelerkirche in Wien und der St. Thomas-Kirche in Prag verwendet wurde.

*Blick von der Straße Am Stockhaus zur Mittelstraße. Hier befand sich nach 1671 das jüdische Ghetto (StadtAFd, Digitalbildarchiv)*

Während des 16. Jahrhunderts war die jüdische Bevölkerung in der Stadt wie im Stift Fulda angewachsen. Zählte man 1567 noch 18 Familien, so waren es 1586 bereits 28 und 1605 43. Zu Beginn des 17. Jahrhunderts lebten in der Fürstabtei Fulda ca. 75.000 Menschen. Hierunter befanden sich auf fürstäbtlichem Gebiet 121 jüdische Familien in 17 Orten, nach Fulda vor allem in Hammelburg und Brückenau. Dies entspricht etwa 600 Personen sowie höchstens 200 bis 300 Personen auf ritterschaftlichem Gebiet, so dass bei höchstens 900 jüdischen Bewohnern von einem jüdischen Bevölkerungsanteil von ca. 1 bis 1,5 % auszugehen ist. Diese Relation verschob sich nach dem Dreißigjährigen Krieg, der in unseren Breiten Bevölkerungsverluste von ca. 40% brachte, eindeutig zugunsten der jüdischen Bevölkerung.

Hinsichtlich des Vermögens der Bevölkerung bietet die Türkensteuerliste des Jahres 1605, in der alle Steuerzahler mit ihrer Steuerleistung und dem Vermögen erfasst sind, die zentrale Quelle, die fundierte Aussagen erlaubt. Demnach lag das Durchschnittsvermögen aller steuerpflichtigen Stiftseinwohner bei 190 Gulden, das der jüdischen Familien hingegen bei 460 Gulden. Die Aussagekraft dieses Befundes ist allerdings zu relativieren. Man kann davon ausgehen, dass jüdisches Vermögen besonders genau unter die Lupe genommen wurde, zumal Juden möglichst über keinen Grundbesitz verfügen sollten und daher vermutlich ihr Vermögen überwiegend aus Bargeld bestand, das gegenüber dem Immobilienbesitz benachteiligt war, da der Immobilienwert in der Regel unter dem tatsächlichen Marktwert angesetzt wurde. Zu weiterer Vorsicht mahnt darüber hinaus auch eine fuldische Verordnung von 1600, die festlegte, dass bei allen Steuerforderungen die Juden 50 % mehr als die Christen bezahlen sollten. Zuletzt sei zur Relativierung der oben genannten Zahl noch gesagt, dass innerhalb der jüdischen Bevölkerung die Vermögensunterschiede zwischen Arm und Reich eklatant waren. Beispiele für Mindeststeuerleistungen, die auf überhaupt kein Vermögen schließen lassen, gibt es in Fulda zur Genüge. Nimmt man die sieben jüdischen Vertreter unter den Spitzenvermögenden heraus, so ergibt sich mit einem dann verbleibenden Durchschnittsvermögen von 275 Gulden ein normaler städtischer Wert.

Dennoch wurde die jüdische Bevölkerung immer wieder mit den Stereotypen des Geldwuchers und des unzulässigen Eingriffs in den Handel der Zünfte konfrontiert. Die Fuldaer suchten in Zeiten der wirtschaftlichen Schwäche nach Schuldigen und meinten sie in der jüdischen Bevölkerung zu finden. 1666 sah sich Fürstabt von Gravenegg veranlasst, ein Mandat ausgehen lassen, das strengstens verbot, die unter dem Schutz des Abts stehenden Juden in den Städten und auf dem Land mit Steinen zu bewerfen und zu verprügeln. Geholfen hat es wenig. Mit der nahezu völligen Ausweisung der Juden aus dem Gebiet der Fürstabtei Fulda im Jahre 1671 zeigte sich in Fulda noch einmal die kleinbürgerliche Seite der Stadtbevölkerung, die den neuen Fürstabt Bernhard Gustav von Baden-Durlach zu diesem Schritt zwang, um sich der vermeintlichen Konkurrenz zu entledigen.

Am 24. März 1671 verkündete der frisch gewählte Fuldaer Fürstabt Bernhard Gustav von Baden-Durlach ein Mandat, das die Ausweisung der Juden aus seinem Territorium verfügte. Da sich viele Juden in das Stiftsgebiet, vor allem in die Städte Fulda, Hammelburg und Geisa eingeschlichen hätten und dadurch die christlichen Bürger schädigten, habe man zum Schutz der Untertanen nach dem Vorbild des Kaisers beschlossen, alle Juden aus dem Land zu weisen. Ihnen werde drei Monate Zeit eingeräumt, ihre Immobilien zu verkaufen und die Außenstände einzutreiben. Im Bereich der Stadt Fulda schritt eine städtische Deputation zur Umsetzung dieses Befehls. Man taxierte die in der Stadt vorhandenen jüdischen Anwesen und kam dabei auf 74 Immobilienbesitzer, deren Eigentum auf knapp 14.000 Gulden geschätzt wurde. Eine zweite, kurz danach entstandene Liste hielt zu jedem Haus die potentiellen Interessenten fest samt dem mutmaßlichen Höchstgebot. Am 20. Mai, acht Wochen nach Verkündung des Ausweisungsmandats, begannen die Verkäufe. Die Verkaufspreise lagen in der Regel unter den von der städtischen Deputation im April ermittelten Werten. So erwarb etwa Baltzer Sauer das auf 485 Gulden taxierte Haus des Meyer Cassel am Wollwebersgraben für 395 Gulden, also mit knapp 20% Verlust für den Verkäufer. Daneben wurden 29 Anwesen von der Stadt Fulda gemäß dem Schätzwert den jüdischen Eigentümern abgekauft und dann meist mit Gewinn weiter veräußert. So wechselte etwa das auf 150 Gulden geschätzte Haus des Sohnes von Salomon Coppel für 290 Gulden den Besitzer. Die Stadt übernahm bei den Hausübergaben nicht nur die Rolle des Maklers, sondern rechnete auch die Schulden und Ausstände der Juden gegeneinander auf, zog den vom Fürstabt geforderten Zehnten ein und zahlte nach erfolgtem Verkauf den Restbetrag an den ehemaligen jüdischen Eigentümer aus.

Unklar bleibt, warum die Anwesen zunächst frei verkauft wurden und dabei einen Preis unter Marktwert erzielten, wohingegen die danach von der Stadt veräußerten Anwesen in der Regel über dem Schätzwert lagen, zum Teil sogar deutlich. Die jüdischen Eigentümer hatten davon allerdings keine Vorteile, da sie höchstens den Schätzwert erhielten.

In einer am 19. August 1671 erlassenen Ausführungsbestimmung zur Ausweisung erteilte Bernhard Gustav fünf namentlich benannten jüdischen Familien in Fulda und einer in Neuhof ein Bleiberecht und erließ für sie eine spezielle Ordnung. Es handelte sich hierbei um folgende Familienvorstände: Hirsch auf der Treppen; Löser, Sohn des Hirsch; Seligman auf der Tanzhütte; Lämmle Geis sowie die Witwe des Koppel und ihr Sohn (alle in Fulda), in Neuhof Martgen Pfifferling mit seinem ledigen Sohn, der solange er unverheiratet war Aufenthaltsrecht genießen sollte. Zudem wurde für die Fuldaer Juden ein Ghetto in der „engen Gassen" errichtet. Es handelt sich dabei um jenen Teil der Straße Am Stockhaus, der zur Mittelstraße führt. Die Gasse wurde am oberen und unteren Ende auf Kosten der Juden mit Toren versperrt, die nachts abgeschlossen sein mussten. Während der Sonn- und Feiertage war es den Juden nicht erlaubt, ihr Ghetto zu verlassen.

Die Ausweisungsverfügung ließ sich nicht lange aufrechterhalten, zumal das Land auf die wirtschaftliche und finanzielle Betätigung jüdischer Händler und Kaufleute angewiesen war. Schon bald gehörte eine jüdische Gemeinde wieder zum festen Bestandteil der Stadt. Im Verlauf des 18. Jahrhunderts ist im Durchschnitt mit etwa 20 Familien zu rechnen, die in Fulda wohnten. Weit über Fulda hinaus strahlte die Bedeutung einiger hier ansässiger Rabbiner. Am bedeutendsten war Rabbi Meir ben Jakob Hakohen Schiff. Unter dem Namen „Maharam Schiff" ist er noch heute als bedeutendster Talmudexperte seiner Zeit in der jüdischen Welt bekannt.

# XIV

# Die Stadt erhält ein neues Gesicht (1700 – ca. 1750)

*Werthestes Fuld! Du hast mehrmahlen dich verwunderet über den unermüdeten Bau-Geist Amandi, und bey dir selbsten gedacht: Mein GOtt! So höret der Gnädigste Fürst nicht auf zu bauen …*

(Der Benediktinerpater Johann Kolbinger in seiner Trauerpredigt auf Fürstbischof Amand von Buseck, 1757)

## Die neue Stiftskirche

Mit Adalbert von Schleifras betrat ein umfassend ausgebildeter und tatkräftiger Kirchenfürst, der seit Mitte des Jahres 1700 als Fürstabt die Geschicke des Landes lenkte, die Fuldaer Bühne. Die von ihm veranlasste Bautätigkeit schuf die Grundlage dafür, dass die Residenz und ihre Umgebung in den folgenden Jahrzehnten tiefgreifend umgestal-

*Die Stiftskirche vor der barocken Erneuerung. Ölgemälde, 17. Jh. (Dommuseum Fulda)*

Fürstabt Adalbert I. von Schleifras. Gemälde von Emanuel Wohlhaubter im Fürstensaal des Stadtschlosses (VM, 2012/30)

tet wurde. Es begann mit dem Neubau der Stiftskirche, die zunächst nur saniert werden sollte. Im Jahre 1704 entschloss man sich dann doch zum Abriss der alten Ratgarbasilika, die im Laufe der Zeit schon zahlreiche Umgestaltungen erlebt hatte. Was den Fürstabt genau bewog, die ihm in seiner Wahlkapitulation auferlegte Sanierung der Kirche in einen Neubau zu verwandeln, bleibt offen. Da

*Der Fuldaer Dom. Kolorierter Stahlstich vor 1840. Erschienen in Meyer's Universum, Hildburghausen 1840 (VM, II Ea 247)*

er kurz nach seinem Amtsantritt Johann Dientzenhofer (1663-1726) als Stiftsbaumeister von Bamberg nach Fulda holte, ist davon auszugehen, dass der Abt die Baumaßnahme zur Chefsache machte und sich deshalb nach einem zwar jungen, aber doch aus einer renommierten Familie stammenden Maurer und Steinhauer umsah. Seine älteren Brüder Georg, Christoph und Leonhard hatten in Bamberg und Prag schon reiche Erfahrung mit Sakralbauten gesammelt. Insofern war Schleifras offen für neue Lösungen, auch wenn der junge Architekt noch keine einschlägigen Erfahrungen vorweisen konnte und sich der Fürstabt daher auch nach Verstärkung umsah. Der mit Dientzenhofer im Jahre 1700 geschlossene Vertrag für den partiellen Umbau der Stiftskirche wurde in den kommenden vier Jahren nach und nach verändert. Am Ende stand eine neue Stiftskirche, die am 14. August 1712 geweiht wurde und das Bild Fuldas bis heute prägt. „Sie ist ein reifes und selbstständiges Werk Dientzenhofers, entstanden in der Auseinandersetzung mit dem Bauherrn und dessen Vorstellungen zur ehemaligen und künftigen Funktion der Hauptkirche seines Landes. Diese bedingten die Größe, den Bautypus, aber letztlich auch die vielfältigen römischen Einflüsse, die Dientzenhofer nach einem langwierigen Planungsprozess zu einer einmaligen Einheit fügte“ (Gregor Stasch).

## *Erweiterung der Residenz*

Dass die neue Kirche vom Schloss aus in einem Tal zu liegen scheint und damit ihrer Wirkung etwas benommen wird, liegt an der 1715/16 veranlassten Überwölbung des östlich benachbarten Tals der Waides. Diese Maßnahme diente dazu, den Residenzbezirk mit einem Schlossgarten auszustatten, der zum Programm eines jeden barocken Herrschaftssitzes gehörte. Zunächst aber hatte im Jahre 1706 Adalbert von Schleifras seinen Stiftsbaumeister beauftragt, Pläne zur Erweiterung der Residenz vorzulegen. Diese war aus der alten Abtsburg hervorgegangen und hatte spätere Überformungen und Neubauten erfahren, zuletzt in dem von 1607 bis 1612 unter Fürstabt Johann Friedrich von Schwalbach (reg. 1606–1622) errichteten Renaissanceschloss. Zwischen 1708 und 1714 wurden nach den Plänen Dientzenhofers wesentliche Teile der Anlage in ein Barockschloss mit einem nach Westen hin gerichteten Ehrenhof, der auf den alten Graben und die abgetragene mittelalterliche Vorburg aufsetzte, umgeformt. Unter Schleifras Nachfolger Konstantin von Buttlar (reg. 1714–1726) wurde der nördliche Ehrenhofflügel fertiggestellt und der Schlossgarten sowie die Orangerie nach Plänen des Mainzer Baudirektors Maximilian von Welsch (1671–1745) errichtet. Innerhalb von knapp 20 Jahren war unter Schleifras und Buttlar eine barocke Residenz entstanden, die den Vergleich mit anderen fürstlichen Repräsentationsbauten dieser Zeit nicht scheuen musste. Ihr Bauprogramm orientierte sich mit den Bestandteilen eines dem Mittelbau (Corps de Logis) vorgelagerten Ehrenhofs, angeschlossener Nebengebäude, eines Marstalls, prachtvoller Raumfolgen und eines großen Fest-

*Ansicht des Renaissanceschlosses von Nordwesten. Federzeichnung von Amand von Buseck, um 1706 (HStAM)*

saals an der zeitgenössischen Schlossarchitektur. Eine üppige Prachtentfaltung wie in den Anlagen von Würzburg, Rastatt oder Ludwigsburg war dabei nicht das vordringliche Ziel der Auftraggeber und ihres Architekten. Offenbar orientierte sich Dientzenhofer an frän-

*Vedute der Stadt von Südwesten in einem Entwurf zum Thesenblatt des Fuldaer Jesuitenkollegs. Federzeichnung, um 1669 (Dommuseum Fulda)*

*Das Residenzschloss im Wappenkalender des Fuldaer Stiftskapitels (Ausschnitt). Kupferstich von Johann Heinrich Störcklin nach der Vorlage von Johann Georg Bergmüller, vor 1737 (VM, II Ea 58)*

kischen Vorbildern wie den Residenzen in Bamberg, Bayreuth und Coburg. Zwar hatten Schleifras und Buttlar von ihrem Vorgänger Droste eine gut gefüllte Schatulle an Geld übernommen, doch war dieser Schatz längst nicht so hoch wie man früher annahm. Insofern war bei den Planungen zur barocken Umgestaltung der Stiftskirche und der Residenz Augenmaß im Hinblick auf die Finanzen notwendig. Millionensummen konnte ein kleines Land wie die Fürstabtei Fulda nicht für ihr herrschaftliches Bauprogramm aufbringen. Stattdessen suchte man das Beste aus den vorhandenen Mitteln zu machen und hatte damit Erfolg. Als Residenz wurde Fulda im Reich auch aufgrund seiner neuen Architektur wahrgenommen. Der Anspruch, im Konzert der Großen mitzuspielen, war durch die Neubauten von Kirche und Schloss dokumentiert. Unausgesprochen stand man in einem Wettbewerb mit den anderen geistlichen Residenzen im Reich, namentlich den katholischen in Süddeutschland, seien es nun die Hauptstädte von Fürstbistümern wie Würzburg, Bamberg, Freising, Passau und Eichstätt oder aber von Fürststiften wie Kempten. Die immer wieder geäußerte Vermutung, die bauliche Prachtentfaltung in Fulda nach 1700 stehe im Zusammenhang mit dem Anspruch auf die Erhebung zu einem Fürstbistum, ist nicht von der Hand zu weisen.

## Hofgesellschaft und Hofpersonal

Zu bedenken ist dabei, dass der Hof eines geistlichen Fürsten zwar anderen Gesetzen unterworfen war als der eines weltlichen, wo sich ein Teil der Aufmerksamkeit und damit der Hofhaltung auf die Gemahlin des Herrschers konzentrierte. Doch auch ein Fürstabt hatte im Rahmen der herrschaftlichen Repräsentation weltliche Elemente in seiner Umgebung zu pflegen, von Festbanketten bis hin zur Jagd. Insofern musste auch den Fuldaer Landesherrn daran gelegen sein, den Hof zum Zentrum des Landes zu machen und den Adel dort einzubinden, indem er ihn mit gut dotierten Posten in der Landesverwaltung versorgte. Waren zur Zeit Drostes nur etwa 50 Personen am Hof beschäftigt, so waren es unter Fürstabt Adolf von Dalberg (reg. 1726-1737) bereits 120 weltliche Bedienstete ohne die Amtsträger. Gegen Ende des 18. Jahrhunderts zählte der 1790 erstmals gedruckte „Staats- und Standskalender" als eine Art offizielles Hofadressbuch 185 Personen am Hof auf. Der fürstliche Hofstaat bestand aus dem Oberhofmarschallstab, den adeligen geheimen Räten, den Kammerjunkern, dem Reisemarschall, den Leib- und Hofärzten, Wundärzten und Apothekern, den Hofkaplänen und dem Beichtvater, den Kammerdienern und Kammerlaquaien, den Hofoffizianten, der Gärtnerei, der Haushälterei, der Weinkellerei und der Hofküche, den Musikern, der Silberkammer, dem Haushofmeister- und Fourierstab, den Hof- und Feldtrompetern und Hofpaukern, dem Oberstallmeisterstab , dem Pagerieinspektor und dem Edelknabeninstruktor sowie den Edelknaben, dem Sprach- und Exerzitienmeister und dem Marstallpersonal. Zudem gab es das hochfürstliche Oberforst- und Jägermeisteramt, die weltliche Landesregierung, den Lehenhof, das Archiv, die Hofrentkammer und die Obereinnahme als oberste Finanzbehörden und eine Chausseekommission für den Straßenbau. Diese unterhielten zwar im Land zahlreiche Unterämter und Dienststellen, doch die leitenden Beamten und Räte waren ebenfalls am Hof

*Modell der barocken Stadt (um 1750) im Vonderau Museum.*

untergebracht. Nimmt man den gesamten Hofstaat aus Beamten, adeligen und gelehrten Räten sowie Dienstpersonal zusammen, so dürften sich Ende des 18. Jahrhunderts ständig zwischen 300 und 350 Personen in der Residenz und ihrer unmittelbaren Umgebung aufgehalten haben. Insofern bildete das Stadtschloss das Herrschafts- und Machtzentrum des kleinen Landes, das nach außen hin zum einen durch die barocke Ausstrahlung seiner Gebäude wirkte, im Gefüge des Reichs aber durch die Einbindung des Adels Teil eines weitverzweigten Netzwerkes war. „Der Fuldaer Hof übte dabei auf eine überregionale Adelsgesellschaft Anziehungskraft aus – im 18. Jahrhundert mit einem Schwergewicht auf der fränkischen und rheinischen Reichsritterschaft. Insofern ist der Hof weniger als ein Herrschaftsinstrument gegen den ohnehin 1656 aus dem Landesverband ausgeschiedenen Stiftsadel anzusehen, sondern vielmehr als eine aus zeitgenössischer Sicht notwendige Kulisse reichsfürstlicher Repräsentation, auf die vor allem im zwischenhöfischen Verkehr kein Landesherr verzichten konnte“ (Christian Peter).

## *Barockisierung der Stadt*

Mit dem Ausbau des Hofes griff die Herrschaftsarchitektur über den Stifts- und Residenzbezirk hinaus. Im östlichen Teil der ummauerten Stadt entstanden weitere herrschaftliche Gebäude im Auftrag der Fürstäbte wie auch von adeligen Hofbeamten. Zu nennen sind hier der Neubau von Kapelle und Nordflügel des Päpstlichen Seminars (1729–1732, heute Teil des Vonderau Museums), das Palais Buseck (1731–1733, seit 1832 Stift Wallenstein), die Universität (1731–1734), das Kanzlerpalais (1734–1735) und die Kavaliershäuser (1735–1739, Palais Buttlar und Hotel Kurfürst). Diese Bauten, für die überwiegend der hochfürstliche Baumeister Andrea Gallasini (1681–1766) ebenso wie auch für den Neubau des Heilig-Geist-Spitals (1727–1740) die Pläne lieferte, vergrößerten den Herrschaftsbezirk in die Bürgerstadt hinein und sind bis heute stadtbildprägend. Die beiden Adelspalais am Eingang zur Friedrichstraße erzeugen mit dem Abschluss des Kanzlerpalais am Straßenende einen herrschaftlichen Rahmen, der weit über den eigentlichen Residenzbezirk ausgreift und eine eindrucksvolle Sichtachse bildet.

Wie sehr die neuen Bauten die Gestalt der Innenstadt verändert haben, zeigt ein Blick auf den ältesten erhaltenen Stadtplan von 1727, der seine Entstehung einer Vermessung Fuldas zur Ermittlung genauer Grundstücksgrößen für die Besteuerung verdankt. Der äußerst genaue Plan dokumentiert die Stadt mitten im Umbruch. Während der Dom- und der Schlossbezirk in ihrem heutigen Umfang schon fertiggestellt sind, stößt am Bonifatiusplatz, dem damaligen Dienstagsmarkt, die Bürgerstadt mit einer kleinteiligen Bebauung und mehreren Gärten auf die Mauer zum Stiftsbezirk. Als größeres Gebäude ist beim Eingang in die Schmiedsgasse (Friedrichstraße) an Stelle des heutigen Palais Buttlar das Bannhaus mit einem nahezu quadratischen Grundriss eingezeichnet. Es handelte sich

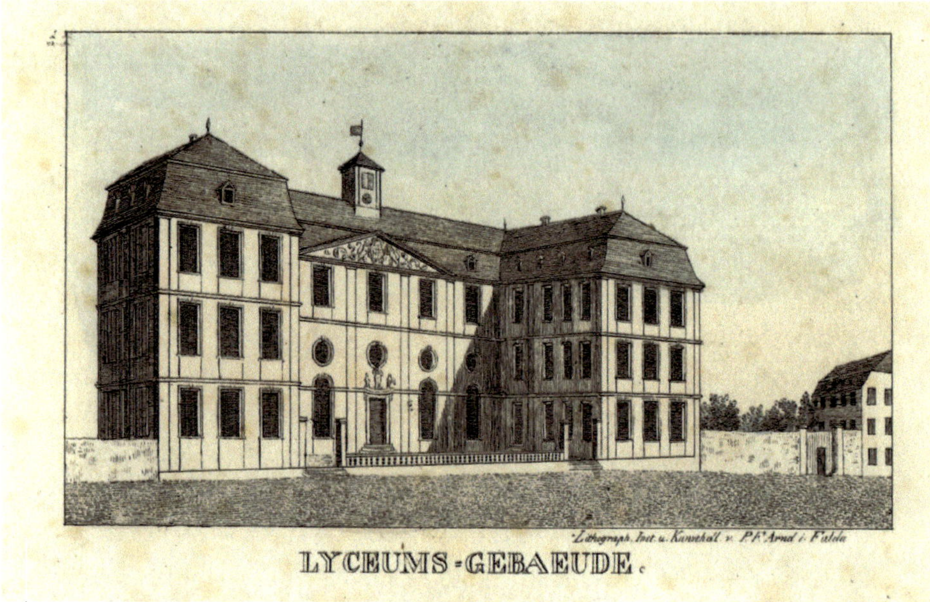


*Ansicht der ehemaligen Universität. Lithographie, erschienen bei Peter Franz Arnd, nach 1829 (VM, II Ea 303)*

dabei um ein Kaufhaus, in dem Güter, die einem besonderen Verkaufszwang oder einem ausschließlichen Verkaufsrecht (Bann) unterlagen, erworben werden konnten. Dies galt etwa für den Bannwein und das Bannbier. Für den Bau einer neuen Münzprägeanstalt musste das Gebäude, das 1735 abgebrochen wurde, weichen. Die Münze fand im rückwärtigen Teil zur Pfandhausstraße ihren Platz. Heute ist dort das Stadtarchiv untergebracht. Zur Friedrichstraße hin nahm das Gebäude die geistliche und weltliche Regierung auf. Seinen Namen erhielt das Anwesen vom Oberstallmeister Franz Adolph von Buttlar (1727–1803), der es im Jahre 1774 erwarb.

Auf der gegenüberliegenden Seite an der Stelle des heutigen Hauses Kurfürst standen die alte Kanzlei, das Haus des Vizedoms sowie das Anwesen des Hofrats Johannis. Aus diesem Konglomerat entstand ein mächtiger, zum Stadtschloss ausgerichteter Baukörper von 120 Metern Länge, der von zwei Pavillons eingefasst wurde. Die Bauherrschaft lag dieses Mal nur zu einem geringeren Teil beim Fürstabt. Die größeren Abschnitte an der heutigen Schloss- und der Friedrichstraße übernahmen der Geheime Rat Friedrich Johann Lothar von Hanxleden und der Geheime Rat Hans Burkhard von Schlereth. Die Front zur Nonnengasse einschließlich des östlichen Pavillons sollte der Landesherr errichten, der allerdings nur einen zur Schlossstraße gelegenen Rohbau ausführte. Erst als 50 Jahre später der Hofkammerdirektor Carl Benedikt Welle (1718–1799) den Pavillon erwarb und den Bau fertigstellte, war das „Hofbeamtenpalais" vollendet. Das östlich da-

*Blick in die Friedrichstraße nach Norden. Lithographie, erschienen bei Peter Franz Arnd, nach 1829 (VM, II Ea 102)*

von, wie ein Querriegel in die Straße ragende Palais Altenstein war 1727 Wohnhaus des Kanzlers Georg Josef Wagner (1684–1752), bevor dieser in sein neues Domizil am Ende der Friedrichstraße überwechselte. Sein heutiges Erscheinungsbild und seinen Namen verdankt das Gebäude dem Geheim Rat Christian Adam Ludwig von Stein zu Altenstein (1730–1792), der um 1770 das Palais in seiner heutigen Gestalt und mit dem prächtigen Festsaal (Rokokosaal) errichten ließ.

Auf dem Jestaedt-Plan sind am nördlichen Abschluss des Dienstagsmarkts noch Gärten eingetragen. Diese erwarb der Geheime Rat Ernst Johan Philipp Hartmann von Buseck (1686–1754), ein Bruder des späteren Fürstbischofs und ließ darauf um 1731 ein repräsentatives Palais errichten, das allerdings wegen seiner zurückgesetzten Lage hinter einer Mauer nicht jene Wirkung erzeugte wie die benachbarten Adelspalais. Zum Stadtschloss hin, neben dem 1711 neu errichteten Paulustor, befanden sich 1727 die alte Hauptwache und mehrere kleine Häuser, die Fürstabt Amand von Buseck ein Dorn im Auge waren. Er hatte beschlossen, den Platz „zu etwas anderes zu gebrauchen" und die fraglichen Gebäude zu erwerben. Die darüber ausgestellte Urkunde erwähnt als Motiv für den Kauf die „Civitas Decorum", die Zierde der Stadt, die mit der Errichtung eines der neuen Residenz angemesseneren Gebäudes gefördert werden sollte. Dies war die neue Hauptwache, die zwar schon vor 1756 gebaut, aber erst unter Fürstbischof Adalbert II. von Walderdorff (reg. 1757–1759) vollendet wurde.

*Portrait von Carl Benedikt Welle. Ölgemälde von Johann Andreas Herrlein, um 1760 (VM, II C 330)*

Mit ihrer Fertigstellung war die Barockisierung der Innenstadt für den Bereich der von der Landesherrschaft und den Hofbeamten verantworteten Baumaßnahmen abgeschlossen. Wenn auch die Quellenlage zu schmal ist, um hier von einem konsequent betriebenen herrschaftlichen Stadtumbau zu sprechen, so zeigen die wenigen in diese Richtung gehenden Äußerungen und das Ergebnis im heutigen Stadtbild, dass von Seiten der Landesherrschaft im Rahmen ihrer bescheidenen finanziellen Möglichkeiten ein repräsentativer Ausbau des weiteren Residenzbezirks in jedem Falle gewünscht war. Allerdings hatte man dabei nicht den Mut, den Bürgern mittels Bauordnungen oder durch die Schaffung finanzieller Anreize die barocke Überformung ihrer Privathäuser vorzuschreiben. Zumindest sind keine solchen Maßnahmen bekannt. Immerhin entschlossen sich doch einige Hausbesitzer im Umfeld des Bonifatiusplatzes und der Friedrichstraße, das alte Fachwerk zu überputzen und mit den aufgesetzten Fenstergewänden eine barocke Anmutung herzustellen. Mitte des 18. Jahrhunderts hatte Fulda auf diese Weise sein Gesicht völlig gewandelt. Der Siebenjährige Krieg (1756–1763) sollte diese Blütezeit jäh beenden.

# XV

# Beamte, Bürger und Bettler. Die Stadtgesellschaft im 18. Jahrhundert

Wer als Fremder im 18. Jahrhundert nach Fulda kam, der betrat einen gemessen an der bescheidenen Ausgangssituation boomenden Ort. Der Aufschwung, der nur durch Kriegswirren und die anschließende wirtschaftliche Depression zwischen 1756 und etwa 1770 unterbrochen wurde, machte aus der Stadt eine Residenz, die aufgrund ihrer politischen Bedeutung den anderen Städten in der näheren und weiteren Umgebung den Rang ablief. Dies hat Auswirkungen bis heute. Während vor dem Dreißigjährigen Krieg städtische Konkurrenten wie Alsfeld, Gelnhausen, Hammelburg, Hünfeld, Lauterbach, Mellrichstadt, Neustadt a.d. Saale, und Schlüchtern in Fuldas Nähe in ihrer Größe und wirtschaftlichen Bedeutung an Fulda heranreichten, zog

*Vedute der Stadt von Südwesten. Kupferstich von Johann Heinrich Salver, vor 1729 (VM, II Ea 52)*

dieses im 18. Jahrhundert den anderen davon. Inzwischen legen sich im Radius von 70 bis 100 Kilometern Luftlinie die größeren Städte wie ein Kranz um Fulda im Zentrum: Kassel, Eisenach, Coburg, Würzburg, Aschaffenburg, Hanau, Gießen und Marburg. Bei all diesen handelt es sich um ehemalige Residenzen reichsunmittelbarer geistlicher und weltlicher Herrschaften. Einen Sonderfall bieten die etwas näher gelegenen Mittelstädte Schweinfurt als ehemalige freie Reichsstadt und Hersfeld, das 1648 seine Hauptstadtfunktion mit der Eingliederung der Fürstabtei in das Gebiet der hessischen Landgrafschaft verlor.

## Das dominierende Handwerk

Die im letzten Kapitel beschriebene Barockisierung der Stadt hatte eine positive Auswirkung auf die Größe und Zusammensetzung der Bevölkerung. Um 1700 lebten in Fulda etwa 2.900 Personen, gegen Ende des Jahrhunderts waren es um 5.000, mit den Vorstädten sogar 8.000. Dies mag in absoluten Zahlen nicht sehr viel klingen, doch ging die Vermeh-

*Wanderbuch des Schneidergesellen Samuel Moses Oppenheim, 1839 (StadtAFd, Bestand XV D, Nr. 7/2)*

rung der Einwohnerzahl einher mit einer Veränderung der Bevölkerungsstruktur. 1701 gab es noch 225 Handwerksmeister in den acht großen Zünften: 48 Metzger, 34 Schmiede, 33 Schuhmacher, 28 Leinweber, 22 Lohgerber, 21 Schneider, 21 Wollweber und 18 Bäcker. Dies bedeutet, dass knapp jeder achte Fuldaer einen kleinen Handwerksbetrieb, meist nur bestehend aus einer Person, führte. Dieser Zustand, der dem Handwerk aufgrund seiner Überbesetzung nur äußerst geringe Verdienstmöglichkeiten bot, ließ sich auf Dauer nicht erhalten. Die Zahl der Metzger ging bis 1799 auf 24 zurück. Schmiede gab es in diesem Jahr noch 13, Leinweber 6, Lohgerber 10, Schneider 13, Wollweber 2. Die Zahl der Bäcker blieb mit 16 fast konstant. Lediglich die Schuhmacher legten noch auf 41 Handwerksmeister zu. Insgesamt waren dies 125 Handwerksbetriebe, so dass nur noch auf 40 Fuldaer ein zunftgebundener Handwerksmeister kam. Dramatisch verlief der Rückgang im Textilgewerbe, das im Mittelalter und bis zur Mitte des 18. Jahrhunderts noch Fuldas wichtigster Produktionszweig war. Hier brachte die auswärtige Konkurrenz, die gegen Ende des 18. Jahrhunderts auch schon auf die maschinelle Herstellung von Textilien und auf die Großproduktion setzte, das Lein- und Wollweberhandwerk fast zum Erliegen.

Den 225 Handwerksmeistern standen 1701 noch 248 Haushaltsvorstände aus der „Gemeinde" gegenüber, worunter alle Kaufleute, Kleinhändler und nicht zünftische Handwerker wie Buchbinder, Büttner, Färber, Glaser, Häfner, Hutmacher, Kammmacher, Kürschner, Maurer, Nagelschmiede, Sailer, Sattler, Schreiner, Strumpfweber, Wagner und Zimmerleute zusammengefasst wurden. Registriert wurden zudem noch 23 Beamte, 19 Witwen, 11 Schöffen und 14 Juden. Dies ergibt für 1701 eine Zahl von 540 Haushaltsvorständen, die ein Bürgergut besaßen oder zumindest ein eigenes steuerpflichtiges Gewerbe betrieben. Nicht steuerpflichtig waren zu dieser Zeit etwa 200 finanziell schwache Personen und 150 Hofbedienstete und sonstige Personen wie etwa Geistliche, die keine Steuer bezahlen mussten.

1799 wurden 830 Haushaltsvorstände gezählt, immerhin eine Steigerung von 54% innerhalb des Jahrhunderts. Neben dem zunftgebundenen Handwerk war auch die Zahl der erfassten Mitglieder der kleinen Zünfte eher bescheiden. Es gab 5 Sattler, 5 Schreiner, 3 Büttner, 3 Hutmacher 3 Seiler, 2 Färber, 2 Glaser, 2 Weißgerber, einen Häfner, 11 Kaufleute und 13 jüdische steuerpflichtige Haushaltungen. Insgesamt ist festzustellen, dass die traditionelle, bis in das späte Mittelalter zurückreichende Vorherrschaft des Zunfthandwerks, insbesondere der acht großen Zünfte, Ende des 18. Jahrhunderts sehr gelitten hatte. Man kann dies als Niedergang deuten, aber andererseits erlebte Fulda einen Zuzug von außen, der eine neue Berufs- und Bevölkerungsschicht in die Stadt brachte. Dies geschah nicht ohne Widerstand der Zünfte, die sich gegen die vermeintliche Konkurrenz abzuschotten versuchten. Probates Mittel hierfür war die Höhersetzung des Bürgergeldes, das bei der Annahme des Bürgerrechts fällig war. Hatte man dieses wegen der Bevölkerungsverluste des Dreißigjährigen Kriegs auf acht Gulden festgesetzt, stieg es schon 1652 wieder auf 20 Gulden an. Eine abermalige Steigerung auf 33 Gulden erfolgte 1768, wobei dieser hohe Betrag nur von Auswärtigen erhoben wurde, während ein Bürgerkind nicht einmal 3 Gulden zu bezahlen hatte.

## Zuwanderung von Spezialisten

Diese Politik der Ausgrenzung ließ sich allerdings in Zeiten, in denen der fuldische Hof dringend Spezialisten aus der Fremde benötigte, nicht mehr aufrechterhalten. Bereits im Jahre 1700 schworen auf dem Fuldaer Rathaus neben 57 Einheimischen 24 Auswärtige den Bürgereid. Darunter waren nur wenige aus der nächsten Umgebung wie der Hinterburg oder aus Neuhof. Gleich zwei stammten aus der Stadt oder dem Herzogtum Mailand. 1704 kamen neben 48 gebürtigen Fuldaern 41 Fremde zum Schwur. Zwar waren hiervon die meisten aus dem Bereich der Fürstabtei Fulda (Brückenau, Burghaun, Buttlar, Geisa, Hammelburg, Herbstein, Hünfeld, Rasdorf, Volkersberg) oder der näheren Umgebung wie Hersfeld oder dem damals würzburgischen Hilders. Doch gab es wiederum auch Neufuldaer aus dem entfernten Süden (Tirol, Bodensee). 1732 hatte sich das Verhältnis mit 38 zu 63 zugunsten der Auswärtigen gedreht. Fulda war zu dieser Zeit vor allem attraktiv für die vielen fuldischen Landeskinder aus Orten, die wie Hammelburg an den

*Ansicht des Doms von Como. Lithographie von Adolphe Bayot, um 1850 (StadtAFd, Gastgeschenke 579). Aus dem Raum Como erfolgte im 18. Jahrhundert eine Zuwanderung nach Fulda.*

*Das Stammhaus der Kaufmannsfamilie Höfling („Zum schwarzen Bären") am Buttermarkt, um 1910/11 (StadtAFd, NL 45 Höfling, Nr. F I 4)*

früheren wirtschaftlichen Erfolg nicht mehr anknüpfen konnten. Die Zuwanderer aus den weiter entfernten Teilen des Reichs und dem Ausland sollten erst seit der Mitte des 18. Jahrhunderts zahlenmäßig an Bedeutung gewinnen.

Ab den 1740er Jahren mehren sich die Nachrichten über Kaufleute in Fulda, die meist von außen zuzogen, ein Indiz dafür, dass mit dem vor allem durch die Entwicklung des Hofs bedingten allmählichen Wachstum der Stadt nun ein Umfeld geschaffen war, in dem man auf Geschäfte hoffen konnte. Genannt werden in den Stadtrechnungen unter den Neubürgern etwa die Handelsmänner Franz Ignaz Zwenger aus Hammelburg (1744), Johann Hinkelbein von Hofbieber (1749), Franz Schärpf von Bichlbach in Tirol, Johann Adam Kern von Nüst (1755), Josef Berchtold aus Tirol (1761), Martin Portier von Mayenne in der Bretagne (1762), Joseph Weiglein aus Hünfeld (1762), Franz Melchior Birkensee vom Altenhof (1762), Peter Franz Arzt aus Brabant (1763), Johann Maria Committi, Galanteriekrämer von Brienno am Comer See, (1769), Kaspar Stielbach aus Tirol (1770), Anton Kircher aus Fulda, Bartel Balcone aus Craveggia im Piemont (1784), Johann Calderoli aus Fenestrelle in der Provinz Turin (1784), Christian Glotz, Galanteriekrämer aus Tirol (1786), Lambert Joseph Halein aus Lüttich (1787), Johann Baptista Mario aus Costallissoio in der damaligen Republik Venedig (1788), Bartholomae Cavalli, Galanteriehändler von Varenna im damaligen Herzogtum Mailand (1789), Valentin Anton Hodes aus Fulda

(1791) und Wilhelm Höfling von Großostheim (1791). Speziell als Leinenhändler werden unter den Neubürgern bezeichnet: Heinrich Schmitt aus Lütter (1780), Nikolaus Fink aus Friesenhausen (1784), Johannes Möller (1792), Johann Adam Kircher (1794), Jakob Hohmann (1794), Johannes Kircher (1795). Schließlich findet sich noch eine Reihe von Italienern, die das Bürgerrecht erwarben und ebenfalls als Händler anzusprechen sind, etwa Bartholomaeus Riva von Colonno am Comer See (1707/08), Baltzer Bereda aus Bünden in Mailand (1711), Carl und Dominicus Berta (1721), Vincentz Longone und Johann Anton Porucello, beide vom Comer See (1725/26), Baptista Balcone aus dem Mailändischen (1727), Joanne Baptista Moro von Chiavenna (1745), Vincenz Maria Longone (1749), Bartholomaeus Balcone (1759), Joh. Maria Salice von Sala (1761) im Mailändischen, wohl das heutige Sala Comacina am Comer See und Johannes Ambrosi aus der Republik Venedig (1777). Auffällig ist der relativ starke Zuzug aus Norditalien. Immerhin 33 Personen italienischer Herkunft erhielten zwischen 1601 und 1773 das Fuldaer Bürgerrecht. Unter ihnen hat die Familie Berta im 19. und 20. Jahrhundert im Bereich der Kerzenindustrie an der fuldischen Wirtschaftsgeschichte einen wichtigen Anteil gehabt. Besonders hervorzuheben ist der 1791 zugewanderte Wilhelm Höfling, dem es innerhalb kürzester Zeit gelang, seinen Leinenhandel um Kolonialwaren zu erweitern und der schon um 1800 vom Sitz in Fulda (Haus zum Schwarzen Bären) seine Handelsgeschäfte in großem Stil betrieb. Die noch erhaltenen Geschäftsbücher belegen Kontakte nach Antwerpen, London, Rotterdam, Venedig und Sankt Petersburg.

## *Künstler am Hof*

Die kleine Aufstellung zeigt, dass Fulda während des 18. Jahrhunderts im Hinblick auf seine Neubürger alles andere als provinziell war. Hof, Beamtenschaft und Adel machten aus der kleinen Residenz einen Mittelpunkt, der im Hinblick auf seine Architektur durchaus glänzen konnte und in dem bei festlichen Anlässen wie Gesandtenempfängen und Herrschaftsjubiläen ein „fallweiser Prunk“ entwickelt wurde. Es stellt sich allerdings die Frage, wie weit die Bevölkerung der Stadt vom Hof profitierte, ob letzterer nicht gar ein Fremdkörper in der Stadt war. Bisher wissen wir noch zu wenig, über die Beziehungen zwischen Stadt und Hof, die zeitweise auch angespannt waren. Formell mussten die Mitglieder des Hofes kein Bürgerrecht besitzen, um die Annehmlichkeiten und den Schutz

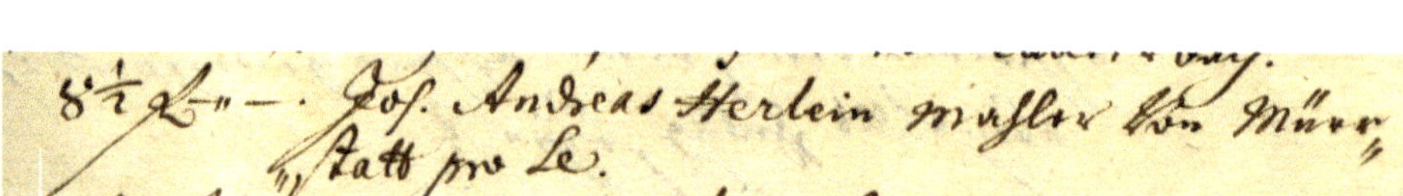

*Eintrag in der Stadtrechnung von 1747 zur Bürgeraufnahme des Joh. Andreas Herlein mahler von Mürrstatt [Münnerstadt], für sich 8 ½ Gulden Aufnahmegeld bezahlt (StadtAFd, Bestand IX A 1747)*

*Selbstportrait des Johann Andreas Herrlein. Ölgemälde, 1792 (VM, II C 44)*

der Stadt zu genießen. Dadurch sparte man sich eine Menge Geld. Allerdings war der Fuldaer Magistrat der Auffassung, dass zumindest diejenigen vom Hofe, die ein der Stadt steuerpflichtiges Bürgergut besaßen, das Bürgerrecht erwerben mussten. Bis zum Ende des Alten Reichs wurde diese Frage nicht endgültig geklärt.

Die nur zeitweilig für den Hof arbeitenden Architekten, Künstler und Kunsthandwerker wie die „Italiener" Giovanni Battista Artari (1664–ca.1730), Antonio Columba (1664–1737) oder Carlo Maria Pozzi (1676–1747) hatten ebenso wenig ein Bürgerrecht wie Johann Dientzenhofer (1663–1726), Andrea(s) Gallasini (1691–1766) oder Melchior Steidl (um 1660–1727). Ein solches besaßen aber die Maler Konrad Albin (gest. 1691) aus Holstein und Johann Ignaz Albin (gest. 1750), der aus Würzburg gekommene Architekt Johann Gallus Diemar (gest. 1762), die Hammelburger Lukas Anton Flachner, Maler (1695-1769) und Johann Adam Flachner, fürstlicher Bauinspektor (1687–1757), der Hofmaler Johann Andreas Herrlein (1723–1796), der Bildhauer Johann Heinrich Ernst Mockstatt (Bürgerrecht 1710), der Bildhauer Wenzel Neu aus Böhmen (1708–1774), der Kupferstecher Johann Heinrich Salver (Bürgerrecht 1737, um 1750), der aus Waldsassen stammende Stuckateur Andreas Schwarzmann (gest. 1739), der Bildhauer aus Marktbreit Andreas Balthasar Weber (Bürgeraufnahme 1700) und der Hofmaler Emanuel Wohlhaubter aus dem mährischen Brünn (1683–1756). Die Anwesenheit dieser teils weitgereisten Neubürger hat der Stadtgesellschaft mit Sicherheit gutgetan.

## Hofbedienstete

Seit der Mitte des 18. Jahrhunderts ist neben dem verstärkten Zuzug aus der weiteren Umgebung festzustellen, dass die am Hof arbeitenden Auswärtigen sich ernsthaft bemühten, über den Erwerb des Bürgerrechts sich dauerhaft in Fulda niederzulassen. Allein 1758 zahlten neben dem Bildhauer Wenzel Neu der fürstliche Reitknecht Valentin Hahn, der

Otterfänger Johannes Baumann, der Hofrat Johann Eberhard Kayser, der Hofschneider aus Königstein Johannes Degner, der Hofkammerrat Pauli, der Mundkoch Peter Molitor, der geheime Kabinettsdiener Heinrich Ottmann von Betzenrod, der Hofjäger Johann Georg Herrlich aus Hosenfeld, der Porzellanmaler Christian Möller, der Schweizer Perückenmacher Johann Michael Memel, der Hofperückenmacher Johann Henrich Reuter, der Hofgärtner Benedict Zick und der Hofkonditor Christian Joseph Josse für sich oder ihre Ehefrauen das Bürgergeld. Sofern die Herkunftsorte der Hofbediensteten vermerkt sind, zeigt sich, dass neben den „Fremden" gerade bei den nicht spezialisierten Aufgaben auch Einheimische zum Zuge kamen und damit in das Hofleben integriert wurden. Ob diese personellen Verbindungen allerdings ausreichten, um aus den Fuldaern insgesamt selbstbewusste Hauptstädter zu machen oder ob sich die meisten doch nur als Zaungäste in der eigenen Stadt fühlten, muss offenbleiben. Zu wenig wissen wir über die Lebensumstände und die Einstellungen des Fuldaer Bürgertums.

## *„Unterschichten"*

Umso schwieriger wird es, wenn man die „Unterschichten" betrachtet, eine äußerst heterogene Gruppe, die von den Beisassen ohne Bürgerrecht über die Knechte und Mägde und die umherziehenden Personen bis zu den Bettlern reicht. Im Gegensatz zur vorgeschriebenen Wanderschaft der Handwerksgesellen, waren alle Formen des wirtschaftlichen Lebens, die sich unkontrolliert auf den Straßen abspielten, der Landesherrschaft höchst verdächtig. Es mangelt nicht an Verordnungen, die das Hausieren, Betteln und Umherziehen verboten. So erließ Fürstabt Konstantin von Buttlar 1715 auf Betreiben der einheimischen Krämer und Händler ein Mandat, das sich zum einen gegen in- und ausländische Hausierer richtete, zum anderen aber das „herrenlose Gesindel von vermeinten Soldaten, Landstreichern, angeblich verbrannten Leuthen und fremden starcken Bettlern" in den Blick nahm. Den Untertanen wurde befohlen, solche „vagierende Krämer", seien es Christen oder Juden, mit Ausnahme der Galanteriewarenhändler nur höchstens zwei Tage an einem Ort zu dulden. Insbesondere gegen die Bettler richteten sich immer wieder die Mandate. Mehr als 60 Verordnungen erließ die Fuldaer Kanzlei zwischen 1585 und 1809 gegen das Betteln, das umherziehende Volk, die Vaganten, das „Gesindel" und die „Zigeuner".

In den schriftlichen Quellen lässt sich dieser nicht geduldete und rechtlose Teil der Bevölkerung kaum greifen. Immerhin erlauben die im Stadtarchiv verwahrten Bürgermeisterrechnungen unter der Ausgabenrubrik „Arme Leute", in der die städtischen Almosengelder an durchziehende Personen verzeichnet werden, einen kleinen Einblick in das Leben von Menschen, die von der Hand in den Mund lebten. So listet die Rechnung des Jahres 1705 Leistungen an Fuldaer Witwen und mittellose alte Leute auf, ebenso aber

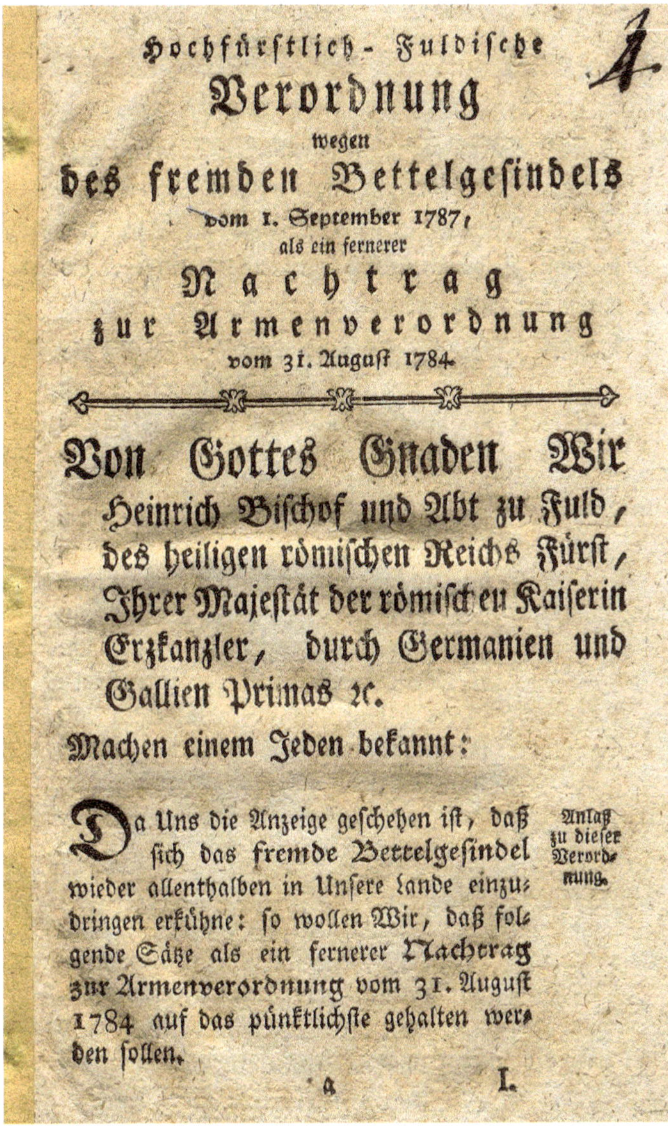

Hochfürstlich-Fuldische
Verordnung
wegen
des fremden Bettelgesindels
vom 1. September 1787,
als ein fernerer
Nachtrag
zur Armenverordnung
vom 31. August 1784.

Von Gottes Gnaden Wir
Heinrich Bischof und Abt zu Fuld,
des heiligen römischen Reichs Fürst,
Ihrer Majestät der römischen Kaiserin
Erzkanzler, durch Germanien und
Gallien Primas ꝛc.

Machen einem Jeden bekannt:

Da Uns die Anzeige geschehen ist, daß sich das fremde Bettelgesindel wieder allenthalben in Unsere Lande einzudringen erkühne: so wollen Wir, daß folgende Sätze als ein fernerer Nachtrag zur Armenverordnung vom 31. August 1784 auf das pünktlichste gehalten werden sollen. Anlaß zu dieser Verordnung.

a I.

*Bettelordnung des Jahres 1787 (StadtAFd, Bestand XXI B 1787 September 1)*

auch an Durchreisende aus dem ganzen Reich, darunter verwundete Soldaten, vertriebene und vom Krieg in Not gestürzte Frauen, an franziskanische Wallfahrer zum Heiligen Grab in Jerusalem, an zwei Studenten aus Eichstätt, an eine arme Frau aus Quedlinburg, eine andere Frau auf der Wallfahrt nach Walldürn und einen zum Katholizismus konvertierten Prediger aus dem Buseckertal. Schon 50 Jahre zuvor, unmittelbar nach dem Dreißigjährigen Krieg, war die Zahl derer, die von weither auf der Suche nach Nahrung durch Fulda zogen, sehr groß. 1649, direkt nach dem Dreißigjährigen Krieg, wurden Leistungen an einen aus türkischer Haft entlassenen polnischen Freiherrn, an einen fremden, mit einer schweren Krankheit behafteten Mann, an zwei arme Männer und eine kranke Frau von Geisa, an einen armen vertriebenen Mann aus dem Fürstentum Darmstadt, an einen kranken kaiserlichen Soldaten, an arme Männer aus Bayern und Baden, an eine getaufte Jüdin für einen Wintermantel, an einen Pilger aus Tirol, an vier Studenten aus Italien, an einen armen Musikanten, an Brandgeschädigte aus Burgund, Bayern, Nördlingen und dem Westerwald, an einen armen Polen und einen Armen aus Berlin sowie an zwei arme Studenten aus Köln verzeichnet.

Meist sind die Versorgten nicht namentlich benannt. Immerhin ist neben der Herkunft der Genannten auch die Aussage bedeutsam, dass den durchziehenden Armen im Jahre 1649/50 ohne rechtliche Verpflichtung der Stadt insgesamt 18 ½ Gulden zugewendet wurden. Bei einer Gesamtausgabe des städtischen Haushalts in diesem Rechnungsjahr von 1.209 Gulden entspricht das 1,5%. Im Laufe des 18. Jahrhunderts ging dieser Prozentsatz auf unter 1% zurück. Wer in der Familie niemanden hatte, der im Alter oder bei Krankheit für einen sorgte, war bis an sein Lebensende auf Almosen dieser Art angewiesen. Zu gering war zudem die Kapazität der Spitäler, die als Pfründenanstalten die Funktion der heutigen Altenheime hatten und dort neben Selbstzahlern in geringem Umfang auch Mittellose versorgten.

# XVI

# „Unter der weisesten und glücklichsten Regierung“ (ca. 1750–1802)

*Das dem erhabenen Paulus sowie den heiligen Märtyrern Simplizius und Faustinus geweihte Stadttor [...] hat Heinrich VIII., des Heiligen Römischen Reichs Fürst, Bischof und Abt im Jahre 1771 hierher versetzen lassen, um die Kathedralkirche mit der Stadt zu verbinden.*

(Übersetzung der Inschrift auf dem Scheitelstein des Paulustores)

*Das Paulustor mit dem stadtseitigen Schlussstein, der über die Umstände der Versetzung des Tores 1771 berichtet (Foto: Franziska Ihle-Wirth)*

## Der Siebenjährige Krieg

Die zweite Hälfte des 18. Jahrhunderts ist für das Gebiet des Heiligen Römischen Reichs als Zeit des aufgeklärten Absolutismus in die Geschichte eingegangen. Auch Fulda hatte in seinem Fürstbischof Heinrich VIII. von Bibra (reg. 1759–1788) einen herausragenden Vertreter dieser neuen Herrschaftsauffassung. Bis zum Regierungsantritt Bibras

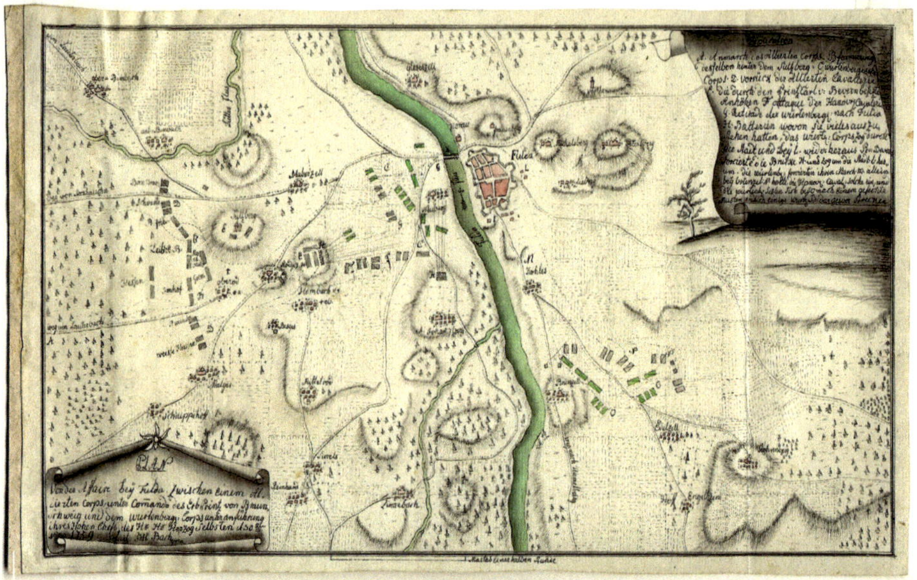

*Karte zur Schlacht am Münsterfeld am 30. November 1759. Lavierte Federzeichnung (VM, II D 972)*

sollte allerdings die lange Zeit des Aufschwungs durch den Siebenjährigen Krieg (1756–1763) noch erheblich beeinträchtigt werden. Im Kampf der Großmächte um die Vorherrschaft in Europa, die das habsburgische Kaisertum im ungewöhnlichen Verbund mit dem alten Rivalen Frankreich gegen Preußen und England sah, war Fulda für die militärischen Aktionen zwischen Frankfurt und Leipzig von wichtiger Bedeutung. Insbesondere kam dem westlich der Stadt gelegenen Münsterfeld eine wichtige strategische Bedeutung zu, die im November 1759 zu einer Schlacht an diesem Ort führte, von dem aus preußische Kontingente den mit dem Kaiser und Frankreich verbündeten württembergischen Truppen eine schwere Niederlage bereiteten. Die Stadt Fulda selbst litt nicht durch Kämpfe und Kanonenbeschuss, wohl aber durch Kriegssteuern, Plünderungen und Einquartierungen. Auch das Schloss hatte darunter zu leiden. In der Nacht auf den 1. Dezember 1759 „durchschwärmten die schwarzen Husaren und Hessen die Stadt und trieben großen Unfug. Das fürstliche Schloß wurde ganz ausgeraubt und alle Thüren erbrochen, auch am geheimen Kabinete des Fürsten, aus dem sie ein ungehuren Schatz […] entwendeten. Sämmtliche Kostbarkeiten zerstörten sie entweder oder stahlen sie. Die Wandtapeten zerschnitten sie mit Messern, ebenso die goldenen und silbernen Tressen an den Stühlen. Sie leerten die Kasse aus und führen […] am andern Tage 2.000 Malter Hafer vom fürstlichen Fruchtboden fort" (Georg Joseph Malkmus). Bei einer abermaligen Plünderung durch hessische Truppen unter General Nikolaus von Luckner im Frühjahr 1762 wurden 80.000 Gulden von der Bevölkerung erpresst, das Achtfache der regulären städtischen Jahreseinnahmen. Allein an Einquartierungen hatte Fulda mit seinen Vorstädten zwischen 1757 und 1761 die Versorgung von 95 Generälen, 5.435 Offizieren, 58 Feldpredigern, 121.343 Soldaten, und 54.788 Pferden zu verkraften. Insgesamt soll das Fürstbistum Fulda während des gesamten Kriegs den unvorstellbaren Schaden von 3 Millionen Gulden erlitten haben, das 13fache der gesamten Staatseinnahmen. Es erstaunt doch sehr, dass es unter diesen katastrophalen Voraussetzungen gelang, das geschundene Land, das durch die Erhebung zum Bischofssitz im Jahre 1752 noch eine Rangerhöhung erfahren hatte, wieder auf die Beine zu bringen.

## *Eine neue Zeit der Ernsthaftigkeit und der Reformen*

Nach dem Tod des Fürstbischofs Adalbert von Walderdorff (reg. 1757–1759), unter dem die Hauptwache fertiggestellt und das heute noch in den Historischen Räumen des Stadtschlosses zu besichtigende Spiegelkabinett eingerichtet wurde, war die Phase der barocken Prachtentfaltung weitgehend zu Ende. Es kam eine neue Zeit der Ernsthaftigkeit und der Reformen, die mit dem Namen des wohl bedeutendsten Fuldaer Regenten der Frühen Neuzeit verbunden ist. Heinrich VIII. von Bibra (1711–1788) entstammte einem fränkischen Adelsgeschlecht, das mit zahlreichen Amtsträgern am Fuldaer Hof vertreten war. Nach einer umfassenden theologischen Ausbildung, die ihn auch nach Rom führte, wurde er mit 24 Jahren zum Priester geweiht. Nach seiner Aufnahme als Fuldaer Stiftskapitular 1750 rückte er schon bald zum Superior des Konvents und damit zum Vertreter des Fürstabts Amand von Buseck auf. Unter dessen Nachfolger Walderdorff stand Bibra der fürstlichen Finanzbehörde vor. Nach seiner Wahl zum Fuldaer Bischof im Oktober 1759 konnte der neue Landesherr seine Hauptstadt zunächst nur dann betreten, wenn es der Kriegsverlauf zuließ. Oft

*Fürstbischof Heinrich VIII. von Bibra. Gemälde von Emanuel Wohlhaubter im Oberen Vestibül des Stadtschlosses (VM, 2012/38)*

befand er sich auf der Flucht und musste Schutz in Franken, zuletzt sogar in Karlsbad suchen. Erst mit dem Ende des Kriegs konnte Bibra 1763 in seine Hauptstadt zurückkehren. In den folgenden zweieinhalb Jahrzehnten setzte er ein Reformprogramm um, mit dem er das Hochstift Fulda für den Fortschritt öffnen wollte. Die von ihm und seiner Regierung ins Werk gesetzten Maßnahmen umfassten alle Bereiche des öffentlichen Lebens, von der Religion über das Schulwesen bis hin zum Straßenbau. Dass bei der Umsetzung dieser Politik beim Landesherrn nicht nur sehr viel guter Wille, sondern auch Unduldsamkeit und ein Grundton der Zwangsbeglückung für die Untertanen mit im Spiel war, ist für diesen Typus des aufgeklärten Fürsten durchaus charakteristisch.

## Wegebau

Um das Land wieder wirtschaftlich auf die Beine zu bringen, knüpfte Heinrich von Bibra an die Baupolitik seiner Vorgänger an, allerdings auf einem ganz anderen Gebiet als bisher. Stand bis zur Mitte des Jahrhunderts ein Residenzbauprogramm zur Aufwertung der Hauptstadt Fulda im Vordergrund, so ließ der neue Fürstbischof nun in die Infrastruktur des Landes investieren. Unter seiner Ägide wurden Straßen und Brücken errichtet, um damit den Handel zu befördern. Zuvor war daran gedacht worden, die Fulda schiffbar zu machen und offenbar verkehrten um 1760 kleinere Schiffe auf dem Fluss, die während des Siebenjährigen Kriegs von hessischen Truppen gekapert wurden. Nach Kriegsende erhoffte man sich einen Handel auf dem Fluss mit Waren aus Bremen vom Hering bis zu französischen Weinen, die über den Umschlagort Fulda nach Würzburg

*Karte von Fulda und Umgebung mit der neuen Chaussee, gezeichnet von Philipp Joseph Simon, 1767 (HStAM, Inv. P II 11464/001)*

und Frankfurt gebracht werden sollten. Schon sah man sich hier als Handelszentrum zwischen Nord- und Süddeutschland. Die hochfliegenden Pläne wurden allerdings zu Beginn der 1770er Jahre aufgegeben, da sich das Projekt nicht finanzieren ließ.

Realistischer war hingegen der Chausseebau, der 1764 begonnen wurde. Trotz knapper Finanzmittel zog der Fürstbischof voller Elan und unbeirrt dieses gewaltige Projekt durch. Die Anlage von Landstraßen nach Kassel und Frankfurt, die auf Fuldaer Gebiet über Hünfeld nach Vacha sowie über Neuhof nach Schlüchtern führte, schuf die Voraussetzungen für einen funktionierenden Transithandel. Insgesamt wurden bis zum Ende der Amtszeit Bibras etwa 300.000 Gulden und damit mehr als das Doppelte einer vollständigen Jahreseinnahme des gesamten Landes für den Chausseebau ausgegeben. Dies ging nur, in dem die Untertanen über Steuern und Wegegelder kräftig zur Kasse gebeten und „Müßiggänger“ zur Zwangsarbeit verpflichtet wurden. Die Stadt Fulda gab zwischen 1765 und 1780 etwa 32.500 Gulden und damit das Fünffache eines durchschnittlichen Jahreshaushalts für den Bau und die Pflasterung der Straßen sowie der Plätze einschließlich des Domplatzes aus. Obwohl nicht die Stadt, sondern die Landesherrschaft als Bauherr firmierte, war dies bis ins 19. Jahrhundert hinein die größte Investitionsmaßnahme, die von städtischer Seite jemals getätigt wurde. Langfristig erwies sich das Projekt als Glücksfall. Erst mit dem Chausseebau wurde nämlich der Weg zwischen Paulustor und Kohlhäusertor zur Hauptroute durch die Stadt. Bis dahin war der Verkehr zu einem wichtigen Teil auch über das Floren- und das Peterstor gezogen.

## *Versetzung des Paulustores und des Obelisken*

In diesem Zusammenhang steht sinnbildlich für den Tatendrang Bibras, aber auch für den neuen Zeitgeist die Verlagerung des 1711 auf städtische Kosten neu erbauten Paulustors, das ursprünglich zwischen der heutigen Hauptwache und dem nordwestlichen Ehrenhofflügel des Stadtschlosses stand. 1771 ließ Bibra das Tor an seine heutige Stelle versetzen. Damit wurde die Aufhebung der Trennung zwischen Stadt und Stiftsbezirk baulich manifestiert. Beide Bereiche konnten auf der neuen Chaussee mit der auf das heutige Niveau gelegten Pauluspromenade als ein zusammengehöriges Ensemble wahrgenommen werden. Verstärkt wurde dieser Eindruck durch die 1775 erfolgte Verlegung des Brunnenobelisken an seinen heutigen Platz vor der Stadtpfarrkirche. Der 1669 unter Fürstabt Joachim von Gravenegg errichtete Brunnen stand ursprünglich in der Friedrichstraße, wo er nach Anlage der neuen Chaussee mitten durch die Stadt ganz offenbar im Wege stand. Den Brunnen zieren nicht nur die Wappenschilde der beiden geistlichen Reichsfürsten Gravenegg und Bibra, sondern auch zwei Inschriftentafeln in lateinischer Sprache, die anlässlich der Verlegung angebracht worden waren. Sie geben Aufschluss über die Motivation der Verlegung und erlauben zudem einen Einblick in die Handlungsma-

*Die Paulusspromenade von Südosten. Lithographie, erschienen bei Peter Franz Arnd, nach 1829 (VM, II Ea 101)*

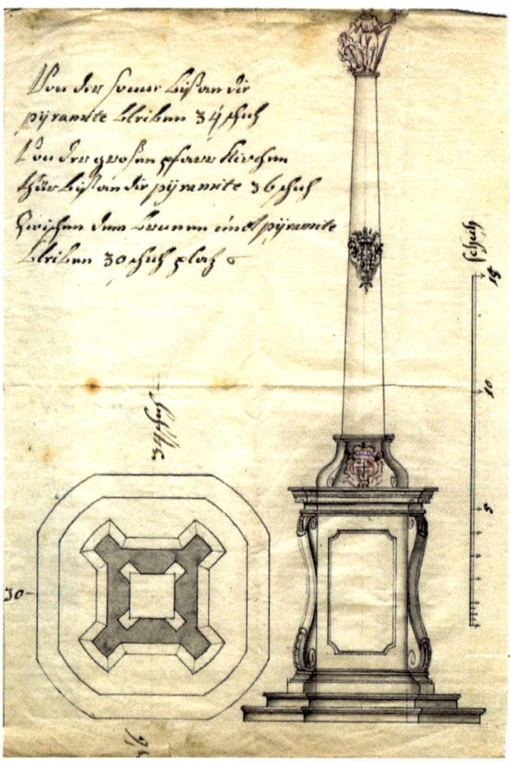

*Skizze des Obelisken anlässlich seiner Versetzung 1775 an seine heutige Stelle (StadtAFd, Bestand X C, Nr. 1)*

ximen in der Zeit des aufgeklärten Absolutismus. Zur größeren Zierde der Stadt (*ad maiorem urbis splendorem*) sei der Obelisk versetzt worden, heißt es auf der Tafel an der Nordseite, um dann stolz zu verkünden: „Solange dieser gewaltige Stein unter den Wolken steht / solange stehe, Fulda, dein Heil unter dem Herrn des / Himmels".

Auf der Südseite steht „Herbei, Fremde und Bürger! / Nach dem Wesen eines glücklichen und vollendeten Staates fragt ihr.

/ In dreierlei liegt das Glück, in dreierlei die Vollendung: / pflichteifrig, gerecht und vernünftig zu leben. / Den Staat glücklich zu machen, den Staat zu vollenden ist gleichbedeutend / mit gewissenhafter Pflichterfüllung gegen Gott und Obrigkeit, Eltern und Nächste, / mit einer Gerechtigkeit, die bereit ist, jedem das seine zuzuteilen / mit einträchtiger Vernunft in allen Dingen. / Diese drei Zierden sind die Zeichen des Glückes und der Vollendung. / Geht, billigt das und setzt eurem Tun die Krone auf!" (Übersetzung Edgar Siedschlag).

Zwischen Paulustor und Obelisk bestand nach deren Verlegung eine Blickachse von knapp 500 Metern, die beim Fremden auf der Durchreise das Gefühl aufkommen ließ, es handele sich dabei um einen besonders prachtvollen Straßenzug. Wer vom Paulustor in Richtung Innenstadt schaute, bei dem verstärkten die beiden flankierenden Barockpalais am Eingang in die Friedrichstraße zusätzlich diesen Eindruck.

## *Fulda in den Reiseberichten*

Die Sicht der Reiseberichte, die aus dieser Zeit erhalten sind und sich mit Fulda beschäftigen, ist eher zwiespältig. Während Heinrich von Kleist (1777–1811) Fulda als „die schönste, nein die angenehmste Stadt, die ich je gesehen" pries, um dieses Lob dann gleich wieder zu relativieren, gab es andere wie Achim von Arnim (1781–1831), der 1811 schrieb: „In Fulda fand ich nichts, was mich reizte, nicht einmal eine alte Kirche. Das Grabmal des heiligen Bonifacius ist so neu, so schmucklos und so arm, wie ich es nie erwartet hätte".

Einmütig wurden dagegen die neuen Straßen gelobt. So schrieb der aus Thüringen stammende protestantische Theologe Christian Gotthilf Salzmann (1744–1811) im Jahre 1787: „Ungeachtet das Land bergigk ist, mag doch wohl nicht ein Land bequemer zum Reisen seyn als das Fuldaische. Vom ersten Eintritte bis in die letzte südliche Spitze nach Hanau hinab, läuft eine so vortreffliche Chaussee als ich sie (…) nirgends gefunden habe".

Mit der Öffnung des Stiftsbezirks hin zur Stadt schuf Heinrich von Bibra nicht nur eine nach allen Seiten offene Kulisse, die der barocken Prachtentfaltung entgegenkam. Die Versetzung des Paulustors war symbolisch auch so zu verstehen, dass die trennenden Mauern zwischen der Kirche und der Bürgerschaft entfernt wurden. Der Bischof sah sich wie viele geistliche und weltliche Fürsten im Alten Reich nun als erster Diener des Staates und suchte im Rahmen der bestehenden Ständeordnung als geistliches wie weltliches Oberhaupt seines Landes nach einer Aufhebung der Distanz zwischen Obrigkeit und Untertan sowie zwischen dem Oberhirten und den Gläubigen. Weltliche und geistliche Reformen gingen so bei Bibra Hand in Hand.

## Schulpolitik

Dies zeigte sich auch bei einem weiteren Schwerpunkt seiner Politik, dem Schulwesen. Bibras Vorgänger hatten der schulischen Ausbildung ihrer Landeskinder keine große Bedeutung zugemessen. Zwar hatte man seit 1723 eine Verletzung der Schulpflicht mit einer Geldstrafe belegt und die Pfarrer aufgefordert, die Schulen zu visitieren, doch scheinen diese Maßnahmen nicht sonderlich erfolgreich gewesen zu sein. Immer wieder musste mit neuen fürstlichen Mandaten an den Schulbesuch der Kinder erinnert werden. Da man bisher die Schulen meist nur als Vermittler der religiösen Erziehung sah, überließ man den Unterricht und die Schulaufsicht weitgehend der Kirche. Für die Christenlehre waren der Stadtpfarrer und die Jesuiten verantwortlich, die seit dem frühen 18. Jahrhundert von städtischen Schulmeistern unterstützt wurden. Das System funktionierte mehr schlecht als recht, zumal es vor allem an klaren und verbindlichen Strukturen sowie an qualifiziertem Lehrpersonal mangelte. Bibra, der das Schulwesen nach dem Vorbild evangelischer Territorien als staatliches Aufgabenfeld interpretierte, stellte mit zahlreichen Maßnahmen die Unterrichtsanstalten auf eine neue Grundlage. Die Lehrerausbildung erfolgte seit 1775 in einer „Musterschule", die der neuen Knabenschule im Borgiasbau angegliedert wurde.

Schon 1761 war der Mädchenunterricht an der Stadtschule in die Verantwortung der Englischen Fräulein übertragen worden. Die „Allgemeine Ordnung für die niederen Schulen" von 1781 stellte das Volksschulwesen im Hochstift und der Stadt Fulda auf eine neue Grundlage. Die materielle und finanzielle Ausstattung des Schulwesens wurde fortan von der Landesverwaltung garantiert, die Schulpflicht für alle Kinder in der Stadt vom 5. bis zum 14. Lebensjahr festgeschrieben und privater Unterricht durch Hauslehrer nur noch in Ausnahmefällen geduldet. Sehr flexibel wurden die Lehrpläne ausgestaltet. So wurden etwa die Stadtkinder nicht wie in den umliegenden Dörfern in der Landwirtschaft unterrichtet, sie erhielten dafür aber Lektionen in der Staatengeschichte. Über allem stand die zu Beginn der Ordnung verkündete Maxime: „Gesunder Menschenverstand, gründliche Erkenntniß Gottes und der Religion, nützliche Kenntnisse und Wissenschaften, richtige Begriffe der Standespflichten und gute Sitten sind die Dinge, zu denen die Jugend muß angeführet werden. Diese Dinge sind einem jeden nöthig, dem Bauer, dem Künstler, dem gelehrten, dem Staatsmanne. Auf sie gründet sich das allgemeine und besondere Wohl jedes einzelnen Mitgliedes der menschlichen Gesellschaft". Drei Jahre später wurde in Fulda durch ein fürstbischöfliches Mandat auch eine öffentliche jüdische Schule eingerichtet, die unter der Aufsicht der Schulbehörde stand. Auch hier war es Bibra wichtig, dass die Kinder nicht nur religiösen Unterricht erhielten, sondern auch in jenen praktischen Fächern ausgebildet wurden, die aus ihnen gute und „nützliche" Staatsbürger machen sollten.

## Gründung der Öffentlichen Bibliothek

*Portrait des Petrus Böhm. Lithographie von Joseph Ignaz Johannis (VM, II Ec 183)*

Ein herausragendes Beispiel für den in Fulda unter Heinrich von Bibra herrschenden Geist der Aufklärung ist die Gründung einer öffentlichen Bibliothek, die 1778 eröffnet wurde. In einem von dem fuldischen Baumeister Carl Philipp Arnd (1723–1797) entworfenen spätbarocken Neubau neben dem Dom, dem heutigen Sitz der Theologischen Fakultät, entstand aus dem Grundstock der Bibliotheken des Hofs und des Benediktinerkonvents eine Institution, die nicht nur Geistlichkeit und Adel, sondern allen Schichten offenstand. Treibende Kraft hierbei waren zwei Professoren der Fuldaer Universität, zum einen der Superior des Konvents Karl von Piesport (1716–1800), zum anderen der Jesuit Peter Böhm (1747–1822), den der Fürstbischof zum ersten Bibliothekar der neuen Einrichtung ernannte. Fulda steht damit in Deutschland zusammen

*Postkarte der Landesbibliothek, um 1905 (StadtAFd, BA-32457)*

*Inschrift mit dem Wappen des Fürstbischofs Heinrich VIII. von Bibra über dem Eingang zur früheren Landesbibliothek, heute Theologische Fakultät (Foto: Franziska Ihle-Wirth)*

mit wenigen Ratsbibliotheken an erster Stelle von Einrichtungen dieser Art, die schon im 18. Jahrhundert ihre Pforten für die Allgemeinheit öffneten. Wie schon der Schlussstein am Paulustor, so verkündet auch hier eine steinerne Urkunde die Absicht des Landesherrn, die gesellschaftlichen Schranken zu überwinden. Über dem Eingang zur Bibliothek steht unter dem Wappen Bibras eine lateinische Inschrift, die in Übersetzung lautet: „Hof- und Klosterbibliothek, die zum öffentlichen Nutzen vereinigen und allen öffnen wollte der hochwürdigste und höchstangesehene Fürst [...] Herr Heinrich VIII. [...]" (Übersetzung nach Ernst Kramer).

## Umgeben von fähigen Beamten

Es spricht für die geistige Souveränität Bibras, dass er fähige Beamte um sich sammelte und auf ihren Rat hörte. Neben Piesport und Böhm waren dies etwa der Arzt und Philosoph Adam Melchior Weikard, der Hof- und Regierungskanzler Johann Eberhard Kayser und allen voran Sigmund Freiherr von Bibra. Letzterer, ein entfernter Verwandter des Fürstbischofs, war als Domkapitular, Präsident der Hofrentkammer und als Rektor der Fuldaer Universität eine prägende Gestalt des Fürstbistums in den letzten beiden Jahrzehnten seines Bestehens und einer der originellsten Köpfe, die es in Deutschland am Ende des Alten Reichs gab. Als Kirchenmann im Dienste der Katholischen Aufklärung einerseits und als Freimaurer andererseits verkörperte er in sich die verschiedenen geistigen Strömungen der Zeit.

Das von Sigmund von Bibra zusammen mit Leopold Friedrich Günther von Göckingk 1784 begründete „Journal von und für Deutschland" verstand sich als eine Plattform für den Gedankenaustausch der Gelehrten. Ihm war klar, dass ohne Reformen der Untergang der geistlichen Staaten unausweichlich war. Und so stellte er 1785 in dem von ihm herausgegebenen Journal eine Preisfrage, die den Finger in die Wunde legte. Von den Gelehrten erwartete er eine Antwort auf folgende Frage: „Da die Staaten der geistlichen

Reichsfürsten Wahlstaaten und über dieses größtentheils die gesegnetsten Provinzen von ganz Deutschland sind, so sollten sie von Rechtswegen auch der weisesten und glücklichsten Regierung genießen. Sind sie nun nicht so glücklich, als sie seyn sollten, so liegt die Schuld nicht so wohl an den Regenten, als an der inneren Grundverfassung. Welches sind also die eigentlichen Mängel? Und wie sind solche zu beheben?".

*Portrait des Sigmund von Bibra. Aquatinta von Egid Verhelst, 1790 (VM, II Ec 77)*

Von Sigmund wie von Heinrich von Bibra wissen wir, dass sie schon eine Antwort darauf hatten. Sie suchten den Glauben mit den modernen, fortschrittsorientierten und der Rationalität verpflichteten Ideen der Zeit zu vereinbaren und damit auch die geistlichen Fürstentümer wie Fulda in ihrem Fortbestand zu retten. Sie machten Zugeständnisse an den Zeitgeist und schränkten die überbordende Zahl an kirchlichen Feiertagen ein, schafften Flurritte und Wallfahrten wie etwa nach Walldürn oder nach Maria Ehrenberg ab. Die an alten Bräuchen und Traditionen hängende Volksfrömmigkeit sollte zugunsten einer verbesserten Seelsorge zurückgedrängt werden. Doch wie auch andernorts machte hier das Kirchenvolk nicht mit. Zu sehr stand der Glaube im Zusammenhang mit den überkommenen ritualisierten Formen eines Feiertags, Flurgangs oder einer Bittprozession. Hier scheiterte die Katholische Aufklärung ebenso wie an anderen Orten, wo sie noch viel radikaler umgesetzt werden sollte wie etwa im Habsburgerreich unter Kaiser Joseph II.

## Wirtschaftsförderung

In seinen wirtschaftlichen Maßnahmen verfolgte Heinrich von Bibra die Politik der geistlichen wie der weltlichen Fürsten jener Zeit. Man suchte nach Bodenschätzen, gründete Manufakturen, verbesserte die Methoden der Landwirtschaft und suchte den Export zu erhöhen. Erwähnenswert im Hinblick auf die Stadt Fulda sind die Errichtung einer

*Die ehemalige Porzellanmanufaktur am Heinrich-von-Bibra Platz. Aufnahme von 1914 (StadtAFd, BA-8682)*

Porzellanmanufaktur (1764) in Fortsetzung einer 1740 ins Leben gerufenen Produktionsstätte für Fayencen, die Wiederbegründung der im Heilig-Geist-Spital angesiedelten Wollmanufaktur in Verbindung mit einem Zucht- und Arbeitshaus (1765/66) und die Errichtung eines nach modernen Grundsätzen gebauten Schlachthauses an der heutigen Gutenbergstraße (1765–1767).

Für Fulda bedeutete die Amtszeit Heinrichs von Bibra eine wirtschaftliche Konsolidierung nach den katastrophalen Belastungen durch den Siebenjährigen Krieg. Gleichzeitig stieg die Reputation des Landes und ihrer Hauptstadt bei den gebildeten Schichten Deutschlands. Zwar konnten in Fulda bis auf die Bibliothek und den Neubau der Stadtpfarrkirche (1770–1784) keine architektonischen Akzente mehr gesetzt werden, doch die Modernität dieses geistlichen Fürsten samt der um ihn versammelten hellen Köpfe in seinem Regierungsapparat sorgten überregional für Aufsehen. Hierzu zählte allerdings nicht der von einigen Professoren der hiesigen Universität unter Vorsitz des bereits genannten Peter Böhm verfolgte „Fuldaer Plan" zur Vereinigung der drei christlichen Konfessionen. Dieser blieb auf die Gelehrtenzirkel beschränkt und durfte auf Intervention des Papstes, dem Heinrich von Bibra in dieser Frage wohl aus innerer Überzeugung folgte, nicht weiter vorangebracht werden. Der Toleranz waren dann doch noch Grenzen gesetzt.

## Gegen den Zeitgeist

Der nach Bibras Tod zum Fürstbischof gewählte Adalbert III. von Harstall (reg. 1788-1802/14) hatte nicht das Format und Charisma seines Vorgängers. Er konzentrierte sich vor allem auf die geistlichen Aspekte seiner Herrschaft und fuhr die unter seinem Vorgänger durchgeführten Neuerungen zum Teil wieder zurück. So ließ er etwa 1791 die private Teilnahme an Wallfahrten, insbesondere nach Walldürn, wieder zu. Sein defensives Agieren ist auch dadurch zu erklären, dass unmittelbar nach seinem Amtsantritt die Französische Revolution die adelig-ständische Welt in ihren Grundfesten erschütterte. Er wurde wie die anderen Reichsfürsten mit der Dynamik einer Entwicklung konfrontiert, auf die man keine Antwort hatte. Im Jahr der Revolution ließ Harstall ein Waisenhaus in der Löherstraße errichten, wovon noch heute eine Inschrift unter dem fürstbischöflichen Wappenschild kündet. Mit der Einrichtung einer Vorschusskasse legte er ebenfalls 1789 einen der beiden Grundsteine für die heutige Sparkasse. In der Folge konnte Harstall nur noch hoffen, dass die Revolutionskriege nicht auf das Fuldaer Land übergriffen. Zwar blieb man anfangs von Truppendurchzügen verschont, doch seit 1795 kam es zu Einquartierungen und Kontributionsforderungen, die viele Fuldaer aufs Schwerste belasteten. 1796 musste Harstall vor den anrückenden französischen Truppen vorübergehend nach Hammelburg fliehen.

Trotz der unternommenen Reformen im Sinne des Aufgeklärten Absolutismus war das Schicksal des Fürstbistums Fulda wie auch fast aller anderen geistlichen Reichsherrschaften am Ende des 18. Jahrhunderts besiegelt. Der Zeitgeist sah in den von Reichsäbten

*Das von Adalbert von Harstall begründete Waisenhaus in der Löherstraße. Aufnahme um 1905 (StadtAFd, BA-9156)*

und Fürstbischöfen regierten Staaten mittelalterliche Relikte, die der Moderne im Wege standen. Den weltlichen Fürsten bot sich unter diesen Vorzeichen die willkommene Gelegenheit, im Zuge der Überführung geistlicher Güter in weltliches Eigentum (Säkularisation) ihr Herrschaftsgebiet zu vergrößern. Das Fuldaer Teritorium war zwar immer wieder Objekt der Begierde der größeren Nachbarn gewesen (Mainz, Würzburg, Hessen-Kassel), doch nun gab es unter dem Eindruck einer Umwälzung von weltpolitischer Tragweite kein Entrinnen mehr. Bereits 1797 war den deutschen Fürsten, die linksrheinische Gebiete an Frankreich verloren hatten, eine Kompensation auf der rechten Rheinseite zugesagt worden. Spätestens seit diesem Zeitpunkt war klar, dass es nur eine Frage der Zeit sein konnte, bis die geistlichen Staaten durch die Säkularisation und die kleineren weltlichen Gebiete der Reichsgrafen, Reichsritter und Reichsstädte durch die Mediatisierung ihre Selbstständigkeit verloren und den mittleren wie großen weltlichen Fürstentümern zugeschlagen wurden.

Für Fulda hatten sich zwar schon Hessen-Kassel und Hessen-Darmstadt „beworben", doch den Zuschlag erhielt im Mai 1802 in einem zwischen Frankreich, Preußen und Russland ausgehandelten Vertrag das Haus Oranien-Nassau, das für seine Gebiete in Belgien und den Niederlanden entschädigt wurde. Zwar weigerte sich der regierende Fürst des Hauses Wilhelm V. von Oranien-Nassau, ein geraubtes Territorium zu übernehmen, doch sein Sohn Wilhelm VI. (Wilhelm Friedrich) war umso entschlossener, die Regierung in Fulda anzutreten und eine mehr als 1.000 Jahre währende Landesherrschaft von Äbten und Bischöfen in Fulda zu beenden.

# XVII

# Das oranische Intermezzo (1802–1806)

*„Wachse hoch Oranien! / Gleich dem Eichbaum unter Stürmen, / Ob sich Wolken drohend thürmen, / Ob die Winde brausend wehn´/ Wachse hoch, Oranien!“*

(Beginn der von August Gottlieb Meißner geschriebenen und von Michael Henkel vertonten Hymne zum Geburtstag von Wilhelm Friedrich von Oranien-Nassau, 1806)

*Denkmal für Wilhelm Friedrich von Oranien-Nassau am Eingang zur Wilhelmstraße, geschaffen 2014 von Rainer Landgraf (Foto: Franziska Ihle-Wirth)*

Man kann die große Zäsur in der Fuldaer Geschichte in das Jahr 1802 setzen, als die Herrschaft der Fuldaer Fürstäbte zu Ende ging. Es gibt allerdings gute Gründe, den großen Schnitt erst vier Jahre später vorzunehmen, denn durch die reichsrechtlich im berühmten „Reichsdeputationshauptschluss“ vom 25. Februar 1803 beschlossene Säkularisation der geistlichen Fürstentümer war die Stellung Fuldas als Residenzstadt noch nicht beendet. Auch unter dem neuen weltlichen Landesherrn Wilhelm Friedrich I. von Oranien-Nassau blieb Fulda Residenz, von der nicht nur das Gebiet des ehemaligen Fürstbistums, sondern auch neue Landesteile regiert wurden.

*Titelblatt der Partitur für „Wachse hoch Oranien", 's-Gravenhage 1860 (StadtAFd).*

Der Oranier hatte in dem großen Gebietsschacher nämlich nicht nur Fulda, sondern auch die Abteien Corvey und Weingarten sowie die ehemalige freie Reichsstadt Dortmund erhalten. Die neue Herrschaft mit ihren weit verstreuten Teilen umfasste etwa 114.000 Einwohner, davon etwa 94.000 in ihrem Zentrum des ehemaligen Fürstbistums Fulda, das zu 91% von Katholiken, 7,5% von Protestanten und 1,5% von Juden bewohnt wurde.

Wilhelm Friedrich wartete die formelle Übertragung der ihm zugesprochenen Ländereien nicht ab, sondern ergriff bereits am 2. Oktober 1802 in einem gedruckten und öffentlich verkündeten Dekret formal Besitz vom Fuldaer Land.

Der letzte Fürstbischof Adalbert III. von Harstall weigerte sich zunächst beharrlich, seine Herrschaft aufzugeben. Erst unter dem Druck von preußischem Militär, das am 22. Oktober 1802 das Land besetzte, konnte der Herrschaftswechsel vollzogen werden.

## Einzug des neuen Fürsten

Am 6. Dezember 1802 zog der junge Oranierfürst von Neuhof kommend in Fulda ein und wurde unter dem Jubel der Bevölkerung in das Stadtschloss geleitet. Der Fuldaer Schriftsteller Heinrich Koenig (1790–1869), der als 12jähriger den Einzug erlebte, berichtet eindringlich in seiner Autobiographie über die euphorische Stimmung an diesem Tag. „Der Prinz, ein jovialer und leutseliger Herr, der sich in der neuen Residenz zugleich hei-

*Portraits des Erbprinzen Wilhelm Friedrich von Oranien-Nassau und seiner Ehefrau Friederike Luise Wilhelmine von Preußen. Kupferstiche, nach 1791 (VM, II Ec 42 und 43)*

*Portrait des Heinrich Joseph Koenig. Lithographie von Auguste Hüssener, um 1820 (VM, II Ec 174)*

misch und beliebt machen wollte, durchwandelte zu Fuß [....] im Fackelzug der Studenten die Straßen. Wir vernahmen von fern das Tosen und Jubeln der mitwogenden Menge und eilten der Vorstadt Löhersgasse zu, woher es erscholl. Aber schon am innern Thore [am Ende der Karlstraße] kamen uns die Vorwellen der Volksflut entgegen".

Selbst wenn Koenigs Äußerungen von der dichterischen Übertreibung geprägt sein sollten, so deutet wenig darauf hin, dass man der alten Herrschaft der Fürstbischöfe in Fulda nachtrauerte. Insofern erhoffte man sich in der Bevölkerung von dem Herrschaftswechsel viel Positives, auch wenn das fast überwiegend katholische Fulda und sein Umland nun von einem Protestanten regiert wurden.

*Portrait des August Gottlieb Meißner. Kupferstich von Johann Friedrich Moritz Schreyer, 1795 (VM, II Ec 116)*

## Ein ambitioniertes Reformwerk

Wilhelm Friedrich ging energisch ans Werk, umgeben von einer ganzen Reihe herausragender Berater und Beamten. Wie schon Fürstbischof Heinrich von Bibra hatte der Oranier eine glückliche Hand bei der Auswahl seiner Mitarbeiter. Es spricht für ihn, dass er mit Sigmund von Bibra den schlauesten Kopf der fürstbischöflichen Zeit in seine Regierung übernahm und auch weiteren Einheimischen wie dem Komponisten

Michael Henkel, dem Juristen Eugen Thomas sowie dem einstigen Leibarzt am russischen Zarenhof Melchior Adam Weikard eine Chance zur Entfaltung gab. Unter den nach Fulda geholten auswärtigen Kräften sind der Architekt Clemens Wenzeslaus Coudray, der Jurist Leopold Friedrich Günther von Göckingk, der Mediziner Franz Joseph Harbaur, der Pädagoge und Schriftsteller August Gottlieb Meißner sowie der Theologe und Pädagoge Friedrich Erdmann Petri hervorzuheben. Nicht überall stießen die Auswärtigen und die von ihnen in Gang gesetzten Maßnahmen auf Gegenliebe. Insbesondere der einflussreichste Beamte und engste Vertraute des neuen Landesherrn, der aus nassauischen Diensten in Dillenburg geholte Jurist Johannes von Arnoldi verprellte das neue Umfeld mit seiner herablassenden Art und seiner offen zur Schau getragenen Abneigung gegenüber den Fuldaern, deren Katholizismus und barockes Lebensgefühl dem calvinistisch geprägten Aufklärer völlig fremd war.

Mit einer motivierten Mannschaft ging der Oranier an ein ambitioniertes Reformwerk, das aus dem vermeintlich rückständigen Fuldaer Land einen modernen Staat machen sollte. Die Bevölkerung wurde hier, wie schon früher unter den Vorzeichen des Aufgeklärten Absolutismus, nicht nach ihrer Meinung gefragt, sondern von oben mit einer Fülle von Reformen konfrontiert. Es waren Reformen für das Volk, aber nicht durch das Volk. In den nur vier Jahren der Oranierherrschaft wurden knapp 600 Verordnungen erlassen, die das Leben der Fuldaer neu regeln sollten. Sie alle standen unter dem Überbegriff der Zweckmäßigkeit. Vieles, von dem was die neue Regierung sah, schien ihr nicht zweckmäßig und zeitgemäß. Und so ging sie daran, alte Zöpfe abzuschneiden und Neues zu schaffen.

## *Aufhebung der Universität*

Die bekannteste und bis heute nachwirkende Maßnahme, die in diesem Zusammenhang getroffen wurde, war die 1805 verkündete Entscheidung, die erst 1734 begründete Universität „provisorisch ganz aufzuheben". Der neuen Regierung war die kleine Fuldaer Einrichtung mit ihrem überwiegend geisteswissenschaftlich-theologischen Lehrangebot weder zeitgemäß noch konkurrenzfähig. An die Stelle der aufgelösten Universität setzte man ein Lyceum, das nach drei Jahren Gymnasium in einer weiteren dreijährigen Ausbildung auf das Hochschulstudium vorbereiten sollte. Zwar haben sich Gymnasium und Lyceum im Gebäude der heutigen Dalbergschule am Universitätsplatz im 19. Jahrhundert gut entwickelt, doch die 1805 vorgenommene Zäsur war endgültig und beraubt Fulda bis heute einer Volluniversität. Das schlechte Bild, das die Fuldaer Geschichtsschreibung bis noch vor wenigen Jahren von der Oranierzeit gezeichnet hat, liegt nicht zuletzt in dieser Entscheidung begründet.

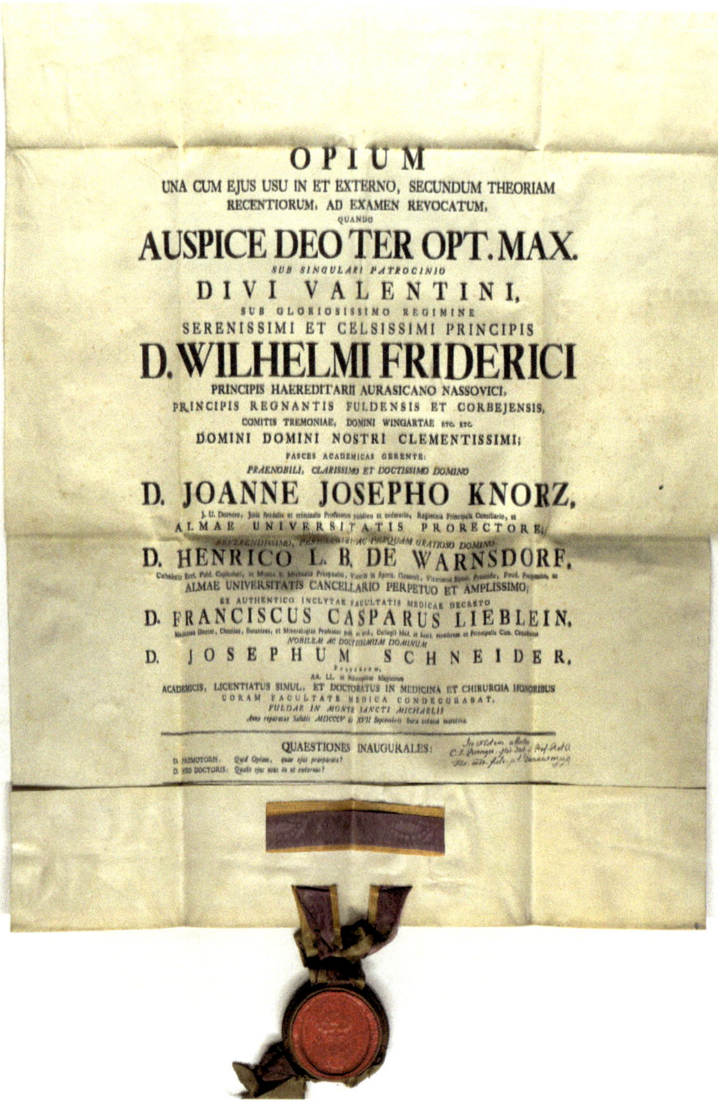

OPIUM
UNA CUM EJUS USU IN ET EXTERNO, SECUNDUM THEORIAM
RECENTIORUM, AD EXAMEN REVOCATUM,
QUANDO
AUSPICE DEO TER OPT. MAX.
SUB SINGULARI PATROCINIO
DIVI VALENTINI,
SUB GLORIOSISSIMO REGIMINE
SERENISSIMI ET CELSISSIMI PRINCIPIS
D. WILHELMI FRIDERICI
PRINCIPIS HAEREDITARII AURASICANO NASSOVICI,
PRINCIPIS REGNANTIS FULDENSIS ET CORBEJENSIS,
COMITIS TREMONIAE, DOMINI WINGARTAE ETC. ETC.
DOMINI DOMINI NOSTRI CLEMENTISSIMI;
FASCES ACADEMICAS GERENTE:
PRAENOBILI, CLARISSIMO ET DOCTISSIMO DOMINO
D. JOANNE JOSEPHO KNORZ,
ALMAE UNIVERSITATIS PRORECTORE;
D. HENRICO L. B. DE WARNSDORF,
ALMAE UNIVERSITATIS CANCELLARIO PERPETUO ET AMPLISSIMO;
EX AUTHENTICO INCLYTAE FACULTATIS MEDICAE DECRETO
D. FRANCISCUS CASPARUS LIEBLEIN,
NOBILEM AC DOCTISSIMUM DOMINUM
D. JOSEPHUM SCHNEIDER,
ACADEMICIS, LICENTIATUS SIMUL, ET DOCTORATUS IN MEDICINA ET CHIRURGIA HONORIBUS
CORAM FACULTATE MEDICA CONDECORABAT,
FULDAE IN MONTE SANCTI MICHAELIS

QUAESTIONES INAUGURALES:

*Mutmaßlich die letzte von der Fuldaer Universität ausgefertigte Promotionsurkunde, ausgestellt für den Mediziner Joseph Schneider am 17. September 1805 (StadtAFd, Urk. Nr. 540)*

## Das Landkrankenhaus

Segensreich war hingegen die von Wilhelm Friedrich mit großem persönlichen Engagement betriebene Errichtung eines Landeskrankenhauses, dem Vorgänger des heutigen Klinikums. Das alte Hochstift Fulda hatte keine eigenen Krankenhäuser aufzuweisen. Die medizinische Versorgung erfolgte in den Spitälern sowie durch eher schlecht ausgebildete Ärzte und Hebammen, teils auch durch umherziehende Pfuscher. Eine im Jahre 1798 durch den Landgrafen von Hessen-Kassel in Auftrag gegebene geheime Beschreibung des Fuldaer Landes kam hinsichtlich der medizinischen Versorgung zu einer

Von Gottes Gnaden Wir Wilhelm Friedrich Erbprinz von Oranien-Nassau, Fürst zu Fulda und zu Corvey, Graf zu Dortmund, Herr zu Weingarten u. u. u.
urkunden und bekennen hierdurch für Uns, Unsere Erben und Nachfolger an der Regierung.

Fulda, den 22ten October 1805.

Wilhelm

*Gründungsurkunde des Landkrankenhauses, ausgestellt am 22. Oktober 1805 (StadtAFd, Urk. Nr. 376)*

sarkastischen Feststellung. Aufgrund der schlechten Ausbildung der Ärzte sei es nicht verwunderlich, „daß die Chirurgi in den Städten sowohl als auf dem Lande so unwißend, ja so erbärmlich sind. In ganz Deutschland wird kein Land so schlecht mit Chirurgen verwahrt sein wie das fuldische“. Nach den Plänen des als Hofbaumeister nach Fulda berufenen Architekten Clemens Wenceslaus von Coudray ließ Wilhelm Friedrich das in der Säkularisation aufgehobene Kapuzinerkloster im Süden vor der Stadt zu einem Krankenhaus umbauen. Geleitet waren die Bauarbeiten von dem Wunsch, nach dem Vorbild des Bamberger Allgemeinen Krankenhauses eine moderne medizinische Anstalt zu errichten, die nicht wie die früheren Spitalbauten um eine Kirche gruppiert war, um ein nahezu klösterliches Leben im Spital herzustellen. Im Vordergrund stand dagegen die Funktionalität im Dienst der medizinischen Versorgung. Statt großer Krankensäle gab es kleinere Zimmer mit höchstens acht Betten. Große Fenster und eigene Lüftungskamine sorgten für gutes Licht und frische Luft. Schmale Gänge zwischen den Zimmern reduzierten die Ansteckungsgefahr und dienten zur Entsorgung aus den Räumen ohne diese betreten zu müssen. Modern gesprochen lag hier schon ein ausgeklügeltes Hygienekonzept zugrunde.

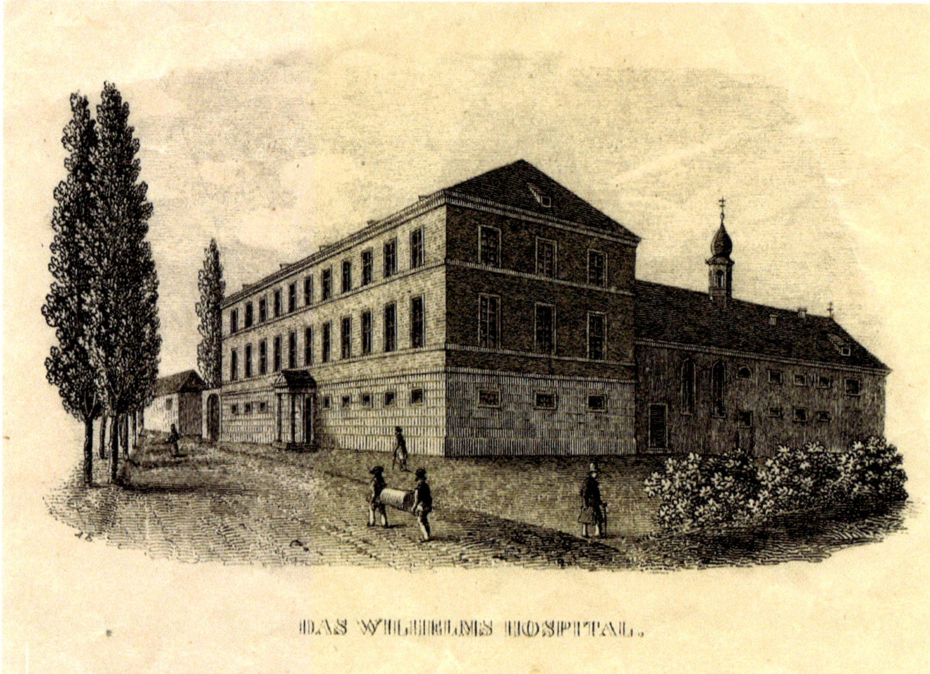


*Ansicht des Wilhelmshospitals von Norden. Lithographie von Augustin Engel, 1840 (VM, II Ea 211)*

Die Stiftungsurkunde des neuen Hospitals, datiert auf den 22. Oktober 1805 und damit auf den Tag genau drei Jahre nach der Besitzergreifung des Landes, steht am Anfang der Fuldaer Krankenhausgeschichte. Bestrebt „zur Linderung des traurigen Loses so mancher armen Familien eine allgemeine Landkrankenanstalt in Verbindung mit einem Entbindungsinstitute und einer Irrenanstalt dahier zu errichten", stattete der Oranier das Krankenhaus großzügig finanziell aus. Es erhielt das gesamte Eigentum des ehemaligen Kollegiatstifts Hünfeld sowie die Fonds des Nikolausspitals und der St. Anna Bruderschaft sowie 30.000 Gulden aus der Privatkasse des Fürsten. Mit den Ärzten Dr. Franz Joseph Harbaur und Dr. Vinzenz Adelmann standen der neuen Anstalt zwei herausragende Mediziner vor, die dem Krankenhaus weit über die Grenzen Fuldas hinaus einen glänzenden Ruf verschafften.

## *Soziale Maßnahmen*

Begleitet wurde die Gesundheitspolitik durch eine intensive soziale Fürsorge, die bisher ebenfalls fast ausschließlich über die alten Spitäler und durch städtische Almosengaben erfolgte. Wie seine bischöflichen Vorgänger sah auch Wilhelm Friedrich in der Unterhaltung von öffentlichen Arbeitshäusern und Manufakturen einen gangbaren Weg,

*Das 1805 errichtete Leih- und Pfandhaus befand sich von Beginn an im Palais Buttlar. Es gab der Pfandhausstraße, von der es einen Zugang hatte, ihren Namen. Aufnahme, um 1930 (StadtAFd, BA-9106)*

um den Arbeitslosen Verdienstmöglichkeiten zu bieten. Doch dies allein reichte nicht aus, um jene Menschen zu versorgen, die nicht mehr arbeiten konnten. Wilhelm Friedrich rief daher eine Armenversorgungsanstalt ins Leben, die ihre Kapitalausstattung aus dem Vermögen der bisherigen Armenstiftungen bezog, daneben aber auch mit den Verfügungsmitteln des Fürstenpaars versorgt wurde. Zudem mussten die besoldeten Staatsdiener und Pensionäre eine Zwangsabgabe von etwa 1% in die Anstalt einbezahlen. Ob diese Form der Sozialhilfe gegriffen hat, lässt sich aufgrund ihres kurzen Bestehens nur schwer sagen. Geradezu revolutionär war der in der Oranierzeit praktizierte Gedanke, dass die Sozialhilfe nicht mehr im Sinne einer Almosenpolitik nach dem Gutdünken im Einzelfall betrieben werden sollte, sondern als staatliche Pflichtaufgabe nach klar festgesetzten Regeln zu organisieren war.

Im Zusammenhang damit ist die 1805 erfolgte Einrichtung eines Leih- und Pfandhauses zu sehen. Dieses hatte das Ziel, den Handel zu beleben und die Armen vor Wucher zu schützen. In Verbindung mit der 1789 von Adalbert von Harstall ins Leben gerufenen Vorschusskasse sollte mit dem neuen Institut, das aus der Privatkasse Wilhelm Friedrichs ein Starkapital von 30.000 Gulden erhielt, eine staatliche Bank entstehen, die der allgemeinen Wohlfahrt diente. Deshalb gab es eine volle landesherrliche Garantie für die Einlagen bei der Bank, die ihrerseits streng kontrolliert wurde, ob für die ausgeliehenen Gelder genügend Sicherheiten vorhanden waren. Finanziell an das Leih- und Pfandhaus angeschlossen war die 1805 begründete Brandversicherungsanstalt, die gegen eine sehr moderate Gebühr den Hausbesitzern im Katastrophenfall den Brandschaden ersetzte. Vorschusskasse sowie Leih- und Pfandhaus sind die Wurzeln der 1955 zu einem einzigen Institut vereinigten Städtischen Sparkasse und Landesleihbank Fulda, die 1998 mit der Kreissparkasse Fulda zur Sparkasse Fulda zusammengeführt wurde.

## Evangelische Gemeinde

Einen Aufbruch in eine neue Zeit bedeutete die 1802 verfügte Gründung einer evangelischen Gemeinde. Der aus Freiendiez stammende Vikar Gottfried Langenscheid wurde zum ersten Prediger der evangelisch-reformierten Gemeinde bestellt, die aber schon bald ein evangelisch-lutherisches Gepräge annahm. In einem Pflichtenverzeichnis wurde Langenscheid ausdrücklich ermahnt, auf der Kanzel und im Umgang mit den anderen Religionsparteien in der Stadt weder mit Kontroversen noch durch Eifer Anstoß zu erregen, sondern stattdessen den Geist der Liebe zu verbreiten. Der neuen Gemeinde, die anfangs etwa 300 Mitglieder zählte, wies Wilhelm Friedrich das Oratorium der früheren Universität als Kirchenraum zu. Dieses diente bis zur Einweihung der Christuskirche 1896 den inzwischen auf knapp 4.000 angewachsenen evangelischen Christen in der Stadt als Gotteshaus.

*Aula der Alten Universität mit dem alten Kanzelaltar aus oranischer Zeit. Postkarte (StadtAFd, BA-33310)*

## Wilhelmsanlage

Architektonisch schuf der Oranier mit der nach ihm benannten Wilhelmstraße ein städtebauliches Denkmal von bleibendem Wert. Wie einige Jahre später König Ludwig I. von Bayern mit der Ludwigstraße so suchte Wilhelm Friedrich einen völlig neuen Straßenzug zu errichten, um damit die Stadtentwicklung außerhalb der alten Stadtmauern voranzutreiben. Da Fulda von Westen bis dahin keinen Zugang hatte und zudem ein

*Luftbild der Wilhelmsanlage, 2010 (StadtAFd, BA)*

Großteil der Grundstücke beim früheren Altenhof in landesherrlichem Besitz waren, lag es nahe, gerade hier einen neuen Straßenzug zu projektieren, der überwiegend nach den Plänen des Architekten Gustav Vorherr umgesetzt wurde. Es entstand die Wilhelmsanlage mit 15 Wohnhäusern, die angesichts der Knappheit an hellen und hygienischen Wohnungen besonders für den neu hinzugezogenen Beamtenstab gedacht war. Die klassizistische Gesamtanlage sollte zudem ein repräsentatives Gepräge haben, um dem von Westen kommenden Reisenden einen nahezu direkten und optisch beeindruckenden Zugang zur Residenz des Fürsten zu ermöglichen. Finanziert werden sollte das ehrgeizige Bauprojekt von privater Seite, unterstützt durch die kostenlose Bereitstellung der Grundstücke sowie weiteren Vergünstigungen vom Steuernachlass bis hin zur Verschonung bei den Einquartierungen. Die hierzu ausgegangene öffentliche Bekanntmachung an mögliche Interessenten bewarb das Projekt auch überregional damit, dass die Residenzstadt sehr vorteilhaft zwischen Frankfurt und Leipzig liege und es auch Juden gestattet sei, Häuser an der neuen Straße zu errichten. Als Interessenten meldeten sich dann doch überwiegend einheimische Handwerker, Kaufleute und Beamte, denen es zu verdanken war, dass innerhalb von wenigen Jahren die Anlage fertiggestellt werden konnte. Gebaut wurde auch mit Steinen aus den in der Umgebung abgerissenen Gebäuden, so etwa dem Abtstor.

## Napoleon gibt und nimmt

Wilhelm Friedrich konnte sich nicht mehr über die Vollendung der Wilhelmsanlage freuen. Da er sich geweigert hatte, dem von Napoleon initiierten Rheinbund beizutreten und sich auf die Seite seines Schwagers, des Preußenkönigs Wilhelm Friedrich III. gegen Frankreich stellte, war nach der verlorenen Schlacht bei Jena und Auerstedt 1806 das spannende oranische Intermezzo in Fulda beendet. Napoleon nahm dem Oranier seine Länder ab. Ein Mandat des französischen Generalgouverneurs Paul de Thiébault, ausgestellt am 20. November 1806 im „Gouvernements-Palast" zu Fulda, verkündete, dass die Große Armee im Namen Napoleons von der Provinz Fulda Besitz ergriffen habe und dass diese nie wieder unter die Herrschaft des Prinzen von Oranien kommen werde. Alle Wappen dieses Fürsten wie auch die Preußens sollten abgenommen werden.

Somit endete eine für Fulda sehr intensive Zeit der Modernisierung unter seinem ersten weltlichen Herrscher, der in den vier Jahren seiner Amtszeit einiges bewegt hatte. Dennoch ließ die fuldische Geschichtsschreibung mit ihrem Blick durch die klerikal-provinzielle Brille meist kein gutes Haar an dem Oranier. Neben der Schließung der Universität warf man ihm insbesondere Verschwendungssucht vor, ein Tatbestand, der durch die jüngere Forschung relativiert wurde.

Durch die Aktivitäten einer in Fulda ansässigen Bürgerschaftlichen Initiative wurde der Oranier im letzten Jahrzehnt in ein neues Licht gerückt. Mit Hilfe einer wissenschaftlichen Tagung und mehreren Publikationen zeigt sich das Bild Wilhelm Friedrichs, der nach seinen Fuldaer Lehrjahren und einer Zeit im Exil, 1815 als König Wilhelm I. zum König der Niederlande erhoben wurde, auch in Fulda in freundlicheren Farben. Das zu seinen Ehren 2014 durch den Künstler Rainer Landgraf geschaffene Denkmal in der Wilhelmstraße belegt die Neubewertung der kurzen Jahre oranischer Herrschaft in Fulda in bemerkenswerter Weise.

# XVIII

# Wechselnde Landesherrschaften (1806–1816)

*Der General-Commandant von der Ehrenlegion, Gouverneur des Fürstenthums Fulda, macht hierdurch allen Einwohnern dieses Landes bekannt, daß im Namen seiner Kaiserl. und Königl. Maiestät von dieser Provinz Besitz genommen worden, und daß sie nie wieder unter die Herrschaft des Prinzen von Oranien kommen werde.*

(Mandat des französischen Generalgouverneurs Thiébault vom 20. November 1806)

## *Unter französischer Besatzung (1806–1810)*

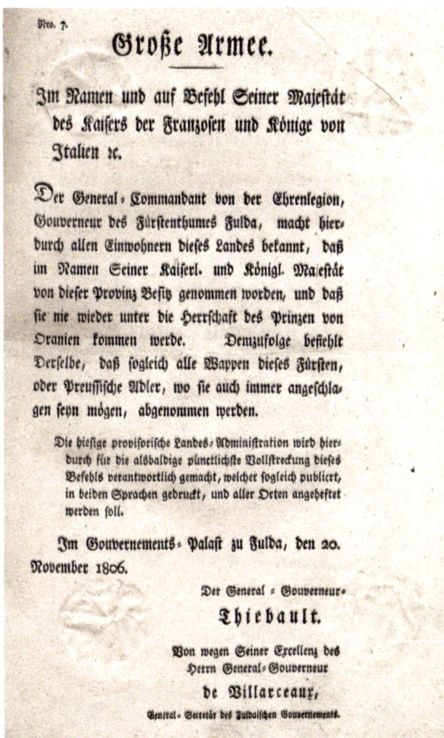

Nro. 7.

**Große Armee.**

Im Namen und auf Befehl Seiner Majestät des Kaisers der Franzosen und Könige von Italien rc.

Der General-Commandant von der Ehrenlegion, Gouverneur des Fürstenthumes Fulda, macht hierdurch allen Einwohnern dieses Landes bekannt, daß im Namen Seiner Kaiserl. und Königl. Maiestät von dieser Provinz Besitz genommen worden, und daß sie nie wieder unter die Herrschaft des Prinzen von Oranien kommen werde. Demzufolge befiehlt Derselbe, daß sogleich alle Wappen dieses Fürsten, oder Preussische Adler, wo sie auch immer angeschlagen seyn mögen, abgenommen werden.

Die hiesige provisorische Landes-Administration wird hierdurch für die alsbaldige pünctlichste Vollstreckung dieses Befehls verantwortlich gemacht, welcher sogleich publiciert, in beiden Sprachen gedruckt, und aller Orten angeheftet werden soll.

Im Gouvernements-Palast zu Fulda, den 20. November 1806.

Der General-Gouverneur-
Thiebault.

Von wegen Seiner Excellenz des Herrn General-Gouverneur
de Villarceaux,
General-Secretär des Fuldaischen Gouvernements.

*Besitzergreifung des Fürstentums Fulda durch den Generalgouverneur der „Großen Armee", 1806 (StadtAFd, Mandate 1806 November 20)*

Fuldas Krise im 19. Jahrhundert begann nicht mit Wilhelm Friedrich von Oranien-Nassau, sondern mit der französischen Besetzung 1806 und dem Verlust der Residenzfunktion. Fulda und sein Umland wurden am 27. Oktober durch französische Truppen unter dem General Edouard Adolphe Mortier besetzt. Da das Land in erster Linie dazu diente, das Militär zu versorgen, wurden von dem neuen Landesherrn nur wenige Initiativen ergriffen, um eine funktionierende Zivilverwaltung zu etablieren. Fulda wurde zu einer französischen Provinz, allerdings ohne die staatsbürgerlichen Rechte, die in Frankreich galten. Stattdessen war das Land als „Pays reservé" dem Kaiser vorbehalten, der es nach Gutdünken finanziell ausplündern wollte. Bereits im Dezember 1806 wurden die Fuldaer mit einer Bekanntmachung konfrontiert, die es in sich hatte. Darin forderte Napoleon vom Fuldaer Land eine Kriegskontribution in Höhe von 1,3 Millionen Franken, ein Mehrfaches der jährlichen Gesamteinnahmen des Fürstentums Fulda und in etwa die Höhe der Staatsschulden, die am Ende der oranischen Herrschaft aufgelaufen waren. Was zunächst unmöglich schien, wurde durch Druck und Androhung militärischer Gewalt vollzogen. Bis Mitte 1808 war die unvorstellbare Summe offenbar eingetrieben.

Stellvertretend für die Skrupellosigkeit der französischen Besatzung steht der Generalgouverneur Paul de Thiébault, der von November 1806 bis Mai 1807 in Fulda residierte. In seinen Memoiren zeigt er sich als großmäuliger Prahlhans, der für die Leiden der Bevölkerung nicht viel Verständnis hatte, dafür aber umso mehr dem Luxusleben zugetan war. Stolz vermerkt er darin, dass er für seine prächtig ausgestattete Wohnung in Fulda weder Miete, Heizung und Licht bezahle und ebenso wenig für Lebensmittel noch für die Gehälter der 20 Bediensteten aufkommen müsse. Insgesamt habe er in seinen 184 Fuldaer Tagen 212.500 Francs bezogen, die „ich fast ganz hätte zurücklegen können, wenn mir nicht jede Art von Knauserei stets fremd gewesen wäre".

Voller Freude plünderte er den Weinkeller des Schlosses mit bestem Rheingauer Wein aus Johannisberg und hatte auch keine Bedenken, einen Teil der während der oranischen Herrschaft von Weingarten nach Fulda gekommenen wertvollen Handschriften als sein persönliches Geschenk in die Kaiserliche Bibliothek nach Paris zu schicken, „eine kleine Befriedigung meiner Eitelkeit, worüber ich mich heute amüsiere…".

Neben dem Bargeld hatten es die neuen Machthaber auch auf die fuldischen Domänen abgesehen. Zur Bestreitung der Kriegskosten und zur Entlohnung verdienter Gefolgsleute vergab der Kaiser die ertragreichen landwirtschaftlichen Güter an seine Günstlinge. So erhielt 1807 der General Géraud Duroc die Propstei Holzkirchen, das Schloss Fasanerie, die Einkünfte aus den Domänen in Eichenzell und Petersberg sowie das Gut Unterziehers. Kaum zu bemessen sind die zahlreichen Naturallieferungen an die Franzosen, die Einquartierungen und die immer wieder erhobenen Sondersteuern. Insgesamt, so die Fuldaer Landesverwaltung in einer Bittschrift an Napoleon, hätten die Kriegsjahre von 1806 bis 1809 dem Land Kosten in Höhe von 5 Millionen Franken gebracht. Hierunter zählen offenbar auch die Aufwendungen für die einquartierten und zu verpflegenden Soldaten. Nach einer zeitgenössischen Statistik sollen in der Stadt Fulda 1806/07 innerhalb eines Jahres über 5.000 Offiziere, knapp 110.000 Soldaten und etwas mehr als 70.000 Gefangene verpflegt worden sein.

Vor diesem Hintergrund gehören die vier Jahre unter französischer Herrschaft zu den schlimmsten Zeiten der Fuldaer Geschichte. Sie standen unter den Vorzeichen der wirtschaftlichen Auspressung ohne dass die Fuldaer Landesuntertanen etwas von den staatsbürgerlichen Errungenschaften genießen konnten, die von der Französischen Revolution auf den Weg gebracht wurden. Einzig zwei Mandate, die den Leibzoll der Juden (1807) und die Leibeigenschaft (1809) aufhoben, künden von dem Geist des Aufbruchs in die Moderne. Die Aufstellung einer Fuldaer Volksmiliz im Januar 1807, hochtrabend als Nationalgarde bezeichnet, war die Reaktion auf antifranzösische Unruhen in Nordhessen und diente nicht dazu, nach dem französischen Vorbild eine allgemeine Wehrpflicht einzuführen.

Napoleon zog mehrere Male durch Fulda. Bei jeder Durchreise hatte die Stadt dafür zu sorgen, dass etwa 100 angeschirrte Zugpferde und 12 Reitpferde zur Verfügung standen. Bei seiner Ankunft im September 1808 wurde der Stadtrat aufgefordert, sich in blauen Mänteln vor dem Fuldator am Eingang zur Löherstraße einzufinden. Die Bevölkerung sollte bis zum Paulustor Spalier stehen und „Es lebe der Kaiser" rufen, während die Schulkinder an der Stadtpfarrkirche versammelt wurden und alle Glocken in der Stadt läuten sollten. Ein ganz anderes Bild bot sich den Fuldaern nach der Völkerschlacht bei Leipzig, als Napoleon mit seinem geschlagenen Truppenrest am 28. Oktober 1813 über die Pauluspromenade vorbei am Schloss über die Friedrichstraße zum Kohlhäuser Tor stadtauswärts Richtung Frankfurt zog. Die einstige Grande Armée brachte keinen Krieg, umso mehr aber eine furchtbare Krankheit in Form des Typhus in die Stadt, an der in den folgenden Monaten viele Fuldaer und auch Soldaten starben. Heinrich Koenig berichtet eindringlich, wie täglich ein Leiterwagen die Toten aus den Spitälern durch das Peterstor vor die Stadt zum Friedhof beim heutigen Franzosenwäldchen brachte. Vom Glanz des napoleonischen Kaisertums waren in Fulda nur noch Berge von Leichen übriggeblieben.

## *Teil des Großherzogtums Frankfurt (1810–1813)*

Zu dieser Zeit hatte die Stadt schon wieder einen neuen Landesherrn. Dem einstigen Mainzer Erzbischof Karl Theodor von Dalberg war nach der Säkularisation 1803 das Bistum Regensburg mit dem Titel eines Kurfürsten, Erzkanzlers und Fürstprimas zugesprochen worden. Als Regensburg 1810 an Bayern fiel, erhielt Dalberg das neu geschaffene Großherzogtum Frankfurt. Dieses Kunstgebilde von Napoleons Gnaden mit seinen etwa 300.000 Einwohnern bestand aus den Fürstentümern Hanau, Aschaffenburg und Fulda sowie den Städten Frankfurt und Wetzlar. Nach französischem Vorbild war das neue Gebilde in Departements unterteilt, die Bürgermeister hießen nun Maire. Das Departement Fulda entsprach mit Ausnahme des an das Großherzogtum Hessen gefallenen Herbstein dem Gebiet des alten Fürstbistums.

Während unter direkter französischer Herrschaft zwischen 1806 und 1810 die Bevölkerung Fuldas keine bürgerlichen Rechte hinzugewann, schuf der 1811 auch im Fuldaer Departement eingeführte „Code Napoleon" eine neue Grundlage des Zivilrechts, das die

*Napoleon. Unsigniertes Aquarell (Ausschnitt) (VM, II D 458)*

*Carl Theodor von Dalberg. Kupferstich von Egid Verhelst (VM, II Ec 51)*

Gleichheit aller vor dem Gesetz und die Freiheit des Individuums in den Vordergrund stellte. Die Leibeigenschaft und die Zünfte wurden abgeschafft und die Konfessionen gleichgestellt. 1813 erhielten die Fuldaer Juden erstmals ihre vollen bürgerliche Rechte.

Doch wie schon Wilhelm Friedrich von Oraniens Herrschaft untrennbar mit Napoleon verknüpft war, so galt dies auch

*Johann Baptist Oswald, Postmeister und Napoleons „Vertrauter“ in Fulda. Gemälde von H. Köthen (VM, II C 1217)*

für Karl Theodor von Dalbergs Amtszeit im Großherzogtum Frankfurt. Für den einen war seine Gegnerschaft, für den anderen die Nähe zum Korsen verhängnisvoll. Nach Napoleons gescheitertem Russlandfeldzug und der verlorenen Schlacht bei Leipzig musste Dalberg im Oktober 1813 aus seinem Großherzogtum fliehen. Da sich die Verbündeten Russland, Preußen und Österreich bis zum einem Friedenskongress auf eine Zentralverwaltung der befreiten Gebiete unter dem Freiherrn Heinrich Friedrich Karl vom Stein geeinigt hatten, übernahm dieser zunächst die verwaiste Leitung der Dalbergherrschaft.

## Über Österreich und Preußen zu Kurhessen (1813–1816)

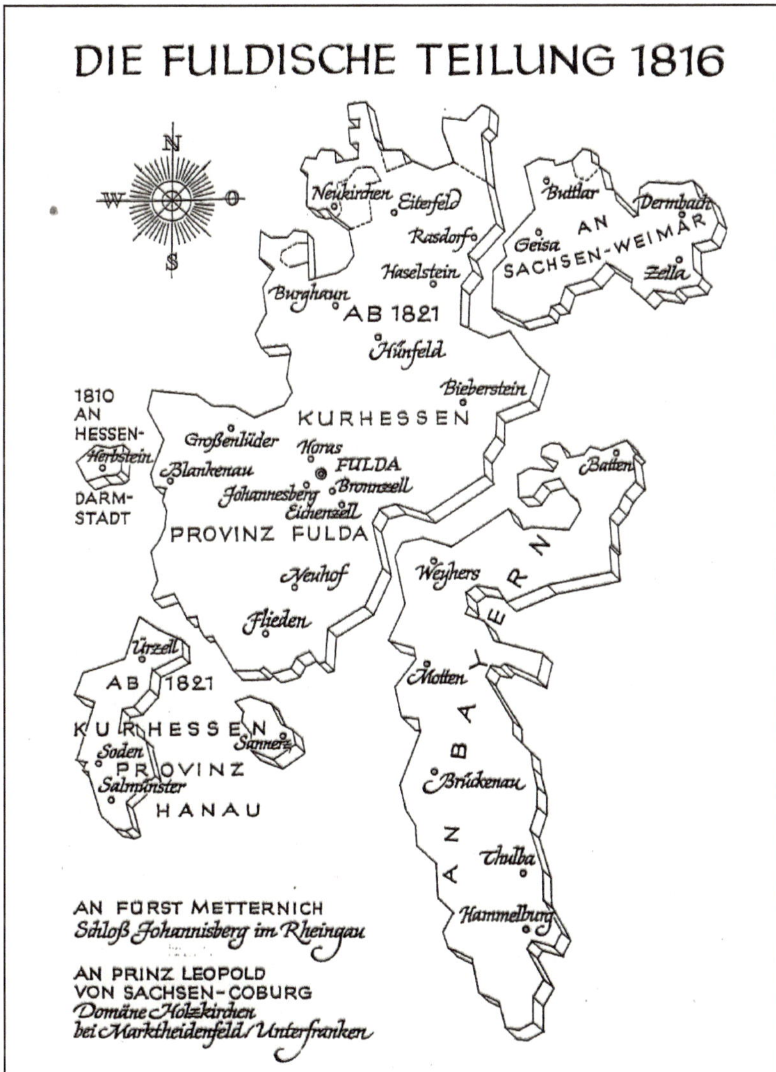


*Schematische Karte der Fuldischen Teilung 1816 (StadtAFd)*

Stein entschied sich dafür, das Großherzogtum nicht zu zerschlagen, sondern durch Österreich unter einem russischen Gouverneur verwalten zu lassen. Doch bevor es dazu kam, bestellte Wien den österreichischen Feldmarschall Philipp von Hessen-Homburg zum Generalgouverneur. Dieser gab am 6. November 1813 den leidgeprüften Untertanen den dritten Herrschaftswechsel innerhalb von 11 Jahren bekannt. Für die Fuldaer änderte sich dabei wenig. Der Krieg gegen Frankreich und die Suche nach neuen Einnahmemöglichkeiten bestimmte nahezu alle Maßnahmen, die von der Verwaltung getroffen wurden.

Galten gerade eben noch die französischen Gesetze im Zivil- und Strafrecht (Code civil 1804, Code pénal 1810) sowie bei der Zivilprozessordnung, so wurden diese im Januar 1814 wieder außer Kraft gesetzt und die älteren Rechte auch in Fulda wiederhergestellt. Eine Verordnung vom 16. Januar 1814 verkündete eine 180-Grad-Wendung im Zeichen von „Deutschlands Unabhängigkeit und Freiheit". Das allgemeine Nationalinteresse mache es notwendig, so die Verordnung, dass deutsche Gesetze und Gewohnheiten an die Stelle eines fremden Gesetzbuchs treten, „welches weder dem Volkscharakter, der Denkungsart, den Sitten und der Moralität der Nation entspricht" (Intelligenzblatt 1814, S. 31). In einer solchen Phase des nationalen Überschwangs wurde ein Landsturm gebildet, dem alle Männer zwischen 17 und 60 Jahren angehören sollten. Offenbar hielt sich die Begeisterung der Fuldaer Landeskinder hierüber in Grenzen, denn in der Folge erschienen mehrere fürstliche Verordnungen, in denen die häufigen Desertionen angeprangert und unter harte Strafe gestellt wurden.

Bezeichnend für die fuldische Friedfertigkeit ist eine 60 Jahre später von dem Domkapitular Georg Joseph Malkmus überlieferte Geschichte, die in wichtigen Teilen durch das Kriegstagebuch eines Fuldaer Landwehrmanns gestützt wird. Demnach hatte die Fuldaer Landwehr den Befehl erhalten, in das südliche Frankreich einzumarschieren. Bei ihrem langen Marsch, der sie bis nach Lyon führte, seien sie in keine Kampfhandlungen verwickelt gewesen und als sie an ihrem Ziel eintrafen, hatte Napoleon bereits abgedankt. Die Fuldaer ließen sich bei ihrem Rückmarsch viel Zeit und insbesondere die Offiziere fühlten sich in der Fremde äußerst wohl, während die einfachen Landsturmleute im Laufe der Zeit Hunger litten und Heimweh hatten. Als in Heidelberg die fuldischen Offiziere an einem Ball teilnahmen, der die ganze Nacht dauerte, nutzten etwa 250 bis 300 Mann des 2. Landwehrbataillons die Gunst der Stunde und zogen Richtung Heimat ab. Um nicht als fahnenflüchtig zu gelten, nahmen sie die Regimentsfahne bei ihrer eigenmächtigen Aktion einfach mit. Auf Schleichwegen gelangte die Truppe über den Vogelsberg nach Fulda zurück. Der in Kenntnis gesetzte Stadtkommandant von Buseck ließ die Tore schließen, doch die gewitzten Landsturmleute kamen über die nicht verschließbaren Eingänge in die Stadt, sammelten sich auf dem Domplatz und brachten Buseck die Fahne. Dieser sah den Rückmarsch als Desertion an, die bestraft werden musste. Er ließ von dem aus Frankfurt, Hanau und Aschaffenburg herbeigeeilten Militär die Landsturmleute festnehmen und die

Rädelsführer vor ein Kriegsgericht in Frankfurt stellen. Dort wurden sie zum Tode durch Erschießen verurteilt, die Strafe aber angesichts der besonderen Umstände in ein Spießrutenlaufen umgewandelt. Die als Verführte betrachteten Mitläufer wurden bald in ihre Heimat entlassen.

Der Wiener Kongress brachte 1815 für Fulda eine abermalige Änderung der Landesherrschaft. Artikel 40 der Kongressakte bestimmte, dass Österreich das Departement Fulda mit den Gebieten des ehemaligen unmittelbaren Adels (Mansbach, Buchenau, Wehrda, Lengsfeld), aber mit Ausnahme der Ämter und Gebiete Hammelburg (mit Thulba und Saaleck), Brückenau (mit Motten), Salmünster (mit Uerzell und Sannerz), eines Teils des Amtes Bieberstein (Batten, Brand, Dietges, Findlos, Liebhards, Melperz, Oberbernhards, Seiferts und Thaiden) sowie Holzkirchen an den König von Preußen abtreten sollte. Am 27. Juli 1815 übergab somit der österreichische Gouverneur des Großherzogtums Johann Aloys Joseph von Hügel im Fuldaer Stadtschloss das Departement Fulda an den preußischen Bevollmächtigten Friedrich Christian Adolf von Motz. Dieser beließ die Verwaltung und die Beamten auf ihrem bisherigen Stand, allerdings unter neuen Namen. Fortan unterzeichnete man in Fulda die amtlichen Schriftstücke mit „Königlich preußisch" und die aus der französischen Zeit stammende „Mairie" hieß nun „Magistrat der Stadt Fulda". Das erste preußische Zwischenspiel in Fulda war bereits nach einem Jahr wieder beendet. Mit der Fuldaer Teilung vom Oktober 1816 legten Kurhessen und Preußen nun endgültig jene Grenzen fest, die Auswirkungen bis auf den heutigen Tag haben. Hierbei übergab Preußen an Kurhessen das Fürstentum Fulda samt Salmünster, Ürzell und Sannerz mit den ehemals ritterschaftlichen Herrschaften mit Ausnahme von Dermbach, Wenigentaft und Geisa, die zunächst an Preußen und dann an Sachsen-Weimar fielen. Der Großteil des Amtes Weyhers kam zunächst an Österreich, das dieses Gebiet an Bayern weiterreichte. Dieses erhielt auch die altfuldischen Ämter Brückenau und Hammelburg sowie Teile des Amtes Bieberstein. Mit der Fuldaer Teilung war das Territorium des Fürstentums auf die drei deutschen Staaten Kurhessen, Sachsen-Weimar und Bayern gelangt. Diesem Umstand ist es geschuldet, dass gleich drei Bundesländer (Hessen, Thüringen und Bayern) Anteil am fuldischen Erbe haben.

# XIX

## Kurhessische Provinzstadt (1816–1866)

*Rundumpanorama von der Stadtpfarrkirche. Kupferstich nach der Vorlage von Augustin Heider, 1817 (VM, II Ea 383)*

Genau ein halbes Jahrhundert gehörte Fulda zum Kurfürstentum Hessen, einem jener 35 deutschen Staaten, die dem Wiener Kongress ihre Legitimation verdankten und die sich dort zusammen mit vier Reichsstädten (Bremen, Frankfurt, Hamburg und Lübeck) zu einem Staatenbund (Deutscher Bund) zusammenschlossen. In der Titulatur des neuen Landesherrn Wilhelm I. als „Kurfürst und souveräner Landgraf von Hessen, Großherzog von Fulda, Fürst zu Hersfeld, Fürst zu Hanau, Fürst zu Fritzlar und Fürst zu Isenburg, Graf zu Katzenelnbogen, Graf zu Dietz, Graf zu Ziegenhain, Graf zu Nidda, Graf zu Schaumburg etc.“ kommt die Vielfalt der in Kurhessen vereinigten Gebiete zum Ausdruck. Fulda wurde als Großherzogtum dem Länderkonglomerat einverleibt. Im hessischen Staatswappen fand sich das Fuldaer Stiftskreuz an prominenter Stelle links oben aus der Sicht des Betrachters.

*Vedute der Stadt von Nordosten. Lithographie von Joseph Ignaz Johannis, um 1825 (VM, II Ea 289)*

Im März 1816 reiste Wilhelm I. zur Inbesitznahme in sein neues Großherzogtum, wo er auch in Fulda gebührend empfangen wurde. Am Wirtshaus zur kalten Herberge in Lehnerz begrüßte ihn eine Ehrengarde, die Schuljugend streute unter Vivatrufen Blumen auf dem Weg zum Stadtschloss. An Vierzehnheiligen war eine Ehrenpforte errichtet worden.

*Kurfürst Wilhelm II. von Hessen-Kassel. Gemälde von Georg Zahn (VM, II C 778)*

Hier überreichte der Stadtvorstand Anton Thomas dem Kurfürsten die Stadtschlüssel. Unter dem Geläut aller Glocken erfolgte der festliche Einzug Wilhelms I. in die Stadt, wo ihn im Schloss die gesamte Beamtenschaft und das Domkapitel empfingen. Ganze fünf Tage weilte der Kurfürst in Fulda, wo es ihm offenbar gut gefiel, auch wenn die Unmasse an Gedichten und Lobhudeleien mit Sicherheit auf ihn einen schlechten Eindruck gemacht hätten, wie der Chronist Anton Hartmann vermerkt. So viele Herrschaftswechsel in kurzer Zeit hatten offenbar auf die Beamtenschaft keinen guten Einfluss, denn, so Hartmann, die „Augendienerei, Kriecherei und Angeberei der Fuldaer Staatsdiener“ sowie die dort vorherrschende „Korrumption und Charakterlosigkeit“ hätten den kurhessischen Verwaltungsspitzen nicht gefallen.

## Die Verwaltungsentwicklung

*Der Maire und Stadtvorstand Anton Thomas. Gemälde von Gisbert Seng nach zeitgenössischer Vorlage in der „Ahnengalerie“ der Oberbürgermeister (Stadtschloss Fulda)*

Trotz der zeremoniellen Pracht zu Beginn der kurhessischen Herrschaft waren die Zeiten für Fulda und sein Umland alles andere als rosig. Nach dem Verlust der Residenz rückte man nun an die Peripherie eines mittelgroßen deutschen Staates, der darüber hinaus überwiegend evangelisch geprägt war und in seinem Kernbereich der Landgrafschaft Hessen-Kassel über Jahrhunderte hinweg im Gegensatz zum geistlichen Territorium der Fuldaer Fürstäbte und Fürstbischöfe gestanden hatte.

Die Probleme waren gewaltig. Die Verwaltung und die Staatsfinanzen des früheren fuldischen Gebiets mussten nach der Teilung zwischen drei Staaten neu geregelt werden. Auf der Strecke blieben viele kleine Gläubiger, Pensionäre und die öffentlichen Kassen, so auch die der Stadt Fulda, die von den Geldern, die sie dem preußischen Staat vorgestreckt hatte, nur noch einen kleinen Teil und das erst nach einem halben Jahrhundert im Jahr 1868 zurückbekam. Das ohnehin schon strukturschwache Fuldaer Land wurde in dieser Übergangsphase zusätzlich geschwächt.

In kurzer Zeit wurden in der kurhessischen Epoche auch für Fulda neue Verwaltungsstrukturen geschaffen. Das 1816 neu gebildete kurhessische Stadtamt Fulda zählte 8.157 Einwohner, die Landämter Fulda (12.536), Eiterfeld (8.527), Großenlüder (7.858),

Hünfeld (7.313), Burghaun (6.041), Neuhof (8.592) und Salmünster (7.023) waren hinsichtlich der Bevölkerungszahl in ähnlich große Bezirke aufgeteilt. Anton Thomas, der seit 1805 der Stadtregierung vorstand, verlor 1816 seinen Titel als Maire und fungierte bis 1821 als Stadtschultheiß, der sich keiner Wahl stellen musste, sondern als kurhessischer Staatsbeamter die Geschicke der Stadt lenkte. Mit dem kurhessischen Organisationsedikt vom 21. August 1821 wurde die Verwaltung auf der mittleren und unteren Ebene völlig neu geregelt. Das Land wurde in vier Provinzen (Oberhessen/Kassel, Niederhessen/Marburg, Hanau und Fulda) aufgeteilt, denen 22 Kreise unterstanden. Zur Provinz Fulda mit der gleichnamigen Hauptstadt gehörten die Kreise Fulda, Hersfeld, Hünfeld und Schmalkalden. Das Edikt verfügte, dass Justiz und Verwaltung getrennt geführt werden sollten, ein relativ moderner Ansatz, der etwa in Bayern erst 1862 mit der Ablösung der Landgerichte älterer Ordnung zugunsten der Bezirksämter umgesetzt wurde. Für die Rechtsprechung gab es im Bereich der Provinz Fulda neben einem Obergericht die Landgerichte in Fulda, Hersfeld und Schmalkalden. Daneben entstanden parallel Polizeikommissionen, die für die öffentliche Sicherheit zuständig waren. Mit den 1821 ebenfalls geschaffenen Kreisämtern, die seit 1851 als Landratsämter bezeichnet wurden, verfügte Kurhessen bereits früh auf der unteren staatlichen Ebene über reine Verwaltungsbezirke. Die Provinzen blieben mit einer kurzen Unterbrechung in Folge der 1848er Revolution bis zum Ende Kurhessens 1866 bestehen.

## *Kurhessische Provinzhauptstadt in „Hessisch Sibirien"*

Fulda war in dieser Zeit aufgrund seiner Rolle als eines von vier kurhessischen Verwaltungszentren allmählich zu einer Beamtenstadt mit zahlreichen staatlichen und geistlichen Behörden geworden, die durch Zuzug aus allen Teilen Kurhessens neue Impulse bekam. Dieser Befund steht der Wahrnehmung des alteingesessenen katholischen Fuldaer Bürgertums gegenüber, das sich durch die Regierung in Kassel sowie die

*Franz Dingelstedt. Stahlstich, um 1840 (VM, II Ec 79)*

überwiegend protestantischen Beamten und Militärs, die nach Fulda gekommen waren, fremdbestimmt fühlte. Umgekehrt galten die Stadt und ihr Umland nicht unbedingt als Traumziel einer Beamtenkarriere und so gab es einige, wie etwa den Lehrer Franz Dingelstedt, die nach Fulda, das man als „Hessisch-Sibirien" verspottete, strafversetzt wurden. Auch das kurhessische Militär, das 1816 mit einem Regiment „Landgraf Karl" mit einer Stärke von 200 Mann in Fulda eingezogen war, spielte im Leben der Stadt eine gewisse Rolle, auch wenn eine nennenswerte Integration der Offiziere in die Stadtgesellschaft nicht zu erkennen ist. Die im Gebäude des heutigen Vonderau Museums untergebrachte Garnison musste 1842 um ein Stockwerk erhöht werden, da infolge der Vergrößerung des Personalstandes die Militärverwaltung bis dahin gezwungen war, Einquartierungen in der Stadt vorzunehmen, was bei der Bevölkerung auf wenig Gegenliebe stieß.

## *Ein neues Gemeinderecht*

Mit der kurhessischen Gemeindeordnung von 1834 wurde die Beteiligung der Bürgerschaft an der Stadtregierung auf eine neue Grundlage gestellt, auch wenn von einer modernen demokratischen Mitwirkung noch nicht die Rede sein konnte. Das aktive und passive Wahlrecht für den Gemeindeausschuss konnte nur von den Ortsbürgern ausgeübt werden. Das Bürgerrecht durften nur unbescholtene Männer erlangen, die in der Lage waren, eine Familie zu ernähren und sofern es sich um Zugezogene handelte über ein beträchtliches Vermögen verfügten. Der von den Ortsbürgern gewählte Gemeindeausschuss bestand in Fulda aus 46 Männern zwischen 25 und 70 Jahren. Diese mussten zur Hälfte dem hoch besteuerten Kreis der Bürgerschaft angehören. Der Gemeindeausschuss wählte den aus acht Personen bestehenden Stadtrat, der über alle wesentlichen Angelegenheiten der Gemeinde entschied, bei Beschlüssen von grundsätzlicher Bedeutung aber auf die Zustimmung des Gemeindeausschusses angewiesen war. Insofern spiegelt sich in dieser Kompetenzverteilung die heutige Kommunalverfassung mit einer Stadtverordnetenversammlung und einem Magistrat wider. Der Ortsvorstand, der in den vier kurhessischen Provinzhauptstädten Kassel, Hanau, Marburg und Fulda die Bezeichnung „Oberbürgermeister" trug, war der erste und vollziehende Gemeindebeamte und Hilfsbeamter des Staats.

In Fulda waren dem Maire und Stadtschultheißen Anton Thomas der Stadtvorstand Franz Joseph Kepler (1821–1833) und Johann Joseph Hennig (1833–1834) in der Leitung der Stadtverwaltung gefolgt. Mit Jodocus Daniel Mackenrodt trat 1835 ein Mann an die Stadtspitze, der infolge der Gemeindeordnung erstmals indirekt durch die Ortsbürger gewählt wurde und den Titel eines Oberbürgermeisters trug. Bis 1859 leitete er, unterbrochen durch eine Amtsenthebung zwischen 1848 und 1850, die Stadt durch schwierige politische Jahre, in denen gleich zwei Revolutionen das Land erschütterten. Auf Mackenrodt folgte die kurze Amtsperiode seines Schwiegersohns Ignaz Weismüller (1859-1862) und die ereignisreiche Phase des industriellen und gesellschaftlichen Umbruchs unter dem Oberbürgermeister Franz Rang (1862-1893).

## Schwierige wirtschaftliche Ausgangslage und gehemmte Stadtentwicklung

Insgesamt war der Zeitraum bis in die 1850er Jahre von einer tiefen wirtschaftlichen Depression geprägt, die zu einer Verarmung bis hin zur Verelendung weiter Kreise der Bevölkerung führte. Die Rahmenbedingungen für eine wirtschaftliche Entwicklung hatten sich in den 1820er Jahren immer weiter verschlechtert. Neben dem Verlust der Residenz und der stiefmütterlichen Behandlung Fuldas durch die Regierung in Kassel ist vor allem der Umstand zu nennen, dass die örtliche Textilproduktion aus Leinen und Wolle, die traditionell die Säule des Handwerks war, durch die billige englische Baumwolle ins Hintertreffen geriet. Dies führte zu Einnahmerückgängen und damit zu einer geschwächten Binnennachfrage nach den sonstigen handwerklichen Produkten. Im völlig überbesetzten örtlichen Zunfthandwerk spürte man daher schnell die Not am drängendsten. 1817 zählte man in Fulda mit seinen etwa 8.200 Einwohnern an Meisterbetrieben 110 Schuhmacher, 67 Leinweber, 58 Schneider 44 Metzger, 22 Bäcker, 22 Rotgerber, 15 Schmiede, 13 Weißgerber, 10 Wollweber und 5 Schlosser. Daneben gab es 26 Schreiner, 18 Strumpfmacher, 16 Drechsler und Kammmacher, 13 Perückenmacher, 12 Sattler, jeweils 9 Glaser, Wagner und Seiler, jeweils 8 Häffner, Färber und Barbiere, jeweils 5 Hutmacher und Buchbinder,

*An der Tränke. Gemälde von Nikolaus Kleineberg (1863–1946) (VM, II C 614)*

3 Büttner und 2 Kürschner. Insgesamt waren es 517 Meisterbetriebe, die sich den kleinen Markt der Stadt und ihres Umlandes mit insgesamt etwa 20.000 Personen teilen mussten. An diesen Zahlen änderte sich bis zur Mitte des 19. Jahrhunderts wenig.

Die Einwohnerzahl im Innenstadtbereich stagnierte, der mittelalterliche Mauerring bot noch bis in die 1860er Jahre genügend Platz für eine in den 1840er Jahren sogar zurückgehende Population. Zwischen 1826 und 1842 fiel die Einwohnerzahl von 9.237 auf 8.888. Dass die Stadtmauer dennoch im ersten Drittel des 19. Jahrhunderts allmählich verschwand, lag nicht in einer baulichen Expansion begründet, die sich Platz schaffen musste, sondern war lediglich dem Umstand geschuldet, dass man die Steine für Umbaumaßnahmen innerhalb der Stadt verwendete. Weite Teile der Stadtmauer kamen den Fuldaern in dieser Zeit einfach abhanden, ohne dass es einen städtischen Befehl zu einer Niederlegung der Stadtbefestigung gegeben hätte. Einigermaßen gezielt wurden 1867 die meisten Stadttore abgetragen, von denen sich neben dem intakten Paulustor nur noch wenige Reste wie das äußere Peterstor erhalten haben.

Lediglich durch die Eingemeindung der ursprünglich selbstständigen unterstädtischen Gemeinden im Westen und Norden des Dombezirks (Hinterburg, Eichsfeld, Lengsfelder Gasse, Altenhof) im Jahre 1826 konnte in dieser Phase der Depression zahlenmäßig ein Zuwachs von etwa 1.000 Einwohnern verzeichnet werden, die allerdings wirtschaftlich noch ärmer dastanden als ihre Fuldaer Nachbarn. Besonders die in unmittelbarer Nachbarschaft des Flusses liegende Tränke, die ständig von Hochwassern heimgesucht wurde, galt als „Arme-Leute-Gebiet".

## *Die soziale Frage*

Die schlechte wirtschaftliche Situation hatte gravierende Auswirkungen auf den Gesundheitszustand der Bevölkerung, insbesondere der Kinder. 1800 fielen 25% der Todesfälle auf Kinder unter 10 Jahren. 1847, in der Zeit einer schlimmen Hungerkatastrophe, stieg dieser Wert auf knapp 30% an. Gerade die hohe Kindersterblichkeit führte dazu, dass die mittlere Lebenserwartung in Fulda im Jahr 1800 bei gerade einmal bei 36 Jahren lag. Wer dagegen das 10. Lebensjahr überstanden hatte, der konnte sich auf eine durchschnittliche Lebenserwartung von ca. 58 Jahren freuen. Der berühmte Fuldaer Mediziner Dr. Joseph Schneider beklagte 1806, dass die Sterblichkeit der Kinder höher sei als früher. Bis in die 1880er Jahre ist für Fulda und insbesondere die benachbarte Hohe Rhön zu konstatieren, dass sich die Sterblichkeitsraten gegenüber der Frühen Neuzeit nicht verbessert hatten und vor allem die Kindersterblichkeit eher über der in den Jahrhunderten zuvor lag.

Fulda ist im zweiten Viertel des 19. Jahrhunderts wie viele andere Teile Kurhessens ein Paradebeispiel für den „Pauperismus". Der bereits zeitgenössische Begriff (lat. pauper = arm) bezeichnet die wirtschaftliche Substanzauszehrung und Deklassierung

*Dr. Joseph Schneider. Aquatinta, um 1830 (VM, II Ec 123)*

breiter vorindustrieller Schichten, vor allem der Kleinbauern, Heimgewerbetreibenden, Handwerker und Handarbeiter infolge eines beständigen Erwerbsmangels. In diese Massenverarmung brachen die großen Hungersnöte der Jahre 1816/17 und 1847 als zusätzliche Katastrophe herein. Beide Krisen, die europaweit zu spüren waren, trafen gerade die Städte in Nord- und Osthessen wie etwa Fulda und Hünfeld besonders hart, da hier ein Strukturwandel im Handwerk eingesetzt hatte, der vor allem das in der Frühen Neuzeit dominierende Textilgewerbe betraf. Bestenfalls in guten Verdienst- und Erntezeiten war das Überleben gesichert, ansonsten aber gab es keinen finanziellen Spielraum, um eine Teuerung aufzufangen.

Sichtbar wurde dies in der Hungerkrise der Jahre 1816/17, ausgelöst durch den Ausbruch des Vulkans Tambora in Indonesien. Die in die Atmosphäre geschleuderten Staubmassen verfinsterten die oberen Luftschichten auf der nördlichen Erdhalbkugel und führten 1816 zu einem „Jahr ohne Sommer", das die Ernteerträge erheblich beeinträchtigte. Hinzu kam es in Erwartung des drohenden Mangels zu Hamsterkäufen, die ihrerseits zu einer weiteren Teuerung des Brotgetreides und der Kartoffeln führten. Als erstes wurde die Krise in Fulda im Herbst 1816 spürbar. Die Getreidepreise stiegen Anfang 1817 auf den doppelten Vorjahreswert. Mitte des Jahres 1817 hatte der Roggenpreis mit 3 Gulden 30 Kreuzer seinen Höchststand, der 175% über dem Normalpreis lag, erreicht. In Zeiten, in denen das Getreide nach wie vor der wichtigste Nahrungsbestandteil war, traf eine solch beispiellose Teuerung der elementarsten Lebensmittel gerade jene Bevölkerungsteile, die selbst in guten Erntejahren mit ihrem kärglichen Einkommen als Taglöhner, Knechte, Mägde, als kleine Handwerker oder als allein stehende Witwer und Witwen gerade über die Runden kamen.

Der Fuldaer Stadtmagistrat schrieb daher im Mai 1817 verzweifelt an die Regierung in Kassel und bat um die Lieferung von Roggen und Hafer aus dem herrschaftlichen Fruchtboden, da andernfalls der Hungersnot nicht mehr zu begegnen sei: „Die ärmere Volksklasse ist [...] in die größte Noth versetzt und schreit täglich rottenweise auf dem Rathhause nach Brod!!!" Die Stadt selbst tat ihr Möglichstes. Sie gewährte direkte Unterstützungen, kaufte in größeren Mengen Ostseeroggen und errichtete im Sommer

1817 eine Notbäckerei, um die Brotproduktion selbst in die Hand zu nehmen. Flankiert wurden die administrativen Maßnahmen durch drakonische Bestrafungen für jene, die sich nur noch durch Diebstahl zu helfen wussten. Die Fuldaer Polizeidirektion ließ am 1. Oktober 1816 folgendes verkünden: „Margaretha Latsch und Barbara Laitsch von hier sind wegen verübtem Feld-Diebstahl von unterzeichnetem Gerichte zur Herumtragung der entwendeten Erdkohlraben und zu 10 Stockschlägen vor hiesigem Rathhause verurtheilt, und die Strafe heute an denselben vollzogen worden; welches zur Warnung andurch öffentlich bekannt gemacht wird".

Die Hungerkrise von 1816/17 scheint in Hessen wie auch in Franken vor allem die agrarisch geprägten und vom Kleinhandwerk lebenden Städte getroffen zu haben. Doch zeigen die Bemühungen vieler Gemeinden um die Errichtung von Suppenanstalten zur Verabreichung der sogenannten Rumfordsuppe, die in der Regel aus einer Knochenbrühe mit Hülsenfrüchten, Graupen, Kartoffeln und sogar etwas Schweinefleisch bestand, dass die Unterernährung in jenen Tagen allgegenwärtig war und erst durch die relativ gute Ernte des Herbsts 1817 wieder gemildert werden konnte.

Wie das Beispiel zeigt, war die „soziale Frage" bereits vor der Industrialisierung in Osthessen ein brennendes Thema, in der Schärfe der Konsequenz bis hin zum Hungertod sogar noch drängender in der vorindustriellen Zeit als danach. Der sich organisierende bürokratische Staat des 19. Jahrhunderts versuchte auf die Krise zu reagieren. Neben Suppenanstalten gab es seit den 1820er Jahren eine Armenbeschäftigungsanstalt, ebenso seit 1824 für die nicht zu Hause arbeitenden Taglöhner und Handwerker die Möglichkeit, die Kleinkinder in einer „Bewahranstalt" tagsüber unterzubringen. Insgesamt zeichnet sich eine Tendenz zur „weitgehenden Kommunalisierung" (Tilman Pünder) der Armenpflege bereits vor dem Erlass der Hessischen Gemeindeordnung von 1834 ab.

Einen bedeutenden Einschnitt bei der Anstaltspflege brachte das Jahr 1835, als die Vinzentinerinnen das Heilig-Geist-Hospital und das Waisenhaus übernahmen, nachdem sie bereits ein Jahr zuvor in den Betrieb des Landkrankenhauses eingetreten waren. Der Pflegebereich in der Stadt war somit vollständig in konfessionelle Verantwortung übergegangen, während die Kommune für die Rahmenbedingungen sorgte und über Kassen aus Spenden sowie Steuern (z.B. Generalarmenkasse) die Finanzierung sicherstellte.

## *Im Zeichen der Revolutionen und des bürgerlichen Selbstbewusstseins (1830–1848/1850)*

Kurfürst Wilhelm I., der 1816 noch so herzlich in Fulda empfangen worden war, hatte als Landgraf Wilhelm IX. im Alten Reich durch die Mitwirkung am Soldatenhandel seines Vaters Landgraf Friedrich II. und seine Mätressenwirtschaft traurige Berühmtheit erlangt. Auch nach dem Wiener Kongress wurde aus dem früheren Autokraten kein für-

*Der klassizistische Marmorsaal im Stadtschloss (Foto: Pressestelle der Stadt Fulda)*

sorglicher Landesherr. Ganz im Gegenteil. Dem nach politischer Beteiligung strebenden Bürgertum setzte er einen Absolutismus entgegen, der den Fürstenstaat des 18. Jahrhunderts zum Vorbild hatte. Bekannt wurde seine Maßnahme, die Perückenpflicht am Hof und beim Militär wiedereinzuführen. Der hessische Zopf war schon bald Inbegriff einer reaktionären Politik, für die Wilhelm I. in ganz Deutschland stand. Bezeichnend für sein rückwärtsgewandtes Denken ist seine Maßnahme, die zwischenzeitlich eingeführte Gewerbefreiheit durch eine 1816 erlassene Zunftordnung wieder rückgängig zu machen.

Wilhelms Tod 1821 wurde in weiten Kreisen der Bevölkerung als eine Erlösung für das Land angesehen. Sein Sohn und Nachfolger Wilhelm II. konnte sich trotz seines Reformwillens von einer konservativen Grundausrichtung, die dem Bürgertum demokratische Mitwirkungsrechte weitgehend verwehrte, nicht lösen. Hierfür steht beispielhaft seine Weigerung, die Landstände als Vertretung des Landes einzuberufen und Kurhessen eine Verfassung zu geben, die sich an den Grundsätzen einer konstitutionellen Monarchie orientierte. Besonders unbeliebt bei der Bevölkerung machte sich Wilhelm II. wie schon sein Vater durch seine Vorliebe für Mätressen. Seine Verbindung zu Emilie Ortlöpp, mit der er acht Kinder hatte und die er nach dem Tod seiner Ehefrau Auguste 1841 heiratete, überlagerte immer wieder die Staatsgeschäfte. Die standesgemäße Unterbringung seiner inzwischen zur Gräfin von Reichenbach-Lessonitz erhobenen Geliebten in einem Kasseler Palais sowie deren Erhebung in den Reichsfürstenstand schienen wichtiger zu sein als die Bewältigung der politischen und wirtschaftlichen Krisen im Lande.

Die Familienaffären des kurfürstlichen Hauses hatten auch Auswirkungen auf das von Kassel weit entfernte Fulda. In das hiesige Stadtschloss hatte sich nämlich 1829 Prinzessin Auguste, die Ehefrau des Kurfürsten und Tochter des preußischen Königs Friedrich Wilhelm II., zurückgezogen. Schon ihre ältere Schwester Friederike Luise Wilhelmine, Gemahlin des Wilhelm Friedrich von Oranien-Nassau, hatte hier von 1802–1806 residiert. Auguste war bei der fuldischen Bevölkerung wegen ihres einfachen Lebensstils offenbar sehr beliebt. Ihre Vorliebe für Kunst und Kultur zeigte sich in gelegentlichen Theaterbesuchen sowie in der finanziellen Förderung für die geselligen Vereine. Auch ihr Sohn Kurprinz Friedrich Wilhelm wählte Fulda 1830 zu seiner Residenz. Für die Stadt bedeutete dies eine Aufwertung ihrer Stellung, zumal man nun daranging, das leerstehende barocke Schloss in klassizistischem Stil umzuformen und nach den Plänen des Kasseler Hofbaumeisters Johann Conrad Bromeis neben Schloss Fasanerie zu einer Zweitresidenz auszubauen. Der gartenseitige Flügel des Stadtschlosses verdankt sein klassizistisches Gepräge im ersten und zweiten Obergeschoss mit dem Marmorsaal und dem Grünen Zimmer dieser kurzen Phase eines kurhessischen Bauengagements in Fulda.

Da Friedrich Wilhelm schon ein Jahr später Ende September 1831 als Mitregent die Amtsgeschäfte seines faktisch abgedankten Vaters in Kassel übernehmen musste, wurde ein im Stadtschloss schwelender Familienkonflikt schon im Anfangsstadium beendet. Denn Friedrich Wilhelm hatte im August 1831 die geschiedene Gertrude Lehmann geehelicht, die wegen ihrer nicht standesgemäßen Abkunft von der Mutter des Kurprinzen im Fuldaer Schloss nicht empfangen wurde. Zurück in Kassel erhob Friedrich Wilhelm seine Ehefrau zur Gräfin von Schaumburg und zur Fürstin von Hanau. Der älteste Spross aus dieser Verbindung war Friedrich Wilhelm von Hanau, der in Fulda, wohin ihn sein Vater ausgerechnet wegen einer nicht standesgemäßen Ehe mit einer Schauspielerin verbannt hatte, lange Jahre lebte. Den Fuldaern ist der leutselige Fürst, der auf seinen Spaziergängen stets von drei Hunden begleitet wurde, als „Hundeprinz“ ein Begriff. Sein Grabmal befindet sich auf dem alten städtischen Friedhof.

Man mag sich fragen, ob so viel Familiengeschichte in einer Stadtgeschichte nötig ist, doch zeigen die Ereignisse der Jahre 1830/31 in Hessen, dass sich das kurfürstliche Privatleben auch auf die Stimmung in der Bevölkerung niederschlug. Wie 18 Jahre später der bayerische König Ludwig I. über die Tänzerin Lola Montez stolperte, so wurden Wilhelm II. seine Eskapaden zumindest vordergründig zum Verhängnis. Im Hintergrund standen aber die großen Themen der Zeit, auf die der Autokrat Wilhelm II. keine Antwort hatte.

## *Julirevolution und Bürgergarde*

Die im Gefolge der französischen Julirevolution von 1830 entstandenen Unruhen suchte der Kurfürst u.a. durch die Gründung von Bürgergarden aufzufangen. Hierbei soll-

*Gründung und Vereidigung der Fuldaer Bürgergarde auf dem Domplatz 1830. Zeitgenössische Lithographie (VM, II Ed 24)*

ten ordnungsliebende Bürger bei der Erhaltung der öffentlichen Ruhe mitwirken. Während der Landesherr mit den Bürgergarden in den Gemeinden bewaffnete Einheiten unter seinem Befehl schaffen wollte, sahen die Bürger darin einen ersten Schritt zu mehr Teilhabe am politischen Leben. Auch in Fulda bildete sich eine Garde aus einem Bataillon mit vier Kompanien zu je 50 bis 150 Mann und einer halben Eskadron mit 45 Pferden. Erster Major der Bürgergarde, die eine eigene Uniform erhielt, war der Posthalter Johann Baptist Oswald. Die Vereidigung seiner Truppe erfolgte in einer feierlichen Veranstaltung im November 1830 auf dem Domplatz. Bereits einen Monat zuvor hatte es in Fulda Wahlen zu einem Bürgerausschuss gegeben, die der Forderung der Bevölkerung nach mehr kommunaler Selbstverwaltung Rechnung trugen. Unter der Leitung der Gassenmeister kam es im Oktober 1830 zur Wahl dieses Ausschusses, der aus 15 angesehenen Mitgliedern bestand, die auf die Wünsche und Beschwerden des Volkes eingehen und diese an die zuständigen Verwaltungsstellen weiterleiten sollten. Eine institutionelle Verankerung erfuhr der Bürgerausschuss allerdings erst mit der bereits genannten Gemeindeordnung von 1834.

## *Eine liberale Verfassung und politische Vereine*

Zuvor hatte nach zähen Verhandlungen der in die Defensive geratene Kurfürst Wilhelm II. der Verkündung einer Verfassung zugestimmt, eine der liberalsten ihrer Zeit, die allerdings nach wie vor die Person des kurfürstlichen Landesherrn als heilig und unverletzlich definierte. Das mit der Verfassung dem Volk zugestandene Parlament war in Form einer Ständeversammlung organisiert, in der man den Adel überproportional berücksich-

*Das Gebäude der Harmonie. Postkarte (Ausschnitt) um 1895 (VM, VII C 154)*

tigte. Zudem war das aktive und passive Wahlrecht an Besitz und Einkommen gebunden, Frauen waren nach wie vor von der Ausübung politischer Tätigkeiten ausgeschlossen.

Die neu gewonnenen politischen Rechte, von denen allerdings nur jene Fuldaer, die das Ortsbürgerrecht besaßen, profitierten, zeigten sich in einem wachsenden Selbstbewusstsein. Die erreichte Versammlungsfreiheit führte zu Vereinsgründungen und dem Betrieb von Lokalen, in denen man sich treffen konnte, allen voran die Harmonie vor dem Peterstor (heute Geschäftsstelle Parzeller). Was aus heutiger Sicht als wenig bedeutsam erscheint, war in der ersten Hälfte des 19. Jahrhunderts, in dem von der Obrigkeit jede Art von bürgerlichen Versammlungen mit Misstrauen verfolgt wurde, eine enorme Befreiung. Dass die Vereinsbildung in jener Zeit stets auch einen politischen Hintergrund hatte, zeigt der 1832 begründete Bürgerverein. Diese „Gesellschaft Fuldaer Bürger" hatte sich die „Beförderung der geistigen Ausbildung" sowie die Geselligkeit zum Ziel gesetzt. Die Gründungsmitglieder stammten überwiegend aus dem intellektuellen und liberalen Teil des Fuldaer Bürgertums. Mit dem Redakteur Johann Adam Förster spielte ein Revolutionär des Jahres 1848 in der Frühphase des Vereins eine tragende Rolle. Im Bürgerverein sammelten sich neben Beamten überwiegend Kaufleute, Fabrikanten, Ärzte, Juristen und Handwerker. Die Konfession spielte eine untergeordnete Rolle, zumal auch die Geistlichkeit kaum unter den Mitgliedern vertreten war. Erst im letzten Drittel des 19. Jahrhunderts entpolitisierte sich der Verein und diente danach allein der Geselligkeit.

## Bonifatiusdenkmal

Ein weiteres Beispiel für bürgerliches Engagement ist das Komitee zur Errichtung eines Denkmals für den Apostel der Deutschen, das sich im März 1829 bildete. Dieses bestand nicht aus Kirchenleuten, sondern aus dem Mediziner Dr. Joseph Schneider, dem Stadtvorstand Franz Joseph Kepler und dem Stadtsekretär und späteren Oberbürger-

*Das Bonifatiusdenkmal. Postkarte, um 1910 (StadtAFd, BA-31797)*

meister Jodocus Daniel Mackenrodt. Der von den dreien in ganz Deutschland gestartete Aufruf zu Spenden für ein Bonifatiusdenkmal führte, wenn auch auf schwierigen Wegen, zum Erfolg, so dass 1842 das Monument eingeweiht werden konnte. Dass nicht Kirchenvertreter, sondern Bürgerliche die Erinnerung an Bonifatius auf diese Weise hochhielten, zeugt von einer inzwischen erreichten Emanzipation, die sich nicht scheute, auch Geschichtsbilder in die Öffentlichkeit zu tragen. Die von dem Kasseler Bildhauer Werner Henschel geschaffene Bonifatiusfigur stellt alles andere als einen frommen Prediger dar, sondern erinnert eher an einen germanischen Recken im Kampf gegen die Römer. Die damalige bürgerschaftliche Initiative hatte über den kirchlichen Bezug hinaus ein weitergehendes Anliegen. Sie zielte auf ein deutsches Nationaldenkmal, das die christlichen Wurzeln betonte und einen Heiligen auf den Sockel stellte, der Ende der 1820er Jahre noch für alle Konfessionen (Katholiken, Protestanten, Reformierte) als Glaubensbote angesehen war.

Der Aufruf fiel in ein Jahr, in dem Fulda nach dem Tod Adalberts III. von Harstall (1814) wieder einen neuen Bischof erhielt. 1821 war nach langen Verhandlungen das Bistum Fulda neu umschrieben und dem Erzbistum Freiburg unterstellt worden. Das Bistum, das nun Kurhessen sowie die altfuldischen Ämter Geisa und Dermbach umfasste, war seit 1814 nur von Vikaren verwaltet worden, die sich mit der kurhessischen Regierung über zentrale Fragen der Kirchenpolitik nicht einig werden konnten. Schließlich erklärte sich Johann Adam Rieger zum Kompromiss mit der Regierung in Kassel bereit und erhielt im

September 1829 als erster bürgerlicher Fuldaer Bischof die Weihe. Auch dieser Vorgang zeigt, dass sich der Adel in den Führungspositionen auf dem Rückzug befand und eine Zeitenwende eingeleitet war.

## *Revolution von 1848*

In dieser Phase einer zunehmenden Kritik am autokratischen Fürstenstaat und dem Verlangen weiter Kreise nach politischen und wirtschaftlichen Reformen, wirkten wirtschaftliche Krisen und Missernten, die zu Hungersnöten führten, wie ein Brandbeschleuniger. Die Hungerjahre 1845–1847 machten die Situation in Fulda wie in zahlreichen anderen Städten Kurhessens äußerst dramatisch. Ein Teil der notleidenden Bevölkerung suchte in der Emigration sein Heil. Der andere Teil blieb im Lande und verknüpfte den Protest gegen die wirtschaftliche Situation mit politischen Forderungen, die letztlich auf eine gesamtstaatliche Verfassung und ein gesamtdeutsches Parlament im Rahmen eines freiheitlich demokratischen Rechtsstaats abzielten. Das revolutionäre Potential erreichte hierbei in Fulda längst nicht jene kritische Masse wie etwa in Hanau, das sich in Kurhessen an die Spitze der Bewegung gestellt hatte, nachdem der revolutionäre Funke im März 1848 von Frankreich aus auf die deutschen Staaten übergesprungen war. In Fulda war man mit den Forderungen an die Regierung in Kassel moderat. Neben den allgemeinen

*Der Fuldaer Turnerverein. Lithographie von Philipp Schinkenberger, 1848 (VM, II Ec 171)*

*Der „Vorfall" bei Bronnzell. Lithographie von J. Steinmetz, 1850 (VM, II Ed 4)*

Wünschen nach Einberufung der Ständeversammlung, Pressefreiheit und Bildung eines deutschen Parlaments zählte man eine Reihe von Problemen auf, die es zu lösen galt, von der Schulgeldfreiheit bis hin zur Regelung der Landesschulden. Für Fuldaer Verhältnisse gab es dann aber doch in der Folge hitzige Debatten, „Katzenmusiken" und Anfeindungen gegenüber Oberbürgermeister Mackenrodt, der 1848 seine Amtsgeschäfte vorübergehend niederlegte und erst 1850 wieder seinen Dienst aufnahm. Ihn vertrat in dieser schwierigen Zeit der Wachsfabrikant Franz Anton Berta.

Zwar wird immer wieder die Geschichte kolportiert, dass die Hanauer den Fuldaer Stadträten zwölf Schlafmützen wegen ihrer Untätigkeit im Revolutionsgeschehen übersandten, doch darf nicht übersehen werden, dass es in Fulda mit Johann Adam Förster, Adam Trabert und Dr. Jacob Weinzierl Wortführer der Revolution gab, die landesweit Beachtung fanden, nicht zuletzt durch ihre publizistischen Aktivitäten mit der Herausgabe des „Teutschen Volksblatts" (1832) und der Zeitung „Wacht auf" (1849–1850).

Dennoch muss im Vergleich zu anderen Städten Kurhessens der Schluss gezogen werden, dass die Fuldaer schon bald Angst vor ihrer eigenen Courage hatten und alles daransetzten, die Revolution in geregelte Bahnen zu lenken. Auf Initiative des Bürgervereins kam es zur Einberufung einer Volksversammlung, die ihrerseits einen Volksrat bestimmte, der überwiegend aus bereits regulär gewählten Vertretern des Bürgerausschusses und des Magistrats bestand. Zwischen dem revolutionären Volksrat und den städtischen Körperschaften bestand daher weitgehend eine Personalunion.

Nachdem Kurfürst Friedrich Wilhelm großzügig auf die Forderungen im ganzen Lande eingegangen war, gab es im April 1848 auch in Fulda Krawalle, die das Geschehen aus Sicht der moderaten Bürgerschaft und des Volksrats außer Kontrolle geraten ließen. Zum Schutz der bisher erreichten demokratischen Errungenschaften, aber auch zur Abwehr radikalrevolutionärer Bestrebungen bildeten sich in Fulda gleich drei Vereine. Der Schutzverein, der Turnverein und das Freischarkorps stellten sich in den Dienst der Bürgergarde, um der vermeintlichen Anarchie entgegenzutreten.

Der im Harmoniegebäude begründete Turnverein, aus der die Fuldaer Turnerschaft 1848 hervorging, erinnert bis heute an diese Zeit des Umbruchs, auch wenn die revolutionären Ansätze schnell verflogen und die in das Paulskirchenparlament gesetzten Hoffnungen schon bald beendet waren. Voller Spott blickte Ende des 19. Jahrhunderts der Chronist Anton Hartmann auf diese Zeit in Fulda zurück:" Alles lebte im Dusel und schwärmte, größtentheils betrunken, für die künftige Republik. Lächerliche Szenen kamen oft vor. So war der Adjutant bei der Freischar, die aus allen möglichen, menschlichen Individuen bestand, ein verkommener Dr. philos. und jurispr., genannt Dr. Knall und Fall, der mit breiter schwarz-rot goldener Schärpe, Sporen, großem breitem Schlapphut und Weltschleppsäbel vor der Front martialisch einherstolzierte. Eine Reihe heiterer Tage, Feiertag, folgte, Alles exerzierte, raissonierte, frühstückte den ganzen Tag bei vollen Gläsern und legte mancher in diesen Tagen den Grund zu seinem geschäftlichen Ruin. Volksversammlungen und Katzenmusiken wechselten ab, bis man endlich die Forderungen an den Kurfürsten entwarf, die auch später bewilligt, aber noch später wieder alle zurückgenommen wurden".

Nach der gescheiterten 1848er Revolution setzten in vielen deutschen Staaten restaurative Tendenzen ein, die sich der Demokratie entgegenstellten. So auch in Kurhessen unter dem schwachen Kurfürsten Friedrich Wilhelm I. Der von ihm mit weitreichenden Vollmachten ausgestattete Minister Ludwig Hassenpflug („Hessenfluch") suchte den Einfluss des Ständeparlaments zurückzudrängen und gegen die Verfassung mit Notverordnungen zu regieren. Doch in einem einzigartigen Fall von Befehlsverweigerung versagten ihm und dem Kurfürsten die Beamtenschaft und das Militär unter Hinweis auf den Eid, den sie auf die Verfassung geschworen hatten, die Gefolgschaft. Der Kurfürst suchte in dieser Situation Hilfe beim Deutschen Bund, der die Autorität des Monarchen im Lande wiederherstellen sollte. Österreichische und bayerische Truppen („Strafbayern") rückten nach Kurhessen vor, während Preußen aus machtpolitischem Kalkül sich der Bundesintervention widersetzte. Südlich von Fulda trafen österreichisch-bayerische Einheiten auf preußische Truppen, 16 Jahre vor dem Beginn des „Deutschen Bruderkriegs" von 1866. Die „Schlacht bei Bronnzell", bei der nicht nur wie es landläufig kolportiert wird, ein Schimmel verwundet wurde, sondern die mit mehreren Toten über ein kleines Scharmützel hinausging, markiert den Höhepunkt im kurhessischen Verfassungskonflikt.

## Erste Phase der Industrialisierung (bis 1866)

Der wirtschaftliche Wandel von der handwerklichen Kleinproduktion hin zur industriellen Fertigung vollzog sich in Fulda wegen der räumlichen Begrenzung des Marktes nur zögerlich. Dies zeigt auch die erste verlässliche Gewerbestatistik des Jahres 1852. Sie zählt über 500 Handwerksmeister mit knapp 600 Gesellen und Lehrlingen in 58 Berufen, darunter 92 Schuhmacher, 43 Metzger, 35 Schneider, 34 Leinweber, 27 Tischler, 25 Bäcker und 19 Schlosser. An Handelsleuten registrierte man 91 Gewürz-, Material- und Spezereihändler, 20 Textilhändler, 3 Eisen-, Stahl- und Messinghändler, 4 Galanteriewarenhändler, 60 Lebensmittelhändler und 56 sonstige (insgesamt 234 Handelsleute mit 51 zusätzlich Beschäftigten). Hinzu kamen noch 38 Fuhrleute, 5 Gasthöfe für „die gebildeten Stände", 8 Wirtshäuser und Ausspannungen für die Fracht- und Marktleute, 2 Speisewirte und Garköche, 86 Schankwirte und 40 Musikanten, die in Gasthäusern spielten. Handarbeit auf selbstständiger Basis (z.B. Näherinnen, Holzhauer, Taglöhner) wurde von 214 Personen betrieben (darunter 112 Frauen), während unter der Rubrik „Gesinde" (z.B. Knechte und Mägde) 636 Beschäftigte (darunter 527 Frauen) erfasst wurden. Besonders hervorzuheben unter den Händlern ist der jüdische Kaufmann Jacob Jacobson, der zunächst von dem Anwesen Nonnengasse 1 einen florierenden Woll- und Leinenhandel betrieb. Seine Söhne Isfried und Hermann nahmen hier die Produktion von Leinen und Wollwaren auf. Der Betrieb wurde unter Isfrieds Sohn Justus seit der Jahrhundertwende in der Langebrückenstraße 44/46 fortgesetzt. Das Areal, auf dem sich heute der städtische Betriebshof befindet, wurde 1934 von den Textilwerken Hermann Wighardt übernommen.

Neben den Händlern und Handwerkern wurden zwölf als „Fabrik" bezeichnete Unternehmen aufgeführt, die überwiegend im Textilbereich tätig waren. Größter Arbeit-

*Die Maschinenfabrik Hermann Wighardt an der Langebrückenstraße, um 1935 (StadtAFd, BA-10316)*

geber war Johann Heinrich Schmitt mit seiner 1822 begründeten Fabrik für Baumwoll- und Halbbaumwollzeug im Bereich des späteren Konviktgebäudes. Er beschäftigte an 284 Webstühlen 456 Personen, darunter 60 Jungen und Mädchen unter 14 Jahren. Die Witwe des Ignaz Schwarz hatte in ihrer Baumwollfabrik in der Langebrückenstraße an 85 Handstühlen 155 Arbeiterinnen und Arbeiter beschäftigt, wovon 60 unter 14 Jahren waren. Die 1843/44 begründete Schuhstofffabrik des Burkhard Müller und seines Kompagnons Melchior Kircher, die nach 1848 ihre Produktion auf Stramin und Plüschwaren erweitert hatte, beschäftigte in der Löherstraße 135 Personen.

Sieht man von der ebenfalls als „Fabrik" eingestuften Armenbeschäftigungsanstalt im Heiliggeistspital ab, die etwa 350 Arbeiterinnen Näh- und Webaufträge ausführen ließ, gab es nur noch ein Unternehmen, das Arbeit in nennenswertem Umfang bot, nämlich die Bleistift-, Siegellack- und Schachtelfabrik J.J. Arnd & Söhne in der Karlstraße mit etwa 50 Beschäftigten. Die übrigen Firmen (Michael Schmitt, Kanalstraße: Baumwollzeug; Anton Born, Domdechanei: Etuis; Valentin Heim, Marktstraße: Tuchmacher; Caspar Joseph Heeres, Kanalstraße: Lehmsteinherstellung; Johann Joseph Stock, Horaserweg: Ziegelbrennerei; Franz Berta, Marktstraße: Wachslichter- und Zigarrenfabrik; Johann Reß, später Universitätsstraße: Zigarrenfabrik) hatten weniger als 20 Mitarbeiter. Von den etwa 900 Industriearbeitsplätzen entfielen ca. 800 auf die Textilerzeugung.

# XX

# Vom Übergang an Preußen bis zum Ersten Weltkrieg (1866–1914)

## *Die Zäsur 1866*

Im deutschen Bruderkrieg 1866 hatte sich Kurhessen auf die Seite Österreichs gestellt und musste nach dessen Niederlage das Ende seiner Staatlichkeit hinnehmen. Der Untergang vollzog sich im Sommer des Jahres 1866 kampflos und unspektakulär. Fulda wurde am 6. Juli von preußischen Einheiten ohne Widerstand besetzt. Dass man den Preußen

*Die Preußen in Fulda im Juli 1866 am Paulustor. Holzstich von L. Burger (VM, II Ed 11)*

in Fulda Sympathie entgegengebracht hätte, lässt sich nicht sagen. Aus Sicht der Besatzungsmacht war Fulda die einzige Stadt, in der die in Süddeutschland so ausgeprägten preußenfeindlichen Stimmungen einen festen Boden gefunden hatten. Andererseits tröstete sich Preußen damit, dass auch die Herrschaft des Kurfürsten den Fuldaern nicht im Geringsten zugesagt hatte.

Die Bewohner der Stadt, die bereits unter der Verpflegung und Einquartierung des hessischen und seit Anfang Juli ebenfalls hier stationierten bayerischen Militärs gelitten hatten, wurden von Preußen zu umfangreichen Lebensmittellieferungen wie etwa 36.000 Laib Brot verpflichtet. Für das kleine Fulda kam dieses Ansinnen einer Katastrophe gleich. Mühsam wurden in den folgenden Tagen alle verfügbaren Ressourcen zusammengetragen.

Die Einquartierung verschiedener Truppen sollte die Stadt Fulda allein 1866 insgesamt ca. 24.000 Gulden kosten, etwas mehr als ein Viertel der gesamten Jahresausgaben von etwa 92.000 Gulden. Die Anfänge der preußischen Herrschaft standen gerade wegen der damit verbundenen Drangsalierung der Stadt und ihrer Bürger unter keinem guten Stern. Der alteingesessene Fuldaer Weingroßhändler Joseph Schmitt fasste in seinen Erinnerungen über die Okkupation des Jahres 1866 den vorherrschenden Eindruck der Fuldaer so zusammen: „Die Preußen benahmen sich als Feinde".

## *Preußische Verwaltung und Kommunalverfassung*

Der militärischen Besetzung des Landes folgte innerhalb kürzester Zeit die Eingliederung in den neuen preußischen Staat. Nachdem Kurfürst Friedrich Wilhelm am 18. September 1866 seine Untertanen von ihrem Eid auf den Landesherrn entbunden hatte, nahm König Wilhelm I. von Preußen das Land am 3. Oktober förmlich in Besitz. Hierzu gehörte auch, dass der König die zuvor dem Kurfürsten zustehenden Titel, so auch den

*Blick vom Turm der Stadtpfarrkirche auf das 1843 errichtete Amtsgericht Fulda (ganz links), das der Stadt auch in preußischer Zeit erhalten blieb, 1866 (StadtAFd, BA-10126)*

eines Großherzogs von Fulda, übernahm. Am 8. Oktober wurde im ganzen Lande die feierliche Verkündigung des Herrschaftswechsels vollzogen. In Fulda war hierzu im vorderen Schlosshof eine Tribüne errichtet worden, die schwarz-weiß dekoriert war. Der Regierungspräsident von Specht verlas in Gegenwart des Militärs, aller Beamten und Zünfte das Besitzergreifungspatent. Danach wurde die Nationalhymne intoniert, die preußischen Fahnen entfaltet und 101 Böllerschüsse abgefeuert. Als dem neuen Landesherrn ein Hoch ausgebracht wurde, sei dieses, so der Zeitzeuge Anton Hartmann, mittelmäßig und kleinlaut ausgefallen.

Auf der staatlichen Mittelebene waren bereits im Februar 1867 die entscheidenden Weichen gestellt worden. Aus dem ehemaligen Kurfürstentum Hessen, den bisher bayerischen Bezirksämtern Gersfeld und Orb sowie dem großherzoglich hessischen Kreis Vöhl wurde der Regierungsbezirk Kassel gebildet. In diesem kam es zur Einrichtung von 13 Kreisen, darunter Fulda, Hünfeld und Gersfeld. An die Spitze der Kreise trat ein Landrat, der als unterstes staatliches Vollzugsorgan die Verfügungen der Regierung umzusetzen hatte. Die Konsequenzen für Fulda aus dieser Neuorganisation waren schwerwiegend. Es verlor seinen Status als Provinzialhauptstadt und war fortan nur noch Sitz einer Kreisbehörde. Sein administrativer Rang war somit kein anderer als der Hünfelds oder Gersfelds. Für einen Fuldaer Lokalpatrioten, dessen Großeltern sich noch bis 1802 als Hauptstadtbewohner eines zwar kleinen, aber doch historisch bedeutsamen Reichsterritoriums sehen durften, eine eher demütigende Erfahrung. Auch an eine Kreisfreiheit war zunächst nicht zu denken, da die Einwohnerzahl viel zu gering war. Stadtkreise gab es lediglich in Frankfurt, Kassel und Wiesbaden. Neben der kurhessischen Provinzialregierung wurde das Obergericht Fulda und 1879 in Folge der großen Reichsjustizreform auch das Kreisgericht aufgelöst. Das an seine Stelle getretene Landgericht kam trotz großer fuldischer Proteste nach Hanau. Erst 1949 erhielt Fulda wieder ein Landgericht.

An die Stelle der Gemeindeordnung von 1834 trat am 4. August 1897 die Städteordnung für die Provinz Hessen-Nassau. Sie führte das System der bis heute in Hessen geltenden Magistratsverfassung ein. Die Stadtgemeinden als Körperschaften des öffentlichen Rechts werden durch den Magistrat und die Stadtverordnetenversammlung vertreten, wobei ersterem die vollziehende Rolle zukommt. Der Magistrat bestand in Fulda bei der Umstellung auf das neue System zum 1. April 1898 aus einem Oberbürgermeister, zwei unbesoldeten Beigeordneten als dessen Stellvertretern sowie sechs ehrenamtlichen Schöffen, denen die Bezeichnung Stadtrat zukam. Von der in der Städteordnung vorgesehenen Möglichkeit, besoldete Mitglieder in den Magistrat aufzunehmen, wurde erstmals 1904 mit der Bestellung des Stadtbaurats Karl Schirmeyer Gebrauch gemacht. Der von der Stadtverordnetenversammlung und den unbesoldeten Magistratsmitgliedern in gemeinsamer Sitzung auf zwölf Jahre gewählte Oberbürgermeister war zuständig für die Leitung und Beaufsichtigung der städtischen Verwaltung. Nur ihm bzw. einem Mitglied des Magistrats, nicht aber der Stadtverordnetenversammlung stand die Vertretung der Stadt nach außen zu. Letztere hatte das Recht, über alle Gemeindeangelegenheiten zu beschließen, soweit diese nicht ausschließlich dem Magistrat überwiesen waren sowie die Ausführung ihrer Beschlüsse zu überwachen. Gewählt wurde die Stadtverordnetenversammlung von allen stimmberechtigten Bürgern in einem Dreiklassensystem, dem die Höhe der entrichteten direkten Staats- und Kommunalsteuern zugrunde lag. Deren Gesamtertrag wurde zu gleichen Teilen gedrittelt und hiernach Wählerklassen gebildet. Das erste Drittel wurde mit den Höchststeuerzahlern besetzt. Wenn deren Steuerleistungen das Drittel erreicht hatten, wurde mit den in der Rangliste Nachfolgenden das zwei Drittel aufgefüllt. Im letzten Drittel befanden sich diejenigen, deren Steuerleistung am geringsten war. 1900 gab es in Fulda bei einer Einwohnerzahl von etwa 16.000 nur 2.229 wahlberechtigte Bürger für die Stadtverordnetenversammlung. Der ersten Wählerklasse gehörten 46 Personen an, der zweiten Klasse 206 und der dritten Klasse 1.977. Aus jeder Klasse wurde jeweils ein Drittel der 30 Stadtverordneten gewählt. Nach wie vor kannte die Städteordnung ein zur Teilnahme am politischen Geschehen notwendiges, an den Besitz geknüpftes Bürgerrecht, auch wenn dieses nun leichter zu erlangen war. Erst die Revolution von 1918/19 stellte das preußische Gemeindewahlrecht auf eine demokratische Grundlage. Das aktive und passive Wahlrecht besaßen seit 1919 alle Männer und Frauen mit deutscher Reichsangehörigkeit, die das 20. Lebensjahr vollendet hatten. Aufgehoben wurden alle Vorschriften, die das Wahlrecht von einem Bürgerrecht abhängig machten, das auf Vermögen und besonderen Steuerleistungen beruhte.

## *Das schwierige Verhältnis zu Preußen (1866–1880)*

Die Jahre vom Übergang Fuldas an Preußen bis etwa 1880 sind gekennzeichnet durch drei grundlegende Entwicklungen: einen zögerlichen wirtschaftlichen Aufschwung, der vor dem Hintergrund einer von oben eingeleiteten liberalen Wirtschaftspolitik zu sehen ist; eine relativ schnelle administrative Integration in den preußischen Staat; die Formierung eines politischen Katholizismus, der die überwiegend katholische Bevölkerung an der Seite des Klerus in eine Abwehrstellung gegen die preußische Kirchenpolitik brachte. Fulda gilt hierbei in der überregionalen Forschung als Paradebeispiel einer vom „katholischen Milieu" geprägten Kleinstadtgesellschaft und als Zentrum einer romtreuen, ultramontanen Politik (ultra montan = jenseits der Berge / Alpen), die aus der Bonifatiusverehrung ihre überregionale Strahlkraft bezog. So wichtig dieser Aspekt für die Stadtgeschichte in den Zeiten des Kulturkampfes war, so dürfen doch die anderen, zum Teil gegenläufigen Entwicklungen, die aus den Fuldaern zum weit überwiegenden Teil im Laufe der Zeit kaisertreue Preußen machten, nicht aus den Augen verloren werden.

## Krieg und nationale Einigung

Die zurückhaltende bis ablehnende Reaktion der Fuldaer auf die Übernahme durch Preußen wurde durch die Ereignisse von 1870/71 zwar nicht in ihr Gegenteil verkehrt, doch zeigte das nationale Pathos nach dem Sieg gegen Frankreich auch in Fulda eine gewisse Wirkung. Nach der Schlacht von Sedan ordnete Oberbürgermeister Rang am 3. September 1870 eine festliche Beleuchtung der Stadt an. „In allen Straßen reicher Fahnenschmuck. Die Glocken wurden geläutet und Victoria geschossen. Eine zahlreiche Menge, die sich zu den gewonnenen Erfolgen freudig beglückwünschte, erfüllte die Straßen und überall herrschte der größte Enthusiasmus", meldete das liberale „Kreisblatt". Der Friedensschluss mit Frankreich ließ allerdings noch bis zum 2. März 1871 auf sich warten. Zwei Tage später wurden auf Weisung des Oberbürgermeisters die Höhen der Berge um Fulda sowie die Stadt beleuchtet und Friedenseichen gepflanzt.

*Das 1877 geschaffene Kriegerdenkmal für die Gefallenen 1870/71 in den Frauenberganlagen (heute im Ferdinand-Braun-Park) auf einer Postkarte, um 1900 (StadtAFd, BA-41753)*

Von den militärischen Erfolgen und der Aussicht auf eine nationale Einigung ließen sich offenbar viele Fuldaer begeistern. Landrat Cornelius meldete schon am 1. September 1870 an die Regierung in Kassel, dass preußische Siege in Fulda mit aufrichtigem Jubel begrüßt worden seien. Die hiesige Bevölkerung, selbst die Ultramontanen hätten sich „ächt deutsch und preußisch gezeigt". Der Begeisterung der Fuldaer über die militärischen Erfolge von 1870/71 folgte aber noch längst kein inniges Bekenntnis zu Preußen. Immerhin bewirkte die besonders von den Geschäftsleuten sehnlichst erwartete Einrichtung einer neuen Garnison, die mit dem Einzug des Füsilierbataillons des 1. Hessischen Infanterie-Regiments Nr. 81 dann am 7. März 1872 erfolgte, einen allmählichen Stimmungsumschwung gegenüber dem Militär. Den 32 Gefallenen Fuldas wurde zudem am Beginn der Leipziger Straße auf Betreiben eines Komitees zur Errichtung eines Kriegerdenkmals ein 9,60 Meter hohes Monument gesetzt, das am 22. Juni 1879 eingeweiht wurde.

*Einweihung des Kaiser-Friedrich-Denkmals am heutigen Universitätsplatz, 1905 (StadtAFd, BA-15024)*

Fuldas Preußennähe zeigte sich um die Jahrhundertwende nicht nur an der Benennung des 1904 begründeten Fussballklubs „Borussia“, sondern auch an der Errichtung eines Denkmals für den Vater Kaiser Wilhelms II., Kaiser Friedrich III., der 1888 nach gerade einmal 99 Tagen im Amt verstarb. Initiiert durch den 1873 begründeten Fuldaer Kriegerverein hatte sich 1900 ein von Oberbürgermeister Dr. Georg Antoni geleitetes Komitee zur Errichtung eines solchen Monuments gegründet. Friedrich war im Gegensatz zu seinem Sohn Wilhelm II., der zwar immer wieder in Schlitz zur Jagd war, niemals aber in Fulda Station machte, zwei Mal 1879 und 1883 in Fulda gewesen. Das vom Berliner Bildhauer Arnold Künne geschaffene Denkmal wurde am 28. Mai 1905 auf dem Kaiser-Friedrich-Platz (heute Universitätsplatz) feierlich enthüllt. In Richtung Bahnhof schauend, kündete es bis zu seiner im Mai 1940 erfolgten Demontage und Einschmelzung für Rüstungszwecke von der Verbundenheit Fuldas mit den Hohenzollern. Schon 1918, in der Endphase des Ersten Weltkriegs, war das Standbild durch die Metallverwertung bedroht. Nur durch eine Verschleppungstaktik des Magistrats konnte es vor dem Abtransport bewahrt werden.

Dass die Hohenzollerntreue allerdings nicht auf die Straßennamengebung übergriff, ist ein bemerkenswerter Befund. Die Fuldaer Friedrichstraße und der frühere Friedrichsmarkt (heute Unterm Heilig Kreuz) waren benannt nach dem hessischen Kurfürsten Friedrich Wilhelm I. (reg. 1831/47–1866), die Wilhelmstraße nach Fuldas erstem weltlichen Fürsten Wilhelm Friedrich von Oranien-Nassau (reg. 1802-1806). Eine Bismarckstraße sucht man bis heute in Fulda vergebens. Immerhin gibt es noch eine nach dem Generalfeldmarschall Helmut Graf Moltke benannte Straße.

## Der Kulturkampf

Der konstante, wenn auch zunächst langsame wirtschaftliche Aufschwung in Verbindung mit einer liberalen Gewerbepolitik sowie ein bisher unbekanntes Wir-Gefühl im Zuge der nationalen Einheit stimmte viele Fuldaer preußenfreundlicher, doch gab es zeitgleich eine völlig gegenläufige Entwicklung, die eine überwiegend katholische Bevölkerung in einem Maße polarisierte, wie man dies im weit entfernten Berlin wohl nie für möglich gehalten hätte. Die von Bismarck in mehreren gesetzlichen Regelungen betriebene Trennung von Kirche und Staat, die unter dem Schlagwort „Kulturkampf" in die Geschichte eingegangen ist, traf in Fulda auf heftigen Widerstand. Hier versammelten sich nicht nur seit 1867 jährlich die deutschen Bischöfe am Grabe des Heiligen Bonifatius, hier gab es auch eine Frömmigkeitstradition, die sich als Reaktion auf die preußische Religionspolitik politisierte und weite Teile der Bevölkerung bei den Wahlen mobilisieren konnte.

*Das Bonifatiusjubiläum 1855. Holzschnitt aus der Illustrierten Zeitung vom 16. Juni 1855 (VM, II Ea 393)*

Die Formierung des katholisch-ultramontanen Lagers war bereits in kurhessischer Zeit erfolgt. Sichtbaren Ausdruck fand die Absage an die liberalen Zeitströmungen im Fuldaer Bonifatiusjubiläum 1855. Dieses stellte im Gegensatz zu den noch vom Geist der Ökumene geprägten Veranstaltungen zur Einweihung des Bonifatiusdenkmals 1842 eine Demonstration des erwachten katholischen Selbstbewusstseins dar.

Die Auseinandersetzung mit der preußischen Kultuspolitik entzündete sich in Fulda gleich an mehreren Stellen. Zu nennen ist hier zunächst das Schulwesen. Gegen die Verordnung des Kultusministeriums vom 15. Juni 1872, die allen Mitgliedern geistlicher Orden die Tätigkeit an öffentlichen Volksschulen untersagte, regte sich heftiger Widerstand. Nur durch den Einsatz von Oberbürgermeister Rang gelang es, den von den Englischen Fräulein sowie den Benediktinerinnen getragenen Unterricht an der stadtpfarrlichen und dompfarrlichen Mädchenschule in Fulda zu retten. Trotz des Rückziehers der Regierung

*Das Priesterseminar (rechts). Stahlstich von C. Schnitzler, um 1850 (VM, II Ea 250)*

schwelte der Konflikt im Schulwesen weiter. Mit der Gründung der „Fuldaer Zeitung" 1873/74 gewannen die konfessionspolitischen Auseinandersetzungen in Fulda eine neue Dimension. Die Katholiken erhielten nun die Möglichkeit, ihre Positionen in der Öffentlichkeit zu formulieren und damit Druck auf die Ministerialverwaltung auszuüben.

Auch die sogenannten Maigesetze des Jahres 1873, in denen die Vorbildung und Anstellung der Geistlichen, die kirchliche Disziplinargewalt, das Recht zum Gebrauch kirchlicher Straf- und Zuchtmittel sowie der Austritt aus der Kirche geregelt wurden, boten in Fulda reichlich Konfliktstoff. Das Gesetz eröffnete dem Kultusministerium als Aufsichtsbehörde die Möglichkeit, die geistlichen Lehranstalten zu überwachen und auch darüber zu befinden, ob sie als „Staats-Universität" anzusehen seien. Das bischöfliche Priesterseminar in Fulda, das sich staatlichen Eingriffen in seinen Unterrichtsbetrieb widersetzte, wurde zu Beginn des Jahres 1875 geschlossen, nachdem bereits im September 1873 das Knabenalumnat das gleiche Schicksal erlitten hatte. Die Stimmung in der Bevölkerung verschlechterte sich deshalb zusehends. Verschärft wurde die Lage durch die Verurteilung des Bischofs Christoph Florentius Kött (reg. 1848–1873), dem vorgeworfen wurde, widerrechtlich Kapläne ernannt und Pfarrstellen besetzt zu haben. Auch die Aufhebung der

*Bischof Christoph Florentius Kött (StadtAFd, BA-901)*

Orden in Folge des Klostergesetzes vom 31. Mai 1875, das alle Orden und ordensähnlichen Kongregationen der katholischen Kirche mit Ausnahme der krankenpflegerisch tätigen Einrichtungen verbot, sorgte in der Bevölkerung für große Aufregung. Mit der Aufhebung der Fuldaer Klöster der Franziskaner und der Benediktinerinnen sowie des Instituts der Englischen Fräulein, die 1876 ihre Lehrtätigkeit in der Stadt einstellen mussten, wollte sich so gut wie niemand abfinden.

Die Franziskaner kamen 1887, als die meisten Orden in Preußen wieder zugelassen worden waren, ebenso nach Fulda zurück wie die Benediktinerinnen, die im Schloss Drouville bei Nancy Asyl gefunden hatten. Die Englischen Fräulein nahmen in einem Neubau an der Lindenstraße 1890 ihre Arbeit in Fulda wieder auf. Da sich die in Fulda seit 1834 ansässigen Vinzentinerinnen der Krankenpflege widmeten, blieben sie zwar mit dem Mutterhaus von der Aufhebung verschont, gerieten aber durch die Auflösung ihrer Filialen in eine tiefe Krise, die allerdings schon bald, nachdem in den 1880er Jahren die staatlichen Repressionsmaßnahmen zurückgenommen worden waren, überwunden werden konnte. 1884 konnten die Vinzentinerinnen einen stattlichen Neubau an der Kanalstraße beziehen.

Nach Bischof Kötts Tod wurde das Bistum Fulda sieben Jahre lang durch den Bistumsverweser Konrad Hahne regiert. Mit der Annäherung von Kirche und Staat kam es auch in Fulda wieder zur Besetzung des Bischofsstuhls. Der neue, 1881 ernannte Oberhirte Georg Kopp (reg. 1881–1887) sorgte mit einer kompromissbereiten und besonnenen Kirchenpolitik dafür, dass die vergiftete Atmosphäre des Kulturkampfs überwunden werden konnte. Auf politischer Seite führte die preußische Kultusgesetzgebung der 1870er Jahre zu einer Solidarisierung eines großen Teils der Fuldaer Bevölkerung unter dem Dach der Zentrumspartei, das seit 1871 alle Reichstagswahlen gewinnen konnte. Durch die 1877 erfolgte Gründung eines Zweigvereins des Katholisch Kaufmännischen Vereins (KKV) gelang es dem Zentrum, die wirtschaftlich starken und politisch einflussreichen Vertreter des fuldischen Bürgertums an sich zu binden. Obwohl der Verein in seiner Satzung verankerte, dass ihm Politik fernstehe, hatte seine Gründung politisch weitreichende Folgen, indem er das katholische Element in der Fuldaer Politik weiter stärkte.

**Sozialistengesetze**

Unter Bismarcks Politik hatten nicht nur die Katholiken, sondern auch die Sozialdemokraten zu leiden. Das Sozialistengesetz verbot 1878 alle Vereine, die durch sozialdemokratische, sozialistische oder kommunistische Bestrebungen den Umsturz der bestehenden Staats- oder Gesellschaftsordnung bezweckten. Die davon in erster Linie betroffene Sozialdemokratie war zu dieser Zeit in Fulda erst am Anfang ihrer parteipolitischen Arbeit. Eine wichtige Rolle spielte hierbei der Kasseler Tischler Wilhelm Pfannkuch, der zu einer Volksversammlung Ende 1877 immerhin 150 bis 200 Zuhörer mobilisieren konnte. Der gewerkschaftliche Organisierungsgrad war zu jener Zeit in Fulda noch gering, ein sozialdemokratisches Publikationsorgan gab es nicht. Vor Ort waren in Fulda als sozialdemokratische Politiker nur der aus Angersbach stammende Schneider Heinrich Fuchs und der Strumpfwirker Bruno Wagner aus der Nähe von Chemnitz aktiv. Da sich in Fulda bis dahin noch keine selbstbewusste Arbeiterschaft ausgebildet hatte, verwundert es nicht, dass die Stimmung nach dem Erlass des Sozialistengesetzes ruhig blieb. In der Folge sind die Fuldaer Sozialdemokraten bis zur Aufhebung der Gesetze 1890 nicht mehr groß in Erscheinung getreten, auch wenn mit August Bebel im Wahlkreis Fulda in den 1870er Jahren ein überaus prominenter Kandidat für ein Reichstagsmandat kandidiert hatte.

*Der Unternehmer und Politiker Richard Müller (StadtAFd, BA-1156)*

Ein seit 1862 in Fulda bestehender Arbeiter-Fortbildungsverein, der bezweckte, seine Mitglieder „in den verschiedenen dem Arbeiterstande angemessenen und nützlichen Zweigen des Wissens fortzubilden und gesellige Unterhaltungen hiermit zu verknüpfen“, hatte offensichtlich keinen politischen Charakter und diente überwiegend der Geselligkeit. Noch in die Zeit der Gültigkeit der Sozialistengesetze fällt die Gründung eines katholischen Arbeitervereins in Fulda (St. Josephs-Verein, 1887), initiiert von Stadtkaplan Joseph Müller und mit Förderung des Stadtpfarrers Franz Riehl. Den sozialen Problemen der Zeit suchte man ganz im Sinne der Zentrumspartei mit Förderung der Religiosität und Sittlichkeit der Vereinsmitglieder zu begegnen und dabei auch die Gemeinschaft und das gesellige Leben zu fördern. Zudem besaß die Organisation den Charakter eines Arbeiterunterstützungsvereins, der Einkaufsgenossenschaften bildete und den sozialen Wohnungsbau initiierte. Unter den Gründungsmitgliedern befanden sich neben Fabrikarbeitern auch mehrere Handwerker. Die sogenannten Schutzmitglieder Richard Müller, Richard Schmitt und Carl Rübsam repräsentierten die ersten Garde der Fuldaer Unternehmerschaft. Bis zur Jahrhundertwende gab es auf dem Gebiet der Diözese einige wenige Organisationen, die sich 1902 zu einem „Diözesanverband Fulda katholischer Arbeitervereine“ zusammenschlossen.

## Der Anschluss an das Bahnnetz (1866)

Bereits im Juli 1832 hatte sich in Kassel ein kurhessischer Eisenbahnverein gebildet, der es sich zum Ziel gesetzt hatte, eine Bahnstrecke durch Kurhessen von der Hauptstadt Kassel über Fulda und Hanau nach Frankfurt ins Leben zu rufen. In Fulda wurde Oberbürgermeister Mackenrodt nicht müde, eindringliche Mahnungen an die Regierung in Kassel zu richten, wie wichtig eine Bahnlinie für die städtische Entwicklung sei. Anfänglich schien der Wunsch Fuldas erhört zu werden, da auch die kurhessische Regierung zunächst eine Route über Fulda plante. Allerdings formierten sich schon bald die Gegner in Marburg und Gießen, die eine Verbindung zwischen Kassel und Frankfurt über Oberhessen lenken wollten. Dieser Widerstand hätte allein noch nicht ausgereicht, wären nicht die anderen deutschen Staaten wie Preußen und Hessen-Darmstadt gewesen, mit denen

*Blick von der Stadtpfarrkirche über den Alten Jüdischen Friedhof und die Lindenstraße zu den neuen Bahnhofsanlagen, 1868 (StadtAFd, BA-6268)*

*Die ersten Postkarten aus dem Rhöngebirge warben mit der Eisenbahn, um 1900 (StadtAFd, BA-32421)*

Hessen-Kassel seine Bahnpläne abstimmen musste. Diese sprachen sich eindeutig für die Westroute über Gießen und Marburg und damit gegen Fulda aus.

Mit der Unterzeichnung des Staatsvertrags über die Main-Weser-Bahn 1845 war die Entscheidung gegen Fulda endgültig gefallen. Man gab sich hier jedoch in der Folge nicht geschlagen und kämpfte nach wie vor für eine Trasse durch Osthessen. Es sollte schließlich bis 1863 dauern, ehe man in Kassel einlenkte und grünes Licht für die Linie Kassel-Bebra-Fulda-Hanau-Frankfurt gab. Als am 1. Oktober 1866 der Verkehr auf dieser Strecke zwischen Bebra und Fulda aufgenommen wurde, gab es Kurhessen als selbstständigen Staat nicht mehr. Für Fulda hatte dies den Vorteil, dass fortan bei der Planung künftiger Strecken nicht mehr kleinstaatliche Betrachtungen im Vordergrund standen.

Es folgten im gründerzeitlichen Deutschland etwa 30 Jahre eines rasanten Ausbaus des Schienennetzes, der auch Fulda und seine Umgebung einbezog. Seit 1871 gab es eine Verbindung nach Gießen auf der „Oberhessischen Eisenbahn". Erst 1875 erhielt Fulda ein Bahnhofsgebäude für die Passagiere. Dies zeigt, dass ursprünglich der Warenverkehr im Vordergrund stand.

Mit den Aktivitäten des 1876 gegründeten Rhönklubs sollte die bisherige Ausrichtung eine wichtige Korrektur erfahren. Denn der Verein wollte den Tourismus in der Rhön, nicht zuletzt durch den Ausbau des Bahnnetzes fördern. Als nach mehreren vergeblichen Anläufen, die Rhön mit überregional konzipierten Vollbahnen zu erschließen, um 1880 eine Wende in der Eisenbahnpolitik eintrat, die künftig der Anbindung des Hinterlandes durch Sekundärbahnen gegenüber den großen Trassen den Vorzug gab, war dies das Startsignal für den Bahnbau in der Rhön. Es war vor allem dem Rhönklubpräsidenten Dr. Justus Schneider zu verdanken, dass 1888 mit der Linie Fulda-Gersfeld die Rhön von hessischer Seite erschlossen wurde. Wenige Zeit später erfolgte in mehreren Etappen die Freigabe der Rhönbahn von Fulda über Götzenhof nach Bieberstein (1889), Hilders (1890) und Tann (1891). Durch die 1909 eröffnete Verbindung Geisa-Tann als Endstück der Ulstertalbahn Vacha-Tann sowie die 1916 fertig gestellte Strecke Hilders-Wüstensachsen entstand ein kleinräumiges Bahnnetz in der Rhön, das nach dem Zweiten Weltkrieg sukzessive wieder stillgelegt wurde. Erhalten hat sich als einzige der hessischen Rhönbahnen die älteste Verbindung zwischen Fulda und Gersfeld, auf der heute im Stundentakt eine Regionalbahn verkehrt.

Der Wandel, den die Stadt Fulda nach 1866 durch den Bahnanschluss nahm und von dem sie bis heute profitiert, lässt sich kaum überschätzen. Diese Feststellung betrifft nicht nur den wirtschaftlichen Aufschwung, sondern alle Bereiche der Stadtentwicklung, vom Wechsel in der Bevölkerungs- und Beschäftigungsstruktur bis hin zur Stadtplanung und Architektur. Wollte man es überspitzt formulieren, so ist der Bahnanschluss 1866 nach der Klostergründung von 744 das wichtigste und weitreichendste Ereignis der Fuldaer Geschichte.

## *Bevölkerungsentwicklung*

Eine zu Beginn der preußischen Verwaltung von der Regierung in Kassel in Auftrag gegebene statistische Kreisbeschreibung zeigt ein für die damalige Zeit sehr detailgenaues Bild der Bevölkerung der Stadt Fulda und ihrer Erwerbsgrundlagen um 1866. Demnach lebten im Stadtgebiet 8.559 Menschen, davon 4.110 Männer und 4.449 Frauen. Knapp 85% der Einwohner war katholisch, etwa 12 % bekannten sich zu den evangelischen Kirchen (reformiert, lutherisch und uniert) und etwa 3% waren Juden. Der Anteil der konfessionell ungemischten Ehen lag bei über 90%. Im übrigen Kreisgebiet wurden mit 98% fast ausschließlich Katholiken registriert. 66,8% der Kreisbevölkerung waren unverheiratet, 28% verehelicht, 5,2% verwitwet und 18 Ehen waren geschieden worden. Neben knapp 7.000 Haushalten, in denen ein Mann als Haushaltsvorstand geführt wurde, gab es 1.523 weibliche Haushaltsvorstände, wobei es sich offenbar überwiegend um Witwenhaushalte handelte. 35,2% der Kreisbevölkerung waren Kinder unter 15 Jahren. Von den 5.159 Geburten im Landkreis zwischen 1864 und 1866 waren 4.417 ehelich (85,5%) und 742 unehelich. Die hohe Zahl unehelicher Geburten erklärte die Kreisbeschreibung damit, dass sich viele Gemeinden restriktiv bei der Erteilung von Erwerbsfähigkeitsbescheinigungen, die für eine Heirat notwendig war, verhielten. Die Ehen wurden meist zwischen dem 25. und dem 35. Lebensjahr geschlossen, wobei Arbeiter und Tagelöhner in der Regel am frühesten heirateten.

Den über 5.000 Geburten zwischen 1864 und 1866 im Landkreis standen 3.242 Todesfälle gegenüber. Eine genaue Statistik der Todesursachen wurde zur damaligen Zeit noch nicht geführt, allerdings ist die Tendenz zu erkennen, dass bei Kindern die Diphtherie die schlimmsten Probleme bereitete, während bei den Erwachsenen häufig Rheumatismen, Katarrhe und Entzündungen diagnostiziert wurden. Die Sterblichkeit kleiner Kinder war bedeutend und lag bei knapp 10% im ersten Lebensjahr.

Infolge der stürmischen wirtschaftlichen Entwicklung verdoppelte sich zwischen 1880 und 1914 die Einwohnerzahl Fuldas von 11.498 auf 23.226. Die Entwicklung verlief allerdings nicht linear. Von 1880 bis 1890 wurde ein Anstieg von 14% registriert, zwischen 1890 und 1900 waren es über 22% und von 1900 bis 1910 gar 33%. Der Zugewinn an Bevölkerung resultierte einerseits aus einem regelmäßigen Geburtenüberschuss, andererseits aus den Zuzügen. Bei diesen übertraf die Zahl der Einzelpersonen jene der in Familienverbänden angekommenen Menschen um das Drei- bis Vierfache, ein Hinweis darauf, dass sehr viele unverheiratete Handwerker, Arbeiter(innen) und Dienstpersonal in die Stadt strömten. Dies verdeutlichen statistische Erhebungen über die Berufe der Zugezogenen. Von 1894 bis 1905 wurden 22.624 Neubürger im erwerbsfähigen Alter erfasst. Davon waren 6.151 Handwerker und Gesellen (27,2%), 5.239 Mägde und Köchinnen (23,2%), 2.121 Taglöhner und Knechte (9,4%), 1.493 Beamte (6,6%) und 1.292 Kaufleute (5,7%). Die sonstigen Berufe waren mit 3.974 Nennungen (17,6%) vertreten. 3,7% gaben keinen Beruf an, 0,2% waren Militärs. Fulda weist damit die für ein Oberzentrum typische Zuzugsstruktur auf. Aus den umliegenden ländlichen Gegenden drängten die meist ungelernten jungen Menschen in die Stadt. Der geographische Einzugsbereich ging dabei weit über das direkte Umland hinaus. Dies gilt besonders für die in der damaligen Zeit zugezogene jüdische Bevölkerung, in der neben der preußischen auch sehr häufig die bayerische, die russische und die österreichische Staatsangehörigkeit zu finden ist.

1894 gab es in der Stadt 75% Katholiken, 21% Protestanten und 4% Juden. Die Volkszählung von 1910 erbrachte mit 72,8% Katholiken, 22,8% Protestanten, 4,2% Juden und 0,2% Sonstige eine leichte Verschiebung dieser Werte. Die große Veränderung ist im Hinblick auf die Vergleichswerte 1866 festzustellen, als sich noch 85% zur katholischen Kirche bekannten.

## *Handwerk, Wirtschaft und Dienstleistungen*

Beim Übergang an Preußen spielte die Landwirtschaft als Erwerbszweig im Kreis Fulda nach wie vor die entscheidende Rolle, während sich die Verdienstmöglichkeiten in der Stadt Fulda auf das Handwerk konzentrierten, das noch in Zünften organisiert war und mit 454 Zunftmitgliedern nur etwa 10% unter dem Niveau von 1817 lag.

In dem gering entwickelten Industriesektor (Weberei, Färberei, Eisengießerei und Maschinenfabrikation) fanden 1866 etwa 1.000 Personen Arbeit. Die Kreisbeschreibung

*Fuldaer Landgänger in Frankfurt. Lithographie von Jakob F. Dielmann, 1832 (VM, II Ef 4)*

nennt 500 Webstühle in der Stadt und der Umgebung sowie 180 Beschäftigte in den Färbereien und im Bereich des Vertriebs der industriellen Produkte. Gegenüber der großen Gewerbestatistik von 1852, die etwa 900 Industriearbeitsplätze (davon 800 in der Textilerzeugung) in Fulda auswies, ergab sich damit auch im Bereich der industriellen Fertigung kaum ein Fortschritt. Die Gehälter im Kreis Fulda reichten in der Regel kaum aus, um

*Blick vom Buttermarkt in den Steinweg und auf die Kaserne (heute Museumsbau). Gemälde von Wilhelm Hufnagel, 1842 (VM, II D 211)*

*Das Reichsbankgebäude in der Rabanusstraße, um 1905 (StadtAFd, BA-41744)*

ein menschenwürdiges Dasein zu finanzieren. Für den Unterhalt einer Familie setzte die Kreisbeschreibung in der Stadt Fulda jährlich etwa 495 Gulden an, wobei die Ausgaben für die Nahrungsmittel (319 Gulden) mit 65% zu Buche schlugen. Auf dem flachen Land war das Leben mit geschätzten 270 Gulden erheblich billiger, da hier nur etwa 180 Gulden für die Lebensmittel anfielen. Demgegenüber standen kärgliche Löhne. Ein Knecht erzielte neben einigen geringen Naturaleinkünften etwa 50 bis 70 Gulden Jahresgehalt, eine Magd erhielt bei freier Kost etwa 20 bis 35 Gulden. Tagelöhner und Fabrikarbeiter hatten einen Tageslohn von einem halben Gulden.

Ein drastischer Anstieg der Lebensmittelpreise hatte seit den 1850er Jahren zu einer großen Not unter der überwiegend vom Kleinhandwerk lebenden Bevölkerung gesorgt und zu einer Auswanderungswelle nach Nordamerika geführt, die 1854 ihren ersten Höhepunkt erreicht hatte. 1866 kam es noch einmal zu einem starken Anstieg der Emigration. Die preußische Verwaltung deutete dies vor allem als Flucht vor dem strengen Militärdienst Preußens, da zahlreiche junge Männer im noch nicht militärfähigen Alter das Land verließen. Zudem gab es wegen besserer Verdienstmöglichkeiten auch eine saisonale Abwanderung nach Westfalen, in das Rheinland, die Wetterau und den Frankfurter Raum.

Seit 1870 erlebte Fulda einen Boom, der von dem Anschluss an das Bahnnetz profitierte. Unter den etwa 2.400 im Fuldaer Adressbuch des Jahres 1879 mit Berufen genannten Erwerbstätigen stellten die nichthandwerklichen Bahnbediensteten mit 10,1% die zweitgrößte Gruppe dar. Nach den nicht weiter spezifizierten Handwerkern (8,1%) und den Schuhmachern (5,8%) folgten Bahnschlosser mit 5,4%, die im 1867 begründeten Ausbesserungswerk der Bahn, einem der größten Arbeitgeber in der Stadt, beschäftigt waren.

Sieht man landläufig die Bedeutung des Bahnanschlusses für Fulda vor allem darin, die Stadt für künftige Industrieansiedlungen geöffnet zu haben, so wurde der Schub, den die Bahnlinie für den Arbeitsmarkt in der ersten Phase der preußischen Zeit brachte, lange nicht erkannt. Vor allem dem Zuzug dieses qualifizierten Fachpersonals ist es zu verdanken, dass die Einwohnerzahl Fuldas zwischen 1870 und 1880 von 9.571 auf 11.498 Personen wuchs.

Ein zweiter Aspekt, den die Statistik des Jahres 1879 bietet, ist die hohe Zahl der Beschäftigten im öffentlichen Sektor (12,4%), seien es Lehrer, städtische, staatliche und kirchliche Bedienstete oder Angehörige der Post. Das in kurhessischer Zeit dominierende Handwerk war nach wie vor stark vertreten. Mit 783 Nennungen (32,6%) waren fast 330 Handwerker mehr in Fulda gemeldet als noch um 1866. Die Gründe für den enormen Anstieg dieser Zahl lagen in der von Preußen betriebenen Liberalisierung von Handel und Gewerbe. Durch die Aufhebung des Zunftzwangs wurden viele Handwerker in die Lage versetzt, problemlos ein eigenes Gewerbe anzumelden. Die Zünfte wurden 1890 endgültig abgeschafft. An ihre Stellung traten die Innungen, denen das fuldische Handwerk zunächst sehr kritisch gegenüberstand. Durch ein Reichsgesetz des Jahres 1897, das die Zwangsinnungen einführte, kam es dann auch in Fulda zur Bildung handwerklicher Organisationen, zunächst 1899 bei den Metzgern, Bäckern und Schneidern.

Händler und Kaufleute waren 1879 mit einem Anteil von 9,1% vertreten, während die Arbeiterschaft (Fabrikarbeiter, Näherinnen und Taglöhner) mit 12,4% den gleichen Anteil aufwies wie der öffentliche Sektor. Das durch die Industrialisierung bedingte Anwachsen der Einwohnerzahl hatte zunächst keine Ausdehnung der Stadt zur Folge. Die 12.284 Einwohner des Jahres 1885 lebten in 1.089 Häusern, genau 50 Jahre zuvor wurden in 1.087 Häusern 9.636 Einwohner registriert. Das bedeutet, dass die neu Hinzugekommenen nicht in speziell für sie erbaute Siedlungen zogen, sondern sich überall in der Stadt niederließen. Mutmaßlich trug dies zu einer recht schnellen Integration bei. Sozialtopographisch ist für 1879 sehr gut zu beobachten, dass es keine speziellen Arbeiter-, Handwerker- oder Beamtenviertel in der Stadt gab. Allenfalls lässt sich konstatieren, dass einzelne Straßen überproportional von bestimmten Gruppen bewohnt wurden. In der immer wieder von Überschwemmungen heimgesuchten Tränke wohnten viele Taglöhner, während in der Petersgasse und Vorm Peterstor zahlreiche Eisenbahner zu Hause waren. Als „bessere" Gegend galten vor der Besiedlung des Frauenbergs weite Teile der Innenstadt (Friedrichstraße, Unterm Heilig Kreuz, Marktstraße und Buttermarkt). Die Unterstadt, die teilweise noch bis in die 1970er Jahre als schlechtere Wohngegend angesehen wurde, wies im 19. Jahrhundert zwar tendenziell weniger Beamte und Kaufleute auf, doch fanden sich hier neben den Taglöhnern und Arbeitern viele Handwerker sowie Bahnangestellte des einfachen Dienstes. Der Raumdruck verhinderte eine weitgehende schichten- oder berufsspezifische Ghettobildung der Einwohnerschaft. Die meisten waren offenbar froh, wenn sie überhaupt irgendwo einen Wohnraum zu einem bezahlbaren Preis erhielten.

Der Dienstleistungssektor war im Gegensatz zum produzierenden Gewerbe in Fulda zunächst nur schwach ausgebildet. Neben der 1824 gegründeten Sparkasse, die 1907 mit der Vorschusskasse zur „Städtischen Spar- und Vorschusskasse Fulda" vereinigt wurde, ist im Bereich der Banken nur noch die Reichsbank zu erwähnen, die seit 1895 mit einer Nebenstelle in Fulda vertreten war. Bei der Post arbeiteten 1879 knapp 30 Personen, darunter auch zwei Paketträger, ein Stadtpostbote und sechs Landbriefträger. Mit dem Anschluss an das Bahnnetz hatte das Postfuhrgeschäft mit regelmäßig verkehrenden Postkutschen enorm gelitten. Ersatzweise konzentrierte man sich auf die Nebenlinien nach Gersfeld (seit 1869), Hilders (seit 1877) und Hofbieber. Der 1880 fertiggestellte repräsentative Neubau der Hauptpost Unterm Heilig Kreuz (an der Stelle des späteren Telekom-Gebäudes) beendete die ständigen Umzüge des Amtes und setzte zudem einen markanten architektonischen Akzent mitten in der Stadt.

Begleitet wurde die wirtschaftliche Expansion durch die Bildung von Interessenorganisationen. So bildete sich eine „Kurfürstliche Deputation des Handels- und Gewerbevereins" bereits 1819. Über ihr Wirken ist wenig bekannt; immerhin machte sie sich 1827 für Fulda als Standort einer oder zweier großer jährlicher Messen stark. 1863 wurde auf Einladung von Balthasar Josef Wahler und Burkhard Müller ein eigener Handels- und Gewerbeverein für die Stadt Fulda gegründet, dem 38 Personen beitraten. Wiederum als „Deputation" eines in Kassel ansässigen Hauptvereins erhielt die Provinz Fulda 1822 einen Landwirtschaftsverein. Eine 1850 ins Leben gerufene „Gesellschaft der Gewerbs- und Handelsfortschritte" gab im selben Jahr unter ihrem Vorsitzenden Heinrich Aloys Weber das erste Fuldaer Adressbuch heraus. Die Fuldaer Arbeitgeber trafen sich seit Beginn der 1880er Jahre im Hotel „Kurfürst". Der 1905 gegründete „Arbeitgeberverband in Fulda" entstand als Reaktion auf die sich in zunehmendem Maße organisierende Arbeiterschaft. Der Aufbau von Arbeitnehmervertretungen außerhalb der christlichen Arbeitervereine verlief bis zum Ersten Weltkrieg schleppend.

Parallel zu den Vereinsgründungen lief der Aufbau der öffentlich-rechtlichen Wirtschaftsorganisation in Form der Handels- und Handwerkskammern. Fulda konnte sich zunächst mit dem Wunsch nach einem eigenen Kammerbezirk nicht durchsetzen. Erst 1920 erhielt Fulda eine Geschäftsstelle der fusionierten Handelskammer Frankfurt-Hanau und 1946 eine selbstständige Industrie- und Handelskammer.

## *Die zweite Phase der Industrialisierung (ca. 1875–1914)*

Als wesentlicher Bestandteil des fuldischen Wirtschaftslebens erwiesen sich jene Firmen, die aus dem heimischen Handwerk hervorgingen und den Weg zur industriellen Großproduktion fanden.

*Luftbild der Firma Mehler (im Vordergrund), 1926 (?) (StadtAF, BA-7596)*

**Textilindustrie**

Exemplarisch hierfür steht der Aufstieg der 1837 begründeten Firma Mehler. Der umtriebige Firmengründer Valentin Mehler, der aus Friesenhausen/Rhön stammte und das Leinweberhandwerk gelernt hatte, war eine der markantesten Fuldaer Unternehmerpersönlichkeiten. Er ließ seine Produkte zu Anfang vornehmlich im Verlagsstil herstellen und exportierte schon bald seine Waren bis nach Holland und Schweden. Unter Mehlers Söhnen Wilhelm und Karl wurde die Firma von der Borgiasstraße 3 an ihren heutigen Platz in der Edelzellerstraße verlegt. Zu Beginn des 20. Jahrhunderts vollzog das Unternehmen, dessen Leinwandprodukte durch die Massenfertigung billiger Baumwollartikel an den Rand gedrängt wurden, eine Umstellung der Produktion. Die Spezialisierung auf wasserdichte Gewebe für Zelte und Wagenplanen sicherten der Firma, die 1915 in eine Aktiengesellschaft überführt wurde, den Fortbestand. Zusammen mit den Gummiwerken und dem Emaillierwerk Bellinger war „Mehler" im 20. Jahrhundert der größte Arbeitgeber der Stadt.

Aus der Schuhstofffabrik des Burkhard Müller ging die Filzfabrik Fulda hervor, die 1881 von dessen Söhnen Carl und Richard als Filz- und Plüschfabrik gegründet wurde. Die väterliche Werksgründung in der Löherstraße 29 verkauften die Söhne 1882 an die „Vereinigte Schuhstofffabrik", die um 1900 etwa 150 Arbeiter beschäftigte. Ein weiterer Sohn Burkhard Müllers, Gustav, erwarb 1871 die Krätzmühle und richtete hier eine Filzfabrik ein, die 1882 an die Aktiengesellschaft „Vereinigte Filzfabriken" in Giengen/Brenz verkauft wurde und 1900 etwa 110 Beschäftigte zählte. Gustav Müllers Kompagnon Hermann Josef Wahler gründete 1882 eine Mechanische Baumwollweberei in der Rabanusstraße 21, in der 1900 etwa 100 Beschäftigte arbeiteten. Ebenfalls auf einer Mühle, nämlich der Hornungsmühle, errichtete Julius Fuchslocher 1874 eine Schuhstofffabrik und Kammgarnspinnerei. Fuchslochers Sohn Karl erwarb 1895 von der aus Eschwege stammenden „Englischen Stofffabrik Wender & Co." die Walkmühle. Hier begründete er eine Tuchfabrik („Fuchslocher und Staudenmeyer"), die allerdings nur kurzen Bestand hatte. Nach dem Ersten Weltkrieg siedelten sich hier die Leder- und Hutstoffwerke an.

Bereits 1857 hatte Melchior Kircher zusammen mit dem Kaufmann Franz Berta und dem Fabrikanten Friedrich Wagner die Walkmühle als Baumwollfabrik umgebaut, die ab 1877 Julius Fuchslocher bis zu seinem Tode (1890) innehatte. Der erste Werkmeister in diesem neuen Betrieb war Nikolaus Weber, der sich 1875 mit einem eigenen Unternehmen für die Herstellung von Stramin (Canevas) in der Florengasse 30 (seit 1878 in der Frankfurterstraße 23) selbstständig machte.

Die Firma des Ignaz Schwarz erwarb 1855 das ehemalige Katharinenhospital und fertigte dort bis 1883 Baumwollwaren. Nach einer vorübergehenden Unterbrechung der Produktion trat der Kaufmann Richard Schmitt in den Betrieb ein und führte diesen seit 1893 in der Langebrückenstraße 14/16 unter dem Namen „Mechanische Baumwollweberei GmbH".

Auffallend ist die enge familiäre bzw. persönliche Verflechtung der Protagonisten, die wie schon im Zunftwesen der Frühen Neuzeit einem Auswärtigen keine Chance der Geschäftsentwicklung gab. Es lässt sich nicht beweisen, dass hierzu eine ansiedlungsfeindliche Stadtpolitik beitrug. Man wird eher annehmen müssen, dass in dieser Phase der Standort Fulda zunächst noch zu unbedeutend war und daher auf fremde Investoren keine Anziehungskraft ausübte.

### Metallverarbeitung

Andere Bereiche des heimischen Handwerks wagten im Gegensatz zur Textilindustrie nur in Ausnahmefällen den Schritt zur Großproduktion. Zu nennen ist hier vor allem Franz Carl Bellinger, der 1867 aus der Klempnerwerkstatt seines Vaters Benedikt in der

*Das Emaillierwerk Bellinger. Postkarte, 1926 (?) (StadtAFd, BA-42256)*

Kanalstraße 35 ein Unternehmen schuf, das lange Zeit zu den wichtigsten Arbeitgebern und Steuerzahlern der Region gehörte. Durch die Verlagerung des Geschäfts auf die Produktion emaillierter Blechwaren, die schon bald in vielen Küchen und Haushaltungen zu finden waren, erschloss Bellinger einen Massenmarkt. An der Petersberger Straße entstand ein Stanzwerk, das um 1900 etwa 600 Menschen Arbeit bot.

Die 1863 gegründete Metallwarenfirma Weisensee entsprang einer fuldischen Zinngießerfamilie. Joseph Weisensee, der Vater des Firmengründers Anton, verkaufte als gelernter Zinngießermeister Lampen in der Florengasse 33. Sein Sohn baute das elterliche Anwesen zu einer Metallwarenfabrik und einer Galvanisieranstalt aus.

### Kerzenindustrie

Die industrielle Kerzenproduktion ging aus dem alten Handwerk der Seifensieder und Lichterzieher hervor. Franz Emil Berta führte zusammen mit seinem Schwager Max Eickenscheidt die 1824 begründete Wachszieherei seines Vaters Franz Anton zum finanziellen Erfolg. Die Produktion wurde vom Luckenberg/Unterm Heilig Kreuz 11 zunächst an die Künzellerstraße und 1904 An Vierzehnheiligen 25 verlegt. Nach der Trennung der Firma in „Bertas Wachswarenfabrik Robert Berta“ und die „Fuldaer Wachswerke Eickenscheidt AG“ bezog erstere die Fabrikanlage Am Zieherser Weg 15. Einer hiesigen Handwerkerfamilie entstammte auch Adam Gies, der 1867 am Buttermarkt eine „Seifen- und Lichteverkaufsniederlage“ eröffnete. Unter den Namen „Adam Gies Nachfolger“ führte Karl Halbleib eine Lichter-, Seifen- und Wachswarenfabrik in der Karlstraße 34 nach dem frühen Tod des Adam Gies weiter. Dessen Sohn Adam Joseph gründete 1899 in der Frankfurterstraße 11

*Sortiment der Fuldaer Kerzenindustrie, gezeigt zu einer Ausstellung 2019 im Vonderau Museum (Foto: VM)*

ein neues Unternehmen („Wachs-Industrie Fulda Adam Gies“). Aus einer Kaufmannsfamilie ging Carl Rübsam hervor. Zunächst als Reisender für die Wachsfabrik Berta tätig, machte sich Rübsam 1886 mit einer Wachsfabrik in der Königstraße 56 selbständig. Sein expandierender Betrieb veranlasste ihn zum Neubau einer Fabrikanlage, der 1890 eine Häuserzeile an der Königstraße auf dem Gelände des heutigen Finanzamtes weichen musste. Im neuen Werk waren um 1900 bereits 60 Personen mit der Kerzenherstellung beschäftigt.

**Maschinenbau**

Selbst im Bereich des Maschinenbaus lässt sich beobachten, dass der Antrieb zur industriellen Produktherstellung aus dem handwerklichen Umfeld der Familie kam. Der aus Fulda stammende Johann Ferdinand Müller, seit 1864 Besitzer der ersten Maschinenfabrik und Eisengießerei in der Stadt, war der Sohn des Hofschlossers Franz Müller. Seine bis 1886 bestehende Firma in der Tränke 41 fertigte Maschinen aller Art, von Buchbinderpressen bis zu Lokomobilen. Auch Paul Keil, der seit 1876 in der Lindenstraße 39 eine Maschinenfabrik betrieb, entstammte einer einheimischen Schmiedefamilie.

Waren die bisher genannten Unternehmen eine konsequente Fortentwicklung bestehender handwerklicher Traditionen, so kam es im letzten Drittel des 19. und zu Beginn des 20. Jahrhunderts zur Erschließung neuer Bereiche. Die Gründer zeichneten sich dadurch aus, dass sie entweder aus Fulda stammten, das väterliche Gewerbe aber nicht weiterverfolgten oder von auswärts mit neuen Ideen in die Stadt kamen. Zu ersteren ge-

*Lack- und Farbwerke Stern. Luftaufnahme, 1934 (StadtAFd, BA-7601)*

hört Franz Schneider aus einer hiesigen Schuhmacherfamilie. Franz widmete sich dem Eisenguss und errichtete im Jahre 1886 in der Heinrichstraße 55 eine Gießerei, die sein Sohn Theobald als Maschinenfabrik fortführte. Ein weiteres Beispiel sind die beiden Brüder Emanuel und Max Stern, Söhne des Handelsmannes Hirsch Stern, die 1892/93 eine Lackfabrik an der Edelzellerstraße 62 eröffneten.

### Neugründungen von außen

Seit den 1870er Jahren mehrten sich Gründungen durch Unternehmer, die keine familiären Wurzeln in Fulda hatten. Hierzu gehörte der aus dem thüringischen Arnstadt stammende Hermann Falke mit einer 1874 begründeten Plüschfabrik am Horaserweg 47. Zu nennen sind auch die Gebrüder Georg und Heinrich Seum aus Salzhausen, die bis 1907 am Heinrich-von-Bibra-Platz 5 im Gebäude der früheren Porzellanfabrik eine Leinen-, Gebild- und Jaquardweberei führten. Kurz vor der Jahrhundertwende siedelten sich auch die Filialen auswärtiger Betriebe hier an, so die Oberhessische Leinenindustrie Marx & Kleinberger aus Frankfurt in der Maberzellerstraße 2 und die Norddeutsche Wollkämmerei und Kammgarnspinnerei in der Löherstraße 30/32 sowie Hinter den Löhern 20/22.

Aus Geisa kam Wilhelm Hartmann nach Fulda. Er war auf der Suche nach einem Fabrikationsgelände zur Produktion von Metallsägen. Der Militärfiskus konnte ihm an der Frankfurter Straße ein geeignetes Gelände zur Verfügung stellen. Die „Fuldaer Maschinen- und Werkzeugfabrik Wilhelm Hartmann“ stieg nach ihrer Gründung 1883 rasch zu einem bedeutenden Sägehersteller auf. August Großenbach, der 1889 in der Petersbergerstraße die erste Zigarrenfabrik Fuldas eröffnete, stammte aus dem thüringischen Mühlhausen und blieb in Fulda als Kaufmann für Benzin, Petroleum und Spiritus verwurzelt. Aus Nürnberg kam Karl Ziegler, der hier zunächst als Möbelfabrikant tätig war, danach aber eine Wachswarenfabrik am Zieherser Weg 21 betrieb. 1919 siedelte sich die 1913 von Walter Gebauer in Frankfurt gegründete Kugelfabrik auf dem vormaligen Gelände der Vereinigten Schuhstofffabriken an der Hornungs-

*Werbung für Fulda-Reifen. Postkarte, um 1925 (StadtAFd, BA-42016)*

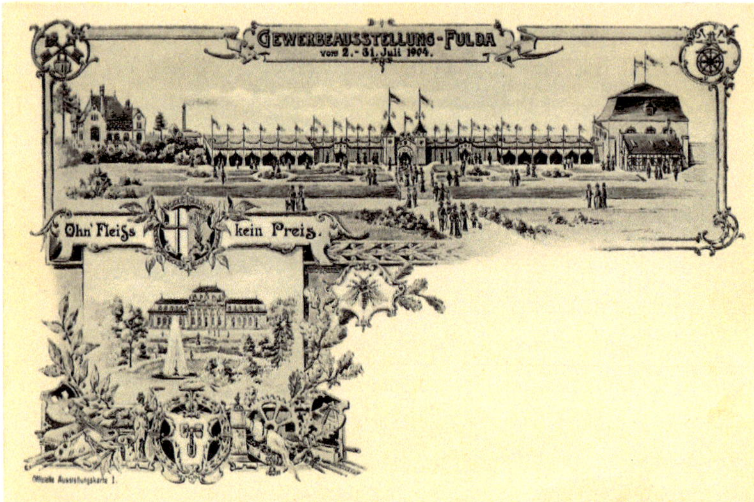


*Gewerbeausstellung im Schlossgarten im Juli 1904. Postkarte (VM, II O 60)*

mühle an. Unter dem Namen „Gebauer und Möller" exportiert die Firma bis heute (KGM Kugelfabrik Gebauer) in alle Welt.

Wie kein anderes Unternehmen repräsentieren die 1900 errichteten Gummiwerke Fulda ein neues, nicht auf ortsansässiger handwerklicher Tradition beruhendes Geschäftsmodell. Dieses verdankt seine Entstehung dem Zusammengehen von technischem Sachverstand und nüchternem kaufmännischen Denken, verkörpert durch den Ingenieur Gustav Becker und den Kaufmann Moritz Hasenclever. Entscheidend für die Industrieansiedlung waren neben dem Bahnanschluss die günstigen Löhne in Fulda. Die Gummiwerke trugen allerdings erst am Ende des hier zu behandelnden Zeitraums entscheidend zur Wirtschaftskraft Fuldas bei. Die Zahl der dort Beschäftigten wuchs zwischen 1901 und 1913 von 15 auf 300. Die Wandlung Fuldas zu einem wichtigen Wirtschaftsstandort dokumentiert eindrucksvoll die große Gewerbeausstellung von 1904.

## Stadtpolitik unter OB Franz Rang (1862–1893)

An der Spitze der Stadtverwaltung stand von 1862 bis zu seinem Tode 1893 Franz Rang, der im Alter von gerade 31 Jahren auf Lebenszeit zum Oberbürgermeister gewählt worden war. Rang war parallel noch Reichstagsabgeordneter im Norddeutschen Bund von 1867–1871 und Mitglied des Kommunallandtags von 1869–1892. Überregionale Verdienste erwarb er sich zudem durch seine Rolle als Mitbegründer des Hessischen Städtetags (1890) und des Sparkassenverbandes (1892), der ihn zu seinem ersten Vorsitzenden wählte.

Neben diesen offiziellen Funktionen war Rang auch im städtischen Netzwerk der Vereine wie dem katholischen „Monte Nuovo" (benannt nach dem Versammlungsort in einem Wirtshaus in Neuenberg), der Herrengesellschaft „Schwarzer Walfisch" und dem

*Portrait von Franz Rang in der „Ahnengalerie" der Oberbürgermeister im Stadtschloss (StadtAFd, BA-1303)*

Bürgerverein fest eingebunden. Im Umfeld dieser Honoratiorenzirkel entstand ein Gefüge von Kontakten, auf dem Rang bei seiner politischen Arbeit aufbauen konnte. Vereins- und Stadtpolitik waren eng miteinander verbunden.

### Kaufleute in der Kommunalpolitik

Größeren Widerstand aus den gewählten städtischen Gremien hatte Rang nicht zu befürchten. Der Gemeindeausschuss war aufgrund des am Geldvermögen orientierten Wahlrechts von Fabrikanten, Kaufleuten und angesehenen Handwerkern dominiert. Diese standen politisch meist dem Zentrum nahe und hatten wie Rang vor allem die weitere wirtschaftliche Entwicklung Fuldas zum Ziel. 1868 gehörten dem 44köpfigen Bürgerausschuss 15 Fabrikanten und Kaufleute an, die das Fuldaer Schlüsselgewerbe (Kerzenherstellung und Textilverarbeitung) repräsentierten. Die Beamten waren in diesem Gremium mit nur einem Vertreter, dem Stadtsekretär Dr. Joseph Weinzierl, unterrepräsentiert, die Arbeiterschaft überhaupt nicht vertreten. Von den 9.359 Einwohnern Fuldas besaßen 1868 gerade einmal 960 Männer das aktive und passive Wahlrecht. Die meisten Stimmen bei der Wahl für den Gemeindeausschuss hatte der Domka-

*Dr. Jakob Joseph Weinzierl mit seiner Ehefrau Anna geb. Krisch, 1862 (StadtAFd, BA-1774)*

pitular Dr. Joseph Malkmus erhalten. Auch 1874 änderte sich bei der Neuwahl des Gemeindeausschusses, der nunmehr 46 Mitglieder umfasste, nur wenig an der Konstellation, zumal von den 9.571 Einwohnern Fuldas nur 864 Ortsbürger wahlberechtigt waren. Nach wie vor dominierten das Gremium Fabrikanten, Kaufleute und Handwerker. Zudem waren mit dem Domkapitular Konrad Hahne und Stadtpfarrer Georg Kalb zwei prominente Geistliche im ständigen Gemeindeausschuss vertreten. 380 Stimmen entschieden sich bei dieser Wahl für eine Liste des Zentrums, 256 Stimmen für diejenige eines „Freisinnigen Wahlvereins" und 20 Stimmen entfielen auf die übrigen Vorschläge. Zur Wahl 1879 gab es nur einen Vorschlag eines Komitees, das zwar nicht unter dem Namen des Zentrums in Erscheinung trat, für dieses aber dennoch sprach. Dem Komitee gehörten der Seifenfabrikant Adam Gies, der Regens Dr. Georg Ignaz Komp, der Rechtsanwalt und Bruder des Oberbürgermeisters Ignaz Rang, Dr. med. Wilhelm Raabe und der Fabrikant Michael Schmitt an. Von den 811 Wahlberechtigten beteiligten sich 1879 nur 303 Ortsbürger, die fast einstimmig den Vorschlag des Komitees und damit des Zentrums wählten. Die zunehmende Industrialisierung Fuldas spiegelt sich in der Liste der Höchstbesteuerten, die auf den ersten zehn Plätzen nunmehr acht Fabrikanten führte.

Unter Oberbürgermeister Rang war die Stadtverwaltung als Behörde nur in Ansätzen ausgebildet. Leitender Beamter war der Stadtsekretär Dr. Jakob Joseph Weinzierl, ein Mediziner, dem bereits 1847 als erstem Fuldaer das Ehrenbürgerrecht verliehen worden war. Daneben gab es noch eine Stadtkämmerei, eine Bauaufsicht, ein mit einem Steuerbüro vereinigtes Meldeamt, das in Folge des Kulturkampfs 1874 begründete Standesamt, die städtische Armenverwaltung, die Schildecksche Armenstiftung, eine Vorschusskasse sowie ein Eichamt. Insgesamt besoldete die Stadt 1880 in der Kernverwaltung gerade einmal 13 Beamte. Hinzu kamen noch knapp 50 Bedienstete, darunter 26 Lehrer, 2 Kantoren und 12 Nachtwächter. Es arbeitete in Fulda in dieser Zeit quantitativ wie qualitativ noch die Verwaltung einer Kleinstadt.

## „Mehr Licht"

Dennoch wurden große Projekte angegangen, vor allem im Bereich der Infrastrukturmaßnahmen. Rangs erste Initiative galt dem Bau eines Gaswerkes zur Stadtbeleuchtung. Ein solches Vorhaben war nichts Revolutionäres, sondern lag in der Zeit. Selbst Hersfeld verfügte über eine Gasanstalt, die man sich in Fulda zum Vorbild nahm. Unter Federführung des Oberbürgermeisters und eines Komitees zur Errichtung einer Gasanstalt kam es 1863 zum Abschluss eines Vertrags zwischen der Stadt Fulda und dem Nürnberger Ingenieur und dortigen Gaswerksdirektor Emil Spreng über den Bau einer Anlage, die 150 Straßenlaternen erhellen sollte. Das Gaswerk konnte bereits am 18. Oktober 1863 eingeweiht werden und versorgte gleich zu Beginn auch 800 Privatanschlüsse mit Licht.

*Das Gaswerk in der Frankfurter Straße. Postkarte, nach 1902 (StadtAFd, BA-7989)*

Die Kapazitäten der Gasanstalt, die über die öffentliche Zeichnung von Obligationen der Stadt Fulda finanziert wurde, waren schon bald zu gering, so dass bereits 1879/80 eine Erweiterung erfolgte. Allerdings gab es immer wieder Klagen über die in Fulda überdurchschnittlich hohen Gasverluste aus dem undichten Leitungssystem sowie das nur rudimentär ausgebildete Netz der öffentlichen Straßenlaternen. Noch Ende des 19. Jahrhunderts klagte der Chronist Anton Hartmann: „Trotzdem ist es in Fulda noch sehr dunkel und schwarz, mehr Licht sehr nötig!"

**Gezielte Stadtentwicklung**

Bereits unter Oberbürgermeister Rang sind die ersten Ansätze eines gezielten Stadtentwicklungsplans erkennbar, durch den die neuen Bahnhofsanlagen mit der Stadt verbunden werden sollten. Die Planungen konzentrierten sich zunächst auf eine bequeme Fuhrstraße zwischen der Stadt und den Güterschuppen, die südlich des heutigen Bahn-

*Der alte Ackerhof auf dem heutigen Universitätsplatz vor dem Abriss, 1904 (StadtAFd, BA-14023)*

hofsgeländes etwa in Höhe der Einfahrt Nikolausstraße errichtet wurden. Naheliegend war daher eine Führung des Verkehrs aus der Stadt über die Petersgasse in die noch nicht ausgebaute Nikolausstraße. Zudem bestand bereits die „Seufzer-Allee" (heutige Lindenstraße), die mit ihrer schmalen Fahrbahn als mäßig frequentierte Querverbindung in dem städtebaulichen Niemandsland zwischen Stadt und Bahnhofsgelände diente. Als erste Maßnahme wurde die Nikolausstraße als Fußweg ausgebaut, ein Fahrweg zwischen Lindenstraße und dem Bahnhof im Bereich der heutigen Bahnhofstraße errichtet sowie für die Transporte eine Verbindung zwischen der unteren Petersgasse und der Petersbergerstraße geschaffen (Vor dem Peterstor).

1869 ging die Bauverwaltung ernsthaft an die Planungen zu einer direkten Straßenverbindung zwischen der Innenstadt und jenem Teil des Bahnhofsgeländes, auf dem die Errichtung des Empfangsgebäudes vorgesehen war. Zwei Varianten, die beide vom damals noch dicht bebauten Hitzeplan (heutiger Universitätsplatz) ausgingen, standen zur Diskussion. Eine Variante schlug eine Trasse vor, die in etwa dem heutigen Verlauf der unteren Bahnhofstraße folgt. Hierbei hätten auf dem Hitzeplan mehrere Immobilien angekauft und die darauf stehenden Häuser abgerissen werden müssen. Bei der kostengünstigeren Alternative, die den Weg weiter südlich, dicht entlang der heutigen Dalberg-Schule führte, waren nur kleinere Grundstücke von der Stadt zu erwerben. Diese Variante hatte allerdings den Nachteil, dass die Straße nicht direkt auf den Bahnhof zuführte, sondern an der Lindenstraße einen Knick machen musste. Aus Kostengründen plädierte die Baudeputation dennoch für den zweiten Vorschlag, eine verhängnisvolle und teure Fehlentscheidung, wie sich später zeigen sollte, als man sich für die heute bestehende Trasse umentschied und den Universitätsplatz anlegte.

Oberbürgermeister Rang war sich der städtebaulichen Dimension der zu treffenden Entscheidungen im Bereich des Bahnhofsviertels sehr bewusst, zumal zu Beginn der 1870er Jahre auch ein sozialer Aspekt nicht mehr zu übersehen war. Die zunehmende bauliche Verdichtung und die Vergrößerung der Wohneinheiten in der Altstadt bedrohten viele der kleinen Häuser, in denen die Mehrzahl der Fuldaer lebte, in ihrem Bestand. Ein Neubaugebiet auf der grünen Wiese, das fernab der dicht bebauten Innenstadtparzellen großzügig Wohnraum schuf und dabei die bisherige Bebauung in der Altstadt in ihrem Bestand beließ, war für die Stadtpolitik ein erklärtes Ziel. Es sollte zwischen Bahnhof und Hitzeplan ein Stadtteil für 6.000 bis 8.000 Einwohner geschaffen werden, der zudem hoch gelegen war und mit seiner frischen Luft als sehr gesund galt. Der Oberbürgermeister plädierte nachdrücklich für die Erstellung eines Stadterweiterungsplanes, mit dessen Ausführung er den Landmesser Wilhelm Hufnagel beauftragte, der eine Grundlagenkarte zeichnete. Die Regierung in Kassel stand einem solchen Plan eher reserviert gegenüber, zumal Landrat Cornelius das Projekt, das ihm viel zu groß erschien und überdies nicht mit ihm abgestimmt war, hintertrieb.

Die städtischen Versuche, die Vorstellungen von einer gleichmäßigen Bebauung des neuen Stadtviertels über ein Ortsstatut durchzusetzen, schlugen fehl. Erst als 1875 ein Gesetz über „die Anlegung und Veränderungen von Straßen und Plätzen" feste Normen schuf, auf deren Grund die Städte Fluchtlinienpläne aufstellen konnten, erließ die Stadt Fulda 1876 eine Bausatzung, die gezielt auf das Bahnhofsviertel zugeschnitten war und dort die Bebauung zu reglementieren versuchte. Gegen dieses Statut protestierten prompt etwa 30 Personen, vor allem jene, die sich wie die Geschäftsleute Adam Heres oder Isfried Jacobson in das Bauerwartungsland an der Bahnhofstraße eingekauft und im Laufe des Jahres 1875 begonnen hatten, die ersten Häuser zu bauen, ohne dass die Stadtverwaltung zum damaligen Zeitpunkt regulierend eingreifen konnte. Die von den Bauherren geschaffenen vollendeten Tatsachen bedeuteten das Ende für Rangs hochfliegende Pläne einer gezielten Stadtwicklung. Die damaligen Privatinvestitionen in einzelne Villenbauten hatten Auswirkungen bis in die 1970er Jahre, als mit der „Bellinger-Villa" der letzte Zeuge dieser Entwicklung zugunsten eines Kaufhauses weichen musste.

Im Gegensatz zur äußerlich bewegten Phase zwischen 1866 und 1880 stand die Stadtpolitik in der Folge nicht mehr unter dem Primat der Reichspolitik. Die Lösung der regionalen und lokalen Probleme rückte nun wieder in den Mittelpunkt des Interesses. Vor dem Hintergrund der beschriebenen gewaltigen wirtschaftlichen, sozialen und demographischen Umwälzungen zwischen 1880 und 1914 verwundert dies nicht. Die Spätphase der „Ära Rang", sofern man denn von einer solchen überhaupt sprechen kann, stand unter dem vergeblichen Versuch, die Stadtentwicklung mit Hilfe ungenügender materieller und personeller Ressourcen zu steuern. Letztlich ergab sich daraus die Erkenntnis, dass eine Mittelstadt mit 20.000 bis 25.000 Einwohnern, der in allen Bereichen zentralörtliche Funktionen zufielen, durch eine Kleinstadtverwaltung nicht zu regieren war.

## Stadtpolitik unter Dr. Georg Antoni (1894–1914)

Es bedurfte wohl auch eines personellen Wechsels im Amt des Oberbürgermeisters, um den Anbruch einer neuen Zeit zu dokumentieren. Dr. Georg Antoni, der die Verwaltung der Stadt Fulda von 1894 bis 1930 führte, wurde mit überwältigender Mehrheit 1894 in das Amt gewählt und zwei Mal nach jeweils 12 Jahren bestätigt. Wegen seiner zahlreichen Verdienste um die Stadt Fulda beschloss die Stadtverordnetenversammlung, ihm aus Anlass seiner Pensionierung die Ehrenbürgerwürde zu verleihen. Am 5. Juli 1945 starb Antoni in Essen. Der studierte Jurist und Nationalökonom war nicht nur ein glänzender Verwaltungsfachmann, er interessierte sich auch für die Geschichte, namentlich die der Stadt Fulda. Auf seine Initiative geht nicht nur die Gründung des Fuldaer Geschichtsvereins 1896 zurück, sondern auch die erstmalige hauptamtliche Besetzung des Stadtarchivs, das durch seinen ersten Archivar Dr. Josef Kartels die noch heute fortwir-

Oberbürgermeister Dr. Georg Antoni. Gemälde, um 1930 (VM, II C 1189)

kenden Grundlagen erhielt. Auch als Autor historischer Studien leistete der Oberbürgermeister Beachtliches.

Bei Antonis Amtsantritt waren der achtköpfige Stadtrat sowie der aus 24 Mitgliedern bestehende „Ständige Bürgerausschuss" immer noch von Fabrikanten, Kaufleuten und erfolgreichen Handwerkern beherrscht. Die einflussreichsten Politiker waren Altbekannte: der Kaufmann Robert Kircher sowie die Fabrikanten Richard Müller, Richard Schmitt und Franz Carl Bellinger, daneben noch der Justizrat Ignaz Rang. Im „Außerordentlichen Ausschuss" waren die Handwerker in der deutlichen Mehrzahl. Der öffentliche Dienst war in den städtischen Gremien kaum und die Arbeiterschaft gar nicht vertreten. Der zeitweilige Stadtverordnete und berühmte Erfinder Ferdinand Schneider hat aus der Innensicht eines Mandatsträgers um 1900 diese Situation beschrieben und verbittert festgestellt, dass die überwiegend gewerblich tätigen Stadtverordneten überhaupt kein Problem darin gesehen hätten, Geschäfte mit der Stadt zu machen.

### Professionalisierung der Stadtverwaltung

Mit der Vorlage des ersten gedruckten Verwaltungsberichts für das Geschäftsjahr 1895/96, in dem alle städtischen Ämter über ihre Tätigkeit Rechenschaft ablegen mussten, machte der neue Verwaltungschef deutlich, dass die Verwaltung das entscheidende Instrument bei der Bewältigung der enormen Probleme war, die durch die Stadtausdehnung verursacht wurden. Für Antoni bedeutete dies die Aufstockung der Stellen mit fachlich qualifizierten Bediensteten. Die Zahl der bei der Stadt in der Kernverwaltung Beschäftigten stieg von 23 (1894) über 32 (1900) auf 41 (1914); relativ geringe Größenordnungen im Vergleich zu heute, aber doch eine Vermehrung um knapp 80% innerhalb von 20 Jahren. Da zudem in der Verwaltungsspitze die Überzeugung herrschte, dass engagierte Arbeit mit einer guten Besoldung honoriert werden müsse, gab man sich bei Gehaltserhöhungen bzw. bei den tariflichen Eingruppierungen durchaus großzügig. Die reinen Besoldungsausgaben stiegen von 31.508 Mark (1894) um das Dreieinhalbfache auf 107.849 Mark (1914). Diese Zahlen relativieren sich, wenn man den Umstand berücksichtigt, dass in demselben Zeitraum der Einnahmeetat um das Viereinhalbfache auf 1.167.000 Mark stieg und sich der Ausgabeetat gar von 303.035 Mark auf 2.287.742 Mark versiebenfachte. Das in einem solch enormen Maße angestiegene Haushaltsvolumen führte dazu, dass die Besoldungs- und die allgemeinen Verwaltungskosten vor diesem Hintergrund eher rückläufig waren. Die Quote der Gesamtausgaben der Kämmerei lagen hierfür 1910 wie noch 1870 bei etwas mehr als 10%, sodass der Professionalisierungsschub, den die Verwaltung erfuhr, insgesamt keine Mehrbelastung bedeutete.

### Mehr Aufgaben und mehr Schulden

Nichts kann das Wachsen Fuldas um die Jahrhundertwende mehr verdeutlichen als das nüchterne Zahlenmaterial des Haushaltsplans. Bestand dieser 1893/94 noch aus 56 Seiten, so benötigte man 1914 dafür 183 Seiten. Die Verwaltung der verschiedenen Sondervermögen (Gaswerk, Wasserwerk, Schlachthof, aber auch das Stadtschloss und der Stadtsaal) schlugen hier ebenso zu Buche wie die gestiegenen Einnahme- und Ausgabeposten der Kernverwaltung. Es kann nicht übersehen werden, dass in dieser Entwicklung, die nicht zuletzt durch den Fortschrittsoptimismus jener Jahre zu erklären ist, eine große Gefahr lag. Im Bestreben, die Daseinsvorsorge für die Bürger auf immer weitere Bereiche auszudehnen, wurden Investitionen getätigt, die über Kredite finanziert werden mussten. Um diese zu bedienen, blieb den Gemeinden nur die Möglichkeit, die Gebühren und gemeindeeigenen Steuern zu erhöhen und, falls dies nicht zum Ziel führte, sich weiter zu verschulden. Die städtische Politik jener Jahre ist demzufolge auch davon bestimmt, die Einnahmen an die gestiegenen Ausgaben anzupassen. Als wichtigste Finanzquelle erwiesen sich hierbei die direkten Steuern, vor allem die Einkommenssteuer. Der Ertrag in diesem Bereich stieg von 90.324 Mark (1894) auf 477.303 Mark (1910). Die Pro-Kopf-Quote der direkten Steuern verdoppelte sich in nur sechs Jahren (1904-1910) von 12 Mark auf 24 Mark. Das Anziehen der Steuerschraube erwies sich aber angesichts der enormen Investitionen in die Infrastruktur als unzureichendes Mittel der Geldbeschaffung. Die städtische Verschuldung entwickelte sich demzufolge vor dem Ersten Weltkrieg explosionsartig. Sie betrug 1910 mit knapp 10 Millionen Mark das 19fache des Jahres 1890. Dem standen zwar Vermögenswerte für das Gas- und Wasserwerk, die Kasernen, den Schlachthof und die Kanalisation von 15,5 Millionen Mark gegenüber, doch solange diese nicht realisiert wurden, war dies eine Größe, die dem Kämmerer bei der Tilgung seiner Kreditschulden nichts half. Die große Inflation des Jahres 1924 bedeutete für den städtischen Haushalt vor diesem Hintergrund ein großes Glück. Die Geldschulden lösten sich zum großen Teil im Nichts auf und betrugen am Ende des Jahres 1925 1,5 Millionen Reichsmark.

### Umzug der Verwaltung in das Stadtschloss

Äußeres Zeichen der Bürokratisierung war der Umzug der Stadtverwaltung von den zu klein gewordenen Räumlichkeiten im Kanzlerpalais (Unterm Heilig Kreuz), in dem seit 1782 das Rathaus untergebracht war, in das Stadtschloss. Um den Erwerb dieses Anwesens, das sich im Besitz des Landgrafen von Hessen befand, hatte es seit 1881 Verhandlungen gegeben. Zum Abschluss eines Vertrages, für den sich im Bürgerausschuss nur eine knappe Mehrheit fand, kam es schließlich im Mai 1893 noch zur Amtszeit von Franz Rang. Die Stadt erwarb für 450.000 Mark nicht nur das Schlossgebäude, sondern auch alle Gärten und Parkanlagen, wobei der ebenfalls hierzu gehörige Hofküchengarten bereits 1895 weiterverkauft wurde. Nach einem langen Streit über die Nutzung des Gebäudes zog dort schließlich am 1. Mai 1900 die städtische Verwaltung ein. Neben dem praktischen Aspekt darf die symbolische Bedeutung dieses Vorgangs nicht außer Acht gelassen werden. Die Stadtverwaltung sicherte sich in einem Bereich, der seit dem Hohen Mittelalter ausschließlich fürstlicher Nutzung unterlag, ein Areal, das nun in die Stadtentwicklung einbezogen werden konnte.

## *Stadtausdehnung und Infrastruktur*

Angesichts des grundlegenden Wandels, den Fulda vor dem Ersten Weltkrieg erfahren hat, können die zahlreichen einzelnen Maßnahmen, die Fulda zu einer Mittelstadt machten, im Rahmen einer Gesamtdarstellung der Stadtgeschichte nicht umfassend gewürdigt werden. Zumindest erwähnt werden sollen die langfristig bedeutsamen Ereignisse: der Umbau der im Jahre 1884 vom Militärfiskus erworbenen Kaserne (heute Vonderau

*Der Friedrichsplatz mit Blick in die Bahnhofstraße. Postkarte, um 1910 (StadtAFd, BA-33298)*

Museum) zu einem Schulgebäude; die Errichtung der Flussbadeanstalt in der Rosenau (1892); der Bau des Stadtsaales in der Orangerie; die Umgestaltung des Hitzeplans zum Kaiserplatz (heute Universitätsplatz); die Anlage des Städtischen Friedhofs an der Künzeller Straße (1906); der Neubau der Domschule (1915/16). An nicht-städtischen Baumaßnahmen sind zu nennen: das Kloster der Englischen Fräulein (Marienschule) an der Lindenstraße (1889/90), das Bischöfliche Konvikt in der Schulstraße (1892/93) und die evangelische Christuskirche (1894–1896).

Vollzog sich das Wachstum der Stadt bis in die 1870er Jahre noch nahezu auf demselben Stadtgrundriss wie im Mittelalter, so griff im letzten Viertel des 19. Jahrhunderts die Bebauung unter dem Druck der enormen Bevölkerungszunahme auf neue Gebiete über, die sich in einem Halbkreis vom Norden über den Osten bis zum Süden um das alte Stadtgebiet legten.

**Hirtsrain**

Die Stadterweiterung verlief nur zum Teil planvoll, wie der gescheiterte Versuch einer einheitlichen Bebauung des Bahnhofsviertels zeigt. In Oberbürgermeister Rangs Amtszeit wurde nur ein einziger Bebauungsplan aufgelegt. Dieser betraf den Hirtsrain, der im Zuge der Ansiedlung der Milchwerke Fulda-Lauterbach zu einem Platz ausgebaut und mit der Stadt verbunden werden sollte. Der Antrieb kam somit von außen und zeigt exemplarisch sehr deutlich das Zusammenspiel zwischen Industrieansiedlung und Stadtplanung. Die 1884 von 21 Gutsbesitzern gegründete Molkereigenossenschaft hatte noch im selben Jahr an der Ecke Brauhausstraße / Dalbergstraße ein damals auf freiem Feld außerhalb der Stadt liegendes Grundstück zum Bau einer Produktionsanlage erworben. Unmissver-

*Die Milchwerke (links unten). Luftaufnahme von Schöpe, 1967 (StadtAFd, BA-68593)*

ständlich baten die Investoren um flankierende Maßnahmen der Stadt zur Förderung des Projekts. Neben einem Kredit erwartete man die sofortige Anbindung der Fabrik an das Straßennetz auf städtische Kosten. Der Magistrat kam der Genossenschaft entgegen und beschloss noch im selben Jahr einen Straßenneubau, der von der Karlstraße abzweigend über den Grund der alten städtischen Brauhäuser sowie zahlreiche private, unbebaute Immobilien bis zum Hirtsrain führte (heutige Brauhausstraße).

Mit der Amtszeit von Oberbürgermeister Dr. Georg Antoni kam ein neuer Schwung in die Stadtpolitik. Der von ihm vorgelegte „Erste Bericht über die Verwaltung und den Stand der Gemeinde-Angelegenheiten der Stadt Fulda“ liest sich in Teilen wie eine Generalabrechnung mit seinem Vorgänger. So sei im Bereich der Stadtplanung viel zu wenig geschehen. Die Ausarbeitung eines allgemeinen Bebauungsplanes sei unterblieben. Man habe sich damit begnügt, hin und wieder je nach Bedürfnis für einzelne Straßen eine Baulinie festzusetzen. Die Folge dieser lässlichen Politik sei es gewesen, dass vielfach Häuser an Feldwegen gebaut oder von einzelnen Unternehmern Privatstraßen angelegt worden seien, die in einen ordentlichen Bebauungsplan nicht hineinpassten und dadurch der Weiterentwicklung der Stadt Schwierigkeiten bereiteten.

Als erste Maßnahme ließ Antoni daher systematisch Fluchtlinienpläne anlegen, um die wilde Bebauung in den Griff zu bekommen. Um die Jahrhundertwende herrschte in Fulda eine ungemein rege Bautätigkeit, vor allem im privaten Bereich. Wurden 1895 noch 173 Baugenehmigungen erteilt, so stieg diese Zahl Ende Oktober 1905 auf 603 an. Die Zahl der Häuser erhöhte sich von 1.265 innerhalb eines Jahrzehnts um ein Drittel auf 1.672.

### Bau der Artilleriekaserne

Abgesehen vom Gebiet um die Bahnhof- und die Brauhausstraße lag der Schwerpunkt der Bautätigkeit im Nordosten der Stadt. Hier entstand seit 1899 an der heutigen Marquardstraße für das Feldartillerieregiment Nr. 47 ein großes Kasernengelände, auf dem im Auftrag der Stadt die Mannschaftsgebäude, ein Proviantamt und ein Artilleriefilialdepot sowie umfangreiche Wirtschaftsgebäude mit Stallungen und Geschützschuppen errichtet wurden. Die Stadt hatte sich dabei verpflichtet, die Baumaßnahme in Eigenregie durchzuführen und die Gebäude nach Fertigstellung dem Reichsmilitärfiskus zu vermieten. In dem Berliner Regierungsbaumeister August Menken fand man einen erfahrenen Fachmann als Subunternehmer, der die Pläne für das Gelände entwarf. Die Ausführung übernahm der Fuldaer Architekt Fritz Adam.

Es war nur folgerichtig, dass die Artilleriekaserne zu einem Kernpunkt der weiteren Stadtentwicklung wurde. Sichtbaren Ausdruck fand die Aufwertung des neuen Stadtteils in der Anbindung an den Bahnhof über die 1904 fertiggestellte Kurfürstenstraße. Dieses Projekt zog sich wegen der schwierigen Grundstücksverhandlungen und technischer Probleme bei der Überwölbung des Waidesbachs sehr lange hin und geriet zur bis dahin teu-

*Blick auf das Kasernengelände an der Leipziger Straße, um 1920 (StadtAFd, BA-11667)*

ersten Investitionsmaßnahme der Stadt Fulda. Bereits kurz zuvor waren die Verbindungsstraßen im Kasernenbereich in einfacher Bauart freigegeben worden: die Bosestraße, die Moltkestraße, die Hohenzollernstraße und die Roonstraße. Südwestlich davon, abzweigend von der Leipziger Straße, war es noch unter Oberbürgermeister Rang zu der von seinem Nachfolger beklagten Errichtung von Privatstraßen gekommen. Richard Müller baute die Adalbertstraße, benannt nach dem letzten Fürstbischof Adalbert von Harstall. Von Müllers früh verstorbener Ehefrau Mary Sullivan erhielt die Marienstraße ihren Namen, die benachbarte Elisabethenstraße bezog sich auf Elisabeth Schmitt, Ehefrau des ersten dortigen Anwohners. An den Bauunternehmer und Ziegeleibesitzer Sebastian Dehler, der auch das erste Haus an der Leipziger Straße errichten ließ, erinnert die Sebastianstraße. Sowohl Müller als auch Dehler besaßen in „ihrer" Straße auch ein Haus. Dies galt ebenso für den Bauunternehmer Joseph Fritz, der zu seinem Anwesen einen Fahrweg schuf, der „Liobastraße" benannt wurde. Auf Fritz geht gleichfalls die Straße „An der Waides" zurück, an der ihm ein Haus gehörte. Die Josephstraße wurde vom Zimmermeister Heinrich Joseph Mahr (1834-1901) zu seinem Anwesen gebaut.

**Frauenberg**

Ende des 19. Jahrhunderts begann auch die Besiedlung des südwestlichen Fußes des Frauenbergs, der schon seit längerem ein beliebtes Ausflugsziel der Fuldaer war. Entlang der Marienstraße und der Elisabethenstraße entstanden großzügige Villenbauten, die zusammen mit dem östlich anschließenden Gebiet des Gerloser Weges, der Park- und der Adalbertstraße augenfällig ein vornehmes Wohnensemble bildeten, in dem sich Fabrikanten und Kaufleute, erfolgreiche Handwerker und Architekten sowie die höheren Beamten niederließen. Im Gegensatz hierzu war die ebenfalls vom Fabrikanten Richard Müller erschlossene Buttlarstraße, deren Häuser überwiegend im Besitz von Bauunternehmern und Architekten waren (Leo Engel, Ferdinand Frank, Valentin Hillenbrand und Karl Wegener), durch eine einfachere architektonische Gestaltung gekennzeichnet.

### Arbeitersiedlungen

Die Stadt griff in diesen Jahren auch nach Süden entlang der Frankfurter Straße aus, an der sich bis dahin nur gewerbliche Anlagen (Gaswerk, Maschinenfabrik Hartmann, Filzfabrik) befanden. Wiederum auf Richard Müller geht die Anlage der Gartenstraße, Im Fischfeld und der Feldstraße zurück. Hier entstanden die ersten Siedlungen für Arbeiter. Parallel hierzu errichteten 1888 Adam Heres bzw. 1890 Wendelin Rommel und Emil Wahl im Auftrag der Filzfabrik zwischen der Frankfurter Straße und der heutigen Kohlhäuser Straße Arbeiterhäuser.

Betrachtet man sich die städtebauliche Entwicklung um 1900, so fällt auf, wie insbesondere Bauunternehmer und Handwerker, daneben aber auch Architekten wie Adam Heres und Karl Wegener oder Fabrikanten wie Richard Müller den Privatbau mit der Errichtung eigener Häuser auf der „grünen Wiese“ vorantrieben und damit die Stadt vor vollendete Tatsachen stellten. Die Stadtentwicklung verlief somit nicht in Bahnen, die vom Magistrat und Stadtrat vorgegeben worden waren, sondern eher – zumindest unter der Ägide von Oberbürgermeister Rang - an den Gremien vorbei. Immerhin setzte die Stadt mit der Neunummerierung der noch aus dem Jahre 1827 stammenden Hauszählung ein Zeichen der Ordnung. Die fortlaufende Zählung der Häuser, die inzwischen bei der Nummer 1099 in der Bahnhofstraße angekommen war, wurde 1895/96 zugunsten einer straßenbezogenen Nummerierung aufgegeben. Jeweils vom Rathaus (damals Kanzlerpalais, Unterm Heilig Kreuz) gesehen erhielt die linke Straßenseite die ungeraden und die rechte Seite die geraden Ziffern.

### Fabrikanlagen

Bestimmend für die Stadtentwicklung wurden auch die großen Fabrikanlagen, die sich der allgemeinen Entwicklung folgend in einem nach Osten gerichteten Halbkreis von Nord nach Süd um die Stadt legten. Zu nennen sind im Norden die Wachswerke Eickenscheidt und die Maschinenfabrik Klein & Stiefel, die seit 1904 bzw. 1905 an Vierzehnheiligen produzierten; im Osten die weit ausgedehnten Emaillierwerke Bellinger sowie die Gummiwerke; im Süden am Edelzeller Weg die Textilfabrik Mehler, die Vereinigten Filzfabriken sowie die Lack- und Farbwerke „Stern“; an der Frankfurter Straße das Gaswerk, die Überlandwerke, die Maschinenfabrik Hartmann, die mechanische Weberei Nikolaus Weber und die Filzfabrik. In Stadtnähe befanden sich die Hutstoffwerke und die Vereinigten Schuhstofffabriken in der Löherstraße sowie die Wollgarnfabrik (Hinter den Löhern).

*Werbung der Firma Klein & Stiefel, An Vierzehnheiligen, 1934 (StadtAFd BA-6186)*

An der Langebrückenstraße war die Mechanische Baumwollweberei angesiedelt. Fabriken im Stadtgebiet gab es zudem mit der Maschinenfabrik Paul Keil (Lindenstraße), der Metallwarenfabrik Weisensee (Florengasse), der Seifenfabrik Gies (Karlstraße) und der Weberei Wahler (Rabanusstraße). Diese Firmen konnten an den genannten Standorten überwiegend auf eine längere Tradition zurückblicken. Ungewöhnlich ist die Neunieder-

*Wachswarenfabrik Rübsam an der Ecke Königstraße / Hopfengarten, 1911 (StadtAFd, BA-9851)*

lassung in einem stadtnahen Gebiet wie im Falle der Wachsfabrik Rübsam, die sich an der Ecke Königstraße / Hopfengarten ansiedelte. Dort musste 1890 eine ganze Häuserzeile im Bereich des heutigen Finanzamtsgebäudes dem Werksneubau weichen.

### Wasserwerk und Kanalisation

Parallel zur rapiden Bauentwicklung der Stadt verliefen die Maßnahmen zur Besserung der Infrastruktur. Von herausragender Bedeutung waren hierbei die Wasserversorgung und der Anschluss an die Kanalisation. Bis in die 1880er Jahre deckte die Stadt ihren Wasserbedarf vorwiegend aus öffentlichen Brunnen, die allerdings in keiner Weise geeignet waren, die wachsende Nachfrage zu befriedigen. Auf der Suche nach geeigneten Quellen wurde man im Gichenbachtal fündig. Die Stadt Fulda erwarb im Jahre 1889 die Pfaffenquelle bei Hettenhausen sowie kurz danach eine noch ergiebigere Quelle im Rommerser Grund. Schon Ende des Jahres floss das Wasser von dort über eine 23 Kilometer lange Leitung nach Fulda. Das 1893 vollständig in Betrieb genommene Wasserwerk belieferte Ende 1895 schon 1.150 Hausanschlüsse mit einem vorzüglichen Wasser.

Mit dem Anwachsen der Bevölkerung stellte sich auch die Frage nach dem Abwasser, das bis Ende des 19. Jahrhunderts aus den Häusern über offene Rinnen in gemauerte Kanäle geführt und von dort in die Waides geleitet wurde. Die schlimme Lage, bedingt durch marode Leitungen und die Einleitung von Fäkalien sowie den Abwässern des Schlacht-

*Kanalbauarbeiten, 1903 (StadtAFd, BA-14995)*

hofes und der Gerbereien, wurde zwar schon im Jahre 1887 schonungslos analysiert, doch erst 1903 wurde endlich mit der vollständigen Neukanalisation der Stadt begonnen, die bis 1907 weitgehend abgeschlossen war. Bis dahin waren 27,5 Kilometer Steinzeug- bzw. Zementröhren in der Stadt verlegt worden, zudem 18,2 Kilometer Hausanschlüsse. Die bis dahin größte städtische Investition kostete etwas mehr als ca. 1,5 Millionen Mark, die in jedem Fall gut angelegt waren. Zur Verbesserung der Hygiene in der Stadt trug zudem der zwischen 1903 und 1907 errichtete Neubau des Schlachthofs (Am Rosengarten) bei.

**Anschluss an das Telefon- und Stromnetz**

Wichtige Infrastrukturmaßnahmen waren auch der Anschluss an das Telefonnetz sowie an die Stromleitung. Im Juli 1894 beantragte die Stadt Fulda bei der Kaiserlichen Oberpostdirektion in Kassel die Errichtung einer Fernsprecheinrichtung. Da die Postdirektion den Antrag von einer möglichst großen Zahl von Teilnehmern abhängig machte, begab sich die Stadt auf die Suche nach Interessenten. Bis zur Mitte des Jahres wurden schließlich 17 Personen bzw. Firmen gefunden, die sich die enormen Anschlusskosten von 150 Mark leisten konnten. Die ersten Anschlüsse waren: Stadt Fulda (Telefonnummer 1); Wachswarenfabrik Berta (2); Nehrkornsche Buchhandlung (3); Hotel „Zum Kurfürst" (4); Johannes Geisler (5); Hotel Wolff (6); Baumeister Karl Wegener (7); Königliche Güterabfertigungsstelle (8); Fuldaer Aktiendruckerei (9); Emaillirwerke Bellinger (10); Weinhandlung und Bank Joseph Schmitt (11); Fabrikant Richard Schmitt (12); Kohlenhandlung Knittel (13); Spedition Josef Feuerstein (14); Gaswerk (15); Maschinenfabrik Hartmann (16); Filzfabrik (17). Da das Telefonieren anfangs nur innerhalb dieser Anschlüsse möglich war, stagnierte zunächst die Zahl der Teilnehmer. Erst mit der Anbindung Fuldas an die Fernsprechleitung Eisenach-Fulda-Frankfurt stieg seit 1900 die Zahl der Telefonbesitzer.

Langwierig gestalteten sich die Vorbereitungen für eine Stromversorgung. 1904 hatte sich eine „Kommission zur Ausführung der Vorarbeiten für das Elektrizitätswerk zu Fulda" gebildet, der auch der "Fuldaer Edison" Ferdinand Schneider angehörte. Der Magistrat folgte dem öffentlichen Druck und erkundigte sich im ganzen Deutschen Reich nach den bisher gemachten Erfahrungen beim Aufbau eines Stromnetzes. Parallel hierzu entstand 1905 auf Privatinitiative unter dem umtriebigen Architekten Karl Wegener eine GmbH, die bei der Stadtverwaltung um die Konzession zur Errichtung eines Elektrizitätswerkes nachsuchte und zur technischen Umsetzung auch schon Verhandlungen mit der AEG in Berlin aufgenommen hatte. Der Magistrat stand diesen Aktivitäten sehr skeptisch gegenüber, zumal man dem Gaswerk keine Konkurrenz machen wollte. Der Strom sollte daher nicht der Lichterzeugung dienen, sondern das Handwerk in die Lage versetzen, durch die Nutzung von Elektromotoren konkurrenzfähig zu bleiben. 1911/12 konnte ein Firmenkonsortium gefunden werden, das sich gegenüber der Stadt verpflichtete, eine Aktiengesellschaft mit einem Kapital von mindestens 500.000 Mark zu gründen. Im Gegenzug übertrug der Magistrat der AG die Genehmigung zum Bau und Betrieb eines Elektrizitätswerks in Fulda. Ein entsprechender Konzessionsvertrag wurde 1912 unterzeichnet. Bereits am 27. Dezember dieses Jahres konnte das Werk an der Frankfurter Straße feierlich eröffnet werden. Im ersten Jahr seines Bestehens lieferte es Strom für 15.921 Glühlampen und 305 Motoren mit einer Gesamtleistung von 1.575 PS. Der Konzessionsvertrag sah vor, dass die Stadt Fulda erstmals nach Ablauf von zehn Betriebsjahren das Elektrizitätswerk durch Kauf übernehmen konnte. Entsprechende Verhandlungen hierzu wurden auch im Jahre 1921 geführt. Das Konsortium erklärte sich bereit, die Zentrale und das Leitungsnetz zum Preis von 1.925.000 Mark zu verkaufen. Hierzu kam es allerdings nicht. Der Zweckverband Überlandwerk Fulda-Hünfeld-Schlüchtern erwarb die Aktien der Elektrizitätswerke AG. Das Stromversorgung der Stadt Fulda wurde in das Netz der Überlandwerke, der Fulda 1923 beitrat, eingegliedert.

# XXI

# Der Erste Weltkrieg (1914–1918)

Als am 28. Juni 1914 in Sarajevo die verhängnisvollen Schüsse auf den österreichischen Thronfolger Franz Ferdinand und seine Ehefrau Sophie fielen, genoss man in Fulda die sonntägliche Ruhe bei herrlichem Sommerwetter. Wer der heiß brennenden Sonne trotzte und aktive Zerstreuung suchte, dem wurden zahlreiche Gelegenheiten dazu geboten. So beging die Kriegerkameradschaft Fulda ihr 25jähriges Jubiläum mit einem Festmarsch vom Vereinslokal „Zur Hinterburg“ zum Kriegerdenkmal für die Gefallenen von 1870/71 in der Hundeshagenanlage. Weiter ging es zu Giesel´s Keller, wo nach patriotischen Reden und der Kaiserhymne „Deutschland, Deutschland über alles“ intoniert wurde. Die meisten Zuschauer fanden sich bei Borussia Fulda ein, das im Neuenberger Stadion einen Leichtathletik-Wettbewerb durchführte und diesen unter das Motto „Vorbereitung für die Berliner Olympiade 1916“ stellte. Zu dieser sollte es allerdings nicht mehr kommen. Ein Krieg bis dahin unvorstellbaren Ausmaßes erschütterte in den kommenden vier Jahren die Welt und traf insbesondere die Monarchien Europas in ihren Grundfesten. Das Leben von mehr als 10 Millionen Soldaten und etwa sieben Millionen Zivilisten forderte diese „Urkatastrophe des 20. Jahrhunderts“, die sich nicht nur auf den Schlachtfeldern zeigte. Die Auswirkungen in Form von Hungersnöten und Epidemien reichten bis in den letzten Winkel des Landes.

*Der Fuldaer Bahnhof in den ersten Augusttagen 1914 nach der Mobilmachung (StadtAFd, BA-6311)*

Nichts deutete in Fulda in den Tagen nach Sarajewo darauf hin, dass eine Katastrophe bevorstand. Bis in die letzte Juliwoche gab man sich hier wie andernorts der Hoffnung hin, dass sich auch dieser Konflikt beruhigen werde. Mit der österreichisch-ungarischen Kriegserklärung an Serbien am 28. Juli nahm ein verhängnisvoller Automatismus an Bündnisverpflichtungen seinen Lauf. Die deutsche Kriegserklärung an Russland vom 1. August zog das Deutsche Reich und seine Bewohner mitten in die Katastrophe hinein. „Krieg“ prangte in dicken Lettern auf der Titelseite der „Fuldaer Zeitung“ vom 3. August. Der Zeitungsartikel trug die Zwischenüberschriften „Vater, wir rufen Dich!“, „Gott mit uns“ und „Fest und treu“.

Die Fuldaer Bevölkerung wurde von der Nachricht aus Berlin, folgt man der Presse, „in einen schweigenden Ernst versetzt“ (FZ, 3. August 1914). Alle Fabriken schlossen, „da die Arbeiter wie gelähmt von der Kunde standen und jede Schaffenskraft verloren“ (Fuldaer Kreisblatt, 3. August 1914). Diese Meldungen stehen im Gegensatz zu den sonstigen Presseartikeln, die nicht müde wurden, den auf den Straßen gezeigten Patriotismus hervorzuheben und Siegeszuversicht zu verbreiten. Die Haltung der meisten Fuldaer zum beginnenden Krieg dürfte weitaus zwiespältiger gewesen sein als dies die immer wieder geäußerte These von der allgemeinen Kriegsbegeisterung im Sommer des Jahres 1914 nahelegt. Hauptgrund dafür war selbstverständlich die Sorge um jene Angehörigen, die nun ihren Einsatzbefehl erhielten.

„Das große Abschiednehmen hat begonnen“, schrieb die „Fuldaer Zeitung“ am 2. August 1914 anlässlich der Abfahrt der eingezogenen Soldaten. Die Frauen hätten zumeist Tränen in den Augen gehabt, aber viele von ihnen seien doch in der gleichen großen Gesinnung gewesen wie ihre Schwestern vor 100 Jahren und hätten den Sohn, den Gatten, den Bruder hinaus in den Kampf geschickt.

Obwohl im Bereich des 18. Armeekorps, zu dem Fulda gehörte, zunächst neben den Militärpflichtigen nur die militärisch ausgebildeten Mitglieder des Landsturms zu den Waffen gerufen wurden und die Aufforderung zur freiwilligen Meldung nur an die nicht mehr dienstpflichtigen Offiziere und Unteroffiziere erging, gab es doch zahlreiche Freiwillige, vor allem unter den Schülern.

## *Schule und Krieg*

Spätestens seit der Jahrhundertwende waren die Schüler einer Indoktrination ausgesetzt, die das preußisch-deutsche Kaiserreich überhöhte und die Vorrangstellung Deutschlands in einer Welt von Feinden betonte. Systematisch wurden die jungen Menschen auf eine Auseinandersetzung vorbereitet, die den Krieg als notwendigen und natürlichen Ausgleich der Spannungen zwischen den Völkern charakterisierte. Die Siegeszuversicht, gründend auf die deutschen Tugenden, das Heer und den Kaiser wurde in der Schule gleich mit verabreicht, um im Ernstfall glühende Patrioten an die Front schicken

*Postkarte der Kriegsfreiwilligen („Einjährige“) der Oberrealschule Fulda, 1916 (StadtAFd, BA-5175)*

zu können. Der in der Schule verbreitete Chauvinismus spiegelte sich auch in den Abituraufsätzen, die im Fach Deutsch geschrieben wurden. Hier nur eine kleine Auswahl der Themen, die in der Fuldaer Oberrealschule gestellt wurden: Ich bin ein Deutscher – ein Wort des Stolzes und der Pflicht (1910); Warum bedarf Deutschland einer starken Kriegsflotte? (1913); Nicht dein Herz nach seinem Wunsche, nach der Pflicht frag dein Gewissen (1913); Gewitter und Krieg. Ein Vergleich (1914); Worauf gründet sich in dem uns aufgezwungenen gegenwärtigen Kriege unsere Siegeszuversicht? (1914); Inwiefern lässt der bisherige Verlauf des Weltkriegs den Sieg der Deutschen erwarten? (1915).

Wes Geistes Kind die Lehrerschaft in jenen Tagen war, zeigt der Eintrag des Rektors der evangelischen Schule in der Schulchronik Anfang August 1914: „Der große Weltkrieg. Mit Gott für Kaiser und Reich. Krieg! Mit elementarer Gewalt klingt es durchs deutsche Land. Das Gewitter, dessen bleierne Schwüle schon lange auf uns lastete, nun ist es losgebrochen. Der Donner rollt, die Blitze zucken. Dass es so weit kam, wahrlich es ist nicht deutsche Schuld. Gott weiß es, dass unser Volk und sein Kaiser an der Spitze den Frieden geliebt und gewollt hat bis zuletzt. Aber es kann der Beste nicht im Frieden leben, wenn es dem bösen Nachbar nicht gefällt“.

Die älteren Schüler der Oberrealschule und des Domgymnasiums meldeten sich im Sommer 1914 fast ausnahmslos, teils nach Ablegung eines Notabiturs, an die Front. Viele davon verloren in den Gefechten ihr Leben, wie der Obersekundaner Ludwig Linck, der im Dezember 1914 im Schützengraben bei Ypern tödlich verwundet wurde. Bis zum Ende des Kriegs starben 46 Schüler der Oberrealschule im Feld. Auch die jüngeren, noch an den

Lehranstalten verbliebenen Schülerinnen und Schüler wurden in die Pflicht genommen, sei es als Erntehelfer oder seit 1915 als Sammler von Eicheln, Obstkernen oder Weißdornfrüchten. Je länger der Krieg dauerte, umso häufiger wurden die Jungen und Mädchen auch als normale Arbeitskräfte in landwirtschaftlichen Betrieben eingesetzt.

## Versorgung der Soldaten

Da nahezu jede Familie in Fulda einen Verwandten im Feld stehen hatte, gab es seit August 1914 eine öffentlich bekundete Solidarität zu jenen, die an der Front kämpfen mussten. Schon bald stellte sich für viele Fuldaer die Frage „Was schicken wir unseren Soldaten". Ein alter Kriegsteilnehmer des Feldzuges von 1870/71 empfahl insbesondere Zigarren und Tabak, daneben aber auch kondensierte Milch in Büchsen, Kakao, Schokolade, saure Bonbons, haltbare Wurst, Seife, Wollsocken (keine Baumwolle), Handtuch und Taschentuch. Die als „Liebesgaben" bezeichneten Sendungen an die Soldaten wurden von der Fuldaer Geschäftswelt als einnahmeträchtiger neuer Markt erkannt. Alle größeren Warenhäuser offerierten in großformatigen Anzeigen ihre Produkte von Handschuhen über Westen und Hosenträger bis hin zu Wurstkonserven, deutschem Kognak, Tabak und Musikinstrumenten zum Versand an die im Feld stehenden Angehörigen.

Neben der Hilfe durch das Verschicken von Produkten des täglichen Bedarfs gab es seit August 1914 größere Unterstützungsmaßnahmen, die von privater wie öffentlicher Seite getragen wurden. Die Palette der Aktionen war dabei höchst unterschiedlich

*Fuldaer Zeitung, 10. Februar 1915*

# Persil
für
Verwundeten-Wäsche

Zur Verwundetenpflege gehört auch die gründliche Desinfektion und Reinigung der Wäsche und Verbandstoffe. Hierfür ist Persil das geeignetste Waschmittel, da es nicht nur wäscht und Blut und Eiter spielend entfernt, sondern zugleich alle

**Krankheitskeime tötet.**

Auch Liebesgaben, wollene Strümpfe, Puls-, Kniewärmer usw. wasche man, ehe sie ins Feld geschickt werden, mit **Persil**, um Blutvergiftungen vorzubeugen und angenehmeres Tragen zu ermöglichen. Billig im Gebrauch, da weitere Waschzutaten, wie Seife, Seifenpulver usw. nicht erforderlich!

HENKEL & Cie., DÜSSELDORF,
auch Fabrikanten der bekannten **Henkel's Bleich-Soda.**

*Fuldaer Zeitung, 10. April 1915*

und in keiner Weise koordiniert. Stattdessen versuchten viele, einfach nur Gutes zu tun, sei es durch Geldspenden oder aber durch das Stricken von Wollsocken für die Soldaten des Fuldaer Artillerieregiments. So riefen 1914 der Vaterländische Frauenverein und die Fuldaer Zweigstelle des Roten Kreuzes dazu auf, Gaben an die auf dem Fuldaer Bahnhof eingerichtete Erfrischungsstelle zu bringen, um den durchfahrenden hungrigen und durstigen Soldaten eine Zuwendung zu ermöglichen. Als erster der

*Verpflegungsstelle des Roten Kreuzes am Fuldaer Bahnhof, 1915 (StadtAFd)*

fuldischen Vereine beschloss die jüdische Vereinigung „Kasino" ihr gesamtes Barvermögen in Höhe von 275 Mark dem Roten Kreuz zu spenden. Auch wurde der größte Teil der Vereinsbibliothek zur Unterhaltung der Kranken zur Verfügung gestellt.

Gegen Ende des Kriegs, als die materielle Not in der Heimat immer schlimmer wurde, verschoben sich die Fürsorgeanstrengungen immer mehr von der Front zur Linderung der Not vor Ort. Der Fuldaer Zweigverein des „Katholischen Frauenbundes Deutschland" richtete in der Schulstraße 1 eine Flickstube für die „minderbemittelten Familien" ein. Ebenfalls der „Katholische Frauenbund" gründete 1918 eine Mütterberatungsstelle beim Säuglings- und Kinderheim in der Frankfurter Straße.

## Öffentliche Fürsorge

Der Bereich der öffentlichen Fürsorge der Stadt Fulda steckte im Ersten Weltkrieg noch in seinen Anfängen. Immerhin war bei den Kommunen eine eigene Kriegsfürsorge entstanden, die den Angehörigen der Soldaten regelmäßige Geldleistungen bei nachgewiesener Bedürftigkeit zukommen ließ. Es handelte sich dabei um Beträge für die Ehefrauen von monatlich mindestens 9 Mark. Auf dieser Basis zahlte die Stadt Fulda 1916 ca. 400.000 Mark, 1917 ca. 680.000 Mark und 1918 etwas mehr als eine Million Mark aus.

Aufrufe zur Beteiligung an reichsweiten Geldsammelaktionen gab es darüber hinaus in Fulda zu Genüge. So wurde für die Kriegsspende „Deutscher Frauendank" geworben, die Soldatenwitwen zugutekommen sollte. Die 1918 begründete Ludendorff-Spende war für die Kriegsbeschädigten bestimmt und als Ergänzung der staatlichen Fürsorge gedacht.

Eine aus heutiger Sicht skurrile, wenn nicht makabre Form der Unterstützung, war die Nagelung von Objekten. Gegen eine Spende konnten Nägel in eine Holzfigur geschlagen werden. Genagelt wurden lokale oder regionale Identifikationsfiguren wie der „Roland" in Bremen oder der „Köll´sche Boor" in Köln. Auch in Fulda sollte 1915 ein Nagelungsobjekt aufgestellt werden, allerdings konnte man sich nicht darauf einigen, was für eine Figur genommen werden sollte. Ob Bonifacius, Simplicius, der Fuldaer Drescher, das Stadtwappen, ein „Eisernes Kreuz" oder die „Knobelinchen", alle Vorschläge wurden diskutiert und wieder verworfen. So blieb von der Aktion nur ein umfangreicher, im städtischen Archiv verwahrter Aktenband.

## Die Lazarettstadt

Während des Kriegs wurde eine nicht näher zu beziffernde Zahl von mehreren Tausend Verwundeten in der Stadt versorgt. Neben der herkömmlichen medizinischen Betreuung im Landkrankenhaus gab es Reserve-Lazarette im Stadtschloss, dem Stadtsaal in der Orangerie, im Josefsheim, im Lehrerseminar (Leipziger Straße 2), auf dem Frauen-

*Lazarett im Stadtsaal, 1915 (StadtAFd, BA-15128)*

*Gedenkblatt im Ehrenbuch der gefallenen Mitglieder der Fuldaer Turnerschaft (StadtAFd, NL 97, Nr. 273)*

berg, im Mutterhaus der Barmherzigen Schwestern und im Herz-Jesu-Heim. Das Garnisonslazarett befand sich in der Wörthstraße 15 (heute Landratsamt).

Das Fuldaer Landkrankenhaus hatte eine Gesamtkapazität von 310 Betten, von denen etwa die Hälfte für die Versorgung der Verwundeten genutzt wurde. Angst hatte man insbesondere vor dem Ausbruch von Typhus- und Pockenepidemien. Deshalb wurden auch in Fulda Ärzte und Pfleger dazu angehalten, sich entsprechenden Impfungen zu unterziehen. Die befürchteten Epidemien blieben aus. Allerdings erfasste im Oktober 1918 die „Spanische Grippe" die Stadt, die zu mehreren Todesfällen führte. Insgesamt wurden im Fuldaer Landkrankenhaus etwa 5.000 Soldaten behandelt.

Am Schicksal der in Fulda behandelten Kriegsteilnehmer nahm die Stadt lebhaften Anteil. Durch die Spenden der Bevölkerung wurde es den Lazarettpatienten auch immer wieder ermöglicht, kleine Ausflüge zu unternehmen oder Konzerte zu hören. Ab 1915 trafen größere Lazarettzüge in Fulda ein. Hatte die Ankunft dieser Züge im Mai 1915 noch für tumultartige Szenen durch Neugierige gesorgt, so dürfte man sich in den nächsten

Jahren daran gewöhnt haben, so auch Ende Februar 1916 an den Zug mit 150 Verwundeten, die direkt von den Schlachtfeldern bei Verdun nach Fulda gebracht wurden.

## *Zwangsarbeit und Kriegswirtschaft*

Zwangsarbeit durch Kriegsgefangene gab es bereits im Ersten Weltkrieg, allerdings bezogen auf Fulda in weit geringerem Umfang als im Zweiten Weltkrieg. Durch die Einberufung der arbeitsfähigen Männer waren sowohl in der Landwirtschaft als auch in der Industrie und besonders der Rüstungsproduktion Engpässe entstanden, die durch den Einsatz von Zwangsbeschäftigten behoben werden sollten. Eine Aufstellung vom Juli 1916 zeigt, dass in Fulda nur relativ wenige Kriegsgefangene eingesetzt waren, so Belgier und Franzosen aus den Lagern Gießen, Meschede und Darmstadt in den Eisenbahnwerkstätten, den Emaillierwerken und beim Kloster Frauenberg.

Russische Kriegsgefangene waren im August 1918 in Gasthäusern sowie im Heilig-Geist-Spital untergebarcht. Einzelne russische Gefangene beschäftigten zu dieser Zeit der Bau- und Fuhrunternehmer Alfons Wiegand, das Herz-Jesu-Heim, der Schuhmacher Franz Althaus und das Farbengeschäft Jakob Plaut. Im Gegensatz zum Zweiten Weltkrieg gab es Mindeststandards bei der Unterbringung und Verpflegung, die den Zwangsarbeitern Schutz vor Willkürbehandlung boten. Über das Verhältnis der Fuldaer Bevölkerung zu den Zwangsarbeitern ist wenig bekannt. Nachgewiesen sind Fälle, in denen es zu einer Flucht kam, wie im Januar 1916, als vier russisch-polnische Zwangsarbeiter aus Heimweh von der Domäne Ziehers fliehen konnten, am Fuldaer Bahnhof aber wieder aufgegriffen wurden.

## *Die Haltung der Kirchen*

Die nationale Begeisterung und die Kriegseuphorie der Augusttage machte auch vor den Kirchen nicht halt. Zu dieser Zeit fehlte es in Fulda an mutigen Persönlichkeiten, die sich dem Kriegstreiben und der alle gesellschaftlichen Bereiche erfassenden Kriegsrhetorik widersetzten. Aufgrund ihrer starken Stellung in Fulda hätten hier insbesondere die katholische Kirche und der Ortsbischof Dr. Joseph Damian Schmitt ihre kritische Stimme erheben müssen.

Stattdessen zeigte sich Schmitt im November 1914 in der „Fuldaer Zeitung“ zufrieden darüber, dass die nach Gottes Zulassung und Fügung erfolgte Herausforderung zu einer für Deutschland günstigen Zeit gekommen sei, „indem sein in langem Frieden durch rastloses Schaffen erworbener Wohlstand, verbunden mit einer zur gleichen Zeit in weiser Vorsicht gepflegten Kriegsbereitschaft, die Mittel bot, auch mit an Zahl überlegenen Feinden den Kampf aufzunehmen. Oder dürfen wir, nach allem, was wir in den durchlebten schweren Wochen erfahren haben, in der unerreichten Kriegsausbildung und der wunderbaren Kriegsausrüstung nicht ein Geschenk Gottes erblicken?“

Für weite Teile des katholischen Bildungsbürgertums war in Fulda inzwischen nicht Bonifatius, sondern Kaiser Wilhelm II. die Identifikationsfigur, die in einer Zeit, die mit der Industrialisierung den heftigsten gesellschaftlichen Wandel in der Geschichte erlebte, Orientierung bot. Der Krieg wurde insbesondere von den katholischen Bischöfen als ein Kampf gegen die rationale Moderne gedeutet, in der für den Gottesglauben immer weniger Platz sei. Der Kampf diente aus dieser Perspektive zur Läuterung von der Sünde, die eine immer säkularer werdende Welt auf sich geladen hatte. Mit zunehmender Kriegsdauer und deutschen Misserfolgen auf den Kriegsschauplätzen wurde eine religiös motivierte Deutung der Katastrophe immer schwieriger. Insofern nahmen die Verlautbarungen der Bischöfe, wie der Allerseelen-Hirtenbrief des Jahres 1916, den die Deutsche Bischofskonferenz am Grab des Heiligen Bonifatius verkündete, eine nachdenklichere Haltung ein.

Unabhängig von dem fehlenden Mut der Kirchenführung sowohl auf katholischer wie protestantischer Seite muss betont werden, dass in vielen Bereichen aus christlicher Caritas viel an Unterstützung geleistet wurde. Dies gilt für die Priester und Pfarrer bei der Seelsorge ebenso wie für die zahlreichen kirchlichen und kirchennahen Verbände. Zudem ließen zahlreiche Ordensangehörige und Priesterseminaristen bei den Kämpfen ihr Leben. So wurden von der Thüringischen Franziskanerprovinz 232 Personen zum Militär einberufen, um dort in der Seelsorge, dem Sanitätsdienst oder auch an den Waffen eingesetzt zu werden. Darunter waren 28 Gefallene zu beklagen. Das Priesterseminar, das seit 1916 eine eigene Zeitung für seine im Felde stehenden Seminaristen unterhielt, verlor durch den Krieg 34 seiner Alumnen.

## Steckrübenwinter und Kriegskochbücher

Verkauf von
Kriegswurst
(unter Zusatz von Grütze oder Kartoffelmehl)
im städtischen Schlachthofe
Samstag von 8—12 Uhr u. in der Metzgerei Franz Schultheis, Hinterburg von 12 Uhr ab. Preis pro Pfund Mark 0.80 und 1,00.
Der Magistrat.
Nahrungsmittel-Versorgungsstelle.

*Fuldaer Zeitung, 7. Juli 1916 (StadtAFd)*

Mit einer bemerkenswerten Naivität hinsichtlich der Versorgung ihrer Bevölkerung wählten die politisch und militärisch Verantwortlichen in Berlin die Kriegsoption. Es zeichnete sich schon im Laufe des Jahres 1914 ab, dass die von den Briten initiierte Blockadepolitik drastische Auswirkungen auf die Lebensmittelzufuhr hatte. Ebenso machte sich in der Landwirtschaft durch die Einberufung der wehrfähigen Männer ein drama-

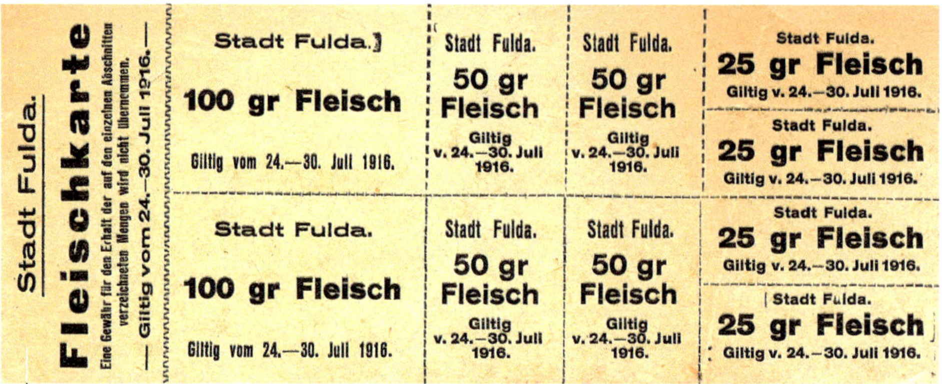

Fleischmarken der Stadt, 1916 (StadtAFd, ZGS)

tischer Arbeitskräftemangel bemerkbar. Schließlich war auch eine zunächst völlig ungesteuerte Verteilungspolitik auf Reichs- und Länderebene dafür verantwortlich, dass ab 1915 die Lebensmittelfrage alle anderen Themen an der „Heimatfront" verdrängte. Bereits 1914 war der Brotpreis erheblich gestiegen. Im Frühjahr 1915 wurde die Bevölkerung aufgerufen, kein Stück Brot zu vergeuden und auch die Kartoffeln vor dem Kochen nicht zu schälen, da hierdurch viel vergeudet werde.

Ende Februar 1915 wurde in Fulda die Brotkarte eingeführt. In dieser Zeit begannen auch die Instruktionen für die Hausfrauen in Form von Vorträgen und Zeitungsartikeln, sparsam mit den Lebensmitteln umzugehen. Hinter allem stand das Bemühen, die Bevölkerung in ihren Essgewohnheiten vom Weizenbrot auf das Roggen- und Kartoffelbrot umzustellen. Zudem sollten Haferflocken und Hafergrütze mehr als bisher für die Ernährung der Kinder verwendet werden. Aus Obstkernen versuchte man Öl herzustellen und rief deshalb zur Sammlung der Kerne von Kirschen, Pflaumen, Zwetschgen, Mirabellen, Reineclauden und Aprikosen auf.

Aufruf zur Obstkernsammlung (StadtAFd, ZGS)

Die Mangelwirtschaft in allen Bereichen führte zur Herstellung von Ersatzprodukten aller Art. So wurde den Fuldaer Verbrauchern die „Kriegswurst", die mit Grütze und Kartoffelmehl gestreckt war, in Zeitungsanzeigen schmackhaft gemacht. Trotz aller Werbung ließ sich das „Kriegsmus", ein mit Kohlrüben gestreckter Marmeladenersatz, selbst in der größten Hungers-

Mädchen Fuldas! Ahmet den Töchtern anderer Städte nach und gebt auch Eure Zöpfe fürs Vaterland!

*Fuldaer Zeitung, 14. März 1918 (StadtAFd)*

not nicht absetzen. Die Umstellung der Ernährung auf die Kartoffel musste zwangsläufig in die Katastrophe führen, da sich deren Verbrauch um mehr als das Doppelte steigerte. Da die Ernte des Jahres 1916 infolge der Kartoffelfäule weit unter der des Vorjahres lag, litten viele Menschen im Winter 1916/17 Hunger, der durch die Steckrübe, die in allen Variationen verarbeitet wurde, etwas gemildert wurde.

Während des Jahres 1917 war die öffentliche Stimmung in Fulda nicht zuletzt wegen der Versorgungslage auf einem Tiefpunkt angelangt. Viele Menschen waren durch den Hunger in ihrer körperlichen Verfassung so angegriffen, dass sie Opfer von Krankheiten wurden, die oftmals tödlich verliefen. Eine Statistik über diese Kriegsopfer an der „Heimatfront" liegt nicht vor und ist nachträglich auch nicht mehr zu erstellen, da in vielen Fällen die genauen Todesursachen nicht mehr zu ermitteln sind. Doch nicht nur das Essen fehlte, sondern alle Gegenstände des täglichen Bedarfs, von Fahrrädern und Spinnstoffen bis hin zu den Schuhen. Da das Leder fehlte, mussten sich die Fuldaer daran gewöhnen, in Holzschuhen das Haus zu verlassen.

## Kriegsende und Revolution

Im Oktober 1917 standen 2.543 Fuldaer im Feld, davon 1.050 Familienväter. Wie viele es insgesamt waren, lässt sich nicht mehr zuverlässig ermitteln. Eine von der Stadt Fulda 1919 durchgeführte Fragebogenerhebung über die fuldischen Kriegsteilnehmer ist unvollständig. Legt man diese zugrunde, so waren etwa 3.500 Soldaten aus Fulda und der Umgebung im Kriegsdienst. Davon kehrten 349 nicht mehr zurück. Zudem wurden 874 Soldaten verwundet.

Seit Juli 1918 musste man in Fulda Fliegerangriffe befürchten. Im Falle des Anflugs feindlicher Maschinen sollte der Turmwächter auf der Stadtpfarrkirche durch ein Sprachrohr „Flieger" rufen und die Bevölkerung warnen. Dies wurde allerdings schon bald als unzuverlässig angesehen, da der Wächter mit seinem Ruf bei einem Probealarm nicht in die äußeren Stadtteile drang. Trotz der Entbehrungen und der erregten Stimmung kam es in Fulda bis zum Kriegsende nicht zu Ausschreitungen. Das in seine Fuldaer Garnison heimkehrende 47. Artillerieregiment wurde Ende November 1918 feierlich begrüßt. Im

*Ehrenpforte in der Frankfurter Straße für die zurückkehrenden Feldartilleristen, 1918 (StadtAFd, BA-7990)*

Einvernehmen mit dem Arbeiter- und Soldatenrat hatte OB Dr. Antoni das Programm des Empfangs gestaltet: Fichtenschmuck auf den Straßen, Fahnen an den Häusern und Ehrengeleit für die Truppen. Mit Revolution hatte dies alles wenig zu tun.

# XXII

# In der Weimarer Republik (1918–1933)

Mit dem Ende der monarchischen Ordnung in Deutschland nach der Abdankung Kaiser Wilhelms II. und der Ausrufung der Republik durch Philipp Scheidemann am 9. November 1918 hatte sich ein revolutionärer Umschwung in kürzester Zeit vollzogen. Unklar war allerdings, ob das künftige politische System in Form einer parlamentarischen Demokratie oder einer Räterepublik organisiert werden sollte. Ein aus Vertretern des rechten und linken Flügels der Sozialdemokraten (MSPD und USPD) gebildeter „Rat der Volksbeauftragten“ hatte am 14. November in einem Aufruf an das deutsche Volk verkündet, dass die aus der Revolution hervorgegangene Regierung ein sozialistisches Programm verwirklichen wolle. Mit Gesetzeskraft wurden u.a. die Freiheit des Wortes und der Schrift sowie die der freien Versammlung verkündet. Als die USPD das Zweckbündnis Ende des Jahres verließ und sich die MSPD mit den alten Ordnungskräften des Militärs und der Polizei zusammentat, um revolutionäre Ausschreitungen zu verhindern, eskalierte die Situation in den Großstädten wie Berlin und München. Der Berliner Spartakusaufstand wurde blutig niedergeschlagen, Rosa Luxemburg und Karl Liebknecht ermordet.

## *Arbeiter- und Soldatenrat*

Von diesen Gewaltexzessen war man in Fulda weit entfernt. Am 10. November erging ein Aufruf an die „Bürger und Soldaten von Fulda“, unterzeichnet von drei Militärs sowie dem Stadtverordneten Edmund Rühl, dem Volksvereinssekretär Wilhelm Frank und dem Schneidermeister Wilhelm Spielmann für den Arbeiterrat. Darin verkündeten sie, dass sich in Fulda beim Feldartillerieregiment durch freie Wahl ein Soldatenrat gebildet habe. Zusammen mit einem noch nicht gewählten und daher vorläufigen Arbeiterrat wolle man für Ruhe und Ordnung sowie Schutz von Leben und Eigentum sorgen. Die Gesetze blieben in Kraft und die bisherigen Behörden im Amt. Man bitte die Bevölkerung, sich allen Anordnungen der Räte zu fügen. Dies gelte auch für alle Behörden. Der Aufruf

**Bürger von Fulda!**

**Am Mittwoch den 13. November,**

**vormittags 10 Uhr,** findet im **mittleren Schloßhof** eine

**große Volksversammlung**

statt.

Es soll deren vornehmste Aufgabe sein, den **Arbeiterrat** zu wählen, der in der Uebergangszeit die Geschicke unserer Stadt und unter späterer Hinzuwahl eines **Bauernrats** auch die des **Kreises Fulda** in die Hand nehmen soll.

Alle männlichen Personen der Stadt, die sich am Eingang zum Schloßhof durch Lebensmittelausweis oder Militärpapiere ausweisen müssen, haben Zutritt zu der Versammlung und sind wahlberechtigt.

Mitbürger! Eine verantwortungsvolle Entscheidung hat die Volksversammlung zu treffen. Es ist daher Pflicht eines jeden zu erscheinen und sein Wahlrecht auszuüben.

**Fabriken** und **Werkstätten** sind **vormittags zu schließen,** doch muß erwartet werden, daß die Arbeiter am Nachmittage wieder ihrer Berufsarbeit nachgehen.

Alle Geschäfts- und Büroinhaber sind verpflichtet, ihren Angestellten freie Zeit zur Ausübung des Wahlrechts zu geben.

**Stimmzettel werden am Eingang zum Schloßhof verteilt.**

**Alle ernsten Männer, die um das Wohl und Wehe der Bürgerschaft Fuldas besorgt sind, wollen es als Ehrensache betrachten, an Versammlung und Wahl teilzunehmen.**

**Ernst ist die Stunde, heilig die Pflicht!**

Der vorläufige Arbeiterrat:

**Edmund Rühl,** Stadtverordneter.

**Wilh. Frank,** Volksvereinssekretär.

**Wilh. Spielmann,** Schneidermeister.

*Aufruf zu einer Volksversammlung im Innenhof des Stadtschlosses am 13. November 1918 (StadtAFd, Bestand XIX E, Nr. 23)*

schloss mit dem Hinweis: „Bürger! Unterstützt die Räte in ihren schweren Aufgaben, und gehe ein jeder wie bisher seinem Berufe nach!“.

Unbeeindruckt davon versammelte Oberbürgermeister Dr. Antoni seine leitenden Beamten am 11. November im Stadtschloss und teilte ihnen mit, dass die Geschäfte wie bisher weiterliefen und man vom Arbeiter- und Soldatenrat keine Anordnungen entgegennehmen solle. Die bereits genannten Vertreter des vorläufigen Arbeiterrats riefen für den 13. November zu einer großen Volksversammlung in den Schlosshof auf, um dort einen Rat zu wählen. Eingeladen waren alle männlichen Einwohner der Stadt, von denen etwa 2.500 dem Aufruf folgten. Die Versammlung, die offenbar ruhig verlief, brachte von den 2.315 abgegebenen Stimmen eine Mehrheit für den Vorschlag des vorläufigen Arbeiterrats (1.246) gegenüber der Liste der USPD (395). Auf 674 Stimmzetteln war der Listenvorschlag geändert worden. Insgesamt zeigte die unter großer Beteiligung (allerdings ohne Frauen) zustande gekommene Wahl, dass die gemäßigten Kräfte des Wandels gegenüber den Sozialisten etwa das Dreifache an Stimmen erhielten. Neben Edmund Rühl wurde der Maschinist Karl Remm zum zweiten Vorsitzenden des Arbeiterrats gewählt.

Am 16. November informierte der Arbeiter- und Soldatenrat den Magistrat darüber, dass er zusammen mit einem noch zu wählenden Bauernrat die höchste Vollzugs- und Kontrollgewalt an sich genommen habe. Drei Tage später teilte der Magistrat in der Antwort mit, dass er den Rat anerkenne und sich ihm unterstelle. Dr. Antoni betonte, dass er die untergeordneten Dienststellen darauf hingewiesen habe, das gute Einverständnis zwischen der Stadtverwaltung und den Räten nicht zu stören. Auch die Stadtverordnetenversammlung fügte sich am 18. November der neuen Ordnung.

Der Arbeiter- und Soldatenrat, der ein eigenes Geschäftszimmer im Stadtschloss erhielt, übte in den folgenden Monaten eine Kontrolle der Tätigkeit der Stadtverwaltung aus und kümmerte sich auch um den Aufbau einer Bürgerwehr. Dr. Antoni war Polit- und Verwaltungsprofi genug, um sich den Räten nicht entgegenzustellen. Stattdessen beantragte er Ende Dezember für „die Kosten der Revolution" einen Betrag von 25.000 Mark in den Haushalt zu setzen, damit die „Mühewaltung der Arbeiterräte" im Dienste der Stadt entsprechend honoriert werden könne. Nicht zuletzt wegen des geschmeidigen Verhaltens von Dr. Antoni blieb es auch in der emotional aufgeladenen Phase im Frühjahr 1919 in Fulda ruhig, sodass die zahlreichen Wahlen dieses Jahres reibungslos verliefen.

Gerade diese Kompromissbereitschaft des Fuldaer Arbeiter- und Soldatenrats war es, die innerhalb der Rätebewegung zu Konflikten führte und eine Neuwahl des Arbeiterrats am 6. April 1919 notwendig machte. Wahlberechtigt waren Männer und Frauen über 20 Jahren, deren Jahreseinkommen 10.000 Mark nicht überstieg. Gegen den alten Arbeiterrat formierte sich eine Liste aus „Männern des werktätigen Volks" unter dem Malermeister Fridolin Krönung, die den bisherigen Rat in einem Flugblatt als Feind der Arbeiterklasse, als rückständige Geister, Kompromissler und Techtelmechtelnaturen beschimpfte. Diese Liste erhielt etwas mehr als ein Drittel der Stimmen, während die hinter dem Gewerkschaftssekretär Peter Stahl versammelten bürgerlichen Parteien über 60% Zustimmung auf sich vereinigten.

In der sich formierenden Weimarer Republik mit ihren demokratischen Gremien verloren die Arbeiterräte reichsweit ihre Legitimation. Dies galt auch für Fulda spätestens zu dem Zeitpunkt, als sich im September 1919 nach der Kommunalwahl ein aus einer demokratischen Wahl hervorgegangener Magistrat formiert hatte. Somit stand einer Auflösung des Fuldaer Arbeiterrats zum 30. September 1919 nichts mehr im Wege.

*Wahlplakat der DDP für den 24. April 1919 (StadtAFd, Nachlässe Nr. 57)*

Die politische Willensbildung hatte sich bis dahin in Fulda besonders stark in den Vereinen und Gewerkschaften entwickelt. Das „katholische Milieu“ lebte auf diese Weise bis in die Weimarer Republik fort, sodass die Forschung den Fuldaer Katholizismus als Vereinskatholizismus klassifizierte. Eine Übersicht des Jahres 1919 über die gewerkschaftlich organisierte Arbeiterschaft zählte bei den „freien Gewerkschaften“ 2.726 Mitglieder, bei den „christlichen Gewerkschaften“ 4.220. Bei ersteren dominierten der Deutsche Metallarbeiterverband und der Deutsche Eisenbahnerverband mit 1.010 bzw. 924 Mitgliedern, bei den zweiten der Zentralverband christlicher Bauarbeiter und der Christliche Metallarbeiterverband mit 850 bzw. 750 Mitgliedern.

Übersetzt man diese gewerkschaftliche Verteilung in die Zustimmung der Arbeiterschaft für die politischen Parteien, so wäre ein Verhältnis von etwa 60% Anhägern des Zentrums und der Rechtsliberalen (DVP, DNVP) zu 40% Anhägern der Sozialdemokraten, Sozialisten, Kommunisten und Linksliberalen (DDP) zu erwarten.

Zu einer ersten Abstimmung nach dem neuen Wahlrecht, das Männer und Frauen ab dem 20. Lebensjahr die Wahl ermöglichte, kam es am 19. Januar 1919 bei der Wahl zur Verfassunggebenden Deutschen Nationalversammlung. Hierbei erreichte das Zentrum 56,7% der gültigen Stimmen. Es folgten die SPD mit 20,7%, die DDP (11,8%), die DNVP (7,3%), die USPD (2,3%) und die DVP (1,2%). Nimmt man das linke und linksliberale Lager (SPD, USPD, DDP) zusammen, so kam dieses auf 34,8%, das konservative Lager erhielt 65,2%.

*Margarete Grippentrog (StadtAFd, Bildarchiv)*

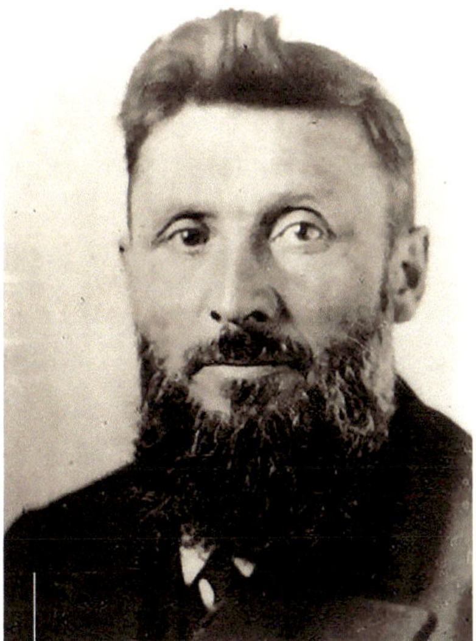

*Balthasar Mihm (StadtAFd, BA-1110)*

Diese Grundkonstellation von 2/3 „rechts“ zu 1/3 „links“ kann als Richtgröße des jeweiligen Wählerpotentials während der Zeit der Weimarer Republik in der Stadt Fulda gelten, während im Fuldaer Land die Mehrheit für das Zentrum erdrückend war und bei über 80% lag.

Bei der Reichstagswahl 1920 kamen das Zentrum auf 54%, die USPD auf 16,9%, die SPD auf 9,7%, die DDP auf 7%, die DNVP auf 6,5%, die DVP auf 5,7% und die KPD auf 0,2%. Erstaunlich ist in der Frühphase der starke Anteil der linken Sozialdemokratie und der DDP, die im Rechtsanwalt Dr. Rudolf Büttner und in der Lehrerin Margarete Grippentrog zwei Führungspersönlichkeiten hatte, die offenbar beim akademisch gebildeten Bürgertum und bei vielen jüdischen Wählern auf Rückhalt stießen. Zu den Mitgliedern der DDP gehörten angesehene Bankdirektoren wie Sally Bacharach oder Fabrikanten wie Justus Jacobson. Doch innerhalb von nur wenigen Jahren verlor die Partei einen Großteil ihrer Klientel und lag dann bei nur noch bei 2 bis 3% der Stimmen.

In der Frühphase der Weimarer Republik erwiesen sich die Fuldaer angesichts der instabilen Lage durch den Kapp-Putsch (1920), die Ermordung Matthias Erzbergers (1921) und Walter Rathenaus (1922) sowie den Hitler-Putsch (1923) als stabiler Faktor, der zur jungen Republik stand und den Extremismus von rechts und links verurteilte. Verantwortlich hierfür war im Wesentlichen, dass sich das katholische Milieu, als dessen Sprachrohr sich die Fuldaer Zeitung verstand, ebenso wie die Sozialdemokraten und die DDP auf die Seite der Weimarer Verfassung stellten.

Gerade bei den Kommunalwahlen gab es immer wieder Parteien, die das relativ fest erscheinende Parteiengefüge aufbrachen. 1919 erhielt eine Liste der Kriegsgeschädigten 9,1% der Stimmen. Die 1924 in Fulda angetretene Bürgerpartei, die sich ohne konkrete politische Aussagen für die Interessen des Mittelstands stark machte, erhielt 11,8%. Dieses zumindest bei lokalen Entscheidungen schwankende Wählerverhalten machte sich Balthasar Mihm zunutze, der wohl schillerndste Fuldaer Kommunalpolitiker der Weimarer Jahre.

Der aus dem Raum Rasdorf stammende Vater Mihms war in jungen Jahren nach Kassel gezogen, um bei den Henschel-Werken zu arbeiten. Durch den Anschluss Fuldas an das Bahnnetz und die damit einsetzende Industrialisierung gab es nun auch hier attraktive Arbeitsplätze, die ihn veranlassten nach Fulda zu ziehen, um als Schmied bei der Bahn zu arbeiten. Der Sohn Balthasar stieg bei der Bahn in die mittlere Beamtenlaufbahn auf und engagierte sich schon bald in der Politik, zunächst in der DDP, dann in der SPD. Als Mitglied im Magistrat und in der Stadtverordnetenversammlung sowie als Vorsitzender der SPD-Ortsgruppe machte er sich einen Namen. Allerdings kam er 1922 durch einen Eisenbahnerstreik unter seiner Führung in einen Konflikt zum Landesverband seiner Partei, der den Streik ablehnte und ihn seiner politischen Ämter enthob. Da die Fuldaer Ortsgruppe zu Mihm hielt, wurde sie von der Parteizentrale aufgelöst. Die örtliche Sozialdemokratie war somit gespalten und in der Folge kein nennenswerter Faktor mehr in der Fuldaer Kommunalpolitik der Weimarer Jahre. Als Schriftleiter der 1922 erstmals herausgegebenen „Fuldaer Neue Zeit“ versuchte Mihm publizistisch für die Interessen der Arbeiterschaft zu kämpfen. Die Zeitung musste allerdings schon nach einem halben Jahr ihr Erscheinen einstellen. Der von der Reichsbahn wegen des Streiks entlassene Mihm gründete eine Kohlenhandlung und wandte sich während der 1920er Jahre anthroposophischen und christlich-sozialen Ideen zu. Mit einer eigenen „Liste Mihm“ trat er unter der Bezeichnung Christliche-Soziale Reichspartei 1929 bei den Fuldaer Kommunalwahlen an, die knapp 10% der Stimmen und damit weitaus mehr als die SPD mit 7,1% erhielt. Bei den Wahlen im März 1933 errang seine Liste zwar noch zwei Mandate, auf die man aber unter dem Druck der reichsweiten Ereignisse im Rahmen der „Gleichschaltung“ im Herbst 1933 verzichtete. Mihm zog sich aus der Politik zurück und starb weitgehend unbekannt 1955. Als ein unbequemer und nie angepasster Politiker, dessen sozialreformerische Themen nur schwer mit der Tagespolitik und einer Parteiräson in Verbindung zu bringen waren, ist Mihm in der Geschichte der Fuldaer Kommunalpolitik eine Ausnahmeerscheinung.

Die stabile Stellung, die das Zentrum bei den Wählern hatte, erlitt in der zweiten Hälfte der 1920er Jahre einen Dämpfer. Beim Volksentscheid über die entschädigungslose Enteignung des Fürstenvermögens, für die sich die SPD und KPD aussprachen und über die emotional diskutiert wurde, erreichten die beiden Parteien eine Zustimmung von 33,7%, ein Ergebnis, das mehr als doppelt so hoch lag als deren Wahlergebnis bei der Reichstagswahl 1924. Das Zentrum, das seinen Anhängern zur Wahlabstinenz geraten hatte, musste hier eine erste kleine Niederlage hinnehmen. Die Krise schien sich zu verfestigen, als das Zentrum bei der Reichstagswahl im Herbst 1930 erstmals und das einzige Mal zwischen 1919 und 1933 mit 47% die absolute Mehrheit verfehlte. Ihr war mit der NSDAP (13,1%) und der VRP (Reichspartei für Volksrecht und Aufwertung, 13,3%), einem Sprachrohr der Inflationsgeschädigten, nach der Weltwirtschaftskrise 1929 eine ernsthafte Konkurrenz auf der rechten Seite erwachsen. Unter dem Eindruck des Aufstiegs der NSDAP konnte das Zentrum am Ende der Weimarer Republik seine Stammwähler wieder mobilisieren und erreichte bei den beiden Reichstagswahlen von 1932 jeweils wieder ca. 53%, die das reichsweite Ergebnis der Partei mit ca. 15% weit übertrafen.

Bei den Wahlen zum Amt des Reichspräsidenten stimmten im März 1932 71 % der Fuldaer Bevölkerung für die Empfehlung des Zentrums Paul von Hindenburg, während sich 14,3% für Adolf Hitler entschieden. Letzterer erhielt im zweiten Wahlgang immerhin schon 20% und damit aber schon den Höchststand, den er oder seine Partei bei freien Wahlen in Fulda erzielen konnten.

## *Die wirtschaftlichen Folgen des Krieges*

Der Erste Weltkrieg zwang die großen Fuldaer Firmen wie Bellinger, Mehler und die Gummiwerke zur Umstellung auf die Kriegsproduktion. Die Zahl der Beschäftigten konnte in dieser Zeit sogar noch gesteigert werden, obwohl die kriegsfähigen Männer an der Front standen. Mit der Rückkehr der Soldaten in die Heimat waren die freien Plätze schnell wieder besetzt, zumal sich aufgrund der Spätfolgen des Kriegs die Auftragslage für viele Betriebe rapide verschlechterte. Die Inflation des Jahres 1923, daneben aber auch die politisch unruhigen Phasen der Weimarer Republik und die große Weltwirtschaftskrise Ende der Zwanziger Jahre gefährdeten die seit dem letzten Drittel des 19. Jahrhunderts andauernde positive wirtschaftliche Entwicklung Fuldas nachhaltig. Eine schleppende Inlandsnachfrage und Schwierigkeiten auf dem Auslandsmarkt waren regelmäßig wiederkehrende Hemmnisse, denen sich die Fuldaer Industrie nach 1918 ausgesetzt sah. Die Folgen waren auch hier Massenarbeitslosigkeit und dadurch hervorgerufene Probleme bei der Finanzierung von Sozialleistungen. Zwischen 1927 und 1932 musste man im Bereich der Stadt Fulda einen Rückgang der gewerblichen Arbeitnehmer um 26% von 9.355 auf 6.960 verzeichnen. Die Zahl der Empfänger von Arbeitslosenunterstützung erhöhte sich zwischen 1.1.1929 und 1.1.1930 um über 66% von 513 auf 855. Am 31.12.1932 waren in Fulda 1.694 Personen (etwa 6% der Bevölkerung) auf Wohlfahrtsunterstützung angewiesen. Zum selben Stichdatum lag die Zahl der Arbeitslosen in der Stadt bei etwa 10%.

Die Zwanziger Jahre sahen somit auch in Fulda als Antwort auf die vielen Kriegsversehrten und die stark angestiegene Arbeitslosigkeit das Bestreben der Politik, die Sozialleistungen auszubauen. Hatte 1914 der jährliche Zuschussbedarf für das städtische Wohlfahrtswesen 24.000 Mark betragen, so stieg die Finanzierung dieses Sektors über

480.000 RM (1927) auf 1,067 Millionen RM 1932. Der letztgenannte Wert erreichte 85% der gesamten Fuldaer Steuereinnahmen. Somit war die öffentliche Fürsorge innerhalb nur eines Jahrzehnts von einem kleinen Haushaltsposten zu dem maßgeblichen Ausgabesektor geworden.

Diese relativ intensive kommunale Förderung, die sich auch in der Gründung eines städtischen Wohlfahrtsamtes 1928 zeigte, könnte die Erklärung dafür sein, dass in Fulda trotz aller Probleme keine sozialen Spannungen offen zutage traten. Dies lag auch daran, dass die großen Betriebe (Gummiwerke, Emaillierwerke, Mehler, Filzfabrik, Gebrüder Stern, Wachswerke Eickenscheidt, Maschinenfabrik Hartmann) zwar immer wieder in Schwierigkeiten kamen, aber nicht zusammenbrachen. Nach wie vor spielte der Industriesektor in der Stadt eine große Rolle. Von den dort 1927 gezählten 9.500 Beschäftigten arbeiteten 3.000 in der Textil-, 2.500 in der Metall- und 900 in der Wachsindustrie.

## *Sozialer Wohnungsbau*

*Georg-Antoni-Straße 15, Aufnahme 1914 (StadtAFd, BA-8336)*

Der soziale Wohnungsbau bildete einen wichtigen Bereich der öffentlichen Intervention zu Gunsten der Arbeiterschaft. Bereits Ende des 19. Jahrhunderts hatten der 1893 begründete „Spar- und Bauverein" sowie der 1899 ins Leben gerufene „Bauverein für den Kreis Fulda" Arbeiterwohnhäuser errichtet. Bis 1914 waren in deren Trägerschaft 44 Häuser mit 147 Wohnungen in der Georg-Antoni-Straße entstanden. Mit dem Beginn des Ersten Weltkriegs brach die Bautätigkeit abrupt ab.

Während der Zwanziger Jahre wurde der soziale Wohnungsbau jedoch weiter forciert. Es entstanden Projekte zugunsten der finanziell schwachen Mieter mit Typenhäusern für Kleinwohnungen, so am Zieherser Weg 33-57, an der Petersberger Straße sowie der Dientzenhofer- und Baugulfstraße, an der Leipziger Straße, Am

*Dientzenhoferstraße 3-7, Aufnahme 1931 (StadtAFd, BA-6992)*

Waldschlösschen und in städtischer Bauherrschaft im Kohlhäuser Feld und an der Wiesenmühlenstraße. Neben größeren Bauten errichteten die Genossenschaften aber auch Einzelhäuser für Kleinwohnungen. So entstanden 36 Einfamilienhäuser als Reihenhäuser Am Kleegarten. Während der 30er Jahre wurden mit staatlicher Förderung Kleinwohnungen in Typenhäusern am Gerloser Weg errichtet.

Ein Notquartier für die Ärmsten der Armen entstand zwischen 1925 und 1928 in der Sandhohle, wo Eisenbahnwaggons aufgestellt wurden, in denen man Wohnungen einrichtete. Die ungewöhnliche Maßnahme brachte dem Gebiet im Volksmund den Namen „Westbahnhof" ein. An das Quartier lagerten sich durch den Zuzug von Sinti und Roma Baracken an, die auch nach dem Krieg als Notunterkünfte dienten.

## Kreisfreiheit

*Landrat Heinrich von Gagern (StadtAFd, BA-428)*

Zwischen 1919 und 1933 stieg die Einwohnerzahl Fuldas von 25.000 Einwohnern auf knapp 28.300. Der Zuwachs von 13% in 14 Jahren zeigt eine deutliche Abflachung des Anstiegs gegenüber der Bevölkerungsexplosion zwischen 1880 und 1914, sodass durch den Wohnungsbau nicht mehr die enorme Flächenausdehnung der Stadt erfolgte wie noch in den Jahren vor dem Ersten Weltkrieg. Im Süden Fuldas vergrößerten sich dagegen die Produktionsanlagen der Firmen Mehler und Bellinger, der Gummiwerke und der Filzfabrik, sodass sich dieser Teil der Stadt zusammen mit dem ausgebauten Güter- und Rangierbahnhof im Luftbild als eindrucksvolles Industriegebiet präsentierte.

*Mutmaßlicher städtischer Ratsbecher aus dem 17. Jahrhundert (VM, IV K 23) (Foto: Daniel Bley)*

Mit der Zunahme der Bevölkerungszahl über die Marke von 25.000 wurde die Frage der Kreisfreiheit für das seit 1867 in den Landkreis eingegliederte Fulda akut, nachdem sie schon vor dem Ersten Weltkrieg immer wieder öffentlich diskutiert wurde. Die Kreisordnung für die Provinz Hessen-Nassau hatte nämlich allen kreisangehörigen Städten von mindestens 25.000 Einwohnern unter Ausschluss der aktiven Militärpersonen das Recht eingeräumt, für sich einen Stadtkreis zu bilden und aus dem Kreisverband auszuscheiden. Gleich nach Erreichen der magischen Grenze 1919 beschloss die Stadtverordnetenversammlung, einen entsprechenden Antrag in Kassel zu stellen, der vom Ministerium allerdings zunächst auf die lange Bank geschoben wurde, da eine Neufassung der Kreisordnung im Raum stand. Da durch die Inflation des Jahres 1923 die weitere wirtschaftliche Entwicklung nicht abzusehen war, ließ die Stadt den Antrag zunächst ruhen. Als sich 1926/27 eine Konsolidierung der Verhältnisse abzeichnete und kein finanzielles Risiko durch die Kreisfreiheit zu erwarten war, griff die Stadt das Thema wieder auf und trat mit der Kreisverwaltung in ernsthafte Verhandlungen mit Rückendeckung des Ministeriums.

Zwar war der Landkreis nicht begeistert über den Wunsch der Stadt, doch eine rechtliche Handhabe hatte man nicht. So appellierte der Kreisausschuss an den Patriotismus der Städter und „gab dem lebhaften Bedauern Ausdruck, dass das 1000jährige Band, welches Stadt und Kreis Fulda zu einer Einheit zusammengefasst hatte, nunmehr gelöst werden soll." Man solle doch bedenken, ob in dieser schwierigen Zeit, in der man die Kräfte zur Stärkung der kommunalen Bezirke zusammenfassen müsse, eine Trennung sinnvoll sei. Zudem mache man darauf aufmerksam, dass die Stadt Fulda ihre kulturelle und wirtschaftliche Bedeutung in erster Linie der Eigenschaft als Herz und Mittelpunkt des Fuldaer Landes verdanke. Dieser ideelle Gesichtspunkt spräche daher für das weitere Zusammenbleiben im Landkreis. Das Ausscheiden der Stadt wäre eine schwere Schädigung des Restkreises, der ohne Fulda nur mehr als ein Zweckverband von 114 mehr oder weniger armen Rhön- und Vogelsbergdörfern anzusehen sei. Die Traditionen des alten Fuldaer Landes könne ein solcher Restkreis nicht mehr übernehmen, sie würden in der Folge allein auf der Stadt Fulda ruhen, die ihrerseits kaum in der Lage sein dürfte, sie so weiterzuführen, wie es der Gesamtkreis vermochte.

Die Vertreter der Stadt betonten kühl, dass man sich alles gut überlegt habe. Es stünden erhebliche ideelle und materielle Interessen auf dem Spiel. Insbesondere die Kreissteuer belaste die Stadtbürger sehr. Intern hatte man errechnet, dass die gegeneinander aufgerechneten Mehr- und Minderbelastungen unter dem Strich zu einem jährlichen Plus von etwa 70.000 RM für die Stadtkasse führten. Die schwierigen finanziellen Verhandlungen zwischen Stadt und Kreis wurden am Ende damit gelöst, dass sich die Stadt verpflichtete, für vier Jahr dem Kreis jährlich 50.000 RM zu überweisen. Hier standen ursprünglich weitaus höhere und länger zu zahlende Beträge in der Diskussion. Am Ende der Auseinandersetzungen stand die zum 1. April 1927 in Kraft getretene Kreisfreiheit Fuldas, die von Dr. Antoni überschwänglich kommentiert wurde. In einem Rundschreiben an alle städtischen Bediensteten verkündete er: „Der heutige Tag ist einer der denkwürdigsten in der Geschichte unserer Stadt. Mehr als ein Jahrtausend hindurch war sie ein selbständiges Gemeinwesen bis eine Verordnung der kurhessischen Regierung sie dem Landkreise verband. Nunmehr ist sie aus eigener Kraft gewachsen und emporgestiegen, aus der Gebundenheit an ein anderes Gemeinwesen wieder gelöst und dadurch noch kräftiger und freier geworden…".

Zur Feier gab die Stadt ein großes Festmahl, an dem auch Landrat von Gagern teilnahm. Mit dem nur ganz selten hervorgeholten Fuldaer Ratspokal des 17. Jahrhunderts prostete der Oberbürgermeister dem Landrat zu und versicherte ihm, dass die Stadt auch weiterhin dem Kreis in treuer Freundschaft verbunden sei.

## *Ein neuer Oberbürgermeister*

1930 endete nach 36 Jahren die Amtszeit von Dr. Georg Antoni, der mit Erreichen des 68. Lebensjahrs aus dem Dienst ausschied. Sein Nachfolger wurde Dr. Franz Danzebrink. Der 1899 in Prüm (Eifel) geborene Jurist hatte sich in Fulda 1925 nach einer vorhergehenden Tätigkeit als Anwalt auf die Stelle eines juristischen Hilfsarbeiters beworben. 1926 wurde er im Range eines Magistratsassessors als Beamter in den städtischen Dienst übernommen. Ihm oblag in dieser Funktion die Bearbeitung sämtlicher Rechtsangelegenheiten sowie die Leitung des Fürsorgewesens. Durch die Stadtverordnetenversammlung wurde er im März 1930 mit 18 von 32 Stimmen zu Antonis Nachfolger gewählt. Er war damals mit 31 Jahren der jüngste Oberbürgermeister in Deutschland. Der Wahl vorausgegangen war ein tiefes Zerwürfnis innerhalb der Fuldaer Zentrumspartei um den geeigneten Kandidaten. Für Danzebrink setzte sich vor allem der Chefredakteur der Fuldaer Zeitung Dr. Johannes Kramer ein. Nach der Wahl titelte der nationalsozialistische „Fuldaer Beobachter“ unter Anspielung auf den wirtschaftsfreundlichen Wahlgewinner: „Dr. Danzebrink, Oberbürgermeister von Judas Gnaden“. Mit Danzebrink, so die Zeitung, sei der „Kandidat des Fuldaer Judentums“ ins Amt gekommen. Der neue Oberbürgermeister ließ sich von den schwierigen Umständen seiner Wahl zunächst nicht beirren und betrieb bis 1933 eine nüchterne Sachpolitik, die darauf abzielte, die hohe städtische Schuldenlast, die infolge der Weltwirtschaftskrise 1929 stark angewachsene Arbeitslosigkeit und die Wohnraumprobleme in den Griff zu bekommen. Als pragmatischer Sachpolitiker hielt sich Dr. Danzebrink eher im Hintergrund, so dass ihm von der historischen Forschung seine Unauffälligkeit als besonderes Kennzeichen bescheinigt wurde, eine Eigenschaft, die ihn für die Nationalsozialisten in Fulda besonders interessant machte.

*Oberbürgermeister Dr. Franz Danzebrink, um 1935 (StadtAFd, BA-197)*

## Der Aufstieg der NSDAP

Eine Fuldaer Ortsgruppe der NSDAP bildete sich im März 1925 mit zehn Personen in einem kleinen Zimmer des Evangelischen Gemeindehauses. Treibende Kraft war Karl Ehser. Der gelernte Schlosser, Sohn eines Sattlers aus dem Kreis Torgau, hatte sich 1919 zunächst der SPD angeschlossen und war im Deutschen Eisenbahnerverband gewerkschaftlich aktiv. Von 1923 bis 1925 gehörte er der nationalsozialistischen Freiheitsbewegung an, um dann als einer der ersten der neu gegründeten NSDAP beizutreten. Stolz verwies Ehser in seiner Amtszeit als Bürgermeister auf die frühe Mitgliedsnummer 5793. Zusammen mit dem aus Großenlüder stammenden Lehrer Rudolf Jordan, dem späteren Gauleiter von Halle-Merseburg, gab Ehser die Richtung der NSDAP in Fulda vor.

Nummer 34. 2. Jahrgang Einzelpreis 25 Pfg. Fulda, 4. Juli 1931.

Fuldaer Beobachter

Erscheint jeden Sonnabend. Im Streikfalle oder bei Eintritt höherer Gewalt kein Anspruch auf Nachlieferung oder Erstattung eines entsprechenden Entgelts.

Für Freiheit, Wahrheit und Recht

Bezugspreis: monatlich 1.— Reichmark einschließlich Bestellgeld. Anzeigenpreis: 1 Millimeter Raum der fünfgespaltenen Zeile 8 Pfennige, im Textteil 15 Pfennige.

Nationalsozialistische Wochenschrift für Fulda und Nachbargebiete

Verantwortlich für den Fuldaer Teil: Theodor Tolki, Hünfeld, Fuldaer Berg 32 Für den übrigen Teil und für den Druck: Heinrich Schiller, Steinbach-Hallenberg.

*Die NS-Wochenschrift „Fuldaer Beobachter“ wurde 1929 von Rudolf Jordan gegründet und erschien bis 1931 (StadtAFd)*

Im katholisch geprägten Umfeld stieß die neue Partei zunächst auf energischen Widerstand. Diese „Kampfzeit“, in der sich die kleine Ortsgruppe heftigem politischen Gegenwind in Fulda ausgesetzt sah, wurde im Nachhinein als notwendige Prüfung stilisiert, um „gestählt“ aus diesen Auseinandersetzungen hervorzugehen. Neben dem Vorsitzenden Ehser hatten anfangs noch der Schlosser Gustav Schuch, der Inspektor Fritz Rodemer und der Elektromonteur Karl Müller durch ihre Parteiämter eine hervorgehobene Stellung inne. Erstmals öffentlich in Erscheinung traten die örtlichen Hitler-Anhänger schon 1924, als der spätere Präsident des Volksgerichtshofs Roland Freisler über „Klassenkampf und Rassenkampf“ in Fulda referierte. Noch im gleichen Jahr lud eine Fuldaer Ortsgruppe der „Nationalsozialistischen Freiheitsbewegung Großdeutschlands“ zu einer Wahlversammlung mit dem Reichstagsabgeordneten Theodor Vahlen ein.

*Bürgermeister Karl Ehser, 1934 (StadtAFd, BA-30795)*

Obwohl die Fuldaer NSDAP immer wieder versuchte, mit Vorträgen überregional bekannter Nationalsozialisten wie Gregor Strasser und Robert Ley öffentliche Aufmerksamkeit zu erzielen, blieb die Resonanz weiterhin gering. Zur Kommunalwahl 1929 stellte die NSDAP neben Jordan, Ehser und Müller mit dem Tierarzt Johannes Rhode, dem Arbeiter Raimund Mayer, dem Schlosser Jakob Willhardt und dem Telegraphenhandwerker Martin Altstadt insgesamt sieben Kandidaten, die einen Sitz in der Stadtverordnetenversammlung erhielten. Dabei war die NSDAP bei dieser Wahl gerade einmal auf einen

*Plakat für eine Veranstaltung mit Roland Freisler, 1924 (StadtAFd)*

Stimmenanteil von 2,8 Prozent gekommen. Die Partei erreichte in Fulda offenbar nur jene Teile der Arbeiter- und Handwerkerschaft, die bisher nicht organisiert waren und meist auch keine familiären Wurzeln in der Stadt und im Fuldaer Land hatten. Die starke Verankerung weiter Teile der Bevölkerung in christlichen Gewerkschaftsorganisationen sowie der energische Widerstand des Zentrums verhinderten in der Spätphase der Weimarer Republik trotz der Weltwirtschaftskrise und im Gegensatz zum reichsweiten Trend eine Ausbreitung der Nationalsozialisten im Fuldaer Land.

*Mobiles „Propagandahäuschen" der Fuldaer NSDAP-Ortsgruppe vor der Michaelskirche, 1929 (StadtAFd)*

# XXIII

# Unter der Diktatur des Nationalsozialismus (1933–1945)

*Fulda ist keine schwarze Stadt mehr!*

(Gauleiter Karl Weinrich anlässlich des Kreistags der NSDAP in Fulda, 1939)

## Die Machteroberung 1933

Fünf Wochen nach der Ernennung Adolf Hitlers zum Reichskanzler fanden am 5. März 1933 Reichstagswahlen statt, die man wegen des im Wahlkampf von den Nationalsozialisten ausgeübten Terrors gegenüber den anderen Parteien nicht mehr als freie Wahlen ansprechen kann. Hierbei erreichte die NSDAP reichsweit 43,9 % der Stimmen, in Fulda aber nur 26,9 %. Das Zentrum hatte mit 51,9 % nach wie vor die absolute Mehrheit. Als am 7. März Angehörige der SA und der SS verlangten, die Hakenkreuzfahne auf dem Stadtschloss zu hissen, verweigerte Oberbürgermeister Dr. Danzebrink dies zunächst, gab aber dann doch dem Druck von SA-Leuten, die sich Zutritt zum Schlossturm verschafft hatten, nach. Die Darstellungen über das genaue Geschehen gehen allerdings auseinander. Danzebrink selbst betonte nach dem Krieg, dass er die Hissung gewaltsam durch Einsatz einer Polizeimannschaft und mit seiner Drohung, von der Schusswaffe Gebrauch zu machen, verhindert habe. Am nächsten Tag sei dann vom Kasseler Regierungspräsidenten der Befehl gekommen, die Flaggenhissung zu dulden. Die „Fuldaer Zeitung“ schrieb am 9. März 1933 von einem „Verlangen“ der SA und

*Fackelzug durch die Friedrichstraße während des Kreisparteitags der NSDAP, 1939 (StadtAFd, BA-15761)*

der SS unter Leitung des Ortsgruppenführers zum Aufziehen der Flagge. Danzebrink habe dem „Ersuchen“ nicht nachgegeben, sondern die Entscheidung der Regierung in Kassel überlassen. Am Abend des 7. März hätten sich dann SA-Leute Zutritt zum Schlossturm verschafft und unter dem Protest der Stadtverwaltung bei Fackellicht die Hakenkreuzfahne gehisst. Am Vormittag des 8. März sei die Belassung der Fahne durch das Regierungspräsidium in Kassel in aller Form angeordnet worden.

**Kommunalwahlen**

Anlässlich der Wahl zur Fuldaer Stadtverordnetenversammlung am 12. März 1933 veranstaltete das Zentrum eine Großkundgebung, auf der die prominentesten Kommunalpolitiker, vor allem Domkapitular Dr. Thielemann, Dr. Danzebrink und Heinrich Gellings um die Wählerstimmen warben. Die „Fuldaer Zeitung“ berichtete über die Veranstaltung am 12. März unter der Überschrift „Das Symbol Fuldas ist das Christuskreuz“. Auf der Kundgebung sprach sich der Oberbürgermeister für die Erhaltung der kommunalen Selbstverwaltung aus. Einen direkten Angriff auf die NSDAP vermied er. Stattdessen wird er mit der Aussage zitiert, dass es zum Nutzen der Stadt sei, wenn das neue Parlament recht viele Männer und Frauen zähle, die neben einer großen Liebe zu ihrer Heimatstadt den Willen und die Fähigkeit zur sachlichen und uneigennützigen Arbeit hätten. „Meine persönliche Aufgabe ... werde ich auch in Zukunft darin erblicken, mit allen Gutgesinnten, gleich welcher Parteirichtung, zusammenzuarbeiten“. Zugleich betonte Dr. Danzebrink, dass diese Arbeit auf dem Boden des Rechts erfolgen müsse. Die Kommu-

*Der Arbeitersekretär und spätere Bürgermeister Heinrich Gellings (StadtAFd, BA-454)*

*Stadtverordnetenvorsteher Richard Schultheiß (StadtAFd, BA-1554)*

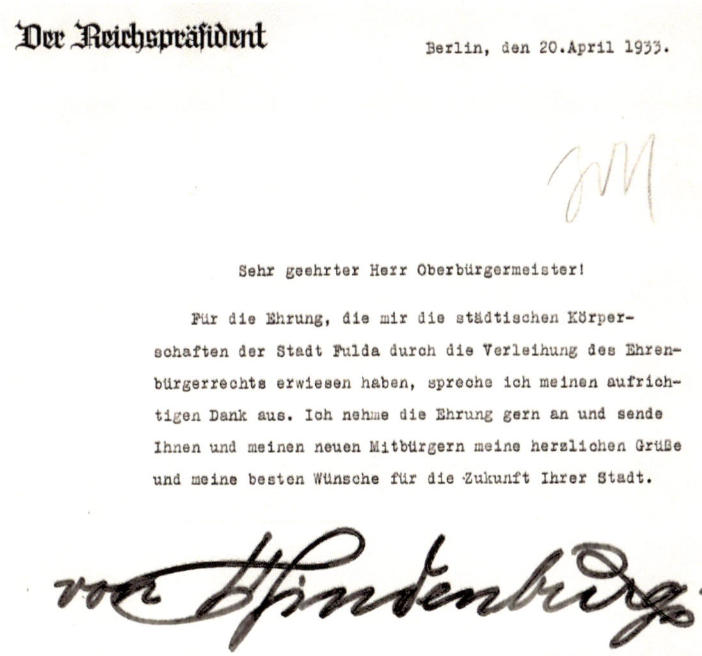

Der Reichspräsident

Berlin, den 20.April 1933.

Sehr geehrter Herr Oberbürgermeister!

Für die Ehrung, die mir die städtischen Körperschaften der Stadt Fulda durch die Verleihung des Ehrenbürgerrechts erwiesen haben, spreche ich meinen aufrichtigen Dank aus. Ich nehme die Ehrung gern an und sende Ihnen und meinen neuen Mitbürgern meine herzlichen Grüße und meine besten Wünsche für die Zukunft Ihrer Stadt.

von Hindenburg

*Dankschreiben des Reichspräsidenten von Hindenburg für die Verleihung der Ehrenbürgerwürde, 1933 (StadtAFd)*

nalwahl brachte mit 55,7 % der Stimmen einen deutlichen Sieg der Zentrumspartei, die 19 von 32 Sitzen in der Stadtverordnetenversammlung erhielt, während die NSDAP mit 23,5 % über acht Sitze verfügte. Die Liste von Balthasar Mihm erhielt zwei, die SPD, die KPD und die Evangelische Liste jeweils einen Sitz. Trotz dieser klaren Machtverhältnisse suchte das Fuldaer Zentrum die Annäherung zur NSDAP. Ob dies unter dem Druck der Ereignisse im Reich geschah oder die örtliche Einflussnahme auch in Fulda bereits zu diesem Zeitpunkt so massiv war, lässt sich den schriftlichen Quellen nicht entnehmen. Nach dem „Tag von Potsdam“ fand am 22. März 1933 ein Fackelzug durch Fulda statt, unter Teilnahme aller Vereine und Organisationen, ohne Unterschied der Konfessionen und der Parteizugehörigkeit, so heißt es zumindest im Bericht der „Fuldaer Zeitung“ vom nächsten Tag. Das Einvernehmen zwischen Zentrum und NSDAP zeigte sich nach außen hin auch bei der ersten Sitzung der neuen Stadtverordnetenversammlung am 30. März

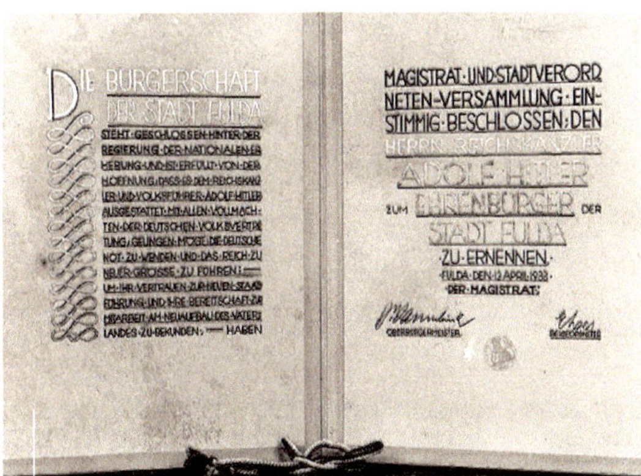

DIE BÜRGERSCHAFT
DER STADT FULDA
STEHT·GESCHLOSSEN·HINTER·DER
REGIERUNG·DER·NATIONALEN·ER
HEBUNG·UND·IST·ERFÜLLT·VON·DER
HOFFNUNG, DASS·ES·DEM·REICHSKANZ
LER·UND·VOLKSFÜHRER·ADOLF·HITLER
AUSGESTATTET·MIT·ALLEN·VOLLMACH-
TEN·DER·DEUTSCHEN·VOLKSVERTRE
TUNG, GELINGEN·MÖGE, DIE·DEUTSCHE
NOT·ZU·WENDEN·UND·DAS·REICH·ZU
NEUER·GRÖSSE·ZU·FÜHREN;
UM·IHR·VERTRAUEN·ZUR·NEUEN·STAATS
FÜHRUNG·UND·IHRE·BEREITSCHAFT·ZUR
MITARBEIT·AM·NEUAUFBAU·DES·VATER
LANDES·ZU·BEKUNDEN, HABEN

MAGISTRAT·UND·STADTVERORD
NETEN-VERSAMMLUNG·EIN-
STIMMIG·BESCHLOSSEN; DEN
HERRN REICHSKANZLER
ADOLF HITLER
ZUM EHRENBÜRGER DER
STADT FULDA
·ZU·ERNENNEN.·
·FULDA·DEN·12.APRIL·1933·
·DER·MAGISTRAT:
OBERBÜRGERMEISTER
BEIGEORDNETER

*Urkunde über die Ehrenbürgerschaft Adolf Hitlers, Foto 1933 (StadtAFd, BA-758)*

1933, auf der man den bisherigen Vorsteher Richard Schultheiß (Zentrum) ebenso wie den neuen Stellvertreter Wilhelm Witte (NSDAP) einstimmig wählte, während die SPD und die KPD ihre Mandate nicht mehr wahrnehmen konnten. Gewählt wurden auch die unbesoldeten Beigeordneten Franz Enders (Zentrum) und Karl Ehser (NSDAP). Oberbürgermeister Dr. Danzebrink freute sich, dass nunmehr eine weitgehende Front der gemeinsamen Arbeit und der Zusammenfassung der willigen Kräfte gefunden worden sei.

Einstimmigkeit herrschte auch bei der Sitzung der Stadtverordneten am 12. April 1933, in der auf Antrag der NSDAP „in Anbetracht der großen Verdienste" dem Reichspräsidenten Paul von Hindenburg und dem Reichskanzler Adolf Hitler die Ehrenbürgerwürde verliehen wurde. Zudem wurde die Bahnhofstraße in Hindenburgstraße und der Friedrichsmarkt (heute: Unterm Heilig Kreuz) in Adolf-Hitler-Platz umbenannt. Die Taufrede zur Einweihung des Adolf-Hitler-Platzes hielt am 1. Mai 1933 der Oberbürgermeister, der das „bedeutungsvolle Werk, das Adolf Hitler so hoffnungsfreudig begonnen habe" lobte.

Dr. Danzebrink sprach auch bei der Einweihung der Schlageter-Anlange am Waldschlösschen, die nach dem Freikorpsführer Albert Leo Schlageter benannt worden war, der während der Ruhrbesetzung Sabotageakte gegen die Franzosen organisierte und nach seiner von einem französischen Militärgericht verfügten Hinrichtung 1923 von den Nazis zu einem „Blutzeugen der Bewegung" stilisiert wurde. Mit seiner Tat, so der Oberbürgermeister, habe Schlageter inmitten der Leidenszeit des deutschen Volkes eine neue deutsche Front geschaffen: „Sein Name ... soll uns eine Mahnung bleiben und ein Gelöbnis zugleich: Alles für Deutschland".

### Neuordnung der städtischen Gremien

Nach der Auflösung der Zentrumspartei ordnete Dr. Danzebrink im Benehmen mit Karl Ehser die Besetzung der Vertretungsorgane neu. Nachdem der bisherige Beigeordnete Franz Enders (Zentrum) vom Regierungspräsidium keine Bestätigung für seine Wahl bekommen hatte, besetzte die NSDAP mit Ehser und Fritz Odenwald nun beide Beigeordnetenposten. Der glühende Nazi Ehser wurde zum Polizeidezernenten ernannt, eine in der Folge für die örtlichen Gegner der neuen Machthaber lebensbedrohliche Entscheidung.

Auch im Magistrat wurden für ausscheidende Zentrumspolitiker NSDAP-Leute eingesetzt. Der Stadtverordnetenvorsteher Richard Schultheiß (Zentrum) musste seinen Platz für den bisherigen Stellvertreter Wilhelm Witte (NSDAP) räumen, der nach seinem Wegzug aus Fulda durch den Oberstudienrat Christian Schweikart ersetzt wurde. Prominentestes Opfer der nationalsozialistischen Kaperung der städtischen Gremien war Dr. Johannes Kramer, der als Chefredakteur der „Fuldaer Zeitung" und Erster Beigeordneter bis zuletzt den Nazis die Stirn geboten hatte. Er verließ zum 30. Juni 1933 den Magistrat und ließ sich bis Kriegsende in der Nähe von Aschaffenburg nieder, um sich dort fernab

Chefredakteur und Fuldaer Landrat
Dr. Johannes Kramer (StadtAFd, BA-986)

der Politik einem kleinen Landwirtschaftsbetrieb zu widmen.

Kramers politischer Ziehsohn Dr. Danzebrink hatte sich hingegen zum Bleiben entschlossen und war in dieser entscheidenden Phase der Machtübernahme die Schlüsselfigur, die notwendig war, um der völligen Umkehrung des Wählerwillens vom 12. März 1933 den Anschein der Legitimität zu geben. Dass er dies nur widerwillig tat, zeigt ein Brief der Fuldaer Kreisleitung der NSDAP vom 14. Juli 1933 an Danzebrink, in dem dieser nach der Auflösung der Zentrumspartei „im Interesse Ihrer eigenen Person" gezwungen wurde, den Magistrat und die Stadtverordnetenversammlung mit nachrückenden Nationalsozialisten zu besetzen.

*Wiedereinsetzung von Rudolf Jordan (vorne, Mitte) in seine Rechte als Volksschullehrer, 1933 (StadtAFd, BA-906)*

Die Stadtverordnetensitzung vom 21. Juli 1933 war im Beisein des Gauleiters von Halle-Merseburg Rudolf Jordan, des Landrats Dr. Hans Burkhardt und des Kreisleiters Heinrich Gernand eine Machtdemonstration der NSDAP. „Der Grundzug der Sitzung war … weniger die Erledigung der Anträge, sondern die offizielle Machtübernahme durch die Nationalsozialisten in der Fuldaer Stadtverordnetensitzung", so die „Fuldaer Zeitung". Der Oberbürgermeister konstatierte in dieser Sitzung, dass mit einer atemberaubenden Schnelligkeit das Dritte Reich Adolf Hitlers entstanden sei. Der stürmische Elan der Bewegung sei das Fundament, auf dem sich dieses Reich aufbaue. Wo früher viele hineingeredet hätten, seien heute der Wille und die Tatkraft des Führers maßgebend. Der neue Staat stelle auch die Gemeinden in die breite Front des staatlichen Aufbauwillens. Die Aufgabe eines Gemeindevorstandes bestehe in erster Linie darin, den Willen der Staatsregierung zu befolgen und die Verwaltung nach den Grundsätzen der nationalsozialistischen Idee auszurichten. Nach einem dreifachen „Sieg Heil" auf Hindenburg, Hitler und Hermann Göring (in dessen Funktion als preußischer Ministerpräsident) vereidigte Dr. Danzebrink die neuen Magistratsmitglieder.

Anlässlich des Besuchs des Oberpräsidenten von Hessen-Nassau Prinz Philipp von Hessen in Fulda am 1. August 1933 rühmte der Oberbürgermeister die Leistungen und Erfolge der nationalsozialistischen Regierung. Magistrat und Stadtverordnetenversammlung hätten der Gleichschaltung und dem Aufbau der deutschen Volksgemeinschaft dadurch Rechnung getragen, „dass auf dem Wege einer offenen, ehrlichen und friedlichen Verständigung die Umbesetzung der Körperschaften sich vollzog". Dr. Danzebrink, der bis Januar 1933 noch entschieden gegen die NSDAP aufgetreten war, sah nun ein halbes Jahr später die damalige Konfrontation als überwunden an. Das Gedankengut der nationalsozialistischen Bewegung, das auf dem Gesetz der Verbundenheit deutschen Blutes und deutschen Glaubens beruhe, hätte auch in Fulda früher Boden gewonnen, wenn manche Missverständnisse nicht bestanden hätten. In Fulda habe es zu keiner Zeit eine marxistische Misswirtschaft gegeben. „Hier war stets ein Kulturboden echter und guter deutscher Art, hier wurde immer gekämpft gegen Rotfront und Reaktion. Ich bedaure nur, daß durch Missverständnisse, die nun endgültig weggeräumt sind, dieser gemeinsame Gedanke des Schaffens für das große Werk der deutschen Volksgemeinschaft hier erst seit kurzem Raum gefunden hat".

## *Die Stabilisierung der Nazidiktatur (1934–1935)*

Nach der Ausschaltung der Stadtverordnetenversammlung durch das Preußische Gemeindeverfassungsgesetz vom 15. Dezember 1933, das keine gewählten Gemeinderäte, sondern ernannte Stadträte kannte, die gegenüber dem Oberbürgermeister nur noch ein Beratungsrecht hatten, wurden in Fulda 14 Ratsherren auf Vorschlag der Gauleitung

*Feier zum zehnjährigen Bestehen der NSDAP-Ortsgruppe Fulda, 1934 (StadtAFd, BA-15350)*

von der Aufsichtsbehörde in Kassel bestellt. Die dauernde und enge Zusammenarbeit zwischen Gemeindeverwaltung und örtlicher Leitung der NSDAP wurde dadurch gewährleistet, dass der Stadtkreisleiter der NSDAP Ehser als gesetzlicher Stellvertreter des Oberbürgermeisters an der Leitung der städtischen Verwaltung maßgeblich beteiligt wurde. Mit der Ernennung von Ehser zum Bürgermeister und Kämmerer Ende April 1934 war die sukzessive Übernahme der städtischen Körperschaften und der Verwaltungsspitze durch die NSDAP ein Jahr nach den Märzwahlen 1933 abgeschlossen. Ehser leistete seinen Eid nicht mehr auf die Verfassung, sondern auf Adolf Hitler.

Die genau zwei Jahre nach der „Machtergreifung" erlassene Deutsche Gemeindeordnung vom 30. Januar 1935 bildete bis zum Ende des NS-Regimes die Rechtsgrundlage für das Handeln der Stadt und des Oberbürgermeisters. Die Ordnung berief sich in der Präambel zwar auf das Reformwerk des Freiherrn vom Stein, benannte aber als wichtigste Aufgaben der Kommunen die Unterordnung unter die Staatsziele, nämlich „in einem einheitlichen, von nationalem Willen durchdrungenen Volke die Gemeinschaft wieder vor das Einzelschicksal zu stellen". Wesentliches Merkmal der Ordnung war die Übertragung des Führerprinzips auf die Gemeindeverwaltung.

Bei der ersten Sitzung des Fuldaer Gemeinderats nach Erlass der Gemeindeordnung hielt Dr. Danzebrink eine Grundsatzrede, in der er die Ordnung als Markstein pries, die der Rechtszersplitterung in Deutschland ein Ende setze und sich künftig alles in den Gemeinden nach der gleichen Grundauffassung vollziehe.

### Die Rolle des Oberbürgermeisters

Nach dem Abschluss der „Gleichschaltung“ präsentierten sich Dr. Danzebrink und Ehser arbeitsteilig in der Öffentlichkeit. Ersterer zeigte sich als Verwaltungsfachmann, der die Kommunalfinanzen schrittweise in Ordnung brachte und die Arbeitslosigkeit bekämpfte. Letzterer organisierte die öffentlichen Veranstaltungen von den Maifeiern über die Treffen der „alten Kämpfer“ und die Parteitage bis hin zu den Besuchen regionaler und überregionaler Parteiprominenz. Sofern Dr. Danzebrink bei Parteiveranstaltungen auftrat, überließ er Ehser die markigen Worte und hielt sich zurück.

In dem politisch gefestigten katholischen Milieu Fuldas hatte sich die NSDAP von Beginn an schwergetan und auch noch im März 1933 keinen großen Rückhalt in der Bevölkerung. Das politische Personal der Partei um den Scharfmacher Ehser hatte als Bahnarbeiter, Handwerker, Angestellte oder Arbeiter in Politik und Gesellschaft der Stadt bisher keine Rolle gespielt. Das Fuldaer Bürgertum hielt erkennbare Distanz zu diesem Personenkreis aus „Emporkömmlingen“. Es bedurfte also dringend einer vertrauenswürdigen Person des alten Systems, um die bisherige Führungsschicht mit den neuen Machtverhältnissen zu versöhnen. Dies war der offenbar bei einem weiten Bevölkerungskreis als solide Persönlichkeit geschätzte Dr. Danzebrink, der zudem über exzellente Fachkenntnisse verfügte, um das Amt des Oberbürgermeisters auszuführen, ansonsten hätte man eine nicht kalkulierbare externe Lösung wählen müssen. Die „Doppelspitze“ Ehser-Danzebrink war somit genau die Konstellation, die half, um das NS-System in Fulda zu verankern.

In den beiden Lebensläufen der politischen Weggefährten Dr. Danzebrink und Dr. Kramer spiegeln sich die unterschiedlichen Möglichkeiten wider, die es im Umgang mit den neuen Machthabern gab. Der eine arrangierte sich, möglicherweise in der Hoffnung darauf, dass der Spuk bald vorbei sein könnte, aber wohl auch aus Angst um die eigene Karriere, der andere zog die Konsequenz und verweigerte sich der Mitarbeit an einem verbrecherischen Regime.

## *Die Herrschaft der Partei*

Bereits 1934 hatte die NSDAP ihr alle Lebensbereiche umfassendes Machtsystem in der Stadt fest etabliert. Unter dem Kreisleiter Ehser, der in der Bahnhofstraße 12 die Geschäftsstelle der Partei unterhielt, gab es vier Ortsgruppenleiter, die mit treuen Parteimitgliedern (Gustav Schuch, Fritz Rodemer, Andreas Schott und Martin Altstadt) besetzt waren. Daneben bestanden Kreisamtsleitungen der NS-Volkswohlfahrt (August Rüger), der Nationalsozialistischen Betriebszellenorganisation (NSBO) und der Deutschen Arbeitsfront (Jakob Willhardt), der NS-Frauenschaft (Lucie Rüger), des NS-Lehrerbunds (Christian Schweikart), des Amts für Beamte (Paul Kramer), der Kriegsopferversorgung (Karl Siebert) und der Handwerks-, Handels- und Gewerbeorganisation (Ernst Werner). Die SA Standarte

*Gauleiter Karl Weinrich vor der Hauptwache beim Kreisparteitag 1939 (StadtAFd, BA-15758)*

418 residierte unter ihrem Standartenführer Julius Zeich in der Oberrealschule am Heinrich-von-Bibra-Platz. Der SA Sturmbann unter seinen Sturmbannführern Wilhelm Schüßler und Wetzel hatte seinen Sitz in der Bahnhofstraße 13 und der Lindenstraße 13. Der von Lutz Uth geleitete HJ-Bann 167 war in der Kanalstraße 23 angesiedelt, während das Jungvolk unter seinem Führer Fritz Neumann eine Geschäftsstelle am Steinweg 3 unterhielt. Die SS war mit ihrem Sturmführer Hübner in der Kurfürstenstraße 36 präsent. Mitte der 1930er Jahre kamen noch der NS-Ärztebund sowie die Organisationen für die weiblichen Kinder und Jugendlichen im Untergau 167 des Bunds Deutscher Mädel (BDM) und des Jungmädelbunds (JM) mit Sitz in der Schulstraße 9 hinzu.

Einzelnummer 10 Pfennig

Fuldaer Zeitung

Kurhessische Tageszeitung Amtliches Kreisblatt für Stadt- und Landkreis Fulda

Nr. 138 | Montag, den 19. Juni 1939 | 66. Jahrg

Gauleiter Weinrich sagte:

„Fulda ist keine schwarze Stadt mehr!"

Dank und Verpflichtung für die Bewegung

Mit dem Gefühl innerer Genugtuung und stolzer Freude kann der Kreis Fulda der NSDAP auf seinen Kreistag zurückblicken, der am Samstag und Sonntag seinen Höhepunkt erreichte. Waren schon die voraufgegangenen Veranstaltungen, die von den Gliederungen der Partei getragen und gestaltet wurden, Ausdruck der Kraft und der einheitlichen Ausrichtung der nationalsozialistischen Bewegung in unserer engeren Heimat, so erbrachten die beiden letzten Tage jedem, der sie mit innerer Anteilnahme erlebte, den unumstößlichen Beweis dafür, daß das Fuldaer Land heute in seiner Ganzheit nationalsozialistisch ist. Es war für die gesamte Bevölkerung in Stadt und Land wohl das höchste Lob, als der Gauleiter in seiner Rede bei der Kundgebung am Domplatz klar und eindeutig feststellte, daß die Bezeichnung „schwarz" mit Bezug auf die Gesinnung des Fuldaer Landes heute keine Geltung mehr habe. Diese Tatsache, vom ersten Politischen Leiter des Gaues an dem Tage bestätigt, der für die Fuldaer Ortsgruppe der NSDAP der Erinnerungstag an einen fünfzehnjährigen Kampf um die Seele der Menschen in unserer Heimat bedeutet, ist aber zugleich die schönste Anerkennung für alle Männer und Frauen, die in schwerer, aufopferungsvoller Arbeit die Voraussetzungen für diesen historischen Wandel schufen. Darüber hinaus bedeutet aber dieses Wort für sie eine ernste Mahnung und eine heilige Verpflichtung, auch in der Zukunft das fortzusetzen, was sie so erfolgreich begannen und zu erhalten, was sie erkämpft.

*Fuldaer Zeitung vom 19. Juni 1939 (StadtAFd)*

In der Außendarstellung der NSDAP nahmen auf regionaler Ebene die mit großem Pomp gefeierten Kreisparteitage eine wichtige Stellung ein. Besonders aufwendig begangen wurde der Fuldaer Parteitag 1939 im Beisein des Gauleiters von Kurhessen Karl Weinrich, dem in diesem Jahr anlässlich des 15jährigen Bestehens der Fuldaer NSDAP die Ehrenbürgerwürde verliehen wurde.

## *Neuordnung des Schulwesens*

Äußeres Zeichen der Nazifizierung des Schulwesens war die Umbenennung der städtischen Volksschulen. Die Domschule erhielt den Namen Schlageter-Schule, die Stadtschule hieß fortan Hindenburg-Schule und die Evangelische Schule hatte als Namenspatron Horst Wessel. Ab 1935 waren durch Gesetz alle bisher bestehenden Mitwirkungsrechte städtischer Gremien bei der Verwaltung der Volksschulen aufgehoben und die Leitung der Geschäfte allein dem Oberbürgermeister übertragen worden.

Da den Schulen eine entscheidende Aufgabe bei der vormilitärischen Erziehung und Indoktrination der Kinder und Jugendlichen zukam, wurde nicht auf Parteilinie unterrichtendes Lehrpersonal systematisch aus dem Amt gedrängt und durch Kräfte, die dem neuen System gewogen oder ihm wie der Leiter der Oberschule für Mädchen Dr. Karl Bell glühend ergeben waren, ersetzt.

Zwei grundlegende Ziele der nationalsozialistischen Schulpolitik bestanden in der Aufhebung der Konfessionsschulen und der Einrichtung von nach Geschlechtern getrennten höheren Schulen für Jungen und Mädchen. In diesem Zuge wurden das evan-

*Das Kollegium der Oberschule für Mädchen mit dem Leiter Dr. Karl Bell (Mitte; StadtAFd, BA-15793)*

gelische Lyzeum und die Schule der Englischen Fräulein geschlossen und an ihre Stelle 1938 unter großem Protest der Beteiligten eine Oberschule für Jungen und eine getrennte Oberschule für Mädchen gesetzt. Die jüdischen Schüler wurden nur noch bis 1935 an höheren Schulen unterrichtet. Bis 1940 bestand noch die Jüdische Volksschule an der Von-Schildeck-Straße. An ihr unterrichtete der Lehrer Salli Weinberg im Januar dieses Jahres noch 19 Schülerinnen und Schüler.

## Der Fuldaer Heimatbund und die Gleichschaltung des Kulturlebens

Bei der Durchsetzung der nationalsozialistischen Herrschaft war die Kultur ein wichtiger Hebel, um mit Hilfe eines auf antimodernen Ressentiments aufbauenden Heimatbegriffs die Blut-und-Boden-Ideologie unters Volk zu bringen. Bis zum Kriegsausbruch 1939 leisteten die zahlreichen kulturellen Vereine trotz der schwierigen äußeren Umstände und einer schwindenden Mitgliederzahl einen wesentlichen Beitrag zum städtischen Kultur- und Konzertleben. Allerdings war auch hier der Eingriff der NSDAP recht früh spürbar. 1934 kam es zu einer Vereinbarung zwischen der Stadt Fulda und der NS-Kulturgemeinde, die sich verpflichtete, entsprechende Veranstaltungen selbst durchzuführen und dafür einen städtischen Zuschuss erhielt. Gedeihlich verlief diese Zusammenarbeit offenbar nicht. Der Fuldaer Ortsverband der Kulturgemeinde wurde daher im Herbst 1937 aufgelöst. Die Verantwortung zur Durchführung von Theater- und Konzertveranstaltungen übernahm die NS-Gemeinschaft „Kraft durch Freude“ (KdF) innerhalb der von Robert Ley geführten „Deutschen Arbeitsfront“ (DAF). Die Stadt Fulda und die KdF gründeten mit Wirkung vom 1. April 1941 eine „Kunstgemeinde“, die für die Durchführung eines Kulturprogramms im Sinne der NSDAP verantwortlich war. Außerhalb dieses Programms sollten von Seiten der Stadt keine eigenen Veranstaltungen kultureller Art unterstützt werden. Die KdF sorgte damit während des Krieges für die kulturelle Unterhaltung, die in der Regel aus Gastspielaufführungen (Oper, Operette und Schauspiele) im Stadtsaal bestand und um Dichterlesungen sowie Vorträge ergänzt wurde. Mit den großen Luftangriffen auf Fulda am 11. und 12. September 1944 kam der Spielbetrieb weitgehend zum Erliegen.

Es zeugt von der Hybris nationalsozialistischer Kulturpolitik, dass noch während des Krieges im Berliner Propagandaministerium darüber nachgedacht wurde, wie man nach Kriegsende in jeder deutschen Stadt über 20.000 Einwohnern ein repräsentatives Gebäude für Theater- und Konzertveranstaltungen errichten könne. Auf eine entsprechende Anfrage aus Berlin zu den Fuldaer Verhältnissen antwortete Oberbürgermeister Dr. Danzebrink 1940, dass ein Neubau mit 800 Plätzen den Fuldaer Verhältnissen am besten gerecht würde. Als Bauplatz böte sich der ehemalige Judenfriedhof an der Rabanusstraße oder der Platz der SA (heute Universitätsplatz) an. Bei letzterem könne man durch den Abbruch des dort noch stehenden Häuserviertels einen geeigneten Platz schaffen. Selbstverständlich kam die Stadtverwaltung im Folgenden nicht mehr zur Umsetzung der hochfliegenden Pläne.

## Das Vonderau Museum als Träger der Kulturarbeit

In den Dreißigerjahren war das Städtische Museum der einzige institutionell verankerte Träger und Vermittler von Kunst und Kultur. Das Museum ging zurück auf den Domkapitular und Bistumsverweser Konrad Hahne, der 1875 seine umfangreiche Fuldensien-Sammlung der Stadt Fulda mit der Maßgabe schenkte, dass diese sich verpflichtete, die Sammlungen öffentlich zugänglich zu machen. 1887 konnte das Museum das frühere Päpstliche Seminar, das im 19. Jahrhundert in eine Infanteriekaserne umgewandelt worden war, beziehen. In der dortigen Kapelle und dem darunterliegen Refektorium erhielten die Kunstobjekte geeignete Räume zur Präsentation. Mit dem Hauptlehrer Joseph Vonderau bekam das Museum seit 1901 einen Leiter, der als Archäologe eine hohe Reputation besaß und sich in der Folge für die Pflege und den Ausbau der städtischen Sammlungen engagierte. Als Dank wurde 1938 das Museum zu Vonderaus 75. Geburtstag nach ihm benannt.

Der Wandel des Museums von einer allein der heimatlichen Kulturgeschichte und Regionalforschung verpflichteten wissenschaftlich anerkannten und durch einen ehren-

*Städtisches Museum, Postkarte um 1910 (StadtAFd, BA-33314)*

amtlichen Leiter geführten Einrichtung hin zum Zentrum einer von der Ideologie des Nationalsozialismus geprägten, hauptamtlich geleiteten Organisation ist eng mit dem Namen Karl Maurer verbunden, der als Lehrer in Lauterbach und Abgeordneter der SPD im Landtag des Volksstaats Hessen 1933 zwangspensioniert worden war. Als Museumskustos und Stadtarchivar in Lauterbach hatte er dennoch in der NS-Zeit eine Bedeutung im Kulturleben erlangt, sodass man in Fulda auf ihn aufmerksam wurde und ihm hier die Verantwortung für die Ausgestaltung des Kulturlebens im nationalsozialistischen Sinne übertrug.

### Der Fuldaer Heimatbund

1941 vertraute man Maurer die Leitung des Vonderau Museums an. Gleichzeitig wurde er zum Geschäftsführer des neu begründeten Fuldaer Heimatbunds bestellt, der sich die Erforschung der Heimatgeschichte, die Förderung der Volkstumspflege und Dorfkunde, die Pflege der Kunst und des Kunsthandwerks, die naturwissenschaftliche Forschung und die Pflege der Familienkunde auf seine Fahnen geschrieben hatte. Zudem sollte er die Tätigkeit der zwangsweise in ihm zusammengeführten Vereine (Verein für Familien- und Wappenkunde, Verein für Naturkunde in Osthessen und Fuldaer Geschichtsverein) fortführen. Vorsitzende des Vereins waren Karl Ehser, Dr. Franz Danzebrink und Landrat

Fuldaer Heimatbund e.V.
Abteilung: Städtischer gemischter Chor
Mitgliedskarte
für ____________________
In schwerer Kriegszeit haben sich bei Wahrung der vollen Selbständigkeit ihrer Vereine die Mitglieder der Fuldaer Chorvereine zur Bewältigung größerer chorischer Aufgaben im Rahmen des Städtischen gemischten Chores zusammengeschlossen.

*Mitgliedskarte des Fuldaer Heimatbunds, 1941 (StadtA Fd, NL 87)*

Fuldaer Heimatbund e. V.

KÜNSTLER-ERHOLUNGSWERK

Gutschein

für einen Tag Wohnung · 1. und 2. Frühstück Mittagessen · Vesperkaffee · Abendessen und 10 % Bedienung

*Gutschein für das Künstlererholungswerk, 1941 (StadtAFd, NL 87)*

Otto Feuerborn. Für die einzelnen Fachbereiche wurden Abteilungsleiter bestellt, darunter honorige Wissenschaftler wie der Bibliothekar Dr. Joseph Theele, daneben aber auch stramme Nationalsozialisten wie der Lehrer Dr. Karl Bell für den Fachbereich Geschichte oder der Medizinalrat Dr. Leo Nobel für Medizin und Technik.

*Der Kunstmaler Fritz Pfeiffer (StadtAFd, BA-1246)*

Mit großem Elan ging Maurer daran, die städtische Kultur in allen Bereichen umzukrempeln. Eine Vielzahl von Vorträgen in den neugegründeten Abteilungen sollte dafür sorgen, dass die Heimatgeschichte unter nationalsozialistischen Vorzeichen in Stadt und Land verbreitet wurde. Durch die Neugründung eines Fuldaer Symphonieorchesters unter Paul Rübsam und eines Städtischen Frauenchors sollte auch die städtische Musikarbeit auf eine neue Grundlage gestellt werden. Im Zusammenwirken mit der Hitlerjugend entstand eine Singschule für Schülerinnen und Schüler unter Leitung von Hermann Schleiden.

Trotz der Vielfalt dieser Aktivitäten stand für Karl Maurer der räumliche und inhaltliche Ausbau des Museums im Vordergrund. Zu Ostern 1941 wurde das Museum nach der Winterpause in den renovierten Räumen des Stadtschlosses eröffnet. Die bis dahin fehlende Abteilung der aktuellen Malerei sollte durch regelmäßige Kunst- und Kunsthandwerkausstellungen des „Heimatbundes“ kompensiert werden.

Im Juni 1941 kann es deshalb zur ersten Fuldaer Kunst- und Kunsthandwerkausstellung. Dort waren die wichtigsten zeitgenössischen einheimischen Künstler mit ihren Werken vertreten, unter ihnen Albert Heinrich Kalb, Paul Klüber, Julius von Kreyfelt, Fritz Wolf, Pedro Schmiegelow, Jan Nils, Hugo Pfister, Fritz Pfeiffer und Dora Lammeyer. Für einige dieser Künstler waren Verkaufsausstellungen wie diese ein wichtiger Beitrag zum Lebensunterhalt.

Maurer plante darüber hinaus die Umwandlung des Vonderau Museums zu einem Kulturhaus, in dem neben einem großen Stadtmuseum auch eine Galerie, Übungssäle für Musikgruppen, eine Bibliothek und ein Theater- und Konzertraum mit 1.200 Plätzen untergebracht werden sollte. 1942 hatte man jedoch andere Probleme in der Stadtverwaltung, sodass eine Umsetzung ernsthaft nicht erwogen wurde.

**Enteignung von Kulturgut**

Im Zuge der nationalsozialistischen Repressionsmaßnahmen gegen den Franziskanerorden kam es in Fulda nach einer Reihe von Willkürmaßnahmen in Form von ungerechtfertigten Prozessen gegen einzelne Ordensangehörige im Dezember 1940 zur Schließung des Franziskanerklosters auf dem Frauenberg. Die Patres mussten am 14. Dezember das Kloster verlassen. Der Klosterbesitz einschließlich der Mobilien wurde durch die Gestapo beschlagnahmt. Bereits vier Wochen später zog dort eine Polizeischule der Sicherheitspolizei (SD-Schule) ein. Die Vermögenswerte des Klosters wurden durch Treuhänder der Gestapo verwaltet. Dies war zunächst der SS-Hauptsturmführer Friedrich Otten, später der Fuldaer Kaufmann Oswald Milker. Die SD-Schule verlagerte im Februar 1942 ihren Sitz von Fulda nach Prag. Anfang März 1942 bezog ein Reservelazarett die Räume des Klosters.

*Der Kaufmann und Politiker Oswald Milker (StadtAFd, BA-1112)*

Während des Jahres 1942 kann es nach Verhandlungen zwischen Bürgermeister Ehser und Oswald Milker zur Übergabe zahlreicher Kunstgegenstände aus dem Kloster als „Leihgabe“ an das Museum, vor allem Möbel und Gemälde. Die Objekte, soweit sie nach dem Krieg noch auffindbar waren, wurde im September 1945 wieder an das Kloster zurückgegeben. Karl Maurer hatte 1942 an der gesamten Immobilie des Frauenbergs Gefallen gefunden. Dieser war aus seiner Sicht wie geschaffen dafür, der Mittelpunkt für die Arbeit des Heimatbunds im Fuldaer Land zu werden. Im Kloster und der

Kirche sollten naturwissenschaftliche und technische Sammlungen sowie Werkstätten untergebracht werden. Die Umgebung der ummauerten Gartenanlage war zudem aus Sicht Maurers für die Anlegung eines Heimattiergartens bestens geeignet. Dieser Plan wurde allerdings nicht weiterverfolgt, da das Lazarett bis zum Kriegsende auf dem Frauenberg verblieb.

Ein düsteres Kapitel der Geschichte des „Fuldaer Heimatbundes" ist mit der Kunstsammlung des jüdischen Bürgers Friedrich Braunold verbunden. Dieser war 1919 von Burgpreppach in Franken als Kaufmann nach Fulda gekommen, wo er im Kaufhaus Leopold Eschwege angestellt war. Zusammen mit seiner aus Wertheim am Main stammenden Ehefrau Berta wurde Braunold am 8. Dezember 1941 nach Riga deportiert und mutmaßlich im Konzentrationslager ermordet. Braunold besaß eine umfangreiche Fayence- und Zinnsammlung, die nach der Deportation in den Räumen des Finanzamts Fulda verwahrt wurde. Für den „Fuldaer Heimatbund" interessierte sich Karl Maurer für die Sammlung, die im August 1942 der „Heimatbund" angeblich leihweise und als Pfleger für die in den Vereinigten Staaten lebenden Verwandten der Familie Braunold übernahm und sie im Luftschutzkeller des Stadtschlosses lagerte. Auch diese Gegenstände mussten nach dem Ende des Kriegs zurückgegeben werden.

### Gründung eines städtischen Kulturamts

Maurers Zentralisierungsbestrebungen mündeten im Dezember 1943 in einen Vorschlag an den Oberbürgermeister, alle städtischen Kultureinrichtungen unter seiner Ägide zusammenzufassen. 1944 errichtete Oberbürgermeister Dr. Danzebrink daraufhin ein Kulturamt, zu dessen Aufgaben neben der Verwaltung des Vonderau Museums, des Heimatbunds, der Volksbücherei und des Stadtarchivs auch die Sicherung der Bestände gegen Luftschäden, die kulturelle Betreuung der Gefolgschaftsmitglieder, die Verwaltung

*1200-Jahr-Feier im Stadtsaal, 1944 (StadtAFd, BA-15889)*

des städtischen Symphonieorchesters und Chores, die Künstlerförderung, die Einrichtung einer Bildergalerie und die Durchführung von Konzerten gehörte. Als Leiter des neuen Amts wurde Karl Maurer bestimmt, der damit auf dem Zenit seiner Macht war. Zum 1200jährigen Fulda-Jubiläum 1944 durfte Maurer die Festschrift verfassen, ein recht dürftiges Machwerk, das die reiche Fuldaer Geschichte in nationalsozialistischem Sinne uminterpretierte.

Mit dem Einmarsch amerikanischer Truppen in Fulda am 1./2. April 1945 war auch das Wirken des „Fuldaer Heimatbundes" jäh beendet. Die Stadt Fulda entließ Maurer aus ihren Diensten. Auf einer Mitgliederversammlung des „Heimatbundes" am 16. April 1946 im Marmorsaal des Stadtschlosses betonte Oberbürgermeister Erich Schmidt die Notwendigkeit der Auflösung eines Vereins, dessen Vorstandsvorsitzender der ehemalige Kreisleiter war und dessen maßgebliche Gründer politisch belastet seien. Zudem habe die Zusammenfassung ehemals selbstständiger Vereine dazu geführt, dass nicht die „schöpferische Eigenarbeit", sondern die „Gleichförmigkeit" gefördert wurde. Die Mitgliederversammlung beschloss daraufhin einstimmig die Auflösung des Vereins. Es bleibt der bemerkenswerte Umstand, dass Karl Maurer im Zusammenwirken mit Kreisleiter Ehser vor allem deshalb die städtische Kultur- und Kunstpolitik völlig dominieren konnte, da er bis auf das Vonderau Museum unter seinem fachlich und persönlich über alle Zweifel erhabenen und äußerst engagierten Leiter Joseph Vonderau keine funktionierende kulturelle Infrastruktur vorfand. Insofern füllten die Nationalsozialisten ein Vakuum, das ihnen die auf andere Bereiche konzentrierte Stadtpolitik bedenkenlos überließ. Dass Kunst und Kultur auch und vor allem politisch sein konnten und nicht nur dazu dienten, das antiquarische und schöngeistige Interesse einer kleinen Gruppe von Bildungsbürgern zu befriedigen, hatte die nationalsozialistische Kulturpolitik sofort erkannt. Die Instrumentalisierung von Heimat und Region zur Steigerung eines Nationalismus, der sich auch kulturell anderen Nationen überlegen fühlte und zur Erklärung dieser vermeintlichen Überlegenheit die germanische Frühgeschichte bemühte, hatte in Deutschland nach 1945 schlimmen Folgen. Die Orts- und Heimatgeschichte, selbst wenn Sie unter dem Etikett der Regionalgeschichte auftrat, war für Jahrzehnte in vielen Kreisen diskreditiert. Auch Heimat- und Regionalmuseen hatten unter dem Verdikt der rückwärtsgewandten Heimattümelei zu leiden.

## *Repression, Verfolgung und Mord*

Auf die Machtsicherung folgte der verstärkte Druck auf all jene, die nicht in das Weltbild der neuen Machthaber passten. Dazu zählten die ehemaligen Mitglieder der unter dem Druck der Nationalsozialisten aufgelösten Parteien vom Zentrum bis zur KPD, überzeugte Christen, Juden, Sinti und Roma, Homosexuelle, Pazifisten, kranke und behinderte Personen.

Den größten Widerstand musste die NSDAP aufgrund der starken Verwurzelung weiter Teile der Bevölkerung im kirchlichen Umfeld erwarten. Die Stimmungs- und Lageberichte der Gestapo sowie der Regierungspräsidenten und Landräte zeigen, dass man in den ersten Jahren nach der Machtübernahme hier die größte Gefahr sah, nicht in einem offenen Widerstand der kirchlich geprägten Bevölkerung, wohl aber in einer „Unterminierarbeit", wie es Ehser in einem Lagebericht 1934 bezeichnete. Offen bedroht wurde in der ersten Phase der Diktatur die „Fuldaer Zeitung", deren Redaktionsräume im Dezember 1933 verwüstet wurden. Mit Härte ging man früh auch gegen das Franziskanerkloster auf dem Frauenberg vor. 1935 wurden franziskanische Patres wegen angeblicher Devisenvergehen verhaftet und zu Gefängnisstrafen verurteilt.

Von Beginn der Machtübernahme waren Juden, Sinti und Roma sowie Behinderte Opfer nationalsozialistischer Zwangsmaßnahmen, die sukzessive zu einer Entrechtung führten, die in Tötung und Mord endete. Auf die vom Fuldaer Kreisamtsarzt Dr. Leo Nobel mit Eifer forcierten Zwangssterilisationen, von denen bis 1945 fast 500 im Fuldaer Landkrankenhaus vorgenommen wurden, folgte ab 1939 die Deportation von etwa 120 behinderten Kindern und Jugendlichen nach Haina, Merxhausen und Hadamar, wo viele von ihnen umgebracht wurden. Es war dem mutigen Eintreten der Oberin des Antoniusheims Adolfine Fabra zu verdanken, dass 65 der ihr anvertrauten Kinder vor dem Zugriff der Behörden versteckt und damit gerettet werden konnten.

## *Sinti und Roma*

1933 haben nach Schätzungen etwa 100 Sinti und Roma in Fulda gelebt, die vorwiegend in der Sandhohle an der Haimbacher Straße in Baracken wohnten. Die zunächst gegen die jüdische Bevölkerung gerichteten Nürnberger Rassegesetzte von 1935 galten seit Januar 1936 auch für die Sinti und Roma. Die ohnehin schon in der Bevölkerung vorhandenen Vorurteile gegen die „Zigeuner" wurden durch die staatlich angeordnete Repression noch verstärkt. Seit 1938 wurden die Sinti und Roma gezielt drangsaliert und durch die städtische

*Sinti und Roma in den Notunterkünften an der Sandhohle, 1931. (StadtAFd, Bildarchiv. Foto: Willms)*

Polizei verstärkt überwacht. Die hierbei mit Hilfe der Stadtverwaltung 1941 durchgeführte Registrierung, bei der auch rassebiologische Untersuchungen vorgenommen wurden, schuf die Voraussetzung dafür, dass der Erlass Heinrich Himmlers vom Dezember 1942, der die Deportation der in Deutschland lebenden Sinti in das Vernichtungslager Auschwitz-Birkenau befahl, schnell umgesetzt werden konnte. Am 23. März 1943 kam es zur Deportation von etwa 90 Personen. Nur wenige Sinti, die in einer „Mischehe" lebten, wurden verschont, allerdings wie deren Kinder zwangssterilisiert.

## *Die Jüdische Gemeinde*

Seit dem 19. Jahrhundert war die Zahl der jüdischen Bürgerschaft kontinuierlich angewachsen. Während 1802 bei 8.559 Einwohnern 237 Juden gezählt wurden (2,8 %), stieg deren Zahl bis Ende 1932 bei einer Gesamtbevölkerung von 28.254 Personen auf 1.119 (3,9 %). Im wirtschaftlichen und gesellschaftlichen Leben der Stadt nahm die jüdische Bevölkerung eine wichtige Rolle ein. Mit den Namen Baer, Becker, Eschwege, Katz, Nussbaum, Stern, Stiebel, Wallach und Wertheim sind bedeutende Geschäfte und Kaufhäuser verbunden, die prägend für die Fuldaer Innenstadt waren. Fabrikanten wie Isfried und Hermann Jacobsohn, Arthur Kayser, Max und Emanuel Stern sowie Edwin Stiefel bewiesen unternehmerischen Weitblick und trugen wesentlich zur wirtschaftlichen Blüte Fuldas im späten 19. und frühen 20. Jahrhundert bei.

*Der Generaldirektor der Mehler AG Arthur Kayser (StadtAFd, BA-822)*

Juden engagierten sich in Vereinen und waren während der Weimarer Republik auch in der städtischen Parteipolitik aktiv, vor allem in der liberalen Deutschen Demokratischen Partei (DDP). Söhne jüdischer Eltern wechselten von der Israelitischen Volksschule häufig auf die Oberrealschule und stellten dort einen bedeutenden Anteil an Abiturienten. 18 junge Männer aus Fulda starben an den Fronten des Ersten Weltkriegs. Jüdische Mädchen besuchten für die höhere Schulausbildung das Evangelische Lyzeum oder das Institut der Englischen Fräulein. Schon unmittelbar nach der Machtübernahme wurde auch in Fulda zu Boykottaktionen gegen jüdische Geschäfte aufgerufen. Die Hetze wurde medial über die „Fuldaer Nachrichten" betrieben, ein NS-Kampfblatt, dass allerdings schon Ende Januar 1934 eingestellt

*Edwin Stiefel, Mitbegründer der Firma Klein und Stiefel (StadtAFd, BA-1586)*

wurde. Dies reichte allerdings, um schlimmste antisemitische Hetze auch in Fulda salonfähig zu machen und jeden, der es wagte, für die jüdischen Mitbürgerinnen und Mitbürger Partei zu ergreifen, einzuschüchtern. Dies galt auch für die Redaktion der „Fuldaer Zeitung", die 1933 und 1934 noch Inserate jüdischer Geschäfte ebenso abdruckte wie Familienanzeigen. Erst mit der Übernahme der Chefredaktion durch den Gaupresseamtsleiter Meinardi und der Enteignung der bisherigen Eigentümer zugunsten eines Verlags der NSDAP 1935 diente fortan auch die „Fuldaer Zeitung" als Plattform antisemitischer Angriffe gegen die Juden Fuldas, die systematisch ausgegrenzt und zum Wegzug gedrängt wurden. Mit den Nürnberger Rassegesetzen wurde die Situation für die jüdische Bevölkerung immer prekärer.

Ziel der Schikanen war es, die jüdische Bevölkerung zu einer beschleunigten Auswanderung zu bewegen. Mit den Nürnberger Gesetzen waren Juden zu Bürgern zweiter Klasse degradiert worden. Ihre Lage wurde zunehmend schwieriger. 1936 lebten in Fulda noch 873 Juden, 1937 nur noch 803. Seit 1938 zeichnete sich eine weitere Stufe der Eskalation im Verhalten gegenüber der jüdischen Bevölkerung ab. Eine hinterhältige Form der Ausgrenzung wurde bereits im Fuldaer Adressbuch 1937 vollzogen. In diesem wurden die jüdischen Einwohner zum ersten Mal getrennt von den übrigen Bewohnern der Stadt aufgelistet, um dann zwei Jahre später im Einwohnerbuch des Jahres 1939 die Juden überhaupt nicht mehr zu erwähnen. Zu diesem Zeitpunkt lebten immerhin noch 600 jüdische Bürgerinnen und Bürger in der Stadt.

Parallel zur seit Mitte der Dreißiger Jahre betriebenen Löschung jüdischer Geschichte und Gegenwart aus dem kollektiven Gedächtnis ist seit der Mitte des Jahres 1938 im Lokalteil der „Fuldaer Zeitung" eine zunehmende Verschärfung des Tons gegenüber dem Judentum zu konstatieren, ganz offensichtlich um nun die noch verbliebene jüdische Bevölkerung zum Wegzug zu nötigen. Hierzu passten auch die verstärkten Aktivitäten der Stadtverwaltung, den mitten in der Innenstadt an der Rabanusstraße gelegenen alten jüdischen Friedhof zu übernehmen und nach Beseitigung der Gräber in einen Park zu verwandeln. Hiergegen protestierte die Jüdische Gemeinde energisch, da nach jüdischem Gesetz die dauerhafte Totenruhe als unantastbar gilt und somit ein Friedhof nicht aufgelöst und umgewidmet werden kann.

**Alter Judenfriedhof wird Grünanlage**

Was schon seit langem erstrebt wurde, aber bisher an Hindernissen formaljuristischer Art scheiterte, wird jetzt endlich Wirklichkeit. Der alte Judenfriedhof, der seit über 30 Jahren geschlossen ist und in seinem verwahrlosten Zustand einen Schandfleck in unserem Stadtbild darstellte, ist in den Besitz der Stadt übergegangen. Nach Beseitigung der häßlichen Umzäunung hat man jetzt mit den Planierungsarbeiten begonnen. Im kommenden Frühjahr wird die gärtnerische Ausgestaltung zur Grünanlage vorgenommen werden, die ein Schmuckstück unserer Stadt werden wird.

*Bericht über die Umwandlung des jüdischen Friedhofs in eine Grünanlage (Fuldaer Zeitung vom 17. November 1938)*

Darüber setzte sich in enger Abstimmung mit der Gauleitung in Kassel Bürgermeister Ehser hinweg und betrieb 1938 die Enteignung des Friedhofs unter Hinweis darauf, dass dieser „verwahrlost" und „ein Schandfleck inmitten der Stadt" sei. Nicht zuletzt aufgrund des öffentlichen Drucks und des Terrors im Gefolge der Reichspogromnacht erklärte sich die Jüdische Gemeinde im November 1938 zwangsweise bereit, der Stadt Fulda den Friedhof kostenlos zu übertragen.

## Die „Arisierung"

Begleitet wurde das Jahr 1938 durch einen Prozess des zwangsweisen Verkaufs jüdischen Besitzes, gemeinhin als „Arisierung" bezeichnet. Reichsgesetzliche Regelungen wie die im April 1938 erlassene „Verordnung über die Anmeldung des Vermögens von Juden" setzten systematisch das Verfügungsrecht der Juden über ihr Eigentum außer Kraft und legten die Grundlage für zahlreiche Geschäftsübernahmen. In Fulda sorgten heftige Kaufaktivitäten dafür, dass im zweiten Halbjahr 1938 fast 20 Geschäfte in der Innenstadt, meist um die Markt- und Mittelstraße gelegen, den Besitzer wechselten. Nach der genannten Verordnung, die bei der Stadt Fulda zur Registrierung der Immobilien und zur Erstellung eines intern genutzten Stadtplans geführt hatte, auf dem der jüdische Besitz farblich kenntlich gemacht worden war, präsentierten sich per Zeitungsannonce die nun „arisch" gewordenen Betriebe mit einer Geschäftsanzeige zur Neueröffnung, so die Kaufhäuser bzw. La-

*Zahlreiche Annoncen verkündeten 1938 die Übernahme jüdischer Geschäfte (Fuldaer Zeitung vom 8. Juli 1938)*

dengeschäfte Sieling (vormals S. Baer), Jahn & Geiling (vormals Ansbacher & Kugelmann), Erna Schneider (vormals Arnold Liebstaedter), Kuhlmei (vormals Leopold Eschwege), August Diegelmann (vormals Weinberg & Stiebel) und Scheuermann (vormals Springmann). Anfang Dezember 1938 gab es in Fulda keine jüdischen Geschäfte mehr.

Inwieweit sich die Käufer jüdischen Eigentums bei der „Arisierung" und schon in den Jahren zuvor angesichts der spätestens seit 1935 erkennbaren Notlage der jüdischen Verkäufer bereicherten, ist in jedem Einzelfall zu prüfen. Es gab offenbar auch in Fulda vereinzelte Fälle, in denen der Käufer einen fairen Preis bezahlte bzw. aus einer freundschaftlichen Verbindung mit der früheren Besitzerfamilie auf deren Wunsch in den Besitz eintrat. Zudem musste bei Geschäftsübergaben ein Antrag zur Übernahme gestellt werden, der von der Industrie- und Handelskammer kritisch im Hinblick auf die fachliche Vorbildung des Antragstellers, die Notwendigkeit des Erhalts des Geschäfts und auch den gezahlten Preis für die Immobilie und das Inventar geprüft wurde. Erst danach erfolgte durch die Stadt eine Genehmigung, wobei erkennbar ist, dass die Werte sehr niedrig angesetzt und die unter dem Auswanderungsdruck stehenden jüdischen Eigentümer oft noch weiter nachträglich heruntergehandelt wurden. Die Kaufsummen für das Gebäude und die Ware gelangten ohnehin nicht direkt an die Verkäufer, sondern wurden auf ein Sperrkonto bei der Devisenstelle in Frankfurt überwiesen.

Bei den Grundstücksverkäufen, von denen zwischen 1938 und 1942 in Fulda etwa 90 Fälle mit jüdischen Verkäufern registriert wurden, ermittelte das Stadtbauamt einen sehr niedrig bemessenen Verkehrswert. Sofern der vereinbarte Kaufpreis darunterlag, was häufig der Fall war, musste die Differenz als Ausgleichsabgabe an den Reichsfiskus bezahlt werden. Auf diese Weise bereicherte sich auch noch der Staat über seine Finanzämter an den Zwangsverkäufen. Insgesamt wurden die massiven Grundstücksgeschäfte, die nach der Verordnung vom 26. April 1938 einsetzten, selbst von den Nationalsozialisten kritisch gesehen. So schrieb der Gauwirtschaftsberater der NSDAP im Gau Kurhessen

Rudolf Braun an Bürgermeister Ehser am 2. Dezember 1938: „Grundsätzlich bin ich der Meinung, dass dieses Verschachern von jüdischen Grundstücken in der gesamten Bevölkerung nur Unzufriedenheit und Unruhe hervorruft, ja bei vielen Leuten wird wieder die Sucht geweckt, möglichst viel mühelose Spekulationsgewinne zu machen. Wir müssen auch immer feststellen, dass Leute, die es verdient hätten, dass es ihnen einmal besser ginge, nichts von dem Juden kaufen oder nicht genügend Geld haben, und dass gerade die größten Schweinehunde für außerordentlich billiges Geld Grundstücke erwerben."

Stellvertretend für die bedeutenden jüdischen Unternehmer, die 1938 aus Fulda vertrieben wurden, sei Arthur Kayser (1871-1938) genannt. Der aus Witzenhausen stammende Kayser machte die Firma Mehler als deren Mehrheitsaktionär und Generaldirektor zu einem deutschlandweit führenden Unternehmen der Textilproduktion. Von 1918 bis 1922 war er Vorsitzender des Fuldaer Arbeitgeberverbandes, der sich auch bei seiner Belegschaft großer Beliebtheit erfreute. 1938 musste Kayser unter Druck seine Aktienanteile verkaufen. Das Flugzeug, das den emigrierenden Kayser zusammen mit seinem Sohn nach Italien bringen sollte, stürzte am 1. Oktober 1938 in den Alpen ab.

## *Erste Deportation 1938*

Am 6. Oktober 1938 hatte die polnische Regierung eine Verordnung erlassen, wonach alle Pässe der im Ausland lebenden polnischen Staatsangehörigen mit Wirkung vom 29. Oktober nicht mehr zum Grenzübertritt nach Polen berechtigten. In einem Schnellbrief des Reichsführers-SS und Chefs der Deutschen Polizei Heinrich Himmler vom 26. Oktober 1938 an die Ausländerpolizeibehörden befahl dieser unter Hinweis darauf, dass dadurch unter Umständen „die in Deutschland lebenden zahlreichen polnischen Juden dauernd in Deutschland geduldet werden müßten", mit sofortiger Wirkung Aufenthaltsverbote gegen Juden polnischer Staatsangehörigkeit zu erlassen. Über das Regierungspräsidium in Kassel ging am 27. Oktober 1938 eine entsprechende Weisung an den Oberbürgermeister als Ortspolizeibehörde ein. Die Aufenthaltsverbote waren mit Frist bis 29. Oktober auszusprechen. Betroffen waren hiervon 47 jüdische Bewohner der Stadt im Alter zwischen 6 Monaten und 85 Jahren. Bereits einen Tag später wurden die Betroffenen mit einem Omnibus über Kassel und Schneidemühl an die polnische Grenze gebracht. Da Polen die Grenzen bereits geschlossen hatte, kehrten die Ausgewiesenen nur zwei Tage später nach Fulda zurück. Hier erhielten sie von der Stadtkasse eine Rechnung über ihre Abschiebung zugestellt.

Von den 47 polnischen Juden gelang 36 in den beiden folgenden Jahren noch die Emigration, die sie meist nach Großbritannien führte. Die Familie Kasten konnte nach Havanna (Kuba) emigrieren. Artur und Hermann Wiesenberg wurden zwar am 5. September 1942 nach Theresienstadt deportiert, haben aber das Konzentrationslager überlebt und sind in die USA emigriert. Elf von ihnen wurden in den Konzentrationslagern Auschwitz, Buchenwald und Theresienstadt ermordet.

## Der Synagogenbrand

Als gesteuerte Aktion und vordergründig als Entladung des Volkszorns nach dem tödlichen Attentat auf den Botschaftssekretär Ernst von Rath in Paris durch den polnischen Juden Herschel Grünspan, wurde auch in Fulda in der Nacht vom 9. auf den 10. November 1938 die Synagoge angezündet. Vorausgegangen waren bereits im Laufe des 9. November Übergriffe und Gewalttätigkeiten in der Stadt. So wurden am frühen Morgen die Schaufensterscheiben des Kaufhauses Wertheim in der Mittelstraße eingeworfen, um die Mittagszeit wurden Scheiben jüdischer Wohnungen am Stockhaus zertrümmert, gegen 15 Uhr, so der Polizeibericht, seien mehrere Kinder in die Judenschule eingedrungen und hätten dort für Verwüstungen gesorgt. Im Laufe des Tages gingen noch weitere Meldungen dieser Art ein, die jedes Mal zur Entsendung von mindestens zwei Polizeibeamten führten, die allerdings angeblich keine Täter mehr antrafen. Die Darstellung der Poli-

*Die Synagoge nach ihrer Erweiterung 1927 (StadtAFd, BA-16104)*

zei, wonach es sich um Rowdytum von Jugendlichen handelte, widersprechen den Aussagen von Zeitzeugen, die glaubhaft berichten, dass etwa im Falle der Demolierung der jüdischen Volksschule Erwachsene beteiligt waren. Dieser Vandalismus war aber nur die Vorstufe zum eigentlichen Synagogenbrand, der sich aus den in diesem Zusammenhang gefällten Gerichtsurteilen und den Spruchkammerverfahren gut rekonstruieren lässt. Demnach soll in der Nacht vom 9. auf den 10. November der SS Obersturmbannführer Otto Grüner von seinem in Gießen residierenden Standartenführer Georg Müller angerufen worden sein. Dieser habe ihm die Frage gestellt: „Was ist in Fulda los. Allenthalben brennen die Synagogen, wann brennt es bei ihnen?" Auf die Frage „Soll das ein Befehl sein?" habe Grüner die Antwort erhalten: „Haben Sie mich verstanden?" Grüner interpretierte dies als klare Aufforderung, die Synagoge anzustecken. Nach den Angaben Grüners habe er mit seinem Gewissen gerungen und sich mit dem Polizeihauptmann Berend in Verbindung gesetzt, mit dem er übereingekommen sei, in der Synagoge ein kleines Feuer zu legen, wobei Berend dafür sorgen würde, dass Polizei und Feuerwehr sofort zur Stelle wären und den Brand bekämpften. Grüner habe daraufhin in der Synagoge vorgefundene Bücher zusammengelegt, diese angezündet und sei nach Hause gegangen. Er sei danach völlig erstaunt gewesen, als die Synagoge lichterloh brannte. Tatsächlich hat der Versuch von Grüner und einiger SS-Leute, der ungefähr um 2 Uhr stattfand, nicht zu einem größeren Brand geführt. Dieser ist dann gegen 5 Uhr auf Veranlassung des Bürgermeisters Ehser und unter tatkräftiger Mitwirkung des Stadtbaurates Emil Kunkel ausgelöst worden. Nach den Aussagen Ehsers vor der Kriminalpolizei Fulda am 27. Mai 1947 habe ihn bereits am 7. November ein Anruf aus Kassel erreicht. Er sei von der Gaupropagandaleitung über die dortigen Vorgänge unterrichtet worden. Bekanntlich gingen die Pogrome in Kurhessen von Kassel aus, wo bereits am Abend des 7. November die Synagoge verwüstet wurde. Von Kassel sei er, Ehser, auch am 8. November gedrängt worden, nun endlich zu handeln. Zusätzlich unter Druck gesetzt durch die Hetzartikel in der „Fuldaer Zeitung" und durch deren Schriftleiter Meinardi, sei er zu dem Schluss gekommen, dass es besser sei zu handeln und die Synagoge in Brand zu stecken. Auch Ehser will sich nun mit dem Polizeihauptmann besprochen haben, um nur scheinbar dem Befehl nachzukommen und ein kleines Schadenfeuer zu legen. Tatsächlich brannte durch die von Ehser um ca. 5 Uhr veranlasste Brandstiftung die Synagoge aus. Ehser hilfreich zur Seite stand der Stadtbaurat Emil Kunkel, der sich später zu seiner Verteidigung auf einen Zustand völliger Trunkenheit berief. Unabhängig davon, wie weit er tatsächlich alkoholisiert war, steht fest, dass sich Kunkel vor der Synagoge als Kommandant der Aktion aufspielte und mit dem Ruf „Die Feuerwehr hört auf mein Kommando" zunächst der Feuerwehr verbot einzugreifen. Erst als das Feuer aus dem Dach der Synagoge schlug, durfte zum Schutz der engen Innenstadtbebauung gelöscht werden. Während des Brandes wurde die Polizei informiert und zwar durch einen Anwohner, den in der Mittelstraße 34 wohnenden Friseur Englert. Nach

Ausweis des Polizeiprotokolls ging um 5.20 Uhr Englerts Anruf ein, dass die Synagoge brennen würde. Das Protokoll vermerkt, dass man sofort die Feuerwehr alarmiert und fünf Beamte an den Ort geschickt habe. Das Protokoll der Feuerwehr zeigt allerdings, dass diese schon im 4.45 Uhr informiert war und sich somit schon an Ort und Stelle befand, als der Brand gelegt wurde bzw. gerade begann, sich zu entwickeln.

Am frühen Morgen des 10. November war der Brand gelöscht. Oberbürgermeister Dr. Danzebrink, der an der Aktion nicht beteiligt war, kam nach eigener Aussage gegen 8 Uhr an die Stelle und fragte den Bürgermeister Ehser nach der Ursache des Brandes. Dieser soll die Schultern gezuckt und eine ausweichende Antwort gegeben haben. Danzebrink, dem klar gewesen sei, dass dies Brandstiftung war, habe zu Ehser gesagt, „dass die Sache leicht hätte ins Auge gehen können". Im Mai 1948 verurteilte die Kasseler Strafkammer Karl Ehser wegen Brandstiftung unter Anrechnung der Untersuchungshaft zu vier Jahren Gefängnis und vier Jahren Ehrverlust, den Baurat Emil Kunkel zu einem Jahr, 6 Monaten Zuchthaus und den Sturmbannführer Otto Grüner zu einem Jahr und drei Monaten Gefängnis. Die Reste der Synagoge wurden im Februar 1939 abgetragen. Zahlreiche jüdische Bewohner Fuldas wurden in der Nacht zum 10. November in „Schutzhaft" genommen. Zunächst waren sie durch die Gestapo im Saal des katholischen Gesellenhauses zusammengesperrt worden, bevor man sie um 6 Uhr früh zum Bahnhof führte. Von hier aus wurden sie in das KZ Buchenwald gebracht, wo sie mehrere Tage bzw. Wochen unter unwürdigen Bedingungen interniert waren.

## *Emigration und Deportation*

Die Terrorisierung und systematische Entrechtung der jüdischen Bevölkerung führte zu einer kontinuierlichen Abwanderung in andere Orte, zunächst vor allem innerhalb Deutschlands, seit 1935 aber gezielt in die Emigration. Zum Jahresende 1933 wurden noch 1.029 Fuldaer Juden gezählt, 1934 waren es 961, 1935 925, 1936 873, 1937 780, 1938 613, 1939 310, 1940 265, 1941 115. Ende 1942 gab es niemanden mehr, den die Statistik hätte erfassen können. Allein 1938, das Jahr in dem die Synagogen brannten, kehrten 426 jüdische Bürger Fuldas ihrer Stadt den Rücken, 322 von ihnen konnten ihr Leben durch die Flucht ins Ausland retten.

Bevorzugtes Emigrationsland waren die Vereinigten Staaten von Amerika. Nach dorthin meldeten sich von 1935 bis 1941 278 Personen ab, nach Palästina gingen 212, nach England 187 Fuldaer Juden. Sie dürften sich ebenso in Sicherheit gebracht haben wie jene, die nach Argentinien, Brasilien, Paraguay, Kuba und nach Südafrika emigrierten. Ungewiss ist das Schicksal derjenigen 92 Personen, die nach Holland und Frankreich verzogen. Gerade einmal 14 Menschen wurden 1939 von der sicheren Schweiz aufgenommen. Überlagert wurde die Abwanderung aus Fulda durch den Zuzug von insgesamt etwa

*Deportation der jüdischen Bevölkerung am 8. Dezember 1941 (StadtAFd, BA-15809)*

600 Juden, die überwiegend aus den ländlichen Regionen der näheren Umgebung stammten und offenbar in der Anonymität einer größeren Stadt Schutz vor den Nachstellungen ihrer Nachbarn auf den Dörfern suchten.

In Verfolgung der sogenannten Endlösung der Judenfrage, die seit 1941 nichts Anderes bedeutete als die systematische Ermordung der europäischen Juden, wurde in Fulda im Jahre 1941 und 1942 die bis dahin noch in der Stadt verbliebene jüdische Bevölkerung in drei Deportationszügen in den Tod geschickt. In den ersten Zug trieb man am 8. Dezember 1941 134 Personen. Die älteste unter ihnen, Selma Bär, war 66 Jahre alt, die jüngste, Hanna Hess, war erst zweieinhalb Monate zuvor geboren worden. Die offizielle Deportationsliste führt unter den Berufsangaben der Deportierten 22 Schüler. Insgesamt waren es 31 Kinder und Jugendliche unter 16 Jahren, die an diesem Tag abgeholt wurden, um in ein Vernichtungslager bei Riga gefahren zu werden. Sehr häufig waren gleich mehrere Geschwister in den Zug gepfercht worden. Martin, Max, Ilse, Fritz und Aron Goldschmidt im Alter zwischen 3 und 15 Jahren mussten mit ihren Eltern, dem Handelsmann Abra-

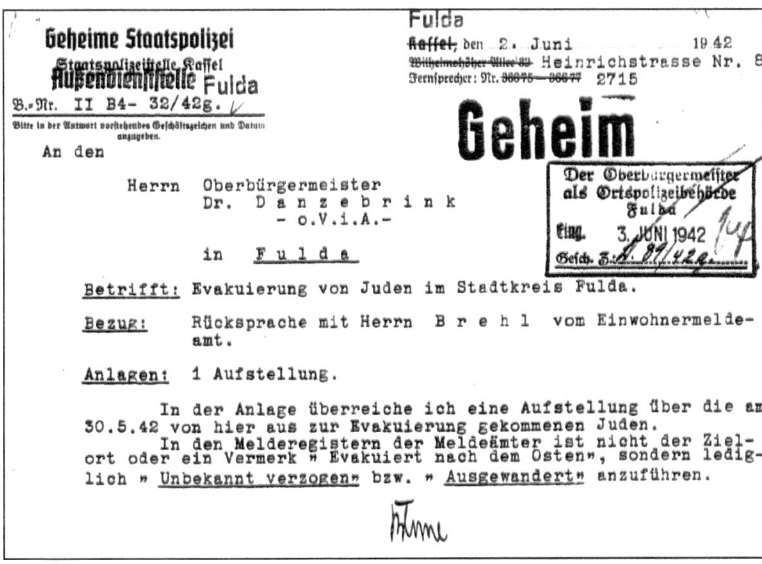

Geheime Staatspolizei
~~Staatspolizeistelle Kassel~~
Außendienststelle Fulda
B.-Nr. II B4- 32/42g.
Bitte in der Antwort vorstehendes Geschäftszeichen und Datum angeben.

Fulda ~~Kassel~~, den 2. Juni 1942
~~Wilhelmshöher Allee 82~~ Heinrichstrasse Nr. 8
Fernsprecher: Nr. ~~30075 – 30077~~ 2715

**Geheim**

Der Oberbürgermeister als Ortspolizeibehörde Fulda
Eing. 3. JUNI 1942
Gesch. Z.: II. 89/42g.

An den

Herrn Oberbürgermeister
Dr. D a n z e b r i n k
– o.V.i.A.–

in F u l d a

Betrifft: Evakuierung von Juden im Stadtkreis Fulda.

Bezug: Rücksprache mit Herrn B r e h l vom Einwohnermeldeamt.

Anlagen: 1 Aufstellung.

In der Anlage überreiche ich eine Aufstellung über die am 30.5.42 von hier aus zur Evakuierung gekommenen Juden.
In den Melderegistern der Meldeämter ist nicht der Zielort oder ein Vermerk „Evakuiert nach dem Osten", sondern lediglich „Unbekannt verzogen" bzw. „Ausgewandert" anzuführen.

*Mitteilung der Gestapo Fulda an die Stadtverwaltung, 1942 (StadtAFd, Bestand XXIV, Nr. 53)* ham Goldschmidt und seiner Frau Ida, die ungewisse Reise antreten. Fritz Goldschmidt überlebte und kam sogar 1945 kurzfristig nach Fulda zurück, um danach nach Israel auszuwandern. Josef und Friederike Hess waren drei und sechs Jahre alt, als sie mit ihren Eltern, dem Kaufmann Ludwig Hess und seiner Ehefrau Rita, den Zug bestiegen. Moritz, Gustel und Salomon Kasten im Alter zwischen 7 und 13 Jahren, hatten als polnische Juden bereits die gescheiterte Abschiebung nach Polen im Jahre 1938 hinter sich gebracht, um nun mit ihrer Mutter Ida ein zweites Mal aus Fulda vertrieben zu werden. Clara, Adolf und Eva Lehmann wurden ebenso mit ihren Eltern an diesem 8.12.1941 deportiert wie die Zwillinge Kurt und Fritz Löwenberg mit ihrem Bruder Martin. Als Opfer zu nennen sind auch die Geschwister Judis, Hermann und Herta Mayer, Günter und Marga Rapp, Karola und Sally Tockus, Ruth und Justin Weinberg sowie Kurt und Erika Weinberger. Als Einzelkinder wurden deportiert: Ernst Adler, Horst Jüngster, Mally Stern und Bela Weinberg.

Die Deportationsliste nennt unter den Berufen der Väter dieser Kinder meist Erdarbeiter oder Fabrikarbeiter, obwohl es sich doch um Kaufleute handelte. Ein Hinweis darauf, dass die Fuldaer Juden zu dieser Zeit zur Zwangsarbeit herangezogen wurden. Das Arbeitsamt Fulda hatte deshalb zunächst gegen die Deportation Beschwerde eingelegt, da man einen Arbeitskräftemangel befürchtete. Der Bedarf wurde in der Folge mit Kriegsgefangenen und nicht-jüdischen Zwangsarbeitern gedeckt.

Der ersten großen Deportation folgten noch zwei weitere. Am 30. Mai 1942 wurden 36 Fuldaer im Alter zwischen 14 und 72 Jahren mit unbekanntem Ziel mutmaßlich in den Raum Lublin gebracht. Die danach noch verbliebenen 76 Fuldaer Juden, viele von ihnen im Alter über 70 Jahren, die älteste Fanny Adler 87 Jahre alt, wurden ebenfalls vom Fuldaer Bahnhof am 5. September 1942 mit dem letzten Deportationszug über Kassel in den sicheren Tod nach Theresienstadt gefahren. Auf den Karteikarten der städtischen Meldekartei trugen die Beamten bei den am 8. Dezember 1941 deportierten Juden den lapidaren Vermerk „nach dem Osten abgeschoben" ein. Bei jenen, die am 30. Mai und 5. September 1942 die Stadt verlassen mussten, war auf Befehl der Gestapo-Außenstelle Fulda in den Melderegistern der Vermerk „Unbekannt verzogen" oder „Ausgewandert" anzubringen.

## *Widerstand*

Die Formen des Widerstands gegen den Nationalsozialismus in Fulda waren in der Regel individuell und nicht organisiert. Sie bestanden angesichts der zu erwartenden drakonischen Strafmaßnahmen meist nicht in großen Taten, sondern oftmals verborgen, dafür aber durchaus effektiv, wie die Hilfe der Adolfine Fabra für ihre Schützlinge des Antoniusheims zeigt. Diejenigen, die sich widersetzten, stammten aus den früheren Parteien vom Zentrum bis zur KPD und aus den Kirchen. Es gab aber auch einige Individualisten, die der Stimme des Gewissens folgten.

*Verlegung von Kindern des Antoniusheims, um 1938 (StadtAFd)*

Schon in der Frühphase der NS-Herrschaft griff man in Fulda gegen jede Form der Kritik durch, wie die Verhaftung von elf mutmaßlichen Kommunisten 1933 zeigt. Auch gegen die Zeugen Jehovas wurde rigide vorgegangen. Der Pfarrer Julius Braun, der 1935 einen Artikel über die Katholikenverfolgung in den „Baseler Nachrichten" veröffentlichte, erhielt eine Haftstrafe. Mit der Zeit wurden die Strafmaßnahmen verschärft, sodass während des Zweiten Weltkriegs das Hören von „Feindsendern" schon lebensgefährlich war. Es reichte ein falsches Wort im kleinen Kreis und der Tatbestand der „Wehrkraftzersetzung" war erfüllt. Dies galt etwa im Falle des Fuldaer Sparkasseninspektors Raymund Biedenbach, der in Russland im Kreis seiner Kameraden als überzeugter Katholik mit seiner Kritik an den Nazis nicht hinterm Berg hielt und denunziert wurde. Für seine freimütig geäußerte Meinung wurde er 1944 zum Tode verurteilt.

*Pfarrer Johann Julius Braun (StadtAFd, BA-161)*

Die Kirchen hielten sich mit einer offen geäußerten Kritik am Regime zurück. Die 1937 von Papst Pius XI. unterzeichnete Enzyklika „Mit brennender Sorge", die sich kritisch mit der kirchenfeindlichen Ideologie des Nationalsozialismus auseinandersetzte, war ein stumpfes Schwert im Kampf gegen die NS-Diktatur, zumal sich der Text vornehmlich mit der Lage der Katholischen Kirche beschäftigte. Zwar war in der Sicht der nationalsozialistischen Machthaber Fulda mit seiner Bischofskonferenz und seinem Bischofshaus ein Hort des Widerstands, aber keiner, vor dem man sich ernsthaft fürchten musste. Obwohl intern das Ausmaß der Deportation der jüdischen Bevölkerung sowie der Sinti und Roma bekannt war, gab es keinen kirchlichen Protest. In kleinem Kreis diskutierte man auch in Fulda, welche Möglichkeiten es gab, sich dem System zu widersetzen. So fungierte das Bischofshaus als Ort von Geheimtreffen von Mitgliedern des Widerstands, die später hingerichtet wurden wie etwa der Jesuitenpater Alfred Delp oder der Begründer des „Kreisauer Kreises" Helmuth James Graf von Moltke.

Unter den Priestern des Bistums Fulda bezahlten drei Geistliche ihren Mut im Widerstand gegen die NS-Ideologie mit dem Leben: die Pfarrer Konrad Trageser und Gustav Albert Vogt sowie der Franziskanerpater Thaddäus (Wilhelm) Bunke.

## Der Luftkrieg

Fulda war zunächst nicht Hauptangriffsziel der Alliierten, lag aber an der „Bomberstraße" zu den mitteldeutschen Industriegebieten. Durch den Bahnhof, die Gummiwerke, die Textilfabrik Mehler und die Kugellagerfabrik Gebauer & Möller war die Stadt allerdings schon früh ein Zweitziel, über dem noch vorhandene Bomben auf dem Rückflug abgeworfen wurden.

*Blick vom Kanzlerpalais auf die Zerstörungen in der Friedrichstraße, 1944 (StadtAFd, BA-43208; Foto: Steyer)*

Der Gemüsemarkt nach den Zerstörungen des 11./12. September 1944 (StadtAFd, BA-43242)

Erstmals Primärziel wurde Fulda beim einzigen britischen Angriff am 26. November 1944, der allerdings fehlschlug. In den letzten Kriegsmonaten geriet die Domstadt dann vermehrt in den Fokus der amerikanischen Fliegerverbände, die am 27 Dezember 1944, am 3. Januar, 3. Februar und 25. März 1945 Fulda als Erstziel angriffen

Während die benachbarten Städte Schweinfurt und Kassel wegen ihrer industriellen Bedeutung schon früh verheerende Angriffe erdulden mussten, kam es in Fulda relativ spät, im September 1944, zu einer ersten Katastrophe. Langstreckenbomber der 8. Amerikanische Luftflotte näherten sich am 11. September gegen 11 Uhr der Stadt, wo Fliegeralarm ausgelöst wurde, den jedoch nicht alle ernst nahmen, zumal es bisher keinen schweren Angriff gegeben hatte. Zunächst kam es nicht zur Attacke, dann aber begannen die aus Mitteldeutschland zurückfliegenden B-17 Bomber gegen 13 Uhr mit dem Abwurf ihrer tödlichen Last.

Die Folgen waren verheerend. Im Keller des Bischöflichen Konvikts an der Nonnengasse starben 23 Schüler mit ihrem Direktor durch einen Volltreffer. Besonders schwer traf es den Gemüsemarkt. Mehr als ein Dutzend Häuser wurden zerstört, 48 Tote mussten aus den dortigen Kellern geborgen werden. Stark beschädigt wurden neben den Gummiwerken die Emaillierwerke Bellinger. Über 501 Menschen wurden im Stadtgebiet verschüttet, davon konnten 203 nur noch tot geborgen werden.

Einen Tag später griffen abermals Bomber der 8. US-Luftflotte Fulda als Ausweichziel an und warfen viertel nach 12 ihre tödliche Ladung ab. Zwar trafen sie ihre Ziele in der Innenstadt nicht, doch gerade dies machte den Angriff besonders verhängnisvoll. Viele Menschen, die nach den Erfahrungen des Vortags nicht mehr die Luftschutzkeller

# Meine Fuldaer!

## Volksgenossen – Volksgenossinnen!

Mit seiner infernalischen Brutalität und Bestialität hat der Feind nun auch unsere alte und ehrwürdige Stadt angegriffen und in ihren friedfertigen Wohnvierteln schwer getroffen.

Wer leichtfertig glaubte, Fulda werde geschont, sieht nun den Feind ohne Maske.

Unsere Antwort auf diese anglo-amerikanische Niedertracht lautet:

Fest auf die Zähne beißen; enger zusammenrücken, erst recht arbeiten und kämpfen!

Ich spreche den Einwohnern der durch dieses Leid geprüften Stadt meinen Dank für die feste Haltung und treue Gesinnung und meine Anerkennung für die überall gezeigte Einsatzbereitschaft aus.

Im Blick auf unsere teuren Toten schwören wir: wir lassen uns nicht in die Knie zwingen! Mit dem Führer zur Freiheit und Gerechtigkeit!

Heil Hitler!

Euer Karl Gerland, Stellv. Gauleiter.

Fulda, den 12. September 1944.

*Aufruf in der Fuldaer Zeitung vom 12. September 1944. (Fuldaer Zeitung)*

aufsuchten, sondern zum Schutz aus der Innenstadt wegliefen, wurden auf freiem Feld getroffen. Mindestens 171 Opgfer waren an diesem Tag zu beklagen, vor allem am Pröbel in Neuenberg. An den beiden verhängnisvollen Septembertagen des Jahres 1944 verloren etwa 570 Menschen in Fulda ihr Leben. Knapp 30 % der Gebäude wurden beschädigt oder ganz zerstört, darunter auch der Dom und die Michaelskirche.

Der schlimmste Angriff stand der Stadt allerdings noch bevor. Am Morgen des 27. Dezember machten sich 124 amerikanische Bomber vom Südosten Englands auf den Weg nach Fulda und griffen nach einer eiskalten Nacht um die Mittagszeit den Bahnhof und die Gleisanlagen an. Unglücklicherweise wurde der unter den Gleisanlagen durchführende „Krätzbachbunker“ von vielen Fuldaern und zahlreichen Zwangsarbeitern der Firma Mehler zum Schutz vor den Bomben aufgesucht. Der vermeintliche Bunker war nichts Anderes als ein provisorisch als Luftschutzstollen ausgebauter, etwa 400 Meter langer Verbindungsgang entlang des Krätzbachdurchflusses unter dem aufgeschütteten Damm der Gleisanlagen. Für die 1.000 Menschen, die dahin geflüchtet waren, wurde der Krätzbachtunnel zur Todesfalle. Mehrere Treffer verschütteten den westlichen wie den östlichen Eingang. Erst am späten Abend konnten die Rettungskräfte eine Röhre durch die Schuttberge zu den Eingeschlossenen legen. Für die meisten kam allerdings diese Hilfe zu spät. 750 Menschen waren in dem Bunker qualvoll erstickt, darunter 262 Zwangsarbeiter.

Mit insgesamt 1.600 Luftkriegstoten bei nur 34.000 Einwohnern waren über 4% der Bevölkerung durch die Bombardements ums Leben gekommen. Fulda zählte damit in Relation zur Einwohnerzahl nach Pforzheim, Heilbronn, Kassel, Darmstadt und Hanau zu der am stärksten betroffenen Stadt in Deutschland. Als amerikanische Truppen am Osterwochenende 1945 Fulda und sein Umland einnahmen, trafen sie auf eine demoralisierte Bevölkerung, von der nur noch ein ganz geringer Teil bereit war, bis zum letzten Blutstropfen zu kämpfen.

# XXIV

# Wiederaufbau, Zonenrand und Wirtschaftswunder (1945–1970)

## Die Einnahme Fuldas am Osterwochenende 1945

Am Ostersamstag, dem 31. März 1945 standen Truppenverbände der 3. US-Armee bei ihrem raschen Vorstoß nach Osten vor den Toren der Stadt Fulda. Von Horas und am Frauenberg vorbei über die Buttlarstraße rückten amerikanische Einheiten ohne nennenswerten Widerstand am Tag darauf gegen die Innenstadt vor. Während sie am Ostersonntag noch in der Höhe des Paulustores verharrten und aus der Entfernung das Geschehen in der Stadt verfolgten, kamen am Montagmorgen erste Soldaten vor das Stadtschloss und die Hauptwache, in der Generalmajor Hoffmann, der für die Verteidigung Fuldas zuständige Kommandant, seinen Befehlsstand hatte. Hoffmann übergab die Stadt am späten Vormittag ohne Blutvergießen an den Kommandeur des 101. Regiments Oberst Scott. Allerdings

*Einrückende amerikanische Einheiten in der Kronhofstraße (StadtAFd, BA-26850)*

*Amerikanische Soldaten im Lichtweg mit einem erbeuteten Bild Adolf Hitlers (StadtAFd, BA-16110)*

hatte Hoffmann keine Kontrolle über die im Süden und Osten der Stadt noch agierenden deutschen Soldaten. Oberbürgermeister Dr. Danzebrink, der nach der Gefangennahme des Generalmajors der Ansprechpartner für die Amerikaner war, gelang es offenbar, die wenigen Kampfeswilligen zur Aufgabe des Widerstands zu bewegen und die Stadt damit vor der Zerstörung zu retten. Verbürgt ist aus amerikanischen Quellen, dass Oberst Scott gedroht hatte, bei einer Fortsetzung des feindlichen Feuers die Stadt dem Erdboden gleichzumachen. Am Nachmittag des 2. April wehte die weiße Fahne auf dem Stadtschloss und Fulda war fünf Wochen vor dem offiziellen Kriegsende vom Nationalsozialismus befreit.

## Wiederaufbau der Verwaltung

Als die amerikanischen Streitkräfte im März des Jahres 1945 deutschen Boden betraten, erließ General Dwight D. Eisenhower, der oberste Befehlshaber der Alliierten Streitkräfte, die Proklamation Nr. 1 an das deutsche Volk. „Wir kommen als ein siegreiches Heer: jedoch nicht als Unterdrücker“ war die zentrale Botschaft an die Zivilbevölkerung. Ziel der Alliierten sei es, den Nationalsozialismus sowie den deutschen Militarismus zu vernichten und allen Verantwortlichen für die Barbarei den Prozess zu machen. Eisenhower beanspruchte als Militärgouverneur alle gesetzgebende, rechtsprechende und vollziehende Gewalt. Allen Befehlen der von ihm geleiteten Militärregierung sei in den besetzten Gebieten unverzüglich und widerspruchslos zu folgen. Alle deutschen Gerichte wie Erziehungsanstalten seien bis auf weiteres zu schließen. Daneben sollten alle Beschäftigten des Staates und der Gemeinden auf ihren Posten verbleiben und allen Anordnungen der Militärregierung Folge leisten.

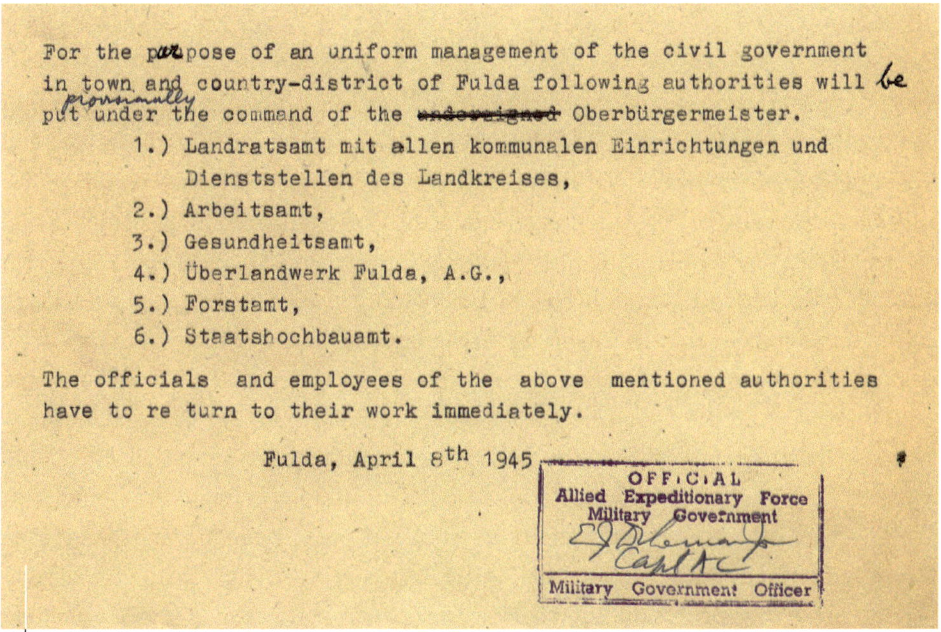

For the purpose of an uniform management of the civil government in town and country-district of Fulda following authorities will be provisionally put under the command of the ~~undersigned~~ Oberbürgermeister.

1.) Landratsamt mit allen kommunalen Einrichtungen und Dienststellen des Landkreises,
2.) Arbeitsamt,
3.) Gesundheitsamt,
4.) Überlandwerk Fulda, A.G.,
5.) Forstamt,
6.) Staatshochbauamt.

The officials and employees of the above mentioned authorities have to re turn to their work immediately.

Fulda, April 8th 1945

OFFICIAL
Allied Expeditionary Force
Military Government
Capt AC
Military Government Officer

*Erste Anordnung der Militärregierung vom 8. April 1945, die mehrere zivile Stellen der Leitung des Oberbürgermeisters unterstellt (StadtAFD, Bestand 6, Nr. 477)*

Damit waren die ersten Ziele der amerikanischen Besatzungstruppen für die Nachkriegsordnung klar bestimmt: die Übernahme aller staatlichen Gewalt, insbesondere aber die Aufsicht über die Justiz und das Unterrichtswesen; vollständige Beseitigung des Nationalsozialismus und Militarismus; harte Bestrafung aller Beteiligten am alten System; Aufrechterhaltung der öffentlichen Sicherheit und Ordnung.

Der Blick auf Fulda zeigt die Umsetzung des Programms auf örtlicher Ebene. Schon einen Tag nach der Besetzung der Stadt erging eine Bekanntmachung an die Zivilbevölkerung. Dabei wurde den Fuldaern unter Androhung harter Strafen eingeschärft, dass die Befehle der eingesetzten Militärregierung auf das Genaueste befolgt werden müssten. Festgesetzt wurden u.a. ein Ausgehverbot von 18 Uhr bis 7 Uhr, eine Totalverdunkelung von 30 Minuten nach Sonnenuntergang und 30 Minuten vor Sonnenaufgang sowie eine Einschränkung der Bewegungsfreiheit, die nur eine Entfernung bis zu sechs Kilometern vom Wohnort zuließ. Fahrzeuge durften nicht benutzt werden, Ansammlungen von mehr als fünf Personen mit Ausnahme der Abhaltung von Gottesdiensten waren verboten, Sendeapparate, Schusswaffen und Kriegsmaterialien mussten bei der Militärbehörde abgegeben werden, ebenso untersagte man den Gebrauch von Fotoapparaten. Auf Plünderung und Diebstahl wurden ebenso drakonische Maßnahmen angedroht wie auf die Beseitigung der Akten.

Die in Fulda errichtete Militärregierung hatte seit Juni 1945 in Major Charles Russe einen resoluten Leiter, der von Anfang an mit energischer Hand die Geschäfte führte.

Besonderes Augenmerk richtete die neue Regierung auf eine möglichst reibungslose Fortführung der städtischen Verwaltungstätigkeit. Am 4. April 1945 musste Oberbürgermeister Dr. Danzebrink seine Dienststellen anweisen, die Büros für den Publikumsverkehr von 7 Uhr bis 17.30 Uhr offen zu halten. In der Folge wurden die Entscheidungen der Militärbehörden meist von Major Russe an den Oberbürgermeister weitergeleitet, der für eine rasche Umsetzung der Anordnungen in allen Verwaltungsbereichen der Stadt und des Landkreises zu sorgen hatte. Eine Verfügung vom 8. April rief zudem die Beamten und sonstigen Beschäftigten der genannten Dienststellen zur unverzüglichen Rückkehr an ihren Arbeitsplatz auf. Die Linie der Weiterbeschäftigung des alten Personals wich schon bald, nachdem die Verwaltungsgeschäfte einigermaßen liefen, einer Politik der Entlassung jener Beschäftigten, die das alte System unterstützt hatten. Neu einzustellende Bewerber mussten einen umfangreichen Fragebogen beantworten, der vor allem nach der früheren Mitgliedschaft in nationalsozialistischen Organisationen fragte. Nach einer Mitte des Jahres 1945 erstellten Statistik für die Militärbehörden waren bei den öffentlichen Dienststellen in Fulda am 1. Januar 1945 4.211 Personen beschäftigt, am 28. Juni desselben Jahres waren es 3.008. Entlassen bzw. ausgeschieden waren in diesem Zeitraum über 1.200 Personen, wobei der größte Anteil auf die Reichsbahn entfiel, die 1.064 Arbeitskräfte verlor, darunter 615 ausländische Arbeiter. Die Stadtverwaltung hielt ihren Stand von 352 nahezu unverändert. Die im Juni 1945 einsetzende „Säuberungswelle“ führte bis Ende September zur Entlassung von 113 Beschäftigten der Stadt Fulda (Beamte, Angestellte, Arbeiter), darunter allein 32 Lehrer. Im gesamten Bereich der Stadt Fulda einschließlich der Industrie, des Handels und des Handwerks wurden 1945 770 Kündigungen ausgesprochen.

## *Entlassung Danzebrinks und Ernennung von Erich Schmidt*

Prominentestes Opfer war Oberbürgermeister Dr. Danzebrink, der am 25. Juni verhaftet wurde. Er kam in ein Gefangenenlager nach Darmstadt, wo er nur relativ kurz verblieb, um sich dann nach seiner Rückkehr als juristischer Hilfsarbeiter in Fulda durchzuschlagen. Die Untersuchung seiner Amtstätigkeit im Rahmen des Spruchkammerverfahrens führte vor der Spruchkammer in Fulda am 29. November 1947 zu dem Ergebnis, dass er in die Gruppe III der Minderbelasteten eingestuft wurde. In einem Berufungsverfahren in Holzminden (Niedersachsen) reihte ihn die dortige Spruchkammer am 3. Dezember 1948 in die Kategorie V der Entlasteten ein. Energisch forderte daraufhin der ehemalige Oberbürgermeister die Stadt Fulda auf, ihm Versorgungsbezüge auszuzahlen. Da sich die Stadt diesen Forderungen widersetzte, schaltete sich der CDU-Bundestagsabgeordnete und nachmalige Familienminister Dr. Franz-Josef Wuermeling in die Sache ein und bat mit scharfen Worten den Fuldaer Oberbürgermeister Dr. Cuno Raabe, die

Angelegenheit im Sinne von Dr. Danzebrink zu entscheiden, denn er wisse doch so gut wie alle Fuldaer, dass der frühere Oberbürgermeister alles andere als ein Nazi gewesen sei: „Sie werden mit mir darüber einig sein, dass dieses oder jenes heute rückschauend etwas anders gesehen wird, als man dies vor 45 tat, aber eine Schuld, die die Entziehung der Pensionsbezüge rechtfertigen könnte, lässt sich doch wahrlich nicht konstruieren". 1954 wurde Dr. Danzebrink nicht zuletzt aufgrund seiner guten politischen Kontakte Kommunalreferent im Bundesinnenministerium. 1960 starb er im Alter von nur 61 Jahren in Bonn. Anlässlich der von einer örtlichen Initiative angefachtem Diskussion um Danzebrinks Rolle in der NS-Zeit, kam eine 2015 vom Fuldaer Magistrat eingesetzte Historikerkommission zu keiner einmütigen Beurteilung seiner Amtsführung. Derzeit wird die Tätigkeit der gesamten Stadtverwaltung während der Zeit des Nationalsozialismus wissenschaftlich untersucht, um daraus neue Erkenntnisse zum Grad der Beteiligung des Oberbürgermeisters am NS-Unrechtssystem zu gewinnen.

*Oberbürgermeister Erich Schmidt (StadtAFd, BA-1464)*

Zu Danzebrinks Nachfolger wurde am 26. Juni 1945 der politisch unbelastete Bankdirektor Erich Schmidt von der Militärregierung bestellt. Der aus Ratibor stammende Wirtschaftsfachmann, der zuvor dem Aufsichtsrat der Filzfabrik AG angehört hatte, besaß zwar keine Verwaltungserfahrung, genoss aber wegen seines pragmatischen Umgangs mit den Problemen das Vertrauen der Amerikaner. Seiner Haltung entsprach auch der Wunsch, nicht mit „Herr Oberbürgermeister" angesprochen zu werden, sondern als „Herr Schmidt". Er stand dem Gemeinwesen ein gutes Jahr vor und hat sich während dieser Zeit als Übergangsbürgermeister gesehen.

*Der Leiter der Betreuungsstelle Max Gerson (StadtAFd, Bildarchiv)*

In einer ersten Botschaft an die Bevölkerung unter dem Motto „Alles für unser liebes Fulda sei die Parole!" appellierte Schmidt im Juli 1945 an die Verantwortung jedes Einzelnen beim Wiederaufbau der Stadt. Als übergeordnetes Ziel nannte er den Wunsch, möglichst bald „in die große Familie der Völker zurückkehren zu können". Trotz aller Spannungen mit der Militärregierung in der ersten Phase des Wiederaufbaus gelang es Schmidt sehr bald, sich Respekt zu verschaffen und ein Vertrauensverhältnis zur Militärregierung aufzubauen. Er konnte trotz allen personellen Wechsels auf eine motivierte Stadtverwaltung bauen.

Am 15. November 1945 wurde die Verwaltung von der Militärregierung auf die deutschen Behörden übertragen. Der bisher amtierende Beirat der Besatzungsmacht wurde aufgelöst. An seine Stelle trat ein vom Oberbürgermeister berufener, aus 15 Bürgern bestehender Ausschuss, der monatlich die wichtigsten Angelegenheiten erörterte. Neu eingerichtet wurde im Juli 1945 eine Wiedergutmachungsstelle für den Stadt- und Landkreis Fulda. Diese Behörde konnte unter der engagierten Leitung von Max Gerson zahlreichen Personen helfen, die aus politischen, rassischen oder religiösen Gründen verfolgt worden waren. Neben dem Unterhalt der bereits 1939 eingerichteten Kriegswirtschaftsämter (Ernährungsamt, Wirtschaftsamt) war die Stadt seit 1945 gezwungen, eine Reihe weiterer Aufgaben zu übernehmen, die den besonderen Zeitumständen geschuldet waren. So benötigte man für den Handel mit anderen Besatzungszonen einen Passierschein. Es musste daher eine Passierscheinstelle eingerichtet werden, die sich im Vorzimmer des Oberbürgermeisters befand. Mit dem Einsetzen der Flüchtlingstransporte Anfang November 1945 wurde eine Flüchtlingsdienststelle eingerichtet. Für Ausgebombte und Vertriebene war daneben auch das Wohnungsamt zuständig.

Als Erich Schmidt zugunsten von Dr. Cuno Raabe im Jahre 1946 seinen Posten räumen musste, konnte er seinem Nachfolger eine funktionsfähige Verwaltung übergeben.

## *Der Wiederaufbau zerstörter Infrastruktur*

Fulda hatte im Gegensatz zu vielen größeren Städten durch die Bombenangriffe keinen Totalverlust seines Gebäudebestandes und seiner Infrastruktur zu beklagen. Dennoch waren die Probleme der ersten Wiederaufbauphase enorm. Etwa 200.000 Kubikmeter Trümmer und Schutt mussten beiseite geräumt werden, eine Aufgabe, die 1946 erst zu zwei Dritteln abgeschlossen war. Dies lag unter anderem daran, dass die Bevölkerung zum überwiegenden Teil aus Frauen, Kindern und alten Männern bestand. Die arbeitsfähigen Männer waren entweder im Krieg gefallen oder befanden sich noch in Gefangenschaft; diejenigen, die zurückkehrten, waren körperlich meist nicht in guter Verfassung. Dennoch wurde jeder heimkehrende Soldat gezwungen, vier Wochen bei der Schuttbeseitigung mitzuhelfen. Noch 1947 wurden Schüler der Berufsschule verpflichtet, zur Vorbe-

*Verkehrsregelung in Trümmern, hier an der Kurfürstenstraße, 1946 (StadtAFd, BA-16119)*

reitung des Ausbaus ihrer Schule, Trümmer zu räumen. Von den 3.248 Häusern der Stadt waren nur etwas mehr als 53% unbeschädigt geblieben.

Unter den städtischen Gebäuden waren insbesondere das Stadtschloss und das Landkrankenhaus stark betroffen. Hier wurden gleich nach Kriegsende die Dächer renoviert, um der Verwaltung wie den Ärzten eine Weiterführung ihrer Arbeit zu gewährleisten. Das Tiefbauamt musste zahlreiche Bombenschäden auf den städtischen Straßen beheben. Die für den Verkehrsfluss wichtige Lange Brücke konnte zunächst nur als Behelfsbrücke genutzt werden.

*Die Lange Brücke als Provisorium, 1953 (StadtAFd, BA-10308)*

*Wiederaufbau des Stadtschlosses, 1952 (StadtAFd, BA-13203)*

Probleme bereitete vor allem das Kanalrohrnetz, das durch die Fliegerangriffe an über 200 Stellen beschädigt oder zerstört war. Die Instandsetzung wurde dabei immer wieder durch den Materialmangel verzögert. Bis zum Ende des Jahres 1946 waren immerhin etwa 6 Kilometer Anschlussleitungen repariert worden. Erst Ende Januar 1946 konnte die Gasversorgung wiederaufgenommen werden. Auch bei Strom und Wasser gab es bis 1948 immer wieder Engpässe, die zu entsprechenden Sparappellen führten. Gerade im strengen Winter 1946/47 hing das Überleben der Bevölkerung an einer möglichst reibungslosen Versorgung mit Brennholz und Briketts, für die das städtische Kohleamt zuständig war.

## „Alles für Fulda" – Fehlender Wohnraum

Das drängendste Problem neben der schlechten Versorgungslage und dem allgegenwärtigen Hunger, der im Winter 1946/47 katastrophale Ausmaße annahm, war die Wohnraumbeschaffung. Unter der dramatischen Überschrift „3.000 Wohnungen weniger in Fulda, aber 10.000 Personen mehr als 1939" wies die „Fuldaer Zeitung" am 1. August 1945 auf einen Missstand hin, den viele Zeitzeugen bis heute in lebhafter Erinnerung behalten. Auf der Angebotsseite hatte sich der Wohnraum durch Kriegszerstörungen und eine rigide Beschlagnahmepolitik der Amerikaner verknappt, auf der anderen Seite strömten Flüchtlinge, Evakuierte und Durchreisende, die auf eine Notunterkunft hofften, in die Stadt und verschärften damit die Situation zusätzlich. Am 22. August wurde der Zuzug nach Fulda verboten, da die Stadt keine Unterbringungsmöglichkeiten mehr hatte. Nicht zuletzt durch die Misere auf dem Wohnungsmarkt sah sich Oberbürgermeister Schmidt zu einem verzweifelten Spendenaufruf veranlasst. „Alles für Fulda!" war das wieder aufgenommene Motto seiner Antrittsbotschaft, unter dem er im Oktober 1945 um Spenden für den Wiederaufbau warb, die allerdings angesichts der unbeschreiblichen Notlage das Problem nicht lösen konnten, zumal im Laufe des Jahres 1946 durch den einsetzenden Zuzug der Vertriebenen und Flüchtlinge der Wohnraummangel bis zur Unerträglichkeit gesteigert wurde. Am 16. September 1946 rechnete die Stadtverwaltung der Militärregierung

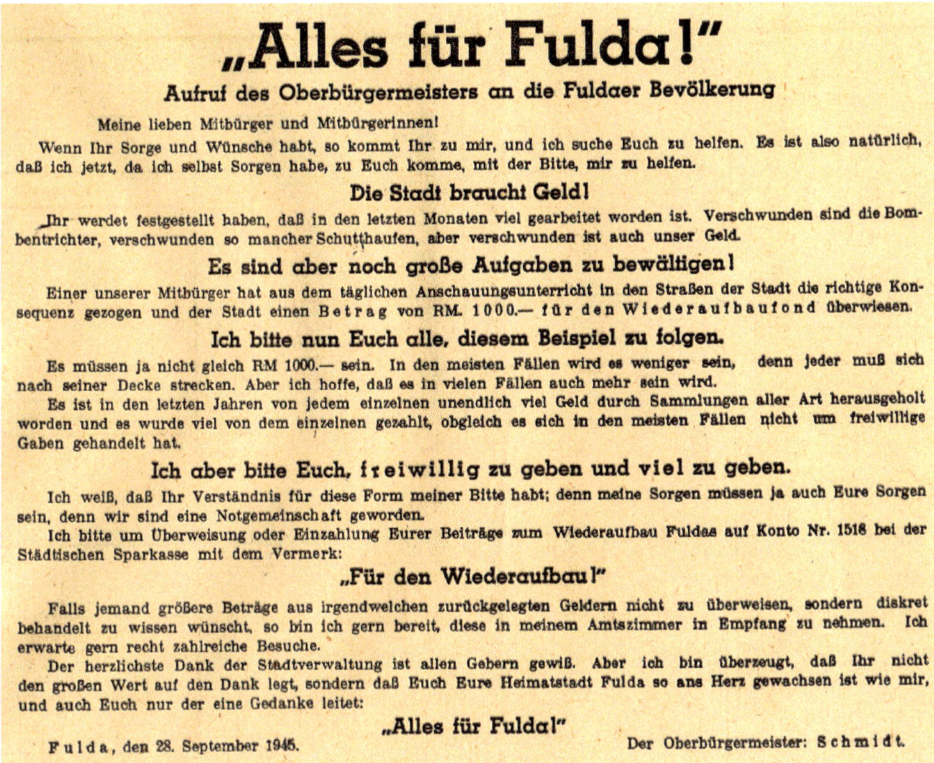

# „Alles für Fulda!"

**Aufruf des Oberbürgermeisters an die Fuldaer Bevölkerung**

Meine lieben Mitbürger und Mitbürgerinnen!

Wenn Ihr Sorge und Wünsche habt, so kommt Ihr zu mir, und ich suche Euch zu helfen. Es ist also natürlich, daß ich jetzt, da ich selbst Sorgen habe, zu Euch komme, mit der Bitte, mir zu helfen.

**Die Stadt braucht Geld!**

Ihr werdet festgestellt haben, daß in den letzten Monaten viel gearbeitet worden ist. Verschwunden sind die Bombentrichter, verschwunden so mancher Schutthaufen, aber verschwunden ist auch unser Geld.

**Es sind aber noch große Aufgaben zu bewältigen!**

Einer unserer Mitbürger hat aus dem täglichen Anschauungsunterricht in den Straßen der Stadt die richtige Konsequenz gezogen und der Stadt einen Betrag von RM. 1000.— für den Wiederaufbaufond überwiesen.

**Ich bitte nun Euch alle, diesem Beispiel zu folgen.**

Es müssen ja nicht gleich RM 1000.— sein. In den meisten Fällen wird es weniger sein, denn jeder muß sich nach seiner Decke strecken. Aber ich hoffe, daß es in vielen Fällen auch mehr sein wird.

Es ist in den letzten Jahren von jedem einzelnen unendlich viel Geld durch Sammlungen aller Art herausgeholt worden und es wurde viel von dem einzelnen gezahlt, obgleich es sich in den meisten Fällen nicht um freiwillige Gaben gehandelt hat.

**Ich aber bitte Euch, freiwillig zu geben und viel zu geben.**

Ich weiß, daß Ihr Verständnis für diese Form meiner Bitte habt; denn meine Sorgen müssen ja auch Eure Sorgen sein, denn wir sind eine Notgemeinschaft geworden.

Ich bitte um Überweisung oder Einzahlung Eurer Beiträge zum Wiederaufbau Fuldas auf Konto Nr. 1518 bei der Städtischen Sparkasse mit dem Vermerk:

**„Für den Wiederaufbau!"**

Falls jemand größere Beträge aus irgendwelchen zurückgelegten Geldern nicht zu überweisen, sondern diskret behandelt zu wissen wünscht, so bin ich gern bereit, diese in meinem Amtszimmer in Empfang zu nehmen. Ich erwarte gern recht zahlreiche Besuche.

Der herzlichste Dank der Stadtverwaltung ist allen Gebern gewiß. Aber ich bin überzeugt, daß Ihr nicht den großen Wert auf den Dank legt, sondern daß Euch Eure Heimatstadt Fulda so ans Herz gewachsen ist wie mir, und auch Euch nur der eine Gedanke leitet:

**„Alles für Fulda!"**

Fulda, den 28. September 1945. Der Oberbürgermeister: Schmidt.

*Spendenaufruf im Fuldaer Nachrichtenblatt am 28. September 1945 (StadtAFd)*

vor, dass in Fulda 44.631 Personen lebten. Zu der regulären Einwohnerzahl von 34.840 kämen 4.260 Flüchtlinge aus drei Transporten, 2.700 Angehörige der Besatzungsmacht sowie über 2.800 entwurzelte Personen (Displaced Persons), die nicht in ihre Heimat zurückkonnten, meist Polen, Letten, Esten und Litauer, zudem 150 jüdische Personen, die auf ihrer Flucht in Fulda gelandet waren.

Die Lösung der Wohnungsfrage zog sich mindestens über ein Jahrzehnt hin. Das wichtigste Steuerungselement war hierbei die zentrale und dezentrale Wohnungsbauförderung durch öffentliche Mittel. Wichtige Hilfe beim Fuldaer Wiederaufbau leistete auch das im August 1947 als Genossenschaft u.a. von Theo Gutberlet, Josef Biwer, Max Will und Joseph Schmitt gegründete Siedlungswerk Fulda, das bereits 1950 180 Wohnungen errichtete und damit zur Entspannung auf dem Wohnungsmarkt beitrug.

Der Bestand an Wohnungen konnte zehn Jahre nach Kriegsende von 6.684 (1945) um 64% auf 10.953 gesteigert werden. Die Zahl der Wohnräume ohne Küchen stieg im selben Zeitraum um 74% von 17.390 auf 30.270. Am Ende seiner Amtszeit konnte OB Dr. Cuno Raabe stolz darauf verweisen, dass es trotz einer Bevölkerungszunahme um 45% gegenüber der Vorkriegszeit gelungen war, die zerstörte Infrastruktur wiederherzustellen

Neubau der Magdeburger Versicherungsgesellschaft am Heinrich-von-Bibra-Platz (heute Behördenhaus), 1952 (BA-8747)

und dabei insbesondere den Wohnungsbau zu fördern. Die erste Phase des Wiederaufbaus war damit abgeschlossen.

Der gleichzeitig betriebene Wiederaufbau von Dom und Michaelskirche, der Orangerie und Teilen des Schlosses sowie die Ansiedlung neuer Verwaltungen wie der Magdeburger Feuerversicherung (1952) und überregionaler Einrichtungen wie dem Präsidialbüro des Deutschen-Evangelischen Kirchentags (1953) zeigt das nicht nur auf den Wohnungsbau beschränkte Engagement schon wenige Jahre nach Kriegsende.

## *Demokratisierung – Die erste Stadtverordnetenversammlung*

In einer Botschaft an das deutsche Volk in der amerikanischen Besatzungszone vom 6. August 1945 betonte General Eisenhower, dass es nicht die Absicht der Alliierten sei, das deutsche Volk zu demütigen. Vielmehr solle das Leben der Deutschen auf demokratischer Grundlage wiederaufgebaut werden. Hierfür seien zunächst die Gerichte und die Schulen von Nazi-Einflüssen zu reinigen. Gleichzeitig werde die sukzessive politische Mitwirkung der Deutschen beim Wiederaufbau der Demokratie durch die Gründung von Gewerkschaften und Parteien gestärkt

Ziel der Amerikaner war es dabei, die politischen Rechte erst nach und nach, vor allem aber zunächst auf der unteren Staatsebene zu gewähren. In Fulda hatte bereits am 24. Mai in der Gaststätte „Ballhaus“ die Gründungsversammlung des „Deutschen Demokratischen Gewerkschaftsbundes“ stattgefunden, Dem ersten Vorstand gehörten Karl Schmitt, Josef Kind, Gustav Laux und Karl Sorg an. Auch die Wahl von Betriebsräten war künftig erlaubt. Im Oktober 1945 erhielten die ÜWAG, die Emaillierwerke, die Kugelfabrik Gebauer & Möller, das Postamt, das Arbeitsamt, die Stadtwerke sowie die Firmen Valentin Mehler und Hermann Wighardt die Genehmigung zur Wahl von Arbeitnehmer-

*Berta Rauscher, 1945 (StadtAFd, BA-1310)*

*Sigrid Büttner, 1945 (StadtAFd, BA-171)*

vertretern, die alle auf einem Fragebogen erklären mussten, dass sie weder der NSDAP noch einer ihrer Organisationen angehört hatten.

Als erstes, allerdings noch nicht gewähltes Mitwirkungsgremium wurde am 12. September 1945 ein aus 12 Personen bestehender Bürgerausschuss ins Leben gerufen, dem neben honorigen Bürgern wie dem Rektor Franz Heurich, dem Ingenieur Karl Schmitt, dem Domkapitular Prof. Dr. Karl Scheller und dem Kaufmann Otto Büttner mit Berta Rauscher nur eine Frau angehörte. Dieser Ausschuss sollte bei der Militärregierung die Wünsche und Nöte der Bevölkerung zu Gehör bringen. Eine eigentliche Mitwirkung an der Verwaltung war ihm aber untersagt. Bereits am 15. November 1945 wurde das Gremium wieder aufgelöst. An seine Stelle trat ein ebenfalls von der Militärregierung delegierter Bürgerrat, dem 16 Bewohner der Stadt angehörten, darunter mit Sigrid Büttner wiederum nur eine Frau.

Parallel hierzu verlief das Zulassungsverfahren für die politischen Parteien. Am 19. September 1945 übersandte die Militärregierung an Oberbürgermeister Schmidt die entsprechenden Gesuche der Parteien mit der Bitte, dieser möge sich zu den Anträgen äußern. Die Antwort Schmidts war bemerkenswert, denn dieser zeigte sich äußerst skeptisch gegenüber einem Wiederaufleben der Parteien während der Aufbauphase. Wenn ein Volk zwölf Jahre in der völligen Unfreiheit der Diktatur gelebt habe, bestehe die Gefahr, dass im Parteileben von der wiedergewonnenen Freiheit falscher Gebrauch gemacht werde, besonders dann, wenn das Volk politisch nicht genügend geschult sei. Die Parteienbildung und Versammlungsfreiheit seien an sich zu begrüßen, doch müssten sie zunächst auf die politische Schulung des Volkes beschränkt werden. Diese Einschätzungen haben Oberbürgermeister Schmidt keine Sympathien bei den Fuldaern eingebracht. Die politisch Interessierten waren wegen des schulmeisterlichen Tons verärgert und unterstützten ihn in der Folge nicht. Von Seiten der amerikanischen Militärregierung wurde ihm daher vor der ersten Oberbürgermeisterwahl nach dem Krieg abgeraten, sich als Kandidat gegen Cuno Raabe aufstellen zu lassen.

Trotz der Bedenken Schmidts nahm die Lizenzierung ihren Gang. So beantragte die spätere CDU am 5. Oktober 1945 die Zulassung eines Komitees der „Christlich Sozialen Union", unterschrieben von Bürgern beider christlicher Konfessionen. Am 18. Oktober erhielt die CDU ihre Zulassung, allerdings beschränkt auf Stadt und Landkreis Fulda. Für die anderen Parteien ist kein Zulassungsschreiben überliefert, doch ist davon auszugehen, dass die Genehmigung parallel erfolgte. Die ersten Nachkriegsmitglieder der SPD gaben auf ihren Fragebögen für die Militärregierung als Beitrittsdatum sogar den 1. Oktober 1945 an, wobei es sich wohl um eine Rückdatierung handelt. Am 19. November erließen die vier in Stadt und Landkreis Fulda zugelassen Parteien, nämlich CDU, SPD, LDP und die KPD, eine Resolution. Sie verkündeten den Zusammenschluss aller vier zu einer „antifaschistischen Einheitsfront". Sie bekundeten damit ihren Willen, „daß der Nazismus und Militarismus mit allen seinen Wurzeln ausgerottet wird, und daß die unerhörten Verbrechen, mit denen der Hitlerismus den deutschen Namen zutiefst geschändet hat, ihre Sühne finden". Die öffentliche Erklärung endete mit folgendem Wunsch: „Nie dürfen die verhängnisvollen Kräfte der Reaktion der Vergangenheit, die Kräfte des Militarismus und des Hitlerismus wieder Gewalt über unser Volk gewinnen. Deshalb sind die vier politischen Parteien entschlossen, in dieser wichtigen Grundhaltung gemeinsam zusammen zu stehen. Ihr gemeinsamer Weg ist der Weg der Demokratie, der Freiheit und des Rechts, des Friedens und der gegenseitigen Achtung". Nie mehr in der Fuldaer Nachkriegsgeschichte standen sich die sonst so gegensätzlichen politischen Richtungen so nahe wie damals.

Erster Schritt auf dem Weg in die demokratische Normalität waren die in Groß-Hessen abgehaltenen Gemeindewahlen am 20.1.1946. Hierbei erzielte die CDU im Fuldaer Land bei einer Wahlbeteiligung von knapp 92% über 80% der Stimmen, die SPD folgte mit 8,2%, KPD und LDP blieben unter 1%. Als zweiter Schritt folgten die Kreistagswahlen am 28. April 1946. Auch aus dieser ging die CDU als klarer Sieger hervor. Sie errang 26 von 31 Mandaten, die übrigen gingen an die SPD. Am 26. Mai 1946 war es dann schließlich auch in Fulda soweit, in dem wie in den acht anderen kreisfreien Städten Groß-Hessens eine neue Stadtverordnetenversammlung zu wählen war. Dem Entscheid ging zwar kein spektakulärer Wahlkampf voraus, doch zeigen die Wahlbeteiligung von 77 % und die Vielzahl der Kandidaten aus den unterschiedlichsten Berufsgruppen ein großes Interesse der Bevölkerung. Die CDU erhielt 63,8 % der Stimmen, die SPD 22,2 %, die LDP 8,9 % und die KPD 5,1 %. Da die Sperrklausel bei 15 % lag, stellten nur die CDU mit 24 Sitzen und die SPD mit acht Sitzen Vertreter in der Stadtverordnetenversammlung.

## Oberbürgermeister Dr. Cuno Raabe (reg. 1946–1956)

*Oberbürgermeister Dr. Cuno Raabe, 1946 (StadtAFd, BA-1279)*

Die neu konstituierte Stadtverordnetenversammlung wählte in ihrer Sitzung am 1. August 1946 mit dem 58jährigen Dr. Cuno Raabe einen gebürtigen Fuldaer zum Oberbürgermeister. Der studierte Jurist vereinte als früherer Stadtrat in Königsberg/Ostpreußen und Oberbürgermeister von Hagen, der 1933 von den Nationalsozialisten aus dem Amt gedrängt worden war, kommunalpolitische Erfahrung mit nachgewiesener Gegnerschaft zum NS-Regime. Nach dem gescheiterten Attentat auf Hitler vom 20. Juli 1944 war Dr. Raabe in Haft genommen worden, aus der ihn erst sowjetische Truppen am 25. April 1945 in Berlin befreiten. Zurück in seiner Heimatstadt beteiligte er sich sofort am demokratischen Neuaufbau. Als Mitglied und Vizepräsident der verfassungsgebenden Versammlung von Groß-Hessen (1946) sowie Mitglied und Vizepräsident des Hessischen Landtags (1946-1962) war Raabe auch auf landespolitischer Ebene bestens vernetzt, ein Umstand, den er zum Wohl seiner Heimatstadt einsetzen konnte.

*Zum Bonifatiusjubiläum 1954 kam auch Bundeskanzler Dr. Konrad Adenauer nach Fulda (StadtAFd, BA-43801)*

Die Ausrichtung des Deutschen Katholikentags und des Bonifatiusjubiläums 1954 war inmitten einer schwierigen Zeit des Wiederaufbaus mit Sicherheit der glanzvolle Höhepunkt seiner Amtszeit.

## Gegen den Geist des Nazismus – Reeducation

Die demokratische „Umerziehung" fand nicht nur über Wahlen statt. Großen Wert legten die Amerikaner auf den politischen Unterricht, sei es in der Schule oder im Bereich der Erwachsenenbildung. Nicht zufällig waren von den Entlassungen aus politischen Gründen zahlreiche Lehrer betroffen. Die Grundprinzipien der Demokratie sollten nur von jenen vermittelt werden , die mehr oder weniger unbelastet aus dem „Dritten Reich" hervorgegangen waren. Nach Wiedereröffnung der Schulen wurden die Direktoren angewiesen, allen Lehrkräften wichtige Unterrichtsprinzipien mit auf den Weg zu geben. Diese bestanden darin, dass es strengstens verboten war, Themen zu behandeln, die den Militarismus und den Nationalsozialismus verherrlichten. Auch sollte in der Schule keine Politik begünstigt werden, die Unterschiede nach Rasse und Religion machte. Leibesübungen durften nicht mehr einer militärischen Ausbildung gleichkommen.

*Programm der Fuldaer Volkshochschule, 1948 (StadtAFd)*

Ebenso wichtig war die Erwachsenenbildung. Den Volkshochschulen fiel hierbei eine entscheidende Rolle zu. Ende November 1945 wurden erste Gespräche über die Neueinrichtung der VHS geführt. Vorangegangen war am 7. November 1945 eine Verfügung der Militärregierung in Wiesbaden an die örtlichen Offiziere, in der diese aufgefordert wurden, fachkundige Personen vor Ort mit der „Re-Institution of Adult Education" zu betrauen. Insbesondere sei darauf zu achten, daß „true Volkshochschulen" gebildet würden und es nicht zu einer wie auch immer gearteten Fortsetzung des Volksbildungswerks KdF („Kraft durch Freude") oder der Volksbildungsstätten kommen dürfe. Die Lehrkräfte sollten absolut integer und politisch unbelastet sein. Begleitet von einer großen Pressekampagne in der „Fuldaer Volkszeitung", die schon seit Frühjahr 1946 auf die Eröffnung einer Volkshochschule gedrängt hatte, wurde diese schließlich am 6. Mai 1946 genehmigt. Zwei Wochen später begannen die ersten Vorträge und Übungen.

Im Rahmen der „Reeducation" ist neben der Volkshochschule auch noch das „Amerika-Haus" zu nennen. Dieses wurde im Juli 1948 in den Räumen des früheren Bürger-

*Das Amerika-Haus in der Rabanusstraße, 1949 (StadtAFd, BA-12694)*

vereinsgebäudes in der Rabanusstraße eröffnet. Das Haus beherbergte nicht nur einen großen Saal für Vorträge und Konzerte. Es enthielt auch eine ca. 10.000 Bände umfassende Bibliothek, sozusagen ein Kernstück aller Amerika-Häuser. Das Vertrauen auf die Macht des gedruckten Wortes war damals noch so groß, dass man sich von der kostenlosen Lektüre gerade solcher Bücher, die unter den Nationalsozialisten verboten waren, einen Wandel in den Köpfen der Leser versprach. Das Amerika-Haus entfaltete in der Folge eine rege Aktivität. Während die Fuldaer Kinos die von Alltagssorgen geplagte Bevölkerung für eine kurze Zeit in die Schweinwelt der Heimat- und Hollywoodfilme entführten, war das in der Rabanusstraße gezeigte Programm um einiges anspruchsvoller. Wie erfolgreich das Programm im Einzelnen war, lässt sich heute nicht mehr feststellen.

*Eröffnung der „German Youth Activities" in der Marienstraße 6, 1948 (StadtAFd, BA-28597)*

Verlässliche Besucherzahlen liegen dagegen für die Kinos vor, die mit ihren seichten Filmen ein großes Publikum erreichten. Mehr als eine Million Besucher strömten 1951 in die Fuldaer Kinos. Gerade in diesem Jahr zeichnete sich eine gewisse Erlahmung der Aktivitäten im „Amerika-Haus" ab. Im September 1953 stellte das Haus schließlich seine Veranstaltungstätigkeit ein. Die im Bestand befindlichen ca. 8.700 Bände und ca. 600 Schallplatten wurden der Fuldaer Landesbibliothek übergeben.

*Der Verleger Heinrich Kierzeck (StadtAFd, Bildarchiv)*

Das Ende lief zeitlich parallel zu einer anderen Institution, die ebenfalls zur deutsch-amerikanischen Verständigung beigetragen hat. Das Heim der „German Youth Activities" (GYA), das am Frauenberg in der Marienstraße 6 eine großes Angebot für Jugendliche bereit hielt, wurde zum 30. Juni 1953 der Stadt Fulda übertragen. Aufs Ganze gesehen war die „Reeducation" in ihrer ursprünglichen Zielsetzung der vollständigen Ausrottung des Nazismus und Militarismus nicht nur in den Taten, sondern auch im Denken, ein zu ehrgeiziges Ziel, als dass es innerhalb einer kurzen Zeit zu erreichen gewesen wäre.

Eine Rückkehr zur demokratischen Normalität bedeutete schließlich auch die Lizensierung freier Presseorgane. Als erster erhielt der gebürtige Duisburger Heinrich Kierzeck, der wegen seines Widerstandes gegen den Nationalsozialismus das volle Vertrauen der Amerikaner genoss, am 21. Oktober 1945 die Erlaubnis zur Herausgabe einer Zeitung. Unter dem Namen „Fuldaer Volkszeitung" erschien das Blatt nach einer Probenummer vom 26.10. erstmals offiziell am 31. Oktober 1945.

## Die Integration der Vertriebenen und Flüchtlinge

Die Aufnahme und Integration von etwa 14 Millionen Deutschen (ca. 10 Millionen im Westen und 4 Millionen im Osten), die zwischen 1944-1946 ihre Heimat, entweder aus Angst vor der vorrückenden Roten Armee oder aber infolge einer systematischen Vertreibung nach Ende des Krieges verlassen mussten, zählt zu den größten Leistungen im Nachkriegsdeutschland. Seit Kriegsende war Fulda das Ziel von nicht organisierten Flüchtlingen, die allein oder in kleinen Gruppen eintrafen. Häufig kamen Frauen mit minderjährigen Kindern. Deren Väter waren in Kriegsgefangenschaft oder galten als vermisst. Es dürften etwa 1.000 Personen gewesen sein, um die sich das städtische Wohlfahrtsamt kümmerte.

Radium-Trinkapparate
dienen Ihrer Gesundheit!
gegen Rheuma, Gicht, Nerven, Stoffwechselkrankheit; günstig wirkend auf Blutzirkulation u. Drüsensystem. Unverbindliche Auskunft u. Beratung erteilt
Bezirksvertretung für Radium-Trinkapparate
Hedwig Zeller - FULDA Heinrichstr. 18

Bestattungsanstalt
Tischlerei Fernruf üb.Martin 2688
Übernahme aller Besorgungen, Arbeiten, Lieferungen und Überführungen vom Sterbelager bis zur Grabstätte.
Fachgeschäft seit 1929 früher Sagan/Schlesien.
B. Bruchmann, Fulda-Horas
Hauptstraße 23

Ferdinand Krusch
Strickmeister
erwartet Ihren Besuch und wird Sie gern beraten.
Ihre Strickkleidung, nach Mass angefertigt, garantiert einen guten Sitz und bereitet Freude. Teilzahlung möglich
FULDA
„Gasthaus Waldschlößchen"

Wo gibt es die guten schlesischen Fleisch- und Wurstwaren?
Bei
Walter Kleinmichel
Metzgerei und Gasthaus
FULDA Gallasiniring 5
Spezialität in Krakauer, Schlesische und Knoblauchwurst
Jeden Mittwoch frische Wellwurst

MODEATELIER
Lugert
FULDA Marktstraße 6
früher Franzensbad
Anfertigung eleganter Damen- und Herrengarderobe

Bootsverleih
Bier und alkoholfreie Getränke
Süßwaren · Herrlich schöne Lage
Stunden der Erholung
Josef Schönthal
Lange Brücke

Obst- und Gemüsehalle
Anton Ciosmak
FULDA Leipziger Str. 16

Herren- und Damen-Maßschneiderei
Ernst Kraske
FULDA
Horaser Weg 21 - früher Breslau

Besuchen Sie das „CAFÉ STUDT" - Haimbacher Straße 36

*Ausschnitt aus dem Branchenverzeichns der Vertriebenen in Fulda, 1954 (StadtAFd, NL 171 Bib 139)*

Am 22. Februar 1946 kam der erste Massentransport von Vertriebenen auf dem Bahnhof in Fulda an. Es waren 1.200 Menschen aus der Gegend um Landskron im Sudetenland, die in 40 Eisenbahnwaggons „verladen" waren. Da es sich um Güterwaggons und nicht um Personenzüge handelte, erscheint dieser Ausdruck durchaus gerechtfertigt. Als Auffanglager war in der Rabanusstraße 23 die ehemalige Wahlersche Fabrik hergerichtet worden.

Am Samstagnachmittag, als schwere Schneestürme über das Fuldaer Land zogen, trafen die 1.200 Vertriebenen, darunter 153 Kinder, auf dem Bahnhof Fulda ein, um im Landkreis Fulda für längere Zeit untergebracht zu werden.

Nach der Erstversorgung wurden die Flüchtlinge gleich am nächsten Tag auf Gemeinden im westlichen Landkreis Fulda verteilt. Bis zum 27. November 1946 kamen noch elf Transporte in Fulda zur Verteilung auf den Landkreis an. Sie stammten aus Freiwaldau, Tachau, Eger, Falkenau, Asch, Troppau (alle im Sudetenland), daneben aber auch aus Melk und Linz (meist mit Vertrieben aus dem Sudetenland, Schlesien und Ungarn) sowie aus Gießen (Zusammenstellung von Einzelflüchtlingen aus verschiedenen Gebieten). Insgesamt waren es fast 18.000 Menschen, die

*Aufzug der Oberglogauer 8-Uhr-Glocke auf den Domturm, 1949 (StadtAFd, BA-7324)*

*Gedenkfeier im Schlosstheater anlässlich des 40. Jahrestags der Ankunft der ersten Leitmeritzer Heimatvertriebenen in Fulda, 1986 (StadtAFd, BA-19324)*

für immer oder vorübergehend im Landkreis Fulda (ohne die Stadt) eine neue Heimat fanden. Im Dezember 1947 registrierte man bei einer Gesamtzahl von damals 17.420 Vertriebenen 10.657 (61%) aus der Tschechoslowakei und 5.575 (32%) aus dem Gebiet östlich der Oder-Neiße-Linie.

Die Stadt Fulda erhielt in drei Zügen im August und September 1946 jeweils 1.200 Personen aus Mährisch-Schönberg, Müglitz und Leitmeritz (alle Sudetenland) zugewiesen. Bei der Volkszählung Ende Oktober 1946 wurden in der Stadt bereits 5.521 Flüchtlinge registriert, davon alleine 3.461 aus dem Sudentenland (62%). Die Unterbringung der Vertriebenen in einer teilweise ausgebombten Stadt, die daneben auch noch 4.000 Evakuierte und eine nicht näher bestimmbare Zahl von durchziehenden Flüchtlingen zu beherbergen hatte, stellte neben dem Wiederaufbau die größte logistische Herausforderung für die Stadtverwaltung dar. Fulda hatte dabei unter einer Verteilungspolitik aus Wiesbaden zu leiden, die darauf bedacht war, die Vertriebenen möglichst auf das flache Land zu verteilen und die ausgebombten Großstädte zu schonen. Als vom Krieg nicht sonderlich betroffen galten u.a. die ländlichen Kreise des Regierungsbezirks Kassel, so auch Fulda, wobei man vergaß, dass die Stadt Fulda zu den durch den Luftkrieg schwer betroffenen hessischen Städten gehörte. Das damals noch kreisfreie Fulda hatte als Folge dieser Politik bereits Ende 1946 einen Anteil der Vertriebenen an der Wohnbevölkerung von 14,8%, fast drei Mal so viel wie der Landesdurchschnitt. 1950 lagen die Zahlen bei 18,2% gegenüber 9,9 %.

Dass die Einquartierung der Vertriebenen nicht immer reibungslos erfolgte und auch in Fulda keinesfalls von Beginn an als eine reine Erfolgsgeschichte betrachtet werden kann, versteht sich angesichts der allgemeinen Notlage von selbst. Das anfangs teilweise vorhandene gegenseitige Misstrauen und die größeren wie kleineren Konflikte gingen mit der Entspannung auf dem Lebensmittel- und Wohnungsmarkt merklich zurück. Hierzu trug auch die allmählich sich entwickelnde Integration der Vertrieben im stadtpolitischen Leben Fuldas bei. Bei der Stadt wurde eine eigene Flüchtlingsdienststelle eingerichtet, die das Notwendigste an Kleidung und Möbeln den Vertriebenen zur Verfügung stellte. Im Dezember 1947 konnten die Vertriebenen Flüchtlingsvertrauensleute wählen, die als beratendes Organ der Stadtverwaltung eingerichtet worden waren. Nach der Wahl zur Stadtverordnetenversammlung 1948 wurde unter Vorsitz von Bürgermeister Heinrich Gellings und dem Stadtrat Karl Krondorfer eine Flüchtlingskommission gebildet. In wieweit deren Tätigkeit erfolgreich war, lässt sich aufgrund der schlechten Überlieferungslage nicht genau sagen. Wie andernorts auch suchten die Flüchtlinge und Vertriebenen nach einer gewichtigen Vertretung ihrer Interessen in eigenen politischen Parteien. Der Bund der Heimatvertriebenen und Entrechteten (BHE) erreichte bei der Fuldaer Kommunalwahl 1952 aus dem Stand 12,1% der Stimmen und erhielt dafür vier Stadtverordnetenmandate.

Bemerkenswert war die wirtschaftliche Integration der „Neubürger". Waren viele kurz nach ihrer Ankunft noch auf Wohlfahrtsunterstützung (Sozialhilfe) angewiesen, so sank die Zahl der Fürsorgeempfänger doch sehr schnell. Bereits 1948 standen 75% der arbeitsfähigen Männer und 78 % der arbeitsfähigen Frauen in einem Beschäftigungsverhältnis. Nach und nach gab es auch den Mut zu Geschäftsgründungen. Das erste „Branchen-Verzeichnis der Heimatvertriebenen-Wirtschaft Fulda-Stadt" von 1952 listete stolz etwa 130 Selbstständige (z.B. Ärzte und Rechtsanwälte), Handwerker, Händler und Kleinfabrikbesitzer auf, die in Fulda mit ihrer Arbeit Fuß gefasst hatten.

Die Verbundenheit der Stadt zu den Vertriebenen dokumentierte sich auch in zwei Patenschaften. Auf Anregung von Wilhelm Hans Reichsgraf von Oppersdorff begründete Oberbürgermeister Dr. Raabe eine Patenschaft zu Oberglogau, die am 29. Mai 1955 offiziell besiegelt wurde. Hintergrund war der glückliche Umstand, dass sich im Gegensatz zu vielen anderen in der NS-Zeit zu Kriegszwecken eingeschmolzenen Kirchenglocken die Acht-Uhr-Glocke aus Oberglogau erhalten hatte. Sie war nach dem Krieg an ihren Besitzer, den Reichsgrafen von Oppersdorff, zurückgegeben worden. In Fulda, dessen Domgeläut durch die Einschmelzungen unwiederbringliche Verluste erlitten hatte, fand sie ihren neuen Platz. Nach dem Ende des Kalten Kriegs, als die Zeichen auf Verständigung und Versöhnung standen, konnte die Glocke 2001 nach Oberglogau zurückgegeben werden.

Die zweite Verbindung erinnerte an die mehreren tausend Vertriebenen aus dem Sudetenland und insbesondere aus dem Raum Leitmeritz. Im Gedenken daran, dass inzwischen viele Tausend Menschen aus diesem Raum eine zweite Heimat in Osthessen gefunden hatten, übernahm die Stadt Fulda anlässlich des Bundestreffens der Leitmeritzer am 6. August 1961 eine Patenschaft. Durch die regelmäßig in Fulda abgehaltenen Bundestreffen, aber auch durch das hier ansässige Leitmeritzer Heimatarchiv, dessen Bestände seit 2019 im Stadtarchiv Fulda behütet werden, wurde die Verbindung ständig mit Leben erfüllt und 2001 unter geänderten weltpolitischen Vorzeichen in eine Partnerschaft umgewandelt.

## Die „Ära" Dregger (1956-1970)

Die Amtszeit von Dr. Cuno Raabe stand ganz im Zeichen des Wiederaufbaus. Mit Dr. Alfred Dregger, der 1956 von der Stadtverordnetenversammlung mit 25 von 35 Stimmen zum Oberbürgermeister gewählt wurde, begann ein neues Kapitel in der Stadtgeschichte. Der später als Landes- und Bundespolitiker hervorgetretene Münsteraner hatte nach seinem Wehrdienst (1939–1945), zuletzt als Bataillonskommandeur im Range eines Hauptmanns, Rechts- und Staatswissenschaften studiert und vor seinem Eintritt in die Politik als Referent beim Bundesverband der Deutschen Industrie und beim Deutschen Städtetag gewirkt. Seiner Wahl zum Oberbürgermeister war ein Grabenkampf in der örtlichen CDU vorausgegangen. Ein Teil der Partei sah in dem Fuldaer Rechtsanwalt Joseph Schmitt den geeigneten und im katholischen Milieu verwurzelten Kandidaten, während sich der andere Teil frischen Wind von außen erhoffte und nach einem Bewerber suchte, der die Interessen der Stadt auch gegenüber der Kirche zu vertreten wusste. Mit Dr. Dregger entscheid man sich für einen jungen und schneidigen Politiker, der beherzt ans Werk ging und sich vor allem um die Stadtentwicklung kümmerte.

Ein für die Presse gemachtes Privatfoto zeigt ihn nicht von ungefähr bei der Lektüre des Buches „Stadtplanung. Von Athen bis Brasilia". Die Symbolik war eindeutig. Auch im kleinen Fulda groß zu denken und zu planen, daneben aber auch für die Umsetzung zu sorgen und die besten Architekten in die Stadt zu holen, das war sein Ziel und die Botschaft der Bilder, die ihn vor ausgebreiteten Plänen in den Magistratssitzungen zeigen.

*Amtseinführung von Oberbürgermeister Dr. Dregger (rechts) durch den Stadtverordnetenvorsteher Hermann Muth (StadtAFd, Bildarchiv, Foto: Huber Weber)*

*Dr. Dregger mit Ehefrau Dagmar (StadtAFd, Bildarchiv)*

## Stadtpolitik mit prägenden Persönlichkeiten

In der Amtszeit Dr. Dreggers hatte die CDU bis auf das Jahr 1956 die absolute Mehrheit bei den Fuldaer Kommunalwahlen erzielt. Das beste Ergebnis erreichte man gleich 1946 mit 63,8% der Stimmen. Aufgrund der Verwerfungen innerhalb der CDU im Vorfeld der OB-Wahlen kam es 1956 zur Abspaltung der Wählerselbsthilfe (WSH), die aus dem Stand 17% erreichte und der CDU, die nur auf 45,4% kam, die Stimmen wegnahm.

*Bundestagswahl 1957 (StadtAFd, Bildarchiv, Foto: Hubert Weber)*

Die kommende Legislaturperiode bis 1960, in der bis heute reichende stadtplanerische Entscheidungen getroffen wurden, gehört im Rückblick zur intensivsten und diskussionsreichsten der Nachkriegsgeschichte. Bereits 1960 trat die WSH nicht mehr an und die CDU erhielt wieder ihre üblichen Ergebnisse um die 55%. Einen kontinuierlichen Anstieg des Wählerzuspruchs erlebte die SPD, die sich von Werten um 22% in der unmittelbaren Nachkriegszeit auf einen Spitzenwert von 35,4% im Jahr 1972 hocharbeitete. Die Liberalen, die noch 1948 und 1952 achtbare Ergebnisse über 10% erreicht hatten, verloren in der Folge immer mehr an Wählerpotential und lagen nur noch knapp über 5%. Der Bund der Heimatvertriebenen und Entrechteten (BHE) spielte wie auch andernorts in den frühen Fünfziger Jahren mit 12% eine gewichtige Rolle, musste dann aber 1968, als man zum letzten Mal zur Wahl antrat, mit 4% der Stimmen zufrieden sein.

*Stadtbaurat Hans Nüchter (StadtAFd, BA-1191)*

Aufgrund der klaren Mehrheitsverhältnisse verwundert es nicht, dass der hauptamtliche Magistrat ebenso wie das Vorsteheramt in der Stadtverordnetenversammlung während der Zeit Dr. Cuno Raabes und Dr. Alfred Dreggers nur mit CDU-Politikern besetzt war. Als Bürgermeister amtierten Karl Schmitt (1946–1948), Heinrich Gellings (1948–1969) und Dr. Wolfgang Hamberger (1969–1970), als Stadtbaurat Hans Nüchter (1947–1977) und als Stadtverordnetenvorsteher Dr. Hermann Muth (1952–1964) und Max Will (1964–1977).

Neben ihnen prägten eine ganze Reihe von ehrenamtlich politisch tätigen Persönlichkeiten in der Stadtverordnetenversammlung und im Magistrat die Politik unabhängig von der Parteizugehörigkeit in wesentlichen Feldern mit. Trotz der besonders in den späten 1950er Jahren heftigen kommunalpolitischen Auseinandersetzungen gab es in der Nachkriegsphase wie auch in den folgenden Jahrzehnten bis in die Gegenwart bei den meisten Themen einen parteiübergreifenden Grundkonsens, um „der Stadt Bestes" zu erreichen. Bemerkenswert ist schon in der frauenpolitisch rückständigen Adenauer-Ära das starke Engagement von Politikerinnen wie der Bundestagsabgeordneten Cläre Schmitt und Dr. Hanna Walz sowie der Sozialpolitikerinnen Erna Hosemann, Mally Kühn, Maria (Ria) Warmuth und Maria Kluge. Hervorzuheben sind auch die CDU-Bundestagsmitglieder Anton Sabel (1949–1961), Anton Storch (1949–1961), Dr. Hermann Götz (1957–1976) sowie für die SPD Günther Wuttke (1969–1983) und Dr. Wendelin Enders (1967–1987).

## „Stadt ohne Raum“

Im März 1956 hielt der scheidende Oberbürgermeister Dr. Cuno Raabe seine letzte und nachdenklichste Etatrede. Er wies im Rückblick auf seine zehnjährige Amtszeit auf die großen Erfolge beim Wiederaufbau hin, die künftig allerdings gefährdet schienen. Unter dem bewusst provozierenden Schlagwort von der „Stadt ohne Raum“ beklagte Raabe das Fehlen von Grundstücken für die Ansiedlung von Wirtschaftsbetrieben. Es gebe

*Fuldaer Stadtplan 1953 (StadtAFd, Karten und Pläne, Nr. Fa 50)*

nur noch wenige Parzellen, über die man verfügen könne. Fulda sei der territorial kleinste Stadtkreis in Hessen, keine andere Stadt habe eine solch große Bevölkerungsdichte, die durch Pendler und Fahrschüler noch weiter erhöht werde. 32.000 Menschen seien in Fulda beschäftigt, etwa die Hälfte davon komme von außerhalb. Wenn nur 20 Prozent aller Pendler nach Fulda übersiedeln wollten, müssten 3.000 Wohnungen für rund 10.000 bis 12.000 Menschen geschaffen werden. Raabes Ziel gipfelte in der Forderung nach einer räumlichen Ausdehnung. Nur durch eine angemessene Vergrößerung des Stadtgebietes sei die Voraussetzung gegeben, dass Fulda auch weiterhin ein Mittelpunkt von Arbeit, Wirtschaft und Verkehr im Osten des Hessenlandes bleibt.

Die Antwort des Landkreises kam prompt. Nur zwei Tage später verkündete Landrat Dr. Eduard Stieler, dass man die Ausdehnungswünsche der Stadt ablehne. Die Raumnot Fuldas sei eine Folge der Auskreisung des Jahres 1927. Die Klagen über eine „Stadt ohne Raum“ bewiesen nur, wie fragwürdig es gewesen sei, eine Stadt kreisfrei zu machen, die weder ihrer Einwohnerzahl noch ihrer Größe nach in der Lage sei, sich völlig aus eigenen Kräften zu erhalten und zu entwickeln. Im Übrigen sei es bisher allein die Stadt gewesen, die von der allgemein günstigen wirtschaftlichen Entwicklung profitiert habe. Der Landkreis habe daran nicht unmittelbar teilnehmen können. Bisher habe der Landkreis der Stadt einzig als Beschäftigungsreserve gedient. 15.000 Menschen, die aus dem Kreis in die Stadt fahren, täten dies nicht, um die dortigen Versorgungseinrichtungen zu benutzen, sondern um in Fulda ihrer Arbeit nachzugehen und dort auch ihre Anschaffungen vorzunehmen. Die Ausgliederung Fuldas habe die Kraft des Landkreises in einem heute noch spürbaren Maße ausgehöhlt. Die geringe Wirtschaftskraft des Kreises bei einer gleichzeitig relativ hohen Einwohnerzahl würde noch mehr leiden, wenn die wirtschaftskräftigen Vorortgemeinden der Stadt zufielen. Der Konflikt um den städtischen Raumbedarf schwelte in der Folge ebenso weiter wie die Beteiligung des Landkreises an der Finanzierung städtischer Infrastrukturen.

## Die Neubaugebiete Ziehers und Aschenberg

Die Stadtverwaltung unter dem neuen Oberbürgermeister ließ sich durch die ablehnende Haltung des Landkreises nicht entmutigen, sondern setzte alles daran, die wenigen noch verfügbaren Gebiete zu erschließen.

Die Grundlagen für den Aufbau eines neuen Stadtteils östlich des Zentrums waren noch unter Dr. Raabe gelegt worden. Nach zahlreichen Anläufen war es 1953 endlich gelungen, die Domäne Ziehers, ein landwirtschaftliches Anwesen im Bereich des heutigen Domänenwegs, zu erwerben. Bereits seit 1948 stand man in Kontakt mit dem renommierten Architekten Adolf Abel aus München. Dieser schlug nach Schweizer Vorbild eine terrassierte Reihenhausbebauung vor, die sich an das Hanggelände anpasste. Ein von ihm entwickel-

*Platz der Weißen Rose in Ziehers-Nord, Postkarte 1968 (StadtAFd, Nachlass Büttner)*

ter Bebauungsplan kam in dieser Form nicht zum Tragen. Die im Wesentlichen zwischen 1956 und 1960 errichteten Gebäude zwischen der Petersbergerstraße und der Pacelliallee wichen doch erheblich von der Terrassenhaussiedlung Abels ab. Grund hierfür waren finanzielle Mittel, die von der Stadt im Rahmen des sozialen Wohnungsbaus bereitgestellt wurden, um über gemeinnützige Baugesellschaften zusätzlich 300 Wohneinheiten zu schaffen. Dadurch entstanden größere Wohnblöcke als zunächst vorgesehen waren. Zudem dehnte sich Ziehers-Süd schon bald weiter nach Osten, jenseits der heutigen Dr. Dietz-Straße aus.

Mit der Planung von Ziehers-Nord auf dem letzten, noch unbebauten Teil der einstigen Domäne hoffte man auf den großen Befreiungsschlag. Die 1960 nach Entwürfen von Prof. Rudolf Geil aus Darmstadt entwickelten Pläne sahen in diesem ca. 43 Hektar großen Bereich eine vielfach aufgelockerte Siedlung vor, die 3.000 Menschen eine neue Heimat bieten sollte. Ziel war die Schaffung eines Wohngebiets, das den Bewohnern wegen der Verbindung mit der landschaftlich schönen Umgebung ein Heimatgefühl geben sollte. 1961 wurde mit dem Bau der ersten Häuser begonnen Dass sich breite Bevölkerungsschichten nunmehr ein Eigenheim leisten konnten, lag vor allem am niedrigen Quadratmeterpreis von vier DM für das Bauland. Mit 455 fertiggestellten Wohnungen innerhalb des gesamten Stadtbereichs erzielte man 1963 bis dahin ein Rekordergebnis, das schon in den darauffolgenden Jahren jeweils noch einmal verdoppelt wurde. Nach dem Leitgedanken der damaligen Stadtplaner sollte jedem neuen Stadtteil ein eigener Mittelpunkt gegeben werden. Auch in Fulda folgte man diesem Ziel, und so erhielt der Architekt

Herbert Rimpl, der in Fulda auch für das Freiherr-vom-Stein-Gymnasium (1957), die Geschwister-Scholl-Schule (1963–1967) und die katholische Pfarrkirche St. Paulus (1965) verantwortlich zeichnete, den Auftrag für eine Platzgestaltung in Ziehers-Nord. Die im November 1966 erfolgte Enthüllung des Denkmals für die Geschwister Scholl setzte den Schlussstein unter das Projekt Ziehers-Nord. Mit dem neuen Stadtteil befand man sich damals auf der Höhe der Zeit. Die seinerzeit gefundene architektonische Lösung für den Platz findet zumindest bei den Denkmalpflegern immer noch Anklang.

## Das Neubaugebiet Aschenberg

Eine weitere Expansionsmöglichkeit bot sich für Fulda im Norden der Stadt, am Aschenberg, der von 1937 bis 1945 als Exerzierplatz diente. Da das für diesen Zweck benutzte Gelände als Ganzes an die Wehrmacht verpachtet werden musste, die Stadt aber nur einen kleinen Teil in ihrem Besitz hatte, war sie gezwungen, die dort begüterten Bauern aus Gläserzell, Horas und Niesig mit eigenen Grundstücken an anderen Orten zu versorgen. Nach dem Krieg forderte die Stadt als Entschädigung für die ihr entstandenen Ausgaben den gesamten Aschenberg zurück, um ihn gegen die Domäne Ziehers zu tauschen, wo man bereits Bauabsichten hegte. Der Aschenberg war dagegen in den frühen Fünfziger Jahren noch nicht für eine großflächige Bebauung vorgesehen. Stattdessen sollten dort lediglich einige Höfe für Vollbauern entstehen. Die Entscheidungsfindung für den Aschenberg lässt sich nur noch schwer rekonstruieren. Erstmals ist 1959 von einer Baugebietserweiterung am Aschenberg die Rede. Zu Beginn der 60er Jahre wurde versucht, größere Flächen am Aschenberg von den in der Umgebung siedelnden Eigentümern zu erwerben bzw. zu tau-

*Blick über die Kirche in Horas auf den Aschenberg (StadtAFd, Bildarchiv, Foto: Hubert Weber)*

schen. 1962 waren auf diese Weise bereits 500.000 qm in den Besitz der Stadt gekommen. Im selben Jahr wurde ein Ideenwettbewerb ausgeschrieben. Der neue Stadtteil für 10.000 Einwohner in 2.000 Wohnungen sollte über eine katholische und eine evangelische Kirche, Feuerwehr, Polizei, zwei bis drei Kindergärten sowie ein bis zwei Schulen verfügen. Der Wettbewerbssieger verzichtete in seinem Entwurf, die „weit einsichtbaren Bergkuppen durch eine Hochhausbebauung, wie sie in anderen Fällen angebracht gewesen wäre, zu bekrönen". Man habe versucht, die natürlichen Bewegungen des Geländes durch eine „nicht allzu laute Miethausbebauung" zu unterstreichen. Während der zweite Preisträger für eine überwiegende Reihenhausbebauung plädierte, setzte der drittplatzierte Entwurf auf Hochhäuser im Zentrum des Plateaus. In der Pressekonferenz nach Verkündung des Wettbewerbsergebnisses betonte der Oberbürgermeister, dass der Aschenberg „nach den modernsten städtebaulichen Gesichtspunkten" erschlossen werden solle. Die neue Wohnanlage werde die schönste in der Barockstadt werden, die nur noch mit dem Frauenberg vergleichbar sei. 60 Hektar habe man in den vergangenen Jahren am Aschenberg erworben. Insgesamt stünden 200 Hektar zur Verfügung, die aber nicht gleich bebaut werden sollten. man wolle sich ein Reservoir vorbehalten. Die Grundstücke würden zu einem Quadratmeterpreis abgegeben, der so billig sei wie in mutmaßlich keiner anderen Stadt in Deutschland.

Nach Erstellung des Bebauungsplanes 1963 zog sich die Umsetzung der Pläne aber noch hin. Letztlich gab es ein Nebeneinander der verschiedenen Konzeptionen. Neben einer teils luxuriösen Einzel-, Doppel- und Reihenhausbebauung an den Südhängen des Aschenbergs wurde das Plateau im Stil der Zeit tatsächlich überwiegend mit Hochhäusern besetzt. Um 1967 wurde mit den ersten Bauten begonnen. Ende 1969 lebten am Aschenberg immerhin schon 2.900 Menschen, wobei sich schon früh die Versorgung der Bewohner mit Einzelhandelsgeschäften als Problem abzeichnete. Erst recht spät ließ sich dort 1976 ein Einkaufszentrum nieder. Mit der katholischen Kirche St. Lukas und der evangelischen Versöhnungskirche waren die beiden christlichen Kirchen seit Mitte der Siebziger Jahre auf dem Aschenberg präsent. Trotz der langsam sich entwickelnden Infrastruktur hatte die Hochhaussiedlung auf dem Plateau seit den Achtziger Jahren die für die bundesrepublikanischen „Trabantenstädte" typischen sozialen Probleme. Inzwischen ist der Aschenberg mit etwa 8.500 Einwohnern Fuldas größter Stadtbezirk.

## Die Neugestaltung der Plätze

Während die Ausdehnung der Stadt durch die Ausweitung der Baugebiete ohne größere öffentliche Diskussionen erfolgte, war die Neu- und Umgestaltung der innerstädtischen Zentren, namentlich des Gemüsemarkts, des Busbahnhofs am Heertor und des Universitätsplatzes von teilweise emotional geführten Debatten in den städtischen Gremien geprägt.

## Der Gemüsemarkt

Durch die Angriffe vom 11./12.9.1944 war der Gemüsemarkt in seinem unteren Teil völlig zerstört worden. Nach Wegräumung der Schutthalden blieb ein trostloses Gelände übrig, das seine einstige Lebendigkeit als Markt verloren hatte. Schon sehr früh begannen die Überlegungen zum Wiederaufbau. 1947 wurde ein Wettbewerb ausgeschrieben, den die beiden renommierten Münchner Architekten Franz Jaud und Dominikus Weißkirchen gewannen. Der von ihnen entworfene Gebäudekomplex in den Formen der Neorenaissance sollte nach dem Willen von Oberbürgermeister Raabe in seinen Grundzügen für den Wiederaufbau als Vorbild dienen. Allerdings erhob sich bei den Anwohnern Widerstand gegen die Lösung der Münchner, den oberen und den unteren Teil des Gemüsemarktes voneinander abzutrennen und nur durch einen Torbau miteinander zu verbinden. Obwohl sich die städtischen Gremien immer wieder mit der Sache „Wiederaufbau Gemüsemarkt“ und dem Widerspruch der Anwohner befassten, tat sich auf dem Ruinengelände lange Zeit nichts. Der Platz verfiel weiter und wurde dazu noch als Schutthalde benutzt. Ein benachbarter Architekt schlug daher vor, das Areal einzuebnen und außerhalb der Markttage als Parkplatz zu benutzen.

Es sollte bis 1958 dauern, ehe die Diskussion wieder in Gang kam. Angesichts der immer lauter werdenden Kritik standen die politisch Verantwortlichen nun unter Zugzwang. In einer ihrer denkwürdigsten und für die Entwicklung der Fuldaer Innenstadt bedeutsamsten Stadtverordnetenversammlungen der Nachkriegsgeschichte wurde am 17. März 1958 der Grundstein für eine Lösung gelegt, die gleich mehrere städtebauliche Problemfälle lösen sollte. Mit großer Mehrheit der Stimmen von CDU und SPD genehmigte die Versammlung die Vorlage des Magistrats, die den Verkauf des städtischen Geländes zwischen Universitäts-, Schul- und Borgiasstraße sowie dem Steinweg für 600.000 DM

*Der verwaiste Gemüsemarkt vor dem Neubau, 1959 (StadtAFd, Bildarchiv, Foto: Hubert Weber)*

an die Firma Karstadt vorsah. Am Gemüsemarkt sollte ein Grundstückstausch zwischen der Stadt und Karstadt erfolgen, bei der die Stadt Fulda in den Besitz der Freifläche kam, während sich Karstadt verpflichtete, eine Randbebauung im Einvernehmen mit der Stadt zu errichten, die Geschäfts- und Wohnungsmieter in den zu veräußernden städtischen Grundstücken am Universitätsplatz auf eigene Kosten „umzusetzen", seine Grundstücke an der Bahnhof- und in der Friedrichstraße an die Stadt zu verkaufen sowie an die Stadt eine Spende in Höhe von 200.000 DM zu entrichten.

Aus Sicht der Politik konnten damit gleich zwei Probleme gelöst werden. Für das verfallene Gelände der „Rattenburg" auf dem Universitätsplatz war nun ein Investor für ein Kaufhaus gefunden, der gleichzeitig für die Entwicklung des Gemüsemarkts sorgte. Der starke Fuldaer Einzelhandel stand dem Abkommen mit Karstadt äußerst ablehnend gegenüber.

Die emotional geladene Stimmung im erstmals seit seinem Bestehen mit Zuschauern überfüllten Stadtverordnetensaal erinnerte manche Stadtverordneten an die aufgeheizte politische Atmosphäre am Ende der Weimarer Republik. Der SPD-Abgeordnete Karl Sorg, der mutmaßte, der Einzelhandel wolle mit seiner Ablehnung der Pläne seine Animosität gegenüber Kaufhäusern überhaupt abreagieren, stellte sich schützend vor Oberbürgermeister Dr. Dregger, den „ersten Bürger Fuldas", als im Laufe der Debatte von den Gegnern der Pläne vorgebracht wurde, dass Fulda von Fremden regiert werde. Der Vertreter der Wählerselbsthilfe, der gegen Dregger unterlegene OB-Kandidat Joseph Schmitt sprach sich dagegen für eine Beibehaltung des Karstadt-Standortes in der Friedrichstraße und die Stärkung des Einzelhandels aus. Fulda, so Schmitt, werde nie eine Großstadt werden, warum solle man dann den Fremden eine „hypermoderne Stadt vorgaukeln".

Die aufgeladene Diskussion jener Tage zeigt den tiefen Graben zwischen den „Modernisierern" und den „Traditionalisten", wobei die eindeutige Entscheidung der beiden großen Parteien eine Weichenstellung in Richtung auf ein „modernes" Fulda bedeutete, die für die Stadtplanung bis heute den äußeren Rahmen setzt. Schon bald nach dieser historischen Entscheidung der Stadtverordneten wurden am Gemüsemarkt die Baukräne aufgestellt. Im März 1960 konnte man für die Kombination aus Wohn- und Geschäftsgebäuden mit teilüberdachtem Markt und PKW-Stellplätzen das Richtfest feiern. Im Oktober 1961 wurde der Platz seiner Bestimmung übergeben.

## *Der Universitätsplatz*

Aus städtebaulicher Sicht war die Bebauung und Umgestaltung des Universitätsplatzes noch schwieriger als die des Gemüsemarkts. Das erst um die Jahrhundertwende durch den Abbruch des Ackerhofs und anderer Gebäude entstandene freie Areal war nach Kriegsende als Busbahnhof genutzt worden. Bereits zur Zeit des Nationalsozialis-

*Der Busbahnhof auf dem Universitätsplatz, 1957 (StadtAFd, Bildarchiv, Foto: Hubert Weber)*

mus hatte man darüber nachgedacht, die westliche Platzseite neu zu gestalten. Anstatt der dort befindlichen Teile des Jesuitenkollegs, die ein recht unansehnliches Bild boten, sollte ein Monumentalbau erstehen (Haus der Partei/ Theater). Andere Pläne sahen an dieser Stelle einen riesigen Brunnenplatz in der Achse des Stadtschulgebäudes und bischöflichen Konvikts vor, wobei letzteres in dieser zweiten Version dem „Haus der Partei" hätte weichen müssen. Die Pläne waren durch die weiteren Ereignisse obsolet geworden, doch das Schicksal der „Rattenburg" beschäftigte weiter die Gemüter. Es war deshalb sehr naheliegend, bei einem Kaufhausneubau eben jenen Bereich als Standort auszuwählen, der ohnehin in der öffentlichen Diskussion zum Abbruch prädestiniert war. Mit der Planung des Kaufhausneubaus wurde 1961 Professor Sep Ruf aus München betraut, ein da-

*Blick in die Borgiasstraße, 1960 (StadtAFd, BA-34761. Foto: Julius Caesar)*

*Blick auf die Karstadt-Baustelle am Universitätsplatz, 1962 (StadtAFd, BA-34779. Foto: Julius Caesar)*

mals vielgefragter Stararchitekt, der beim Wiederaufbau deutscher Städte, insbesondere in München, schon große Projekte geleitet hatte. Ruf wurde von der Stadt hinzugezogen, da die von Karstadt vorgelegten Pläne nicht den Gefallen der Denkmalpflege fanden, die den gesamten Platz durch den Neubau erdrückt sahen. Gerade in der Verpflichtung Sep Rufs zeigt sich, dass man in der „Ära“ Dregger in städtebaulicher Hinsicht keineswegs provinziell dachte, sondern ganz im Gegenteil auch architektonisch unbedingt den Anschluss an die Großstädte suchte. Ruf entwarf das Kaufhausgebäude, den Platz davor, den Verbindungstrakt zum nördlich sich anschließenden Patronatsgebäude, das vom bischöflichen Stuhl in Fulda zur selben Zeit gebaut wurde. Für dieses zeichnete Ruf zusammen mit dem Architekten Rudolf Schick verantwortlich. Im März 1962 begannen die Bauarbeiten am Platz mit der Unterkellerung für die Tiefgarage. Mehr als ein Jahr nach Beginn der Arbeiten wurde im Mai 1963 der endgültige Beschluss zur Platzgestaltung gefasst. Die Stadtverordnetenversammlung gab den Weg frei für eine Fußgängerzone, den sogenannten City-Platz, über den Parkkellern. Autos sollten künftig nicht mehr über den Platz geführt werden. Im März 1964 öffnete das Kaufhaus schließlich seine Pforten. Tausende von Menschen drängten sich zur Eröffnung auf dem neu gestalteten Platz. Oberbürgermeister Dr. Dregger erinnerte in seiner Rede noch einmal an die turbulente Vorgeschichte des Baus. Von einer Verdrängung des Einzelhandels, wie immer wieder befürchtet wurde, könne durch den Bau des Großkaufhauses nicht gesprochen werden. Gerade das Beispiel von Kerber, gegen dessen Neubau an der Rabanusstraße ebenfalls protestiert worden sei, zeige, dass der Einzelhandel von den Kaufhäusern nur profitieren könne. Dessen Umsatz sei danach schneller gestiegen als der von Kerber. Auch wenn Fulda nur eine Mittelstadt sei, so biete sich doch die Möglichkeit, die Metropole eines weiten Umlandes zu werden, da alle benachbarten Großstädte mindestens 100 Kilometer entfernt seien. Das von Fulda erschließbare Verbraucherpotential erfasse über 250.000 Menschen. Fulda könne heute von sich sagen, es gehöre zwar nicht der Quantität, aber doch der Qualität nach in die erste Reihe der deutschen Städte und zwar nicht nur auf Grund seiner Geschichte, sondern seiner Leistungen in der Gegenwart.

## *„Wohin mit dem Heertor"?*

Die Entscheidung für die Fußgängerzone auf dem Universitätsplatz konnte nur deshalb fallen, weil für den Omnibusbahnhof bereits ein anderer Standort gefunden war. Die Raumnot am alten Standort, die spätestens seit der Umstellung auf den 15-Minuten-Takt im Jahre 1956 untragbar geworden war, erforderte ein schnelles Handeln. Nach der Billigung des Übereinkommens mit Karstadt in der oben genannten Sitzung der Stadtverordneten und der damit geklärten neuen Nutzung im Bereich des Universitätsplatzes, konnte die Maßnahmen zur Verlegung des Busbahnhofs getroffen werden. Gegenüber dem Stadtschloss sollte der Altenhof zusammen mit der vorgelagerten Tankstelle und Garage Carl Auth abgerissen werden. Damit begann allerdings ein neuer lokalpolitischer Streit, der teils skurrile Züge annahm. Denn bei den Abrissarbeiten war ein mittelalterliches Stadttor zum Vorschein gekommen, dessen Existenz allerdings schon vorher bekannt war. Um die Zukunft dieses als „Heertor" identifizierten Bauwerks sorgten sich viele heimat-

*Das noch nicht freigelegte Heertor im Gebäude der früheren Schlossgarage Auth, 1959 (StadtAFd, BA-34722. Foto: Julius Caesar)*

bewusste Fuldaer, die davor warnten, dieses Zeugnis der Stadtbefestigung einfach abzureißen. „Wohin mit dem Heertor?“ war die damals heiß diskutierte Frage, die alle in Fulda bewegte. Die Diskussion war kontrovers, vom „Nieder mit dem alten Zeug“ bis hin zur Forderung nach Aufgabe der Busbahnhofspläne. Für eine Beibehaltung setzten sich neben der Bürgerinitiative „Die Freunde Fuldas“ auch die CDU und Oberbürgermeister Dr. Dregger ein. Allerdings stand die CDU-Stadtratsmehrheit nicht geschlossen hinter dem OB. Stadtrat Karl Krondorfer verkündete spöttisch, dass das Heertor nicht die Porta Nigra, sondern nur ein Stück Mauer und Lehm sei. Die SPD war schon zuvor geschlossen für einen Abriss eingetreten.

Entsprechend aufgeladen war die Debatte in der Stadtverordnetenversammlung am 17. August 1959, die zusammen mit der oben erwähnten Sitzung vom 17. März 1958 zu den Highlights der Fuldaer Kommunalpolitik in der Nachkriegszeit gehört. In einer 130minütigen Debatte gelang es den Befürwortern des Abrisses auch Teile der CDU sowie die WSH und den GB/BHE auf ihre Seite zu ziehen. Mit 19 zu 15 Stimmen votierten die Stadtverordneten für den Abriss. Nachdem allerdings in der Bevölkerung ein Stimmungswandel zugunsten des Heertors eingesetzt hatte und die Leserbriefe pro Heertor immer weiter zunahmen, kam es am 11. August 1960 zu einer erneuten Abstimmung in der Stadtverordnetenversammlung, die diesmal zugunsten der Erhaltung des Tores an seinem eigentlichen Standort ausfiel. Das Ergebnis lautete diesmal 13 gegen 4 Stimmen bei 10 Enthaltungen. Oberbürgermeister Dregger hatte zwei Wochen zuvor, am 26. Juli 1960, den Omnibusbahnhof eingeweiht. Das noch abbruchbedrohte Tor stand an diesem sonnigen Tage friedlich zwischen den Bussen und schien keinen mehr zu stören. Die Fuldaer hatten offensichtlich inzwischen ihren Frieden mit dem angeblich ältesten Stadttor Deutschlands geschlossen.

## *Die „autogerechte Stadt“ – Der Generalverkehrsplan*

Kennzeichnend für den Fortschrittsoptimismus der Fünfziger und Sechziger Jahre war die Forderung nach einer „autogerechten Stadt“. Möglichst viele Bürger sollten an der Motorisierung teilhaben und mit dem eigenen Pkw ohne Schwierigkeiten in kürzester Zeit alle Ziele in der Innenstadt anfahren können. Der allmählich steigende Lebensstandard rückte die erste Vision immer näher. Waren 1948 im Stadtgebiet gerade einmal 1.000 Kraftfahrzeuge zugelassen, so stieg deren Zahl bis Ende 1969 auf über 11.000. Die Verwirklichung des zweiten Ziels entschwand mit dem rasant wachsenden Individualverkehr in immer weitere Ferne. Ein Kollaps der durch den Straßenverkehr völlig eingeschnürten Innenstädte zeichnete sich als logische Folge des Autokults ab. In den Fünfziger Jahren konnte man davon natürlich noch nichts spüren. Straßenbau war zum einen Teil des Wiederaufbaus, zum anderen Förderung der Infrastruktur im Dienste des Aufschwungs. Das

*Die B 27 in Höhe der Abfahrt Petersberger Straße (StadtAFd, BA-6424)*

städtische Straßennetz umfasste zu Beginn der Amtszeit Dr. Dreggers ca. 68,5 Kilometer. 1970 hatte es sich um die Hälfte auf 103,2 km erweitert. Darunter waren bedeutende Projekte wie der Neubau der im Krieg zerstörten Langen Brücke (1957) und der Mackenrodtbrücke (1970) und die Fertigstellung der B 27, die als eine leistungsfähige Ostumgehung die neuen Stadtteile Ziehers-Süd und Ziehers-Nord, aber auch die Umlandgemeinden mit der Stadt verband.

Die Überlegungen, den Durchgangs- wie Zielverkehr in einem System aufeinander bezogener Straßen möglichst ungehindert strömen zu lassen, gipfelten relativ früh in der Entwicklung eines Generalverkehrsplans, der 1960 im Auftrag des Magistrats von einem Hannoveraner Ingenieurbüro vorgelegt wurde. Fulda stand damit wiederum in der ersten Reihe der Innenstadtgestaltung jener Tage. Der Plan ging von einer kontinuierlichen Steigerung des Verkehrsaufkommens aus, dem sich die Stadtplanung anzupassen habe.

*„Rushhour" in der Marktstraße, 1957 (StadtAFd, Bildarchiv. Foto: Hubert Weber)*

*Ungläubig bestaunt wurden 1958 die ersten Parkuhren in Fulda (StadtAFd, Bildarchiv. Foto: Hubert Weber)*

Es sei, so der Oberbürgermeister im Vorwort zum Generalverkehrsplan, vor dem Hintergrund des zum Allgemeingut aller Volkskreise gewordenen Automobils vergeblich und töricht, wenn die Städte und die Städter es ablehnen wollten, dem „Moloch Verkehr" den erforderlichen Tribut zu opfern. Die Städte seien zu allen Zeiten nicht nur Kultur- und Wirtschafts-, sondern auch Verkehrszentren gewesen. Eine Stadt, die ihrer Funktion als Verkehrszentrum nicht mehr gerecht zu werden vermag, könne auch ihre sonstigen Funktionen nicht erfüllen. Sie müsse dahinsiechen und werde schließlich ihr städtisches Wesen verlieren.

Das Vorwort nutzte der Oberbürgermeister dazu, die Mittelpunktfunktion Fuldas noch einmal herauszustellen. Städte seien mehr denn je nicht nur die Kultur-, Arbeits- und Einkaufsstädte ihrer Bewohner, sondern auch der Landbevölkerung. Fast alle kommunalen Leistungen der Städte kämen in gleicher Weise auch den Bewohnern des Landes zugute. Dr. Dreggers Resümee zog daraus eine klare Forderung: Die Landbewohner sollten daher ebenso wie die Städter daran interessiert sein, dass ihre Stadt als kulturelles und wirtschaftliches Herz des Gesamtgebietes und als Brennpunkt des Verkehrs funktionsfähig bleibe.

Der eigentliche Plan enthielt tatsächlich ein revolutionäres Konzept, das in Teilen umgesetzt wurde, in seiner konsequenten Verfolgung aber das Gesicht Fuldas völlig verändert hätte. In einer ersten Ausbaustufe sollten Sofortmaßnahmen ergriffen werden. Hierzu zählten die Einführung eines Einbahnsystems in der Innenstadt mit Ausnahme der Pauluspromenade, der Frankfurter Straße, der Löherstraße, Karlstraße, Dalbergstraße und Rangstraße, der sofortige Umbau des Dalbergkreisels, der dreispurige Ausbau der Schlossstraße in die Friedrichstraße und die Verlängerung der Magdeburger Straße bis Ziehers-Nord. Eine zweite Ausbaustufe sah einen Durchbruch an der Heilig-Geist-Kirche von der verlängerten Königstraße bis zur heutigen Dalbergstraße vor. Daneben sollte von der Leipziger Straße ein Durchbruch am Eichsfeld zur Langebrückenstraße vorgenommen werden. Die dritte und vierte Ausbaustufe sollte schließlich den Bau einer Nord- und Osttangente, der Frankfurter Straße und eines innerstädtischen Rings auf jeweils vier Spuren bringen. Am Ende sollte ein System aus einem Tangentendreieck und einem darin liegenden Innenstadtring die Stadt umgürten, während radial darauf laufende Straßen den Verkehr nach innen und außen führten. Die Osttangente wurde mit der B 27 realisiert, die Nordtangente wäre von Lehnerz über Niesig bis zur heutigen Kreuzung Bardostraße/ Haimbacher Straße geführt worden. Auf diese Kreuzung wäre auch die Westtangente getroffen, die der heutigen Bardostraße entspricht, allerdings als vollständige Tangente tatsächlich westlich an der Stadt vorbei bis Kohlhaus geführt worden wäre, sehr viel stadtnaher als der heutige Westring. Schließlich hätte noch eine Ost-West-Tangente die heutige Bardostraße mit Künzell verbunden. Die Aufgabe des Innenstadtrings wäre es gewesen, die Verkehrsströme der sternförmig zur Innenstadt führenden radialen Straßen aufzunehmen. Das Ringstraßensystem sollte aus folgenden Straßen bestehen: Heinrich-von-Bibra-Platz, Schlossstraße, Kastanienallee, Wilhelmstraße, Königstraße, Durchbruch an der Heilig-Geist-Kirche, Dalbergstraße, Heinrichstraße (Fahrtrichtung Nord) und Lindenstraße (Fahrtrichtung Süd). Bis auf die beiden letztgenannten Einfahrtstraßen, die zweispurig gebaut werden sollten, wollte man die übrigen vierspurig ausbauen. Die erste Fortschreibung des Generalverkehrsplans im Jahre 1969 sah sich in den früher gegebenen Empfehlungen bestätigt. Die Grundkonzeption sei richtig, man müsse aber auf neue Entwicklungen reagieren. Dies seien u.a. Fußgängerzonen, die eine große Bedeutung für das innerstädtische Leben hätten.

Doch trotz des Entgegenkommens an die gewandelte Situation war es offenkundig, dass weite Teile des Planes nicht mehr umsetzbar waren, gerade weil darin immer noch unbeirrt an den Tangenten und dem Innenstadtring festgehalten wurde. Die zweite, 1979 von der Stadt in Auftrag gegebene Fortschreibung aus dem Jahre 1981 trug der geänderten Situation Rechnung und verkündete im Vorwort des Oberbürgermeisters Dr. Hamberger einen Paradigmenwechsel. Während der alte Generalverkehrsplan entsprechend der herrschenden Meinung der sechziger Jahre noch ganz unter dem Planungsziel der verkehrsgerechten Stadt standen, sei der neue Generalverkehrsplan von der Einschätzung bestimmt, dass der Städtebau höchste Priorität genieße und dem Verkehr nur dienende Funktion zukomme. Es gebe eine Reihe ganz neuer Gesichtspunkte wie etwa den Denkmal- und Umweltschutz zu berücksichtigen.

Unter den gewandelten Rahmenbedingungen und einem erst langsam sich entwickelnden Umweltbewusstsein kamen die Planungen der sechziger Jahre somit nicht mehr zum Tragen. Schon die Siebziger, verstärkt aber die Achtziger Jahre standen in Fulda unter dem Thema Denkmalschutz und Innenstadtsanierung.

Der Fortschrittsoptimismus in der Amtszeit Dr. Dreggers hatte spätestens mit der „Ölkrise" 1973 und der darauf erfolgten weltweiten Rezession einen Dämpfer bekommen, von dem er sich bis heute nicht erholt hat. Der Generalverkehrsplan war ein Kind seiner Zeit. Die neue Formel der „nachhaltigen Entwicklung" setzte auf Bewahren statt auf Abriss.

## *„Wirtschaftswunder" und industrieller Wandel*

Für die 1946 ins Handelsregister eingetragenen 331 Fuldaer Betriebe, darunter 70 Unternehmen der Industrie, war die Lage nach Kriegsende verzweifelt. Solange die Versorgung der Bevölkerung mit Lebensmitteln und Wohnraum noch nicht sichergestellt war, konnte an einen gezielten Wiederaufbau nicht gedacht werden. Immerhin waren zum Ende des Jahres 1947 wieder über 16.000 Menschen in Fulda in einem festen Arbeitsverhältnis, davon kamen knapp die Hälfte aus dem Umland. Die Mehrzahl der 1.442 privaten Betriebe beschäftigte entweder nur deren Inhaber (324) oder aber zusätzlich ein bis fünf Arbeitnehmer (760). 33 Großbetriebe hatten mehr als 50 Beschäftigte, darunter die Firma Mehler knapp 1.200, die Emaillierwerke Bellinger dagegen nur noch 480. Die zerstörten Gummiwerke konnten ebenfalls bereits Ende 1947 wieder 630 Menschen Arbeit bieten. Die nach der Währungsreform von 1948 einsetzende Aufbau- und Konsolidierungsphase litt zwar unter der ungünstigen Verkehrslage an der Zonengrenze, profitierte umgekehrt aber auch davon, dass Betriebe der russischen Besatzungszone den Rücken kehrten und nach Westen abwanderten. Hierzu zählt etwa die Firma Juchheim, deren Thermometerfabrik aus dem thüringischen Ilmenau Ende 1947 nach Fulda verlegt wurde. Die Fahr-

*Die erste D-Mark für die Fuldaer 1948 (StadtAFd, BA-16148)*

*Ein Fulda-Mobil beim Rosenmontagszug 1953 (StadtAFd, BA-36898)*

zeugteilefabrik Wagner & Co. ging aus einer seit den siebziger Jahren des 19. Jahrhunderts bestehenden Gewehr- und Fahrradteilefabrik in Suhl hervor. Nach der Demontage und anschließenden Verstaatlichung des dortigen Werkes wurde das Unternehmen 1948 in Fulda neu begründet. Die Reform Maschinenfabrik in der Weichselstraße geht auf den Schlossermeister Adolf Rabenseifner aus Deutsch-Liebau zurück, der bereits 1904 eine Maschinenfabrik für Holzbearbeitungsmaschinen gegründet hatte. Dessen gleichnamiger Sohn kam nach dem Zweiten Weltkrieg aus dem Sudetenland nach Fulda und knüpfte hier mit dem 1964 ins Leben gerufenen Betrieb an die alte Tradition an. Im Bereich der Dienstleistungen ist im Zusammenhang der zwangsweisen Betriebsverlagerung die Magdeburger Feuerversicherung zu nennen, die sich 1952 mit ihrer Hauptverwaltung in Fulda niederließ.

Zu den Neugründungen zählt das Fuldaer Stanzwerk Werner Schmids, der im Mai 1946 mit drei Mitarbeitern eine Firma zur Metallverarbeitung in der Weichselstraße gründete. 1996 zählte das Unternehmen 220 Beschäftigte. Die zunehmende Expansion der Wirtschaft und eine damit einhergehende Innovation im technischen Bereich führte auch in Fulda zu Firmenneugründungen wie etwa der Dura Tufting GmbH, die 1955 ihr neuartiges Verfahren zur Herstellung textiler Bodenbeläge zur Produktionsreife entwickelte. Die Zahl der dort beschäftigten Personen stieg von 36 (1956) auf 861 (1967). Auch die Papierfabrik Jass gehört in die Reihe der Neugründungen nach dem Krieg, die aus der konsequent verfolgten Umsetzung eines neuen technischen Konzepts wirtschaftlichen Erfolg erzielte. Das Werk Fulda entstand 1970 als zweites Standbein des in Gronau 1960 ins

Leben gerufenen Unternehmens. Zu den überregional bekanntesten Produkten, die dem Erfindergeist eines Ingenieurs entstammen und in Fulda hergestellt wurden, zählt das Fulda-Mobil, von dem in der Rangstraße und andernorts in Lizenz zwischen 1950 und 1969 etwa 7.000 Exemplare produziert wurden.

Die bundesweit gesehen relativ lange Phase des Aufschwungs, unterbrochen nur durch die Rezession 1966/67, hatte auf den Fuldaer Arbeitsmarkt äußerst positive Auswirkungen. Zum Jahr 1968 waren im Arbeitsamtsbezirk Fulda (Stadt und Land) gerade einmal 427 Personen arbeitslos gemeldet bei 928 offenen Stellen. Allerdings bekam man in der Folge die Auswirkungen eines radikalen Strukturwandels, der vor allem die Textilindustrie betraf, sowie den auf nationaler wie internationaler Ebene immer schärfer werdenden Konkurrenzdruck und den damit verbundenen Zwang zur Rationalisierung zu spüren. Die sogenannte Ölkrise des Jahres 1973 und eine lang andauernde Phase der wirtschaftlichen Depression mit einhergehenden hohen Inflationsraten führten auch in Fulda zum Ende vieler traditionsreicher Unternehmen, die aus den verschiedensten Gründen den wirtschaftlichen Wandel durch die Umstellung auf neue Produktionsverfahren oder die Verlagerung auf neue Produkte nicht mehr bewerkstelligen konnten.

## *Schulbau*

Fuldas Ruf als Schulstadt verdankt es einem über Jahrzehnte hinweg geführten ehrgeizigen Schulbauprogramm, das in den späten Fünfziger und den Sechziger Jahren einen ersten Höhepunkt erlebte. Standen nach dem Krieg zunächst noch Wiederherstellungsmaßnahmen im Vordergrund, so setzte schon bald eine Neubauphase ein. Diese reagierte vor allem darauf, dass Fulda durch die Vertriebenen und Flüchtlinge einen enormen Bevölkerungszuwachs erlebte und die bisherigen Kapazitäten nicht mehr ausreichten. Bis 1945 verfügte die Stadt nur über fünf Volksschulen (heute: Grund- und Hauptschulen): im Stadtschulgebäude am Jesuitenplatz die Heinrich-von-Bibra-Schule und die Adolf-von-Dalberg-Schule, daneben noch die Domschule sowie die Schulen in Horas und Neuenberg. Realschulen gab es damals keine. An höheren Schulen verfügte Fulda über das Domgymnasium (heute: Rabanus-Maurus-Schule) am Universitätsplatz, die Oberschule für Jungen (heute: Freiherr-vom-Stein-Gymnasium) am Heinrich-von-Bibraplatz (später für den Hallenbadneubau abgerissen) und die Oberschule für Madchen, die von 1938 bis 1945 nach der Zwangsschließung der Marienschule als städtische Schule weitergeführt wurde, nach dem Krieg aber zugunsten der Marienschule ihren Betrieb einstellte. Daneben gab es noch die städtische Berufsschule am Zieherser Weg.

Fuldas Schultätigkeit nach dem Krieg setzte mit dem Umbau eines Blocks der ehemaligen Artilleriekaserne zu einer Volksschule für das Nordend ein. Die Schule wurde unter dem Namen Marquardschule 1949 eingeweiht und diente der Entlastung der Dom-

*Einweihung des Freiherr-vom-Stein-Gymnasiums 1959 (StadtAFd, BA-16828. Foto: Schneider)*

schule. Die 1950/51 auf dem Gelände der Konstantinkaserne errichtete Volksschule am Gallasiniring (heute Cuno-Raabe-Schule) sowie die gleichzeitig gebaute Sturmiusschule im Süden (erweitert 1962) sollten dagegen das überbelegte Stadtschulgebäude von seinen drängendsten Raumproblemen befreien. Als erste Sonderschule Fuldas wurde in der ehemaligen Judenschule an der Von-Schildeck-Straße die Pestalozzischule eingerichtet.

Die Phase eines konsequenten Schulbauprogramms setzte 1954 noch unter OB Raabe ein. Die Bardoschule in Neuenberg machte mit dem ersten Bauabschnitt den Anfang. Mit dem Erwerb der Domäne Ziehers war seit Mitte der 50er Jahre der Weg frei für Schulbauten auf der grünen Wiese. Das 1957 begonnene und im November 1959 eingeweihte Gymnasium für Jungen war mit veranschlagten vier Millionen DM Bau- und Einrichtungskosten das bis dahin größte kommunale Bauvorhaben in der Stadtgeschichte Fuldas. Die neuen Stadtteile bekamen ihre eigenen Schulen: Ziehers-Süd die Athanasius-Kircher-Schule (1961–1963), Ziehers-Nord die Geschwister-Scholl-Schule (1963–1966), der Aschenberg die Bonifatiusschule (1964–1967). An der Edelzeller Straße erhielt die Adolf-von-Dalberg-Schule einen Neubau (1965–1967; 1969–1970 von der Heinrich-von-Bibra-Schule bezogen). 1965 wurde mit dem Bau der Rabanus-Maurus-Schule (Domgymnasium) auf dem Gelände der Domäne Ziehers begonnen. Die Einweihung erfolgte am 12. Oktober 1968. Bautätigkeiten gab es in den sechziger Jahren auch an den beiden Berufsschulen (Ferdinand-Braun-Schule, Richard-Müller-Schule) sowie an den nichtstädtischen Schulen (Winfriedschule, Marienschule, Marianum), die teilweise auch mit städtischen Mitteln gefördert wurden. Der mit den Baumaßnahmen verbundene finanzielle Kraftakt der Stadt war nur dadurch möglich, dass die Kommunalpolitik dieser Jahre hier ganz bewusst einen Schwerpunkt setzte. Bei seiner Ansprache zur Grundsteinlegung der Richard-Müller-Schule am 28. Juni 1961 propagierte Oberbürgermeister Dr. Dregger seine Idee von einem Schulviertel im Park, in dem alle Schularten vertreten sein sollten, da alle demselben Bildungsziel verpflichtet seien. Am Ende des Jahrzehnts hatte die Stadt Fulda zwischen 1961 und 1969 ca. 30 Millionen DM in den Schulbau gesteckt, ca. 1/6 des gesamten Vermögenshaushalts dieser Zeit.

# XXV

# Von der Gebietsreform bis zum Fall der Mauer (1970–1989)

Während die politische Großwetterlage durch die Ostpolitik Willy Brandts und die 1975 unterzeichnete Schlussakte von Helsinki nach dem „Kalten Krieg“ auf eine Entspannung hoffen ließ, standen die frühen Achtziger Jahre wieder im Zeichen der Konfrontation zwischen NATO und Warschauer Pakt. Für Fulda an der Nahtstelle der beiden Systeme war die Lösung des Ost-West-Konflikts mit dem Fall der Mauer und der Bildung eines wiedervereinigten Deutschland noch von weit größerer politischer, wirtschaftlicher und emotionaler Bedeutung als für eine grenzfernere Kommune dieser Größe irgendwo in der alten Bundesrepublik. Das „Fulda Gap“, jene vermutete Einfallsschneiße der Truppen des Warschauer Pakts bei ihrem Durchbruch in den Westen auf dem Weg nach Frankfurt und den Rhein, schwebte als militärische Option wie ein Damoklesschwert über der Stadt. In den Vereinigten Staaten war 1977 ein Brettspiel erschienen, das den Beginn des Dritten Weltkriegs in Fulda unter den Namen „Fulda Gap – The First Battle of the Next War“ simulierte. Die in Fulda stationierten US-amerikanischen Einheiten des 11. (Black Horse) bzw. 14. Panzeraufklärungsregiments standen für den Willen, einen Angriff durch die abschreckende Präsenz von Militärverbänden, die den Auftrag zur Grenzüberwachung hatten, zu verhindern und damit die Bevölkerung vor dem in den Planspielen entwickelten Szenario zu schützen. Die in den Downs Barracks an der Haimbacher Straße sowie am Hubschrauberlandeplatz in Sickels stationierten amerikanischen Soldaten waren ein wesentliches Element der Fuldaer Nachkriegsgeschichte, die mit der Verabschiedung des Black-Horse-Regiments am 7. Oktober 1993 endete.

## *Von der „Ära Dregger“ zur „Ära Hamberger“*

Zwar wird es der Vielgestaltigkeit einer Stadtgeschichte, an der unzählige Persönlichkeiten, Firmen, Institutionen, Vereine, Parteien und Interessengruppen mitwirken, nicht gerecht, wenn man Zeitabschnitte nach der Regierungszeit von Oberbürgermeistern bildet und charakterisiert. Dennoch bietet es sich für Fulda an, die Nachkriegs-

*Erster Gratulant für den neuen OB Dr. Hamberger ist Stadtbaurat Hans Nüchter. Im Hintergrund Stadtverordnetenvorsteher Max Will (StadtAFd, Bildarchiv. Foto: Hubert Weber)*

geschichte in die Zeit des Wiederaufbaus unter den Oberbürgermeistern Schmidt und Dr. Raabe (1945–1956), der modernen Stadtentwicklung und des Schulbaus unter Dr. Dregger (1956–1970) und des Ausbaus zu einem Oberzentrum unter Dr. Hamberger (1970–1989/90) zu unterteilen.

Dr. Dregger, der sowohl bundes-, als auch landespolitische Ambitionen hatte, musste sich anlässlich der hessischen Landtagswahl, die am 8. November 1970 stattfand, entscheiden, ob er als Spitzenkandidat der CDU in den Wahlkampf ziehen und nach der Wahl entweder als Ministerpräsident oder als Oppositionsführer nach Wiesbaden gehen wollte. Trotz der für die CDU und ihren Landesvorsitzenden Dr. Dregger erfolgreichen Wahl, die ihr mit fast 40% der Stimmen im „roten Hessen" einen Achtungserfolg brachte, blieb dem Fuldaer Oberbürgermeister das Amt des Ministerpräsidenten versagt, da die FDP mit der bisher allein regierenden SPD, die mit 45% die stärkste Partei blieb, eine

*Wahlkampfauftakt der hessischen CDU in Fulda mit Spitzenkandidat Dr. Dregger und Bundeskanzler Dr. Kurt Georg Kiesinger, 1969 (StadtAFd, BA-17294. Foto: Hubert Weber)*

Koalition einging. Dr. Dregger entschied sich dennoch, vom Amt des Oberbürgermeisters zurückzutreten und in die Landespolitik zu wechseln. Nur wenige Wochen später wurde Dr. Wolfgang Hamberger am 15. Dezember 1970 mit den Stimmen von CDU und FDP zum Nachfolger Dr. Dreggers gewählt.

Den aus Bensheim gebürtigen neuen OB, der als promovierter Sozial- und Politikwissenschaftler zunächst in der freien Wirtschaft gearbeitet hatte, hatte 1968 Dr. Dregger als seinen persönlichen Referenten und Leiter des Wirtschaftsamts nach Fulda geholt. Bereits ein Jahr später wurde er in Nachfolge von Heinrich Gellings zum Bürgermeister gewählt. Innerhalb kürzester Zeit hatte sich Dr. Hamberger so tief in die Fuldaer Kommunalpolitik eingearbeitet, dass er für den scheidenden OB Dr. Dregger zum unentbehrlichen Mitarbeiter und Ratgeber geworden war, dem er zutraute, vor allem ein Problem zu lösen, bei dem er bis zum Jahresende 1970 nicht vorangekommen war. Die anstehende Gebietsreform war wie schon der Konflikt um die Stadtausdehnung am Beginn der Amtszeit Dr. Dreggers die zentrale Schicksalsfrage für die Stadt, die er in die Hände eines jungen Politikers übergab, der vom ersten Tag an gewillt war, zielstrebig und energisch die Belange der Stadt Fulda gegenüber dem Landkreis und der Landesregierung zu vertreten.

## *Gebietsreform und das Trauma der Rückkreisung*

*Veranstaltung gegen den Entzug der Kreisfreiheit mit Dr. Hamberger auf dem Universitätsplatz, 1972 (StadtAFd, BA-31184)*

Um dem drohenden Bedeutungsverlust des Fuldaer Raums innerhalb von Hessen entgegenzuwirken, hatte Dr. Dregger eine eigene Planungsregion Osthessen ins Leben gerufen, um damit zu verhindern, dass Osthessen als Teilregion Mittelhessen mit dem Zentrum Gießen zugewiesen wurde. Das Ziel war die Schaffung eines Oberzentrums Fulda als Motor dieser selbstständigen Region. 1964 hatten sich zu diesem Zweck der Stadt- und Landkreis Fulda mit den Kreisen Hünfeld, Lauterbach und Schlüchtern zu einer Planungsgemeinschaft Osthessen zusammengeschlossen. Der 1968 erfolgte Anschluss Fuldas an die Autobahn A 7 Bad Hersfeld-Fulda-Würzburg verstärkte das Selbstbewusstsein in der Region.

*Fuldaer Protest vor dem Landtag in Wiesbaden, 1972 (StadtAFd, BA-17464)*

Die Bildung einer gemeinsamen Planungsgemeinschaft konnte allerdings nicht verhindern, dass die einzelnen Akteure ihren Vorteil auf Kosten des Nachbarn suchten. Eine Bürgermeister Dr. Hamberger nur durch eine Indiskretion im Sommer 1970 bekannt gewordene Gebietsplanung des Landkreises Fulda sah vor, einen Kranz von Gewerbegebieten in den Stadtrandgemeinden um Fulda herumzulegen, dem solchermaßen eingeschnürt jede Entwicklungsmöglichkeit genommen worden wäre. Zwar gab der Bürgermeister die Information sofort an den OB weiter, doch dieser blieb trotz einer ersten Erregung ganz gegen seine Gewohnheit abwartend und suchte nicht die Aussprache mit dem Landrat Dr. Eduard Stieler. Bis heute bleibt unklar, warum Dr. Dregger hier so zögerlich war. Immerhin ermutigte er seinen designierten Nachfolger zum Handeln.

Dr. Hamberger nahm daraufhin sofort das Heft in die Hand und erwirkte einen Grundsatzbeschluss in der letzten von Dr. Dregger geleiteten Magistratssitzung im November 1970. Demnach sollten alsbald Verhandlungen mit den Stadtrandgemeinden und dem Landkreis zur Vorbereitung einer Gebietsreform aufgenommen werden. Mit jeder Gemeinde, deren berechtigte Interessen man wahre, wolle die Stadt Fulda separate Gespräche führen. Der Beschluss mündete in eine wegweisende Formulierung: „Der Magistrat hält den Zusammenschluss der Stadt mit ihren Stadtrandgemeinden für dringlich, weil nur so die Funktionsfähigkeit Fuldas als Oberzentrum Osthessens [...] gewährleistet werden kann".

Gegen das ausdrückliche Votum von Landrat Dr. Stieler verhandelte der künftige Oberbürgermeister Dr. Hamberger noch im November 1970 mit 17 Stadtrandgemeinden, die dem Abwasserverband angehörten sowie mit Kämmerzell und Lüdermünd über eine Eingliederung. Die meisten der Gemeinden waren sehr interessiert. Schon bald kamen mit Kerzell, Löschenrod, Margretenhaun, Armenhof und Wissels weitere Interessenten

*Unterzeichnung der Eingemeindungsverträge mit Lehnerz und Maberzell, 1971 (StadtAFd, Bildarchiv)*

von sich aus auf die Stadt Fulda zu. Ein erster Grenzänderungsvertrag mit Harmerz wurde im April 1971 geschlossen. Ende des Jahres lagen 14 Grenzänderungsverträge vor, die alle vom Landrat nicht genehmigt wurden. Dem stand allerdings die von Ministerpräsident Dr. Oswald gegebene Grundsatzerklärung des Landes entgegen, dass man freiwillige Gemeindezusammenschlüsse immer dann akzeptiere, wenn sie zu sinnvollen neuen Einheiten führten. Dies konnte für Fulda und sein Umland mit Sicherheit behauptet werden.

Zwischenzeitlich hatte eine Modellplanung der Stadt Fulda vom März 1971 die Einbeziehung von 39 Umlandgemeinden vorgesehen, darunter auch von Eichenzell (1.866 Einwohner), Künzell (5.066 Einwohner) und Petersberg (6.658 Einwohner), die damals ohne die später von ihnen selbst durchgeführten Eingemeindungen eine erheblich geringere Bevölkerung aufwiesen als heute. Mit dieser großen Lösung, die Fulda bei der Landesregierung als städtischen Vorschlag einbrachte, hätte die Stadt mit ihren damals 45.000 Einwohnern einen Zuwachs von 40.000 Menschen erhalten.

Demgegenüber sah der Vorschlag des hessischen Innenministeriums vom Oktober 1971 die Eingemeindung von 15 Gemeinden (Gläserzell, Haimbach, Harmerz, Istergiesel, Johannesberg, Kämmerzell, Kohlhaus, Lüdermünd, Maberzell, Mittelrode, Niederrode, Niesig, Sickels, Zell und Zirkenbach) vor. Petersberg und Künzell, mit Abstand die beiden größten Orte in der Umgebung, waren in diesem Vorschlag nicht enthalten, ebensowenig die stadtnahen Orte Lehnerz, Bronnzell und Edelzell. Schließlich kam es mit Stichtag vom 1. August 1972 zur Eingemeindung der von der Landesregierung genannten 15 Orte sowie von Bernhards, Besges, Bronnzell, Dietershan, Edelzell, Lehnerz, Malkes, Oberrode und Rodges. Die Bevölkerungszahl der Stadt Fulda stieg damit von 45.000 auf 60.000. Die Fläche verfünffachte sich von 20 auf 103 Quadratkilometer.

Das Ergebnis konnte sich für die Stadt Fulda sehen lassen, auch wenn der Wunsch im Hinblick auf die Eingliederung von Eichenzell, Künzell und Petersberg wegen des energischen Widerstands des Landkreises nicht erfüllt wurde. Das der Eingemeindung zugrundeliegende „Gesetz zur Neugliederung der Landkreise Fulda und Hünfeld und der Stadt Fulda" vom 11. Juli 1972 hielt zudem in seinem Paragraphen 18 eine bittere Pille für die Stadt bereit. Dort heißt es lapidar: „Die Stadt Fulda wird in den neuen Landkreis Fulda eingegliedert". Damit war die seit 1927 bestehende Kreisfreiheit der Stadt wieder Geschichte. Vergeblich hatte die städtische Kommunalpolitik gegen diese Regelung gekämpft.

1971 hatte das hessische Innenministerium seine Vorstellungen im Hinblick auf die Neuordnung des Landkreises Fulda vorgelegt und neben der Eingliederung des Landkreises Hünfeld auch die des Stadtkreises Fulda vorgesehen. Hiergegen wandte sich die Stadtverordnetenversammlung mit einer einstimmigen Resolution. Man begrüße zwar die Zusammenlegung der Kreise Fulda und Hünfeld, doch halte man die Aufrechterhaltung der Kreisfreiheit für eine unabdingbare Voraussetzung einer im Vergleich zu anderen Teilen Hessens gleichgewichtigen Entwicklung im osthessischen Zonenrandgebiet. Fulda habe in seinem Gebiet die gleichen Funktionen wie Darmstadt und Gießen als Zentren von Süd- und Mittelhessen. Die Rückkreisung gefährde aber die Entwicklung Fuldas als Oberzentrum in Osthessen.

Letztlich wurde das Verfahren zur Neugliederung der Städte und Landkreise von der Landesregierung in kurzer Zeit durchgezogen, ohne dass die betroffenen Kommunen die ernsthafte Möglichkeit hatten, ihre Argumente umfassend in den Ministerien und im Landtag würdigen zu lassen. Noch kurz vor der entscheidenden Landtagssitzung im Juli 1972 hatten sich mehrere Bürgerinnen und Bürger zu der Aktion „Fulda – kreisfreie Stadt e.V." zusammengeschlossen. Zusammen mit dem Oberbürgermeister demonstrierte diese Gruppe im Juni vor dem Landtag in Wiesbaden, allerdings vergeblich. Ein von der Fuldaer Stadtverordnetenversammlung beschlossener Gang vor das Bundesverfassungsgericht wurde von diesem erst gar nicht angenommen, da keine hinreichende Aussicht auf einen Erfolg bestehe. War die Eingliederung der Stadt Fulda in den Landkreis ursprünglich erst für 1976 vorgesehen, so beschloss der Hessische Landtag im März 1974 die vorzeitige Rückkreisung von Fulda, Hanau und Marburg zum 1. Juli 1974. Wegen der zahlreichen Probleme, die sich bei der Überführung der großen Städte in Hessen in die jeweiligen Landkreise im Hinblick auf die Höhe der Kreisumlage und die Abgrenzung der Verwaltungsaufgaben stellten, kam es 1979 zu einem Gesetz über die Aufgaben der kreisangehörigen Städte mit mehr als 50.000 Einwohnern. Damit waren die sieben hessischen Sonderstatusstädte, darunter Fulda, geboren, die Aufgaben der Landkreise etwa im Bereich der Bauaufsicht, der Sozialhilfe, der Schulträgerschaft und des Volkshochschulwesens übernehmen konnten und dafür mit einer reduzierten Kreisumlage rechnen konnten.

Für die Fuldaer Kommunalpolitik bedeutete die Eingliederung in den Landkreis einen Bedeutungsverlust, der bis heute nicht verwunden ist. Für den tatkräftigen neuen Oberbürgermeister Dr. Hamberger, der sich mit allen Mitteln der Entwicklung entgegengestellt hatte, gab es aus dieser Erfahrung eine Konsequenz, unter der viele kommunale Projekte in den folgenden Jahren zu sehen sind. Die beanspruchte Funktion eines Oberzentrums für Osthessen sollte mit Investitionen in das Gesundheits- und Schulwesen, in die Infrastruktur und vor allem in die Kultur mit Leben erfüllt werden.

## Das Klinikum

Die zu Beginn des 19. Jahrhunderts durch Wilhelm Friedrich von Oranien-Nassau eingeleitete Fuldaer Krankenhausgeschichte erlebte 1937 durch die Übernahme des Landkrankenhauses aus der Trägerschaft des Bezirksverbands Kassel in die städtische Verwaltung eine entscheidende Weichenstellung. Mit der kostenfreien Übertragung der Immobilien an der Edelzeller Straße war ab 1944 die Verpflichtung verbunden, die bauliche Unterhaltung des Krankenhauses selbst zu übernehmen. Im Laufe der Fünfziger Jahre zeichnete sich ab, dass der sanierungsbedürftige Gebäudekomplex durch einen Neubau an anderer Stelle ersetzt werden musste. Ein passendes Grundstück, das erst in das Stadtgebiet Fulda eingemeindet werden musste, fand man an der heutigen Pacelliallee. Nach der 1967 gefundenen Finanzierungsregelung sollte sich die Stadt Fulda an der Investitionssumme von etwa 70 Millionen DM mit sieben Millionen DM und der Landkreis mit fünf Millionen DM beteiligen. Das Land Hessen übernahm den Löwenanteil für das neue „Hauptschwerpunktkrankenhaus", das den Bedarf der gesamten Region decken sollte. Im März 1971 begannen die Bauarbeiten. Am 24. November 1975 wurde nach nur viereinhalbjähriger Bauzeit mit einem Festakt die Einweihung vollzogen. Entgegen dem Willen des zuständigen hessischen Sozialministers Dr. Horst Schmidt, der

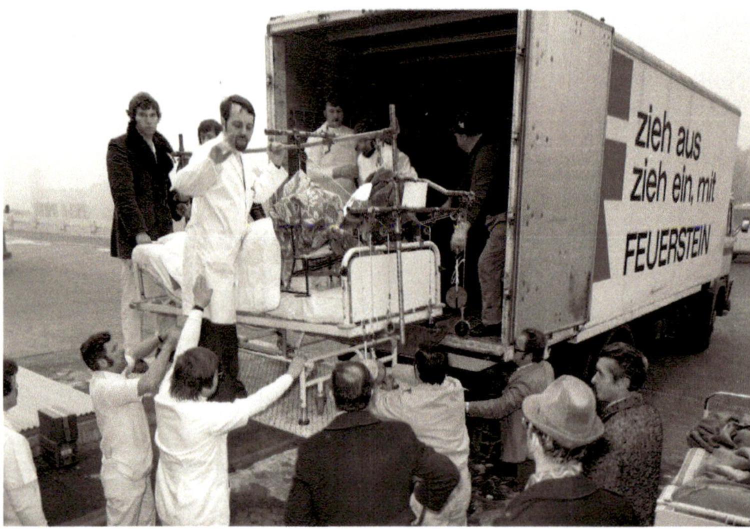


*Umzug der Patienten in das neue Klinikum, 1975 (StadtAFd, Bildarchiv. Foto: Erich Gutberlet)*

*Richtfest für das Klinikum, 1972 (StadtAFd, Bildarchiv. Foto: Hubert Weber)*

das neue Haus als „Hessenklinik" eröffnen wollte, setzte sich der Oberbürgermeister mit seiner Namengebung durch. Bereits zur Einweihung prangte über dem Haupteingang der Name „Städtische Kliniken Fulda". Dem Start des Betriebs am 23. Februar 1976 war mit der Überführung der Patienten und aller beweglichen Einrichtungsgenstände aus den alten Gebäuden an der Edelzeller Straße eine logistische Meisterleistung vorausgegangen. Als Krankenhaus der Maximalversorgung auf dem neuesten Stand der medizinisch-technischen Entwicklung sah man sich mit den 757 Betten schon damals als ein Garant für die medizinische Versorgung des ganzen osthessischen Raums. Die seit 1977 bestehende Funktion als akademisches Lehrkrankenhaus der Philipps-Universität in Marburg trug zur Reputation des Hauses zusätzlich bei. Mit der Inbetriebnahme des Städtischen Klinikums ging eine 142jährige Tradition der Vinzentinerinnen im Pflegedienst des Krankenhauses zu Ende, da der Orden der Schwestern vom Hl. Vinzenz von Paul sich nicht mehr in der Lage sah, im Neubau Ordensschwestern einzusetzen.

## *„Kultur für alle"*

Fuldas Kulturleben war bis weit in die 1960er Jahre von Vereinen und einzelnen Künstlerpersönlichkeiten geprägt. Hervorzuheben ist dabei der „Junge Kunstkreis", in dem sich eine Gruppe von bildenden Künstlern (u.a. Verena Pfister, Karlfried Staubach und Franz Erhard Walther) zusammenfand, die sich der provinziellen Enge Fuldas in der Adenauerzeit mit ihren Werken entgegenstellten. In Oberbürgermeister Dr. Dregger hatten sie einen eifrigen Förderer, der mit dazu beitrug, dass man 1959 in der Kanalstraße 52 die „Galerie Junge Kunst" eröffnen konnte. Schon in der frühen Nachkriegszeit hatte der Kunsterzieher Rudolf Kubesch dafür gesorgt, dass mit einer Ausstellung der „Gruppe

*Blick in das Atelier des „Jungen Kunstkreises" mit Verena Pfisterer, Rudi Benz und Karlfried Staubach in der ehemaligen Winfriedschule am Heinrich-von-Bibra-Platz, 1962 (StadtAFd, Bildarchiv. Foto: Hubert Weber)*

ZEN 49" um Rupprecht Geiger, Willi Baumeister und Rolf Cavael das Fuldaer Bürgertum mit abstrakter Malerei konfrontiert wurde.

Auch durch den von Kubesch 1951 initiierten Film-Club Fulda, der Werke von Roberto Rossellini, Jean Renoir und Jean Cocteau zeigte, gelang es, zumindest einen kleinen Teil der Bevölkerung für anspruchsvolle Produktionen abseits des Heimatfilms zu begeistern. Die faszinierende Persönlichkeit Kubeschs beeinflusste offenbar viele Gründungsmitglieder des Jungen Kunstkreises in ihrer Entwicklungsphase und animierte sie, neue Wege zu gehen. Insofern war in Fulda durch Kubesch, aber auch durch den Unternehmer und Mäzen Karl Ströher der Boden schon bereitet, als der Junge Kunstkreis auf den Plan trat. Hinter dem ambitionierten Programm, das in Fulda gezeigt wurde, stand nicht zuletzt die Überlegung, Fulda zu einem „Ausstellungszentrum an der Zonengrenze zu machen, ähnlich wie Kassel in diesem Raum ein Theaterzentrum sei", so die Fuldaer Volkszeitung am 21. September 1957. Insofern muss Dreggers Kunstbegeisterung auch im Zusammenhang mit dem Wunsch, Fulda eine überregionale Strahlkraft zu verleihen, gesehen werden.

Dazu gehörte auch die seit den 1950er Jahren betriebene Wiederherstellung der historischen Räume des Stadtschlosses, insbesondere des Spiegelkabinetts, unter der Leitung des Architekten und „Barockexperten" Ernst Kramer, der in dem jungen Restaurator Gisbert Seng einen kongenialen Mitstreiter bei der Umsetzung der Konzepte hatte.

Neben dem finanziell recht bescheidenen städtischen Mäzenatentum im Hinblick auf die Bildende Kunst gab es an städtischen Institutionen im Kulturbereich nur die Volkshochschule und das Vonderau Museum, das im Stadtschloss sowie in der Stadtschule (im heutigen Museumsbau) Dauer- und Sonderausstellungen durchführte. Die Theater- und Konzertveranstaltungen wurden durch ein privat geführtes Verkehrsbüro betrieben.

Die seit den frühen 1970er Jahren propagierte Öffnung der Kultur für ein breites Publikum jenseits des bildungsbürgerlichen Milieus, bekannt geworden unter dem vom Frankfurter Kulturdezernenten Hilmar Hoffmann geprägten Motto „Kultur für alle", fiel auch in Fulda auf fruchtbaren Boden. Unter Dr. Hamberger wurde die Kultur zur „Chefsache", sowohl aus persönlichem Interesse als auch vor dem Hintergrund einer beabsichtigten Strahlkraft der neu- oder wieder zu begründenden städtischen Kulturbetriebe weit in die Region hinein.

### Volkshochschule

Der unmittelbare Bezug zwischen Kultur- und Kommunalpolitik vor dem Hintergrund der 1974 vorgenommenen Rückkreisung der Stadt zeigt sich am augenscheinlichsten bei der städtischen Volkshochschule, der sowohl 1920 bei ihrer Gründung als auch 1945 bei der Neugründung eine wichtige Rolle im politischen Leben der Stadt zukam. Mit der Eingliederung Fuldas in den Landkreis konnte die Stadt seit 1975 nicht mehr Träger einer eigenen Volkshochschule sein, eine Bestimmung, die gleich bei mehreren hessischen Städten auf starke Kritik stieß. Die Landesregierung kam den Protesten entgegen und eröffnete den ehemals kreisfreien Städten Hanau, Marburg und Fulda die Möglichkeit zum Träger einer eigenständigen Einrichtung zu werden. Von dieser Option machten die städtischen Gremien sofort Gebrauch, da laut städtischem Verwaltungsbericht nie Zweifel bestanden, „daß eine Volkshochschule im städtischen Kerngebiet einer anderen Organisationsform bedarf als eines flächenmäßig strukturierten Landkreises". So nahm die städtische Volkshochschule zum 1. Januar 1977 nach zweijähriger Unterbrechung ihre Arbeit wieder auf.

### Musikschule

Eine 1968 durch den Oberstudienrat Dr. Paul Rübsam begründete Musikschule, die in der Alten Universität untergebracht war und bis 1974 als Teil der städtischen Volkshochschule geführt wurde, ging 1977 in städtische Trägerschaft über. Ein eigener Schulbau stand nicht zur Verfügung und so musste der Unterricht in der ehemaligen Privatklinik des früheren städtischen Krankenhauses abgehalten werden. Es war vor allem dem damaligen Kulturamtsleiter Dr. Werner Kirchhoff zu verdanken, dass der klassizistische Haupttrakt des alten Landkrankenhauses, nach seinem Architekten als Coudray-Bau benannt, als Alternative ausersehen und für die Zwecke der Musikschule saniert wurde. 1985 konnte diese ihr neues Domizil beziehen. Da die städtische Musikschule von Beginn an neben Honorarkräften auch hauptamtliches Personal beschäftigte, konnte sie viele gute Lehrkräfte gewinnen, die mit dazu beitrugen, dass die Zahl der Schülerinnen und Schüler

*Der Coudraybau vor seiner Renovierung, 1980 (StadtAFd, BA-34646)*

von 280 (1972/73) auf 1.257 (1989) stieg. Der Strahlkraft in die Region hinein trägt der Landkreis seit 1989 dadurch Rechnung, dass er sich an den Kosten der Schule mit einem jährlichen Pauschalbetrag beteiligt.

**Schlosstheater**

Fuldas lange Theatertradition spiegelte sich bis zum Zweiten Weltkrieg nicht in der Bespielung eines eigenen Stadttheaters wider. Als nach dem Krieg vieles in Trümmern lag und sich die Menschen nach zwölf Jahren kultureller Ödnis nach geistiger Nahrung sehnten, gab es eine private Initiative, die zum Erfolg führte. Im Herbst 1947 gründeten 50 Gesellschafter die Schlosstheater Fulda GmbH. Diese pachtete von der Stadt Fulda die

*Blick in den Theaterraum während der Bauarbeiten, 1977 (StadtAFd, Bildarchiv. Foto: Hubert Weber)*

frühere Reithalle beim Stadtschloss und verpflichtete sich, das Anwesen zu einem Theater umzubauen. Zur Finanzierung des Betriebs sollten die Räume an einen Kinobetreiber weiterverpachtet werden. Die Bauarbeiten waren 1952 abgeschlossen. Im Oktober dieses Jahres konnte mit einem Gastspiel des Marburger Schauspiels und dem Stück „Der trojanische Krieg" von Jean Giraudoux die Premiere am neuen Spielort gefeiert werden. Die Spielstätte erfreute sich schon schnell großer Beliebtheit. Im ersten Jahr wurden von den 682 zur Verfügung stehenden Plätzen 640 im Abonnement vergeben. Für die Auswahl der Stücke zeichnete zunächst Kulturamtsleiter Dr. Heinrich Hahn verantwortlich. Ihm folgte schon bald Hermann Antaszek mit seiner Theater- und Konzertdirektion. Er verantwortete von 1953 bis Mitte der 1970er Jahre das Programm.

Für das in die Jahre gekommene Theater übernahm die Stadt Fulda die Verantwortung und beschloss 1976, den Um- und Ausbau des Schlosstheaters zu veranschlagten Kosten in Höhe von 13,3 Millionen DM. Unterstützt durch einen eigens gegründeten Theaterbau-Ausschuss der Stadtverordnetenversammlung wurde nach Plänen des Münchner Architektenbüros Prof. Gerhard Weber aus dem früheren Theater in der Remise ein 1978 eingeweihter Theaterbau mit 680 Plätzen geschaffen, der bis heute in Funktion ist und nicht zuletzt durch die Decke, bestückt mit etwa 75.000 Stäben aus Murano-Glas, immer noch die Besucher fasziniert.

**Vonderau Museum**

Fuldas größte kulturelle Investition war der Umbau der alten Stadtschule zu einem Regionalmuseum, das bis heute mit einer Ausstellungsfläche von 4.000 Quadratmetern die größte Einrichtung dieser Art im Umkreis von 100 Kilometern ist. Zwar verfügte das Museum unter seinem Gründer Professor Joseph Vonderau über eine lange Tradition, nicht aber über ein eigenes Haus, so dass man sich lange mit einigen Räumen im Stadt-

*Der Museumsbau mit dem abgenommenen Dach, 1987 (StadtAFd, BA-45161)*

schloss wie auch in der alten Stadtschule zufriedengeben musste. 1985 kam es zu einem Magistratsbeschluss, der die Weichen für ein Museum im Gebäude der früheren Stadtschule stellte. Das frühere Jesuitenkolleg, das man im 19. Jahrhundert als Kaserne für das kurhessische Militär um ein Stockwerk erhöht hatte, wurde wieder in die alte dreigeschossige Form denkmalgerecht zurückgebaut. Nach vierjähriger Bauzeit wurde das Museum 1990 fertiggestellt und mit einer Wanderausstellung „So viel Anfang war nie. Kultur aus Trümmern. Deutsche Städte 1945 bis 1949" im Rahmen des Hessentags eröffnet. Den finanziellen Kraftakt für den großen Wurf eines Museums dieses Umfangs ermöglichten Mittel aus dem Städtebauförderungsprogramm, das zu den Gesamtkosten in Höhe von 32 Millionen DM 20,6 Millionen DM beisteuerte. Im Fuldaer Jubiläumsjahr 1994 konnte die neue Dauerausstellung, die im wesentlich die Handschrift des damaligen Kulturamtsleiters Dr. Werner Kirchhoff trägt, der Öffentlichkeit vorgestellt werden.

Im Zuge der von der Stadtpolitik geförderten Ausstrahlung der Fuldaer Kulturlandschaft weit in die Region hinein ist auch der Neubau des Deutschen Feuerwehrmuseums in den Jahren 1977-1988 zu sehen. Die 1963 in Fulda gegründete Institution erhielt mit städtischer Unterstützung zwei großzügige Hallen in Neuenberg, in denen seit dieser Zeit alle Aspekte des deutschen Feuerwehrwesens durch eindrucksvolle Exponate vermittelt werden.

## *Der Anschluss für den ICE*

Wenn im Kapitel über den Anschluss Fuldas an die Bahn etwas zugespitzt behauptet wurde, dass dies das wichtigste Ereignis in der Stadtgeschichte seit der Klostergründung war, so lässt sich die Anbindung Fuldas an das Schnellbahnnetz der Bahn 1988 ebenfalls nicht hoch genug für die Entwicklung Fuldas einschätzen. Als 1974 bekannt geworden war, dass eine neue Bahntrasse von Hannover nach Würzburg westlich an Fulda vorbeiführen sollte, verlangten der Oberbürgermeister und der Magistrat, dass zur Strukturverbesserung im Zonenradgebiet ein Haltepunkt Fulda unerlässlich sei. Während des Planfeststellungsverfahrens wurden drei Varianten vorgestellt. Während die ersten beiden eine Streckenführung westlich des Stadtgebiets vorsahen, führte die Variante 3 durch die bestehenden Gleisanlagen im Bereich des Fuldaer Bahnhofs. Nachdem sich in den von der Westroute betroffenen Stadtteilen Bürgerinitiativen gegen diese Streckenführung gebildet hatten, sprach sich die Fuldaer Stadtpolitik mehrheitlich für die Variante 3 aus, da nur diese einen ICE-Halt in Fulda gewährleistete. Widerstand gegen diesen Plan regte sich allerdings in Bronnzell, durch das die Strecke führte. Dennoch machte sich die Stadtverordnetenversammlung 1978 mehrheitlich für die Trassenführung direkt durch Fulda stark. Im Mai 1981 wurde im Südabschnitt der Strecke mit den Bauarbeiten begonnen, 1983 erfolgte der erste Spatenstich für den 7,3 Kilometer langen Tunnel bei Dietershan und am 27. Mai 1988 konnte die

*Einfahrt des ersten ICE in den Fuldaer Bahnhof, 1988 (StadtAFd, BA-19681. Foto: Erich Gutberlet)*

Schnellbahnstrecke Fulda-Würzburg mit einem Festakt im Bahnhof Fulda für den Verkehr freigegeben werden. Mit der Fertigstellung der Gesamtstrecke 1991 weihte man auch den modernisierten Bahnhof samt dem neugestalteten Vorplatz ein. Die Tragweite der Entscheidung für einen Haltepunkt Fulda konnte man erst nach der Grenzöffnung und der Wiedervereinigung in vollem Umfang ermessen. Die neue Bahnlinie war im Bereich von Fulda nicht mehr nur eine Nord-Süd-Verbindung, sondern sie eröffnete nun auch den schnellen Anschluss an die Verbindungen nach Leipzig, Dresden und Berlin.

## *Handel, Wirtschaft und Tourismus*

Trotz der Zonenrandlage gelang es der Stadtpolitik immer wieder, wirtschaftliche Impulse zu geben, indem die Ansiedlung von Unternehmen im Rahmen einer aktiven Wirtschaftsförderung erleichtert wurde. Industriegebiete wurden im Kohlhäuser Feld und am Eisweiher ausgewiesen. In letzterem investierten 1970 die Papierfabrik Jass, 1974 die Spedition Zufall und 1975 das Handelsunternehmen Tegut, das hier seine Hauptverwaltung eröffnete.

Sehr viel versprach man sich auch von der 1980 begonnenen Erschließung des Industrieparks West, das mit Kosten von 33 Millionen DM zu den größten Investitionsvorhaben der Stadt zählt. 1983 ließ sich hier das Milupa-Werk nieder. Für Fuldas Weg zu einem Handels- und Dienstleistungsstandort steht die 1972 erstmals durchgeführte Osthessenschau, eine Regionalmesse, die bis 2004 bestand.

Mit der Ausweisung von Fußgängerzonen sowie der Aufwertung der Löherstraße, an deren südlichem Ende das 1984 eingeweihte „Einkaufs- und Freizeitzentrum Löhertor“ als Frequenzbringer errichtet wurde, suchte man die Innenstadt zu beleben und dem

*Das Schlosspark-hotel und der neue Pavillon während der Bauphase, 1983 (StadtAFd, Bildarchiv. Foto: Hubert Weber)*

damals schon beginnenden Trend der Einkaufszentren auf der grünen Wiese entgegenzuwirken. Gleiches gilt auch für das Büro- und Geschäftshaus „Centhof", das im November 1985 eröffnet wurde. Die Eingriffe in das historische Stadtbild stießen zum Teil auf heftigen Protest aus der Bürgerschaft wie auch der Denkmalpflege. Dies galt insbesondere für ein großes Hotel-Projekt, für das der Magistrat 1982 die rechtlichen Grundlagen schuf. Mit dem „Bettenhaus Orangerie", das im Planungsprozess den schöneren Namen „Schlossparkhotel" erhielt, suchte die Stadt dem sich nur langsam entwickelnden Tourismus neue Impulse zu geben. Das Vorhaben war wegen der Baumaßnahmen am Rande des Schlossgartens und der Verbindung mit der Orangerie höchst umstritten. Oberbürgermeister Dr. Hamberger stieß mit seinem Plan auf so viel Gegenwind wie nie zuvor und danach in seiner langen Amtszeit. Letztlich setzte sich die Stadtspitze durch und das

*Die alte Post vor dem Abbruch, 1969 (StadtAFd, BA-40325. Foto: Julius Caesar)*

*Die Villa Bellinger in der Bahnhofstraße kurz vor dem Abbruch, 1975 (StadtAFd, BA-10626. Foto: Erich Gutberlet)*

„Hotel am Schlosspark" der Maritim-Gruppe konnte Ende Dezember 1984 seine Pforten öffnen. Die beiden Großprojekte Löhertor und Schlossparkhotel stehen stellvertretend für den in dieser Zeit immer wieder auflodernden Konflikt um die Weiterentwicklung der Innenstadt und den Umgang mit historischer Bausubstanz. Der Neubau des 1973 in Betrieb genommenen Telekomgebäudes „Unterm Heilig Kreuz" anstelle der alten Reichspost sowie der 1976 erfolgte Abriss der Bellinger-Villa in der Bahnhofstraße sind hier nur die herausragenden Beispiele, die bis in die Gegenwart für Diskussionen sorgen.

Zieht man aus wirtschaftlicher Sicht die Eckjahre 1970 und 1989 für Vergleichsdaten heran, so lässt sich daran die enorme zahlenmäßige Entwicklung in manchen Bereichen ablesen. Die Zahl der gemeldeten Kraftfahrzeuge erhöhte sich um 140% von 11.240 auf 27.254, die der Beschäftigten um knapp 100% von 18.600 auf 36.680, die der Übernachtungen um 40% von 121.657 auf 168.699 bzw. um 70% auf 203.342 (1990). Klar erkennbar ist in Fulda wie andernorts auch ein Strukturwandel weg von den Industriearbeitsplätzen hin zu Handel und Dienstleistungen. Dies lag in erster Linie darin begründet, dass die Arbeitsplätze in den Bereichen Textil und Bekleidung in großem Umfang wegfielen und auch die anderen klassischen Fuldaer Industriezweige der Metallverarbeitung (Bellinger) und der Kerzenherstellung (Berta, Eika, Gies, Rübsam) ihre Produktion zurückfuhren und schließlich ganz aufgaben. Demgegenüber entstanden neue Arbeitsplätze, etwa im Bereich der Automobildienstleistungen durch die Firma EDAG, die 1970 ihren Sitz nach Fulda verlegte.

## Stadtpolitik

Bis 1981 konnte sich die Fuldaer CDU über stabile Mehrheiten von über 60% bei den Kommunalwahlen freuen. Einen herben Dämpfer gab es 1985, als ein Rückgang von 64,7% (1981) auf „nur" noch 50,9% verzeichnet wurde. Dies beruhte zum einen auf der

*Protest für ein Jugendzentrum, 1975 (StadtAFd, Bildarchiv. Foto: Hubert Weber)*

Ablehnung der Großprojekte Löhertor und Schlossparkhotel durch einen Teil der klassischen Stammwähler, die zur Christlichen Wählereinheit (CWE) und FDP abwanderten, zum andern aber auch darauf, dass die in Fulda erstmals angetretene Partei der Grünen auf Anhieb 5,6% der Stimmen erhielt. Der Abwärtstrend für die CDU setzte sich 1989 und 1993 mit jeweils 47,9% Stimmenanteil fort, um erst 1997 wieder mit 50,1% die absolute Mehrheit zu erlangen.

Außerhalb der Kommunalpolitik waren die Siebziger und Achtziger Jahre eine Zeit von Streiks und Demonstrationen, von denen es in Fulda in dieser Zeit mehr gab als jemals zuvor und danach. Katholiken protestierten gegen die Lockerung des § 218, die Friedensbewegung gegen die Nachrüstung, die Anti-AKW Bewegung gegen Atomkraft, viele Initiativen gegen die Umweltzerstörung, die Beschäftigten gegen den Verlust der Arbeitsplätze

*Stadträtin Maria Warmuth bei der Ankunft der vietnamesischen Flüchtlinge, 1979 (StadtAFd, BA-18251. Foto: Hubert Weber)*

*Der Besuch von Johannes Paul II. im November 1980 war der erste Fulda-Aufenthalt eines Papstes nach fast 1.000 Jahren (StadtAFd, Bildarchiv. Foto: Hubert Weber)*

und für höhere Löhne sowie Schüler und Studenten für bessere Bedingungen bei der Ausbildung. Auch die Landwirte gingen immer wieder für ihre Rechte und gegen Dumpingpreise auf die Straße und legten mit ihren Traktoren den Verkehr in der Stadt lahm.

Zu einem wichtigen Thema wurde auch auf kommunaler Ebene die Flüchtlingspolitik. Spektakulär in der öffentlichen Wahrnehmung war 1979 die Aufnahme von 64 vietnamesischen Flüchtlingen, denen die Stadt Fulda nicht nur Asyl, sondern eine neue Heimat angeboten hatte. Oberbürgermeister Dr. Hamberger verteidigte diese humanitäre Hilfe gegen Kritiker unter Hinweis darauf, dass man gerade in Fulda, wo nach dem Zweiten Weltkrieg 10.000 Flüchtlinge unter sehr viel schwierigeren Bedingungen eine Heimstätte gefunden hätten, ein besonderes Gespür für die Not der Vertriebenen habe .Die seit Beginn der 1980er Jahre in Stadt- und Landkreis zunehmende Zahl von Asylbewerbern führte hier wie auch andernorts zu erheblichen öffentlichen Diskussionen, aber auch zu Anstrengungen der Kommunalpolitik, die Situation zu meistern.

Bemerkenswert ist eine weitsichtige und einstimmig beschlossene Resolution der Stadtverordnetenversammlung gegen Ausländerfeindlichkeit vom 28. Oktober 1991: „Mit großer Sorge verfolgt die Stadtverordnetenversammlung der Stadt Fulda die zunehmende Ausländerfeindlichkeit und menschenverachtende kriminelle Aktionen gegen Ausländer in unserem Lande. Wir verurteilen entschieden jeden Fremdenhass in all seinen Erscheinungsformen des Denkens, Redens und Handelns. In unserer Stadt ist das Verhältnis zwischen Ausländern und deutschen Bürgern bisher von Besonnenheit und Verständnis füreinander geprägt gewesen; das muss auch so bleiben. Besonnenheit muss aber auch die aktuelle Diskussion über das Asylrecht beherrschen. Wir bekennen uns zur verfassungsmäßigen Schutzgarantie für politische Flüchtlinge, die nicht ausgehöhlt werden darf und wir appellieren an alle, die Armutswanderung nach Deutschland einzelnen Asylbewerbern nicht zum Vorwurf zu machen. Unsere mitmenschliche Solidarität gehört den Menschen, die in aller Welt am Rande des Existenzminimums leben müssen [...]. Auch für die mit uns lebenden ausländischen Mitbürgerinnen und Mitbürger gilt Artikel 1 unserer Verfassung: ‚Die Würde des Menschen ist unantastbar'. Die Stadtverordnetenversammlung appelliert deshalb an die Bürgerschaft: Wehret den Anfängen einer jedweden Beeinträchtigung dieses elementaren Grundrechts".

## *Eröffnung des Jüdischen Kulturzentrums*

Die jüdische Gemeinde, die sich in Fulda nach dem Zweiten Weltkrieg neu gebildet hatte, konnte bis in die Siebziger Jahre kein reges Gemeindeleben entfalten, da es an geeigneten Räumlichkeiten fehlte. Auf Initiative des Oberbürgermeisters, dem die Erinnerung an die Geschichte der Fuldaer Juden als integralem Bestandteil der Stadtgeschichte ebenso wichtig war wie die Förderung des neu entstandenen jüdischen Lebens in Deutschland, wurde 1987 die alte jüdische Volksschule, die zwischenzeitlich anderweitig genutzt worden war, zu einem Kulturzentrum mit einem Betsaal umgestaltet. Im Rahmen einer Festwoche Ende Mai 1987, zu der die überlebenden Fuldaer Juden aus allen Teilen der Welt eingeladen waren, wurde das Haus seiner Bestimmung übergeben. Der damit verbundene Brückenschlag zwischen einst und jetzt zeugte von viel Mut und Optimismus. Der Umstand, dass dem Aufruf 40 Jahre nach Kriegsende fast 170 Überlebende mit ihren Angehörigen folgten, bestätigte den Oberbürgermeister, der in einer Ansprache die jüdischen Bürgerinnen und Bürger Fuldas um Verzeihung bat und die Einladung als Zeichen der Versöhnung charakterisierte, in seinem Handeln.

*Der 1987 geschaffene Betraum der Jüdischen Gemeinde (StadtAFd, BA-14477. Foto: Erich Gutberlet)*

Wie weitsichtig die Schaffung eines neuen jüdischen Zentrums war, zeigte sich nach 1990, als viele „jüdische Kontingentflüchtlinge“ aus der ehemaligen Sowjetunion nach Fulda kamen und sich dadurch die Zahl der Gemeindemitglieder von 23 (1988) auf 486 (2005) vervielfachte.

## *Die Öffnung der Grenze*

Nur die größten Optimisten hielten in den 70er und 80er Jahren den baldigen Fall der Mauer und eine schnelle Wiedervereinigung für möglich. Die friedliche Revolution in der DDR wurde in Fulda, das direkt an der Grenze lag, noch freudiger begrüßt als andernorts im Westen. Bereits am 4. November 1989 liefen Sonderzüge mit Bürgerinnen und Bürgern der DDR in Fulda ein, denen über Prag die Ausreise gestattet worden war. Groß war die Hilfsbereitschaft nach dem 9. November, herzlich der Empfang in der Stadt und der Region. Über 6.200 Besucher aus der DDR zählte man am ersten Wochenende nach dem historischen 9. November 1989 in Fulda. Über 80.000 Personen aus der DDR registrierte man in den ersten zwei Wochen nach der Grenzöffnung. In das kollektive Gedächtnis der Fuldaer haben sich die Trabbis und Wartburgs auf dem Domplatz eingebrannt. „Es war ein Wochenende, das niemand so schnell vergessen dürfte“, schrieb die „Fuldaer Zeitung“ in ihrer Ausgabe vom 13. November 1989 über den Ansturm. Die Freude über den Fall

*Trabis und Wartburgs auf dem Domplatz im November 1989 (StadtAFd, Bildarchiv. Foto: Hubert Weber)*

*Der Weimarer Arzt Dr. Bock und OB Dr. Hamberger beim Gottesdienst auf dem Domplatz (StadtAFd, Bildarchiv. Foto: privat)*

der Mauer hatte alle Beteiligten erfasst, ein deutsch-deutsches Volksfest wurde gefeiert. Städtische Mitarbeiter und karitative Organisationen kümmerten sich um die Besucher. Rund 800 Menschen versammelten sich am Sonntag auf dem Domplatz zu einem Gebetsgottesdienst, den Dompfarrer Heinz Rumph und Dekan Reinhold Kalden feierten. Nach der Ansprache von Oberbürgermeister Dr. Hamberger trat ein ihm unbekannter Mann auf ihn zu und fragte, ob er etwas über das Mikrophon sagen dürfe. Nach einem Moment des Zögerns ließ ihn der OB gewähren und der Mann sagte mit bewegter Stimme: „Ich möchte Ihnen, lieber Herr Oberbürgermeister, diese Kerzen überreichen. Es sind die Kerzen, die wir bei allen Demonstrationen in Weimar verwendet haben; sie sollen Sie daran erinnern, dass wir in der DDR gewaltlos Widerstand geleistet haben, dass es dieses Licht war, das die Menschen ergriffen hat". Danach nahm der in Fulda Unbekannte, es war der Arzt Dr. Johannes Bock aus Weimar, eine der Kerzen, gab sie dem Oberbürgermeister in die Hand und zündete sie an. Für alle Beteiligten, die sich der welthistorischen Bedeutung des Mauerfalls und der besonderen Geschehnisse in diesen Tagen sehr wohl bewusst waren, war diese unvorhergesehene Aktion ein Vorgang von besonderer symbolischer Kraft. Langfristig war die Öffnung der Grenze nicht nur ein Sieg für die Demokratie, sondern die entscheidende Voraussetzung für die positive Entwicklung Fuldas.

# XXVI

# Aufbruch im geeinten Deutschland (1990–2019)

Üblicherweise hält sich die Geschichtsschreibung bei der Betrachtung der jüngsten Vergangenheit eher zurück. Zu nah sind noch die Geschehnisse, zu präsent die Akteure und zu sehr im Fluss angestoßene Entwicklungen, deren Ende sich noch nicht absehen lässt. Zudem kann die ernsthaft mit den historischen Quellen arbeitende Historikerzunft darauf verweisen, dass üblicherweise die für die Analyse notwendigen Akten und sonstigen Dokumente erst 30 Jahre nach ihrer Entstehung frei werden. Dennoch bietet es sich an, am Ende eines Durchgangs die aus jetziger Sicht wesentlichen Punkte der Fuldaer Stadtentwicklung seit 1990 zu benennen ohne die im Zeitraffer dargebotenen Vorgänge im Einzelfall zu beleuchten, zu bewerten und in einen größeren Zusammenhang zu stellen.

## *In der Mitte Deutschlands*

Die positiven wirtschaftlichen Folgen der deutschen Einheit waren für den Raum Fulda spürbarer als in anderen Teilen des vereinigten Deutschland. Die Stadt rückte aus ihrer Randlage in das Zentrum, aus einem Standortnachteil am Rande des Eisernen Vorhangs wurde fast von einem Tag auf den anderen ein unschätzbarer Vorteil. Der ohnehin sich vollziehende Strukturwandel erhielt durch die Einigung einen neuen Schub. Die Märkte im Osten schufen für die Unternehmen neue Absatzmöglichkeiten, umgekehrt wuchs aber im Zeichen der Globalisierung der Wettbewerbsdruck, der viele heimische Firmen und deren Beschäftigte in ihrer wirtschaftlichen Existenz bedrohte. Dies galt vor allem für die Textilindustrie, während in der Automobilindustrie, dem Maschinenbau, der Elektrotechnik, der IT-Branche, aber auch dem Gesundheitssektor beträchtliche Zuwächse zu verzeichnen waren.

Sichtbar wird die gute wirtschaftliche Lage an der Zunahme der Beschäftigtenzahl am Arbeitsort Fulda von 36.680 (1989) auf 51.651 (2017) und dem Rückgang der Arbeitslosenquote im Landkreis Fulda von 6,3% (1989) auf 2,6% im Mai 2019. Seit Jahren weist

Fulda die niedrigsten Arbeitslosenzahlen unter allen hessischen Landkreisen auf. Der Wandel auf dem Arbeitsmarkt zeigt sich an der noch weiter fortgeschrittenen Verlagerung der Beschäftigung auf die Dienstleistungen, denen inzwischen über 50% der Berufstätigen zugeordnet werden können. Das produzierende Gewerbe einschließlich des Bausektors sowie Handel, Verkehr und Gastgewerbe steuern jeweils knapp 25% der Arbeitsplätze bei. Mit einer fast vier Mal so hohen Zahl an Einpendlern (35.753) gegenüber 9.331 Auspendlern im Jahr 2017 zeigt sich die wirtschaftliche Strahlkraft der Stadt sehr deutlich.

Am spektakulärsten ist die Entwicklung im Tourismus. Die knapp 169.000 Übernachtungen 1989 konnten im Jubiläumsjahr 2019 fast auf 700.000 gesteigert werden. Fuldas neue Rolle als Tagungsstandort inmitten Deutschlands schlägt sich hier genauso nieder wie das Vordringen des Städtetourismus. Die an vielen Stellen noch gut bewahrte historische Bausubstanz in der Innenstadt und das attraktive kulturelle Angebot, das mit den Domplatzkonzerten und dem Musicalsommer auch überregional zur Kenntnis genommen wird, zieht immer mehr Kurzreisende in die Stadt.

## Bevölkerung

Fuldas Einwohnerzahlen waren in dem Jahrzehnt vor dem Mauerfall von 60.000 (1980) auf 56.500 (1989) zurückgegangen. Mit dem Abzug der Amerikaner 1993 verlor die Stadt zusätzlich 7.000 Menschen, denen Fulda zur vorübergehenden Heimat geworden war. Diese wurden als Militärangehörige zwar nicht von der Einwohnerstatistik erfasst, doch brachte der Wegzug einen enormen Kaufkraftverlust, der in den Folgejahren durch die Zuwanderung von Russlanddeutschen ausgeglichen werden konnte. Die Einwohnerzahl stieg im Gegensatz zum bundesweiten Trend von 1989 bis 2019 um ein Fünftel auf 69.013. Lag Fulda 1970 im Ranking der deutschen Städte nach Einwohnerzahlen noch auf Platz 168, so konnte man sich über Platz 155 (1990) auf die Position 127 (2019) emporarbeiten.

Fulda, das von vielen in der Rückschau vor 1989 als provinziell und beengt charakterisiert wird, hat sich zumindest in der demographischen Entwicklung erheblich verändert. Betrug der Ausländeranteil damals 8,4%, so hat er sich bis 2017 auf 15% erhöht. Mehr als 10.000 Ausländer aus über 100 Nationen lebten 2019 in Fulda und trugen ihren Teil dazu bei, dass die Stadt sich öffnete und alte Strukturen aufgebrochen wurden. Einen wichtigen Beitrag hierzu leistet die Hochschule Fulda mit ihren inzwischen über 9.000 Studierenden. War sie seit 1971 zunächst als Teilstandort der Fachhochschule Gießen und seit 1974 als eigenständige Fachhochschule eher ein ungeliebtes Kind der Stadtpolitik, die zu dieser Zeit eher das Ziel der Errichtung einer Katholischen Universität verfolgte, so ist die „University of Applied Sciences" inzwischen ein maßgeblicher Faktor der positiven Selbstdarstellung und Außenwahrnehmung Fuldas geworden.

Geändert hat sich auch die konfessionelle Zusammensetzung der Bevölkerung. Im einstmals „schwarzen Fulda“ ist der Anteil der Katholiken an der Gesamtbevölkerung 2016 auf 45,8% der gefallen. Die Statistik verzeichnet 35,2% Andersgläubige und 19% Protestanten.

## Stadtpolitik

In der ersten Direktwahl eines Fuldaer Oberbürgermeisters erzielte 1994 Dr. Hamberger 73,9% der Stimmen gegen die Mitbewerber Rainer Maria Türmer (SPD) und Friedrich Hertle (Grüne). Mit dem Erreichen der Altersgrenze musste der Oberbürgermeister nach 28 Jahren an der Spitze der Stadt sein Amt aufgeben. Ihm folgte im August 1998 der promovierte Volkswirt Dr. Alois Rhiel (CDU), der sich bei der OB-Wahl im März 1998 mit 65% gegen seinen Hauptkonkurrenten Professor Dr. Josef Dehler durchsetzte, der als Kandidat von SPD, Grünen, FDP und CWE 31% der Stimmen erhielt. Als früherer Bürgermeister von Fulda (1984–1989), Regierungspräsident in Gießen (1989–1991) und Mitglied des Vorstands der Tegut-Gruppe brachte Dr. Rhiel sowohl umfangreiche Erfahrungen aus der Verwaltung als auch der freien Wirtschaft für seine Aufgabe mit. 2003 wechselte er in das Amt des hessischen Wirtschaftsministers nach Wiesbaden in das Kabinett von Roland Koch. Sein Nachfolger wurde der Jurist Gerhard Möller, der seit 1987 das Amt des Ersten Kreisbeigeordneten beim Landkreis Fulda innehatte. Möller wurde in der OB-Direktwahl im Juni 2003 mit 74,1% der Stimmen gegen den Kandidaten der SPD Bernhard Lindner (15,1%) und Ernst Sporer von den Grünen (10,8%) gewählt. Im März 2009 erfolgte die Wiederwahl Möllers, gegen den sich kein anderer Bewerber zur Wahl

*Amtseinführung des neuen Oberbürgermeisters Gerhard Möller im Juli 2003 durch seinen Vorgänger Dr. Alois Rhiel, begleitet von OB a.D. Dr. Wolfgang Hamberger (links) und Stadtverordnetenvorsteher Heinz Gellings (rechts) (StadtAFd, BA-23566. Foto: Klaus Übelacker)*

stellte. Seit 2015 ist der promovierte Jurist Dr. Heiko Wingenfeld (CDU) der 13. Oberbürgermeister der Stadt Fulda seit Einführung dieses Amtes im Jahr 1835. Er behauptete sich bei der Direktwahl im März 2015 mit 66,6% der Stimmen gegen Birgit Kömpel (SPD) mit 22,7% und Ralf Zwengel (Grüne) mit 10,7%.

Bei den Wahlen zur Stadtverordnetenversammlung erzielte die CDU 1997 nach zwei Wahlperioden, in denen sie unter 50% der Stimmen lag, wieder 50,1%. Nach einem Spitzenwert mit 61,9% bei der Wahl 2001 fiel die Zustimmung 2016 auf 46,5% und lag damit nur knapp über dem historisch niedrigen Ergebnis von 1956 mit 45,4%. Bei der Wahl 2016 erhielten die SPD 15,2%, die Grünen 12%, die Republikaner 6,9%, FDP und CWE jeweils 6,6% und Die Linke/Offene Liste 6,2% der Stimmen. Zusammen mit dem Koalitionspartner CWE verfügt die CDU derzeit (2020) über 31 Sitze in der Stadtverordnetenversammlung. In langfristiger Perspektive zwischen 1989 und 2016 bewegten sich die Wahlergebnisse der SPD zwischen 15,2% (2016) und 31% (1989), der FDP zwischen 2,6% (2001) und 6,6% (2016), der Grünen zwischen 5,7% (1989) und 17,8% (2011) sowie der CWE zwischen 2,0% (2006) und 10,4% (1989). Das Amt des Vorstands der Stadtverordnetenversammlung bekleideten in der Nachkriegszeit Dr. Hermann Muth (1952–1964), Max Will (1964–1977), Werner Schmid (1977–1985), Paul Gwosdz (1985–1989), Heinz Gellings (1989–2006) und seit 2006 Margarete Hartmann.

## *Wesentliche Entwicklungen*

Mit zwei Großprojekten erhielt Fulda zu Beginn der Neunziger Jahre einen noch größeren Bekanntheitsgrad und weitere Impulse für die Stadtentwicklung. Der 30. Hessentag brachte 1990 etwa 700.00 Besucherinnen und Besucher in die Stadt, bis dahin ein Rekord für diese Veranstaltungsreihe. Zum 1250jährigen Jubiläum richtete Fulda 1994 die erste Landesgartenschau in Hessen aus, die von etwa einer Million Menschen gesehen wurde. Die damals gestellten städtebaulichen Weichen durch die Aufwertung der Fuldaaue und der Unterstadt wirken bis heute nach, etwa im Bereich des Naherholungsgebiets zwischen Wiesenmühle und Umweltzentrum oder der Umgestaltung des Schlossgartens und der Neuanlage des Dahliengartens. Das damals ins Leben gerufene Umweltzentrum steht für die Idee einer nachhaltigen Umweltbildung. Der parallel zur Gartenschau eröffnete Weimarer Tunnel sorgte für die Verlagerung des Durchgangsverkehrs aus dem Barockviertel.

Ein bis heute andauernder kultureller Höhepunkt entstand mit der Lesereihe „Literatur im Stadtschloss“ auf Initiative des Oberbürgermeisters Dr. Hamberger, der von 1993 bis 2014 im Fürstensaal einmal im Jahr hochklassigen Autorinnen und Autoren im Rahmen der Reihe begrüßen konnte und Begegnungen mit hochdekorierten Literaten bis hin zu Literatur-Nobelpreisträgern wie Günter Grass und Herta Müller ermöglichte. Seit

*Bau des Weimarer Tunnels, 1993 (StadtAFd, BA-35404. Foto: Georg Kollmann)*

2015 wird die Reihe von Gerhard Möller geleitet. Der im Jubiläumsjahr 2019 ins Leben gerufene „Fuldaer Literaturpreis" zeichnet herausragende Erstlingswerke junger Autorinnen und Autoren aus.

In der Amtszeit Dr. Rhiels wurden die Planungen für ein Kongress- und Tagungszentrum auf der „Bertawiese" hinter dem ICE-Bahnhof Fulda aufgenommen. Nach der Grundsteinlegung 2003 erfolgte 2005 die Übergabe des Hotels „Esperanto", das mit seinen zahlreichen Tagungsräumen, drei Kongress- und Veranstaltungshallen sowie den 326 Zimmern Fulda als Tagungs- und Tourismusstandort erheblich stärkte. Ein wichtiges Verkehrsprojekt war zu Beginn des 21. Jahrhunderts in Nachfolge der alten Pläne der Sechziger Jahre der Westring. Seit 2000 geplant und von heftigen öffentlichen Diskussionen wegen der Trassenführung und der Finanzierung begleitet, wurde 2005 mit dem Bau begonnen. 2008 konnte die Westumgehung ihrer Bestimmung übergeben werden.

*Verleihung des Fuldaer Literaturpreises 2020 an Nadine Schneider (links) und Olivia Wenzel durch OB Dr. Heiko Wingenfeld (Foto: Pressestelle der Stadt Fulda)*

*Versetzung des Heertors, 2001 (StadtAFd, BA-20088. Foto: Beate Kann)*

Spektakulär war die Neugestaltung von zwei Plätzen, die Anfang der Sechziger Jahre neu angelegt worden waren. Die von einem privaten Betreiber finanzierte Tiefgarage unter dem Busbahnhof am „Heertor" brachte mit ihrer Eröffnung 2002 etwa 300 neue Parkplätze in die Innenstadt. Während der Bauphase wurde das historische Heertor, das schon 40 Jahr zuvor im Mittelpunkt der Diskussion bei der Anlage des Busbahnhofs gestanden hatte, mit einem Kran auf die andere Seite der Schlossstraße versetzt. Ebenso war die von 2009 bis 2010 durchgeführte Sanierung der maroden Tiefgarage unter dem Universitätsplatz sowie dessen Neugestaltung nach Aussage von Oberbürgermeister Gerhard Möller „eine Operation am offenen Herzen".

*Fulda-Galerie, 2004 (StadtAFd, DBA-62064. Foto: Manfred Froß)*

*Einkaufszentrum Kaiserwiesen, 2008 (StadtAFd, DBA-69482. Foto: Wolfgang Habermehl)*

Mit der Fulda-Galerie entstand auf der Fläche des von den Amerikanern aufgegebenen Flugplatzes bei Sickels ein neuer Stadtbezirk, der 2014 schon mehr als 2.000 Einwohner zählte, Mitte 2018 waren es bereits 2.280. Auf dem westlich der Stadt gelegenen Münsterfeld, das von der Wehrmacht seit 1937 als Kasernengelände (Ludendorff-Kaserne) genutzt wurde und bis 1994 Sitz des US-Regiments war, entstand mit intensiver städtischer Förderung seit 2008 ein Wohn- und Gewerbegebiet, das ebenso wie die Fulda-Galerie als gelungenes Beispiel für die Konversion vormals militärischer Flächen gilt.

Nach wie vor stellt das fehlende Bauland ein wichtiges Thema der Stadtpolitik dar. Mit dem Industriegebiet Fulda-West, das 2017 etwa 90 Unternehmen mit 3.500 Mitarbeitern beherbergte, führte die Stadt die im 19. Jahrhundert begonnene Entwicklung zum Gewerbestandort weiter fort, die um 1970 mit der Ausweisung der Industriegebiete Kohlhäuser Feld, Edelzeller Mittelfeld und Am Eisweiher einen neuen Schub erhalten hatte. Die Eröffnung der Fachmarktzentren „Kaiserwiesen" 2004 und „Emaillierwerk" 2011 führte zusammen mit den Planungen für die Neubebauung des Geländes am Löhertor zu einer intensiven Diskussion um die Zukunft des innerstädtischen Einzelhandels. Wegen der zunehmenden Attraktivität der Stadt Fulda und ihres Umlandes gilt die Klage von der „Stadt ohne Raum" und damit ohne Land für den Wohnungsbau nach wie vor. Die künftige Stadtentwicklung wird daher vor der Abwägung stehen, inwieweit eine „Verdichtung" der Bebauung innerhalb der Kernstadt und ihrer Randgebiete dem historischen Charakter der Stadt mit ihren baulichen Relikten aus Mittelalter, Barock und Gründerzeit, aber auch den Anforderungen an eine „Grüne Stadt" gerecht werden kann.

# XXVII

## Fulda in einer Welt der Unsicherheit (2020-2026)

Das Fuldaer Stadt-und Klosterjubiläum 2019 liegt gerade einmal sieben Jahre zurück und doch scheint die Erinnerung an das heitere und optimistische Jubiläumsjahr mit seiner Vielzahl von Veranstaltungen wie ein verklärter Blick in eine längst vergangene und unbeschwerte Zeit. Die Betrachtung und Darstellung von Geschichte lebt von der Setzung von mehr oder minder tiefen Zäsuren, die in der Nachschau eine Orientierung und bessere Einordnung des vielfältigen Geschehens erlauben.

*50 Jahre Fuldaer Stadtpolitik: Anlässlich des 90. Geburtstags von Alt-OB Dr. Wolfgang Hamberger (auf dem Sofa) im August 2020 stellten sich seine Nachfolger Dr. Heiko Wingenfeld, Gerhard Möller und Dr. Alois Rhiel (von links nach rechts) im „Grünen Zimmer“ des Stadtschlosses zu einem Gruppenbild auf.*

## Corona und Lockdown

Das Jahr 2020 bildete eine solche Zäsur. Es war das erste Mal, dass eine Pandemie eine ganze Welt zwang, innezuhalten und jeden menschlichen Kontakt auf das Notwendige zu beschränken. Aus Sorge vor millionenfachen Opferzahlen wie bei den Pestepidemien des Mittelalters oder der Spanischen Grippe nach dem Ersten Weltkrieg wurden von nahezu allen Staaten unterschiedlichster politischer Couleur strenge Maßnahmen getroffen, die tief in die persönlichen Freiheitsrechte eingriffen und nur vor dem Hintergrund einer Gefahr für Leib und Leben aller Staatsbürger rechtlich zu halten waren. Lockdown, Ausgangssperre, Masken-und Impfpflicht sowie Schnelltest waren inzwischen fast schon wieder vergessene Instrumentarien, mit denen Diktaturen wie Demokratien versuchten, sich vor dem Virus zu schützen. Dass man im Nachhinein immer klüger ist und sich die eine oder andere Maßnahme als falsch oder überzogen herausstellte, sollte nicht dazu verleiten, generell den

*Impression von einer Stadtführung unter Corona-Bedingungen, 2020.*

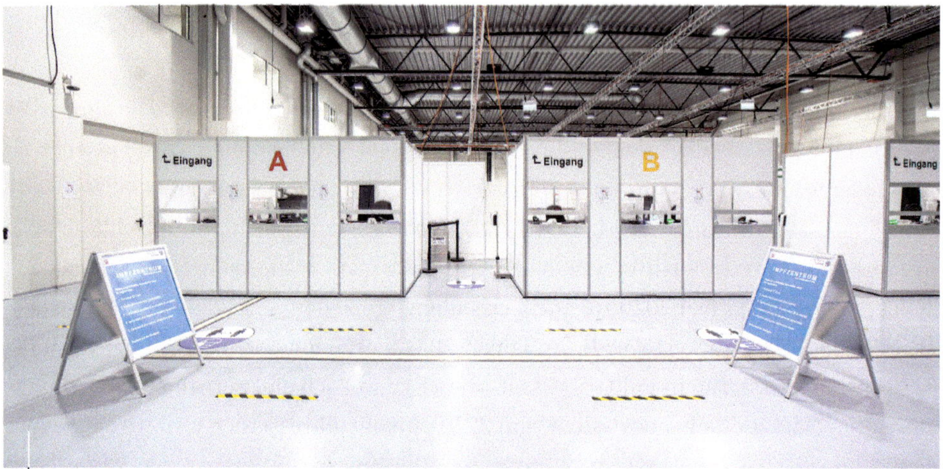


Das Impfzentrum in der Esperanto-Halle kurz vor der Eröffnung.

politisch Verantwortlichen, die in einer nie zuvor dagewesenen Situation ohne Blaupause schnell handeln mussten, eine böse Absicht bei der Corona-Bekämpfung zu unterstellen.

Dennoch hat sich ein nicht unbeträchtlicher Teil der Bevölkerung seit Corona vom Staat entfremdet und stellt seine Legitimität wie die seiner Repräsentanten und Institutionen grundsätzlich in Frage. Insofern stehen die ersten drei Plätze bei der Wahl zum „Wort des Jahres" 2020 mit Corona-Pandemie, „Lockdown" und Verschwörungserzählung für die zwei Seiten einer Medaille.

In Fulda kamen erste Nachrichten über ein neues Coronavirus „2019-nCoV" Ende Januar 2020 auf, als das städtische Klinikum vermeldete, dass man noch keine Verdachtsfälle habe und auf alles vorbereitet sei. Schon Ende Februar setzten Hamsterkäufe auf Schutzmasken ein, am 9. März wurden die ersten Infizierten im Landkreis Fulda vermeldet. Einen Tag später begannen die Absagen von Veranstaltungen von der Trend-Messe bis hin zu „Literatur im Stadtschloss". Auch die laufende Fuldaer Theatersaison wurde in diesen Tagen beendet. Den ersten Coronafall gab es im Landkreis Ende März, als ein 81jähriger an dem Virus verstarb.

Täglich kam es zu neuen Verschärfungen der Situation. Bereits Mitte März wurden die Schulen geschlossen, die Kirchen folgten dem schon bald und versorgten die Gläubigen mit online-Gottesdiensten. Mit den Frühjahrsmonaten verbesserte sich allerdings die Situation und eine vorsichtige Lockerung der Schutzmaßnahmen begann im Mai. Dennoch wurden geplante Großveranstaltungen wie die Premiere des Robin-Hood-Musicals und das Schützenfest auf 2021 verlegt. Wie ein trotziges Zeichen des Widerstands unter den von der Krise schwer gebeutelten Kulturschaffenden ist vor diesem Hintergrund die im Juni 2020 von Kulturamt und Kreuz e.V. ins Leben gerufene Konzertreihe „Kultur.findet.Stadt" zu sehen, die im Museumshof auch während der Coronazeit ein buntes Angebot präsentierte und dabei immer die Möglichkeiten ausschöpfte, welche die Corona-Bestimmungen zuließen.

Auch wirtschafts- und gesellschaftspolitisch war die Pandemie eine Zäsur durch die verstärkte Einführung des Homeoffice sowie von online durchgeführten Lehrangeboten und Konferenzen. Während man im Sommer 2020 angesichts der weitgehenden Wiederherstellung der Lage kaum noch über die Gefahren des Virus sprach, verschlechterte sich seit Mitte Oktober die Situation wieder. Aufgrund der stark gestiegenen Infektionszahlen kam es Anfang November 2020 zu einem erneuten kompletten „Lockdown", der erst wieder im März 2021 gelockert wurde. Im Januar 2021 wurde folgerichtig auch der für Juni 2021 geplante Hessentag in Fulda abgesagt. Dieser kann nach einer erneuten Bewerbung der Stadt um das große Landesfest im Juni 2026 durchgeführt werden und wird hoffentlich für die Stadt wie die Region zusätzliche Impulse bringen.

Bis Ende 2020 hatte die Wissenschaft Impfstoffe entwickelt, die für die gesamte Bevölkerung zur Verfügung standen. Das regionale Impfzentrum in der Esperanto-Halle nahm am 19. Januar 2021 seinen Betrieb auf. Aufgrund der gefallenen Infektionszahlen konnte dieses am 30. September wieder geschlossen werden. Dennoch kam es nicht sofort zu einer Wiederaufnahme des öffentlichen Lebens ohne Einschränkungen. 2G (genesen, geimpft) oder 3G (getestet) war die Frage bei der Zugänglichkeit in geschlossene öffentliche Räume. Man musste in dieser Zeit äußerst flexibel sein, um die fast täglich in Abhängigkeit von den Infektionszahlen wechselnden Zugangsbestimmungen korrekt einzuhalten.

Immerhin führten im August und September 2021 die Schulen und die Hochschule ihren Unterricht wieder im Präsenzbetrieb durch. Auch der Fuldaer Weihnachtsmarkt öffnete Ende November 2021 wieder seine Pforten, allerdings gab es bei Maskenpflicht „Glühwein nur für Geimpfte und Genesene", wie die „Fuldaer Zeitung" titelte. Ein abermaliges Anwachsen der Corona-Erkrankungen führte Ende 2021 zu einem Run auf die Impfzentren und die Teststationen, wiederum mussten zahlreiche Veranstaltungen wie etwa der „Ball der Stadt Fulda" abgesagt werden. Ende März 2022 wurden dann die meisten Corona-Regelungen fallengelassen und auch die Maskenpflicht wurde außer Kraft gesetzt. Damit waren mehr als zwei Jahre des bis ins Kleinste regulierten gesellschaftlichen und privaten Lebens im Zeichen der Pandemie weitgehend beendet.

## *Zeitenwende*

Als ob die Welt nicht genügend Probleme hätte, rückte der russische Überfall auf die Ukraine am 24. Februar 2022 wieder den Blick auf die internationale Politik und machte deutlich, dass die europäische Nachkriegsordnung und das Völkerrecht offenbar nur auf schwachen Beinen stehen. Die von Bundeskanzler Scholz wenige Tage nach Beginn des

Angriffskrieges im Bundestag ausgerufene „Zeitenwende“ machte deutlich, dass der Krieg die Grundfesten der Sicherheit und das Wertesystem großer Teile Europas erschütterte. Während man im Frühjahr 2022 davon ausgehen musste, dass sich die militärische Übermacht Russlands bald durchsetzen würde, dauert dieser Versuch einer vollständigen Unterwerfung eines Nachbarlandes nun schon länger als der sogenannte „Große Vaterländische Krieg“, mit dem Russland den siegreichen Widerstand gegen Nazi-Deutschland bezeichnet und aus dem es auch heute noch seine Legitimation für den völkerrechtswidrigen Angriff herzuleiten sucht. Ein Ende ist derzeit noch offen.

Wie die beiden Weltkriege des 20. Jahrhunderts hat auch der russische Krieg Auswirkungen auf Fulda, diesmal allerdings abzulesen an der großen Zahl ukrainischer Kriegsgeflüchteter, die gerade am Beginn des Kriegs in großer Zahl, oft Frauen mit ihren Kindern, den Schutz im Westen suchten. In den ersten Kriegswochen gab es in Stadt und Landkreis Fulda zahlreiche Solidaritätsbekundungen und Hilfsveranstaltungen für die Ukraine. Stadt, Landkreis und kirchliche Organisationen trafen in diesen Tagen Vorbereitungen zur Aufnahme von geflüchteten Menschen. Bereits Mitte März 2022 wurden im Landkreis Fulda 1.160 ukrainische Flüchtlinge registriert, darunter waren die Hälfte Kinder und Jugendliche unter 18 Jahren. Sehr bald wurden die schulpflichtigen Kinder in den Schulbetrieb aufgenommen, wo sie in Intensivklassen vor allem die Sprachbarriere bald überwinden sollten.

Die Stadt Fulda meldete am 25. März 2022 die Aufnahme von 603 ukrainischen Geflüchteten. Deren Zahl stieg in den folgenden Jahren kontinuierlich. Inzwischen (Stand zum 31. März 2026) leben 1.574 Menschen aus der Ukraine in Fulda. Sie sind damit knapp hinter den 1.590 Personen mit türkischem Pass die zweitgrößte Gruppe an „nichtdeutschen Nationalitäten“, wie es in der städtischen Statistik heißt. Wann ihre Heimat wieder in Frieden leben kann, bleibt auch mehr als vier Jahre nach Kriegsbeginn noch völlig offen.

## Stadtpolitik

Bei den Kommunalwahlen im März 2021 erreichte bei einer Wahlbeteiligung von 47,3% die CDU 42,4% und wurde damit stärkste Fraktion mit 25 von 59 Sitzen in der Stadtverordnetenversammlung. Zweitstärkste Partei wurden die Grünen mit 16,2%, gefolgt von der SPD (13,5%), der AfD (7,2%) und der FDP (6,4%). Die übrigen Parteien lagen unter der 5% Grenze, konnten aber wegen der nicht geltenden Fünf-Prozent-Klausel mit den Parteien Linke, CWE, Bündnis C, BfO, die Partei und Volt jeweils zwei bzw. einen Sitz erringen. CDU, FDP und CWE, die zusammen über 31 Sitze verfügten, einigten sich im April auf einen Koalitionsvertrag. Bei der gleichzeitig durchgeführten Direktwahl zum Oberbürgermeister setzte sich der Amtsinhaber Dr. Heiko Wingenfeld (SPD) mit 64,7% der Stimmen gegen seinen Herausforderer Jonathan Wulff (SPD) mit 35,3% durch.

*OB-Wahl 2021: Der Amtsinhaber Dr. Heiko Wingenfeld (rechts) nimmt die Glückwünsche seines Herausforderers Jonathan Wulff entgegen.*

Fünf Jahre später hat sich bei den im März 2026 durchgeführten Wahlen für die Stadtverordnetenversammlung durch das Erstarken der AfD die politische Arithmetik erheblich verschoben. Die CDU fiel bei einer mit 52% erheblich gestiegenen Wahlbeteiligung auf 37,9% der Stimmen, während die AfD mit 20,1% ihr Ergebnis von 2021 fast verdreifachte und damit zweitstärkste Kraft wurde. Es folgten Grüne mit 12,1%, SPD mit 9,2% und Linke mit 5,2%. Die übrigen Parteien lagen unter 5%. Da die bisherige Koalition nur 25 Sitze zusammenbrachte, fehlten zu einer Mehrheit fünf Sitze. Statt einer festen Verbindung kündigten die CDU, Grüne und eine Fraktion aus FDP / FGG und Freien Wählern künftig eine „sachorientierte Kooperation" an.

Trotz aller politischen Auseinandersetzungen in Sachfragen, war man sich in der Stadtpolitik bei einer in der Öffentlichkeit mit großer Anteilnahme verfolgten Diskussion über die Rolle des früheren Oberbürgermeisters Dr. Franz Danzebrink in der NS-Zeit sehr einig. Im Mai 2022 stimmte eine große Mehrheit der Stadtverordneten nach längerer Debatte und der Erstellung einer wissenschaftlichen Studie für die Umbenennung der Dr.-Danzebrink-Straße. Sein Portrait in der „OB-Galerie" im Stadtschloss wurde hingegen belassen und mit einer Erläuterung versehen.

Von einem Oberbürgermeister, dessen erfolgreiche Tätigkeit für Fulda und seine Bürgerschaft über alle Zweifel erhaben ist, musste die Stadt im Februar 2025 Abschied nehmen. Dr. Wolfgang Hamberger, der von 1970 bis 1998 die Geschicke Fuldas lenkte und in vielen Bereichen, von der Kultur bis hin zum ICE-Anschluss, die Grundlage für die heutige Bedeutung der Stadt legte, verstarb im Alter von 94 Jahren.

*Impression von der Landesgartenschau 2023, die für die Fulda-Aue neue Akzente setzte.*

*Im September 2023, nur wenige Wochen vor dem Überfall der Hamas auf Israel, waren auf Einladung der Stadt zahlreiche Nachfahren von ehemaligen jüdischen Bewohnern Fuldas nach Deutschland gekommen, um die Heimat ihrer Eltern und Urgroßeltern kennenzulernen. Sie stellten sich zu einem Gruppenbild im Ehrenhof des Stadtschlosses.*

## Strukturwandel

Dass eine Kommune selbst bei gutem Zusammenspiel der maßgeblichen Akteure vor Ort keine Insel der Seligen sein kann und in ihrer Entwicklung maßgeblich von den großen Rahmenbedingungen sowie andernorts getroffenen Entscheidungen abhängig ist, lässt sich beim Strukturwandel in der Fuldaer Wirtschaft ablesen. Die zunehmende Deindustrialisierung, in der das produzierende Gewerbe gegenüber dem Dienstleistungssektor immer mehr zurücktritt, zeigte sich in den vergangenen Jahren in der Schließung zweier großer Fuldaer Traditionsunternehmen: der im Jahre 1900 begründeten Gummiwerke, die Fuldas Namen in alle Welt trugen sowie der Textilfabrik Nikolaus Weber, die kurz vor ihrem 150jährigen Jubiläum 2024 ihren Betrieb einstellte. Beide standen mit ihrer Qualitätsarbeit für die bedeutende Geschichte der Fuldaer Industrie, die in den vergangenen Jahrzehnten mit der vollständigen Aufgabe der Kerzenproduktion, der Schließung der Emaillierwerke Bellinger und weiterer Traditionsfirmen wie etwa im Maschinenbau (Klein & Stiefel) große Einschnitte hinnehmen musste.

Der harte Wettbewerb im Einzelhandel führte dazu, dass Galeria Kaufhof 2020 seinen Standort in Fulda schloss. Das Gebäude wird nach der Erwerbung durch die Stadt Fulda zu vielfältigen Zwecken genutzt, vom „Pop-up-Store" bis hin zu einer von der Kinderakademie Fulda betriebenen „Familien-Erlebniswelt". Bereits jetzt schon „Kult" ist das „Karlchen vom Dach", ein Bier- und Kulturgarten auf dem Dach des einstigen Kaufhauses.

Zur wirtschaftlichen DNA Fuldas gehörte auch das 1947 begründete Handelsunternehmen Tegut, das mit seinen in Supermärkten angebotenen Bioprodukten einst Neuland betrat. Für die 2012 von dem Schweizer Migros-Konzern übernommene Firma wurde im März 2026 der Verkauf an Mitbewerber wie Edeka und Rewe verkündet. Damit wäre ein weiterer mit Fulda eng verbundener Betrieb nur noch Geschichte.

## *Hoffen auf Europa*

In einer Zeit, in der Nationalismus, Rassismus und Imperialismus in ihrer schlimmsten Form wieder zum Alltag in den internationalen Beziehungen gehören und Russland, die USA unter ihrem derzeitigen Präsidenten sowie China offenbar Ambitionen hegen, die Welt unter sich aufzuteilen oder zumindest ihre Bedingungen für das globale Zusammenleben und den Welthandel zu diktieren, ist ein Blick in die Geschichte durchaus hilfreich. Er zeigt, dass die beiden großen Weltkriege eben aus diesem überwunden geglaubten und durch das Völkerrecht ersetzten „Recht des Stärkeren" entstanden sind. Der Blick zurück zeigt auch, dass die Idee eines vereinten Europa aus der Katastrophe des Zweiten Weltkriegs hervorgegangen ist und zunächst und in erster Linie ein Friedensprojekt war, das den unseligen Nationalismus überwinden wollte. Zu sehr hat man in den letzten Jahrzehnten auf die wirtschaftlichen Vorteile eines geeinten Europa hingewiesen und dabei die gemeinsame Historie des alten Kontinents in den Hintergrund gedrängt. Eben hieran hat Fulda am Beginn seiner Geschichte mit dem Kloster unter Rabanus Maurus als Bildungszentrum von europäischem Rang einen maßgeblichen Anteil.

*Im Januar 2024 versammelten sich auf Einladung eines breiten Aktionsbündnisses etwa 8.000 Menschen auf dem Universitätsplatz, um für die Demokratie und gegen den Rechtsradikalismus einzutreten. Es war dies mutmaßlich die größte Demonstration in der Fuldaer Nachkriegsgeschichte.*

Es bleibt zu hoffen, dass sich Europa seiner gemeinsamen Werte nicht nur in Sonntagsreden bewusst wird und gerade im Sinne der Regionen auf seine Stärken besinnt. Zum grassierenden imperialen Gebaren der großen Atommächte gibt es in Europa keine nationale, sondern nur eine gesamteuropäische Alternative.

*Die Europafahne vor dem Stadtschloss.*

# XXVIII

## Die Essenz der Geschichte

Nach über 350 Seiten eines stadtgeschichtlichen Überblicks stellt sich die Frage nach jenen Merkmalen, die Fuldas Geschichte unverwechselbar machen und ihr einen eigenständigen Charakter verleihen. Lassen sich unter der Oberfläche der zahlreichen Ereignisse langfristig wirkende Entwicklungslinien erkennen oder dominieren die Brüche, Widersprüche und Zufälle?

„Lage, Lage, Lage", lautet die Grundregel auf dem Immobilienmarkt. Was für Häuser und Wohnungen gilt, trifft umso mehr auf ganze Städte zu, zumindest im Falle von Fulda. Mitten in der Einöde habe er sein Kloster errichtet, schrieb Bonifatius an den Papst. Möglicherweise nahm er es dabei mit der Wahrheit nicht so genau und es waren hier noch Reste einer älteren Besiedlung oder eine bescheidene Etappenstation an einem relativ intensiv genutzten Wegenetz vorhanden. Mit Sicherheit gab es zur Zeit der Klostergründung keine nennenswerte Ansiedlung zwischen Hersfeld im Norden, Würzburg im Süden, Mainz im Westen und Erfurt im Nordosten, die dem jungen, sich schnell entwickelnden Kloster im frühen Mittelalter potentiell hätte Konkurrenz machen können. Insofern war die relativ weltabgeschiedene Lage im Niemandsland zwischen den schon in der Merowingerzeit seit dem 5./6. Jahrhundert dichter besiedelten ostfränkischen Gebieten langfristig gesehen ein Glück für das Kloster und die sich daran anschließende Siedlung. Befreit von der Zugriffsgewalt der Adeligen in der weiteren Umgebung, ausgestattet mit der Güterschenkung Karlmanns, einem Exemtionsprivileg des Papstes und dem besonderen Schutz des Königs entwickelte sich das reiche Kloster mit dem Mittelpunkt des Bonifatiusgrabs zu einem geistlichen Zentrum, das reichsweite Ausstrahlung entfaltete und als Reichsabtei auch weltliche Herrschaftsrechte in einem eigenen Territorium ausübte.

Obwohl dieses dem Fürstabt unterstellte Gebiet keine allzu große Ausdehnung hatte und man bis zum Ende des Alten Reichs flächenmäßig zu den kleineren Akteuren im Reich zählte, so waren doch die Hauptstädte der angrenzenden Territorien bis auf Hersfeld weit genug weg, um Fulda vor seiner Haustüre keine Konkurrenz zu machen. Zwar gab es während des 16. Jahrhunderts eine Phase, in der viele kleinere Zentren in der Nachbarschaft aufblühten, allerdings war es nach dem Dreißigjährigen Krieg in der weiten Umgebung von 100 Kilometern nur Fulda vergönnt, als Hauptstadt einer Reichsabtei und später eines Fürstbistums eine Entwicklung zu nehmen, die ihm den Rang eines „Oberzentrums" sicherte, so dass es in dem weiten Raum zwischen Kassel, Eisenach, Meiningen, Schweinfurt, Würzburg, Hanau, Friedberg, Gießen und Marburg seine Strahlkraft entwickeln konnte.

Diese bestand vor allem darin, dass die Beamtenschaft am Hof und das Stiftskapitel, die sich bis zum Dreißigjährigen Krieg überwiegend aus dem regionalen buchischen Adel und aus Hessen rekrutierten, seit der Mitte des 17. Jahrhunderts verstärkt Zuwachs aus den fränkischen und rheinischen Bistümern erhielten. Im Fulda des 18. Jahrhunderts bildete sich ein überregionales Netzwerk aus Amtsträgern und Kapitularen aus den süd-, west- und mitteldeutschen Teilen des Reichs von Westfalen bis Thüringen, vom Elsass bis nach Sachsen und von Hessen bis nach Bayern und Schwaben. Von großer Bedeutung für Fuldas Außenwirkung in dieser Zeit waren auch das Jesuitenkolleg und die 1734 gegründete Universität, an denen zwischen 1572 und 1805 nicht weniger als 16.000 Studenten aus allen Teilen des Reichs eingeschrieben waren. Fulda wurde damit „zu einem Knotenpunkt im Netzwerk der höheren katholischen Bildung, das sich über das gesamte Europa spannte", so der Marburger Historiker Holger Thomas Gräf.

Bis heute besteht aus der historisch gewachsenen Situation der Standortvorteil, dass es auf einer Fläche von etwa 20.000 Quadratkilometern zwischen Kassel und Würzburg sowie Hanau/Gießen/Marburg und Eisenach keine größere und bedeutendere Stadt gibt als Fulda. Allerdings steht diesem Befund die Feststellung gegenüber, dass die einstige überregionale Bedeutung durch die großen Umwälzungen des 19. und 20. Jahrhunderts erheblich gelitten hat. Konnte sich die Fürstabtei als selbstständiges Territorium im Alten Reich behaupten, so gerieten das Gebiet und seine Hauptstadt nach 1806 an wechselnde Landesherrschaften, die eines gemeinsam hatten: Fulda war fortan immer in einer Randlage. Durch die Grenzziehungen des 19. Jahrhunderts hatte es einen Teil seines historisch gewachsenen Hinterlandes verloren, sodass sich altfuldische Gebiete wie Hammelburg und Brückenau nach Bayern zuwandten, während Vacha und Geisa den Blick nach Eisenach und Weimar richteten. Dies änderte sich erst 1989/90, als Fulda aus der Peripherie wieder in das Zentrum rückte. Der anschließende und bis zur Gegenwart andauernde Aufschwung zeigt, wie sehr die administrativen Rahmenbedingungen der knapp zwei Jahrhunderte nach der Säkularisation die Entwicklung dämpften.

Es verwundert daher nicht, wenn bei den Fuldaern das Gefühl der ständigen Benachteiligung aufkam, sei es unter der Landgrafschaft Hessen-Kassel, in der preußischen Provinz Hessen-Nassau oder im Bundesland Hessen. Die Proteste für eine eigene Region Osthessen oder gegen die Eingliederung der Stadt Fulda in den Landkreis belegen dies deutlich auch noch in jüngerer Zeit. Aus dem Bewusstsein um die ruhmreiche Vergangenheit und der relativ unbeachteten Randlage weit weg von den Herrschaftszentren Kassel oder Wiesbaden entwickelte sich bei nicht wenigen eine Mischung aus einem latenten Minderwertigkeitsgefühl gegenüber den neuen Zentren sowie einem „Mia san mia“, das die Sonderstellung Fuldas in Hessen betonte. Dies galt schon im 19. Jahrhundert, als sich ein besonderes „katholisches Milieu“ herausbildete, das in Frontstellung zum überwiegend protestantischen Kaiserreich stand und während des Kulturkampfes in offenen Gegensatz zur preußischen Regierung in Kassel trat.

Die ironisch als „Fuldamentalismus“ bezeichnete Geisteshaltung des Altfuldaer katholischen Bürgertums hatte seit dem wirtschaftlichen Aufschwung nach 1866 eine Kurskorrektur erfahren. In die bis zur Mitte des 19. Jahrhunderts relativ geschlossene städtische Gesellschaft, die sich überwiegend aus Handwerkern, kleinen Kaufleuten, Taglöhnern und wenigen Beamten zusammensetzte, kamen mit der Industrialisierung sowie dem Bahnanschluss Facharbeiter und neue Berufsgruppen von entfernteren Gegenden in die Stadt, die ihren Charakter allmählich veränderte. Eine selbstbewusste Arbeiterschaft und Protestanten brachen die alten Strukturen zum Teil auf, sodass sich in bescheidenem Umfang auch ein liberales Bürgertum entwickelte. Die Bindung vieler Fuldaer an die katholische Kirche zeigte sich eindrücklich noch im Frühjahr 1933, als die weit überwiegende Mehrheit der Wählerinnen und Wähler Adolf Hitler und seiner NSDAP bei den Wahlen eine klare Abfuhr erteilte. Allerdings konnte dies nicht verhindern, dass auch in Fulda die menschenverachtende Politik der Nationalsozialisten umgesetzt wurde, von der Ausgrenzung der politischen Gegner, der Sinti und Roma sowie der Juden bis über die „Arisierung“ jüdischen Besitzes, die Zerstörung der Synagoge und die Deportation von über 250 jüdischen Bürgerinnen und Bürgern in die Vernichtungslager.

Im Blick auf die Geschichte Fulda als „geistlich geprägte Stadt“ zu kennzeichnen, wie dies der Historiker Berthold Jäger in einem bemerkenswerten Überblick zur Stadtgeschichte getan hat, ist mit Sicherheit berechtigt. Dabei ist seit der Frühen Neuzeit nicht nur die Rolle der katholischen Kirche hervorzuheben, sondern auch die protestantische Bewegung des 16. Jahrhunderts und die Entwicklung der Evangelischen Gemeinde seit 1803. Wie keine andere Stadt in Deutschland steht Fulda mit seiner alljährlichen Herbstkonferenz der Deutschen Bischöfe sowie mit dem hier seit 1950 ansässigen Präsidialbüro des Deutschen Evangelischen Kirchentags für die Ökumene. Die Aussage gilt im Hinblick auf den in Fulda im 16. Jahrhundert wirkenden Vermittlungstheologen Georg Witzel auch schon für frühere Zeiten. Für die „geistliche Prägung“ stehen auch bedeutende jüdische Theologen, allen voran der hier als Rabbiner im 17. Jahrhundert wirkende Maharam Schiff.

Eine Konstante der Fuldaer Stadtgeschichte ist die schwierige Beziehung zwischen der Stadt und ihrem Umland. Während des Mittelalters und der Frühen Neuzeit neigten die im Rat vertretenen städtischen Führungsschichten, die überwiegend eine wirtschaftlich nicht sonderlich gut gestellte Handwerkerschaft repräsentierten, zur Abschottung. Handwerker und Kaufleute aus dem Umland, die in der Stadt das Bürgerrecht erwerben wollten, taten sich schwer, zumal das zu entrichtende Bürgeraufnahmegeld oft um ein Vielfaches höher war als das für die Einheimischen. Die in kurhessischer Zeit vollzogene Eingliederung Fuldas in den Landkreis brachte immer wieder Konflikte mit sich. Am deutlichsten wurde dies in der im Kapitel XX dargestellten Stadtentwicklungspolitik sichtbar, die im letzten Drittel des 19. Jahrhunderts beim Kreis auf erhebliche Widerstände stieß. Die Auskreisung 1927 wurde von der Stadt als Befreiung empfunden und vom Oberbürgermeister als historisches Ereignis gefeiert, ebenso wie man 1972/74 die Rückkreisung als Schmach empfand. Wie emotional aufgeladen dieses Thema war, zeigt das 1956 geprägte Diktum des sonst so besonnenen Oberbürgermeisters Dr. Raabe von der „Stadt ohne Raum".

Die vorderen Platzierungen der Stadt in jüngsten Städterankings, zuletzt 2017, basieren zwar auf exakt messbaren wirtschaftlichen Rahmendaten wie niedriger Arbeitslosigkeit und einem guten Verhältnis zwischen Höhe der Löhne und Lebenshaltungskosten, doch fließen bei der Befragung nach der Zufriedenheit auch Wertungen ein, die eine historische Komponente haben. Das Gesamtkunstwerk des Barockviertels, in dem Kloster, Residenz und Bürgerstadt aufeinandertreffen, sucht in dieser Form seinesgleichen. Das Gefühl von Einheimischen wie Touristen, sich rund um den Bonifatiusplatz in einer intakten Residenzkulisse wiederzufinden, hat schon die Regisseure der Fünfziger Jahre inspiriert. 1953 wurde hier „Königliche Hoheit" nach dem Roman von Thomas Mann mit Dieter Borsche und Ruth Leuwerik verfilmt. Als Hauptstadt des fiktiven Großherzogtums Grimmburg war Fulda der ideale Drehort, der die Zuschauer in die alte Adelswelt der deutschen Kleinstaaten vor 1918 zurückführte. Zwar gab es acht Jahre nach dem Krieg noch einige Kriegsschäden, doch die waren so weit behoben, dass man die vermeintlich heile Welt der Jahre vor dem Ersten Weltkrieg hier wiederaufleben lassen konnte.

Wenn heute die Stadt immer mehr zum Touristenmagnet wird, dann ist es vor allem dem Umstand zuzuschreiben, dass sie trotz schwerer punktueller Schäden und einer hohen Opferzahl an Luftkriegstoten von einer flächendeckenden Zerstörung verschont geblieben ist. Insofern speist sich der Fuldaer Lokalpatriotismus auch aus einem weitgehend intakten Stadtbild. Der Stolz auf die eigene Geschichte und die vorhandene Architektur stellen eine Zufriedenheit mit dem Umfeld her, das sich in völlig zerstörten Städten mit ausschließlich vorhandener Nachkriegsarchitektur nur schwer entwickeln lässt. Insofern erfreuen sich hier sowohl die Geschichtsforschung als auch die Denkmalpflege einer großen öffentlichen Aufmerksamkeit.

Ein Blick in die Vergangenheit zeigt, dass die Fuldaer Kleinstadtgesellschaft während des Mittelalters und der Frühen Neuzeit bei politischen Fragen nur selten gegen den Abt aufbegehrte. Zwei Mal kulminierten in dieser Zeit die Proteste. Zum einen beim Kampf an der Seite der Ziegenhainer gegen den Fürstabt im 14. Jahrhundert sowie während des 16. Jahrhunderts im Rahmen der protestantischen Bewegung. In beiden Fällen ging man aus den Auseinandersetzungen als Verlierer hervor. Meist erwiesen sich die Fuldaer im Alten Reich als kompromissbereite Untertanen. Umso aggressiver waren die Städter im Umgang mit Minderheiten und insbesondere gegen die jüdische Bevölkerung, in der vor allem die Zünfte eine wirtschaftliche Konkurrenz erblickten, die es auszuschalten galt.

An den Revolutionen des 19. und 20. Jahrhunderts nahmen die Fuldaer zwar teil und schlossen sich den andernorts vorgebrachten Forderungen auch an, doch achtete die Mehrheit darauf, dass die öffentliche Sicherheit und Ordnung gewahrt blieb. Dies galt in den Jahren 1830 und 1848 ebenso wie 1918/19. Von radikalen Umsturzversuchen hielt man sich hier fern. Insofern stehen bis heute der Konsens und der Pragmatismus im Vordergrund.

Eine weitere Konstante in Fuldas Geschichte ist die wichtige Rolle der Bildungsinstitutionen, von der bedeutenden Klosterschule über das Jesuitenkolleg und die Universität bis hin zur Theologischen Fakultät und zur Hochschule Fulda. Sie sind jene Einrichtungen, die vom Frühmittelalter bis zur Gegenwart eine Attraktivität ausstrahlen, die über das wirtschaftliche und politische Einzugsgebiet hinausgeht.

Die Rolle des Klosters Fulda als Motor der karolingischen Bildungsreform, in der auf Initiative Karls des Großen unter Abt Rabanus Maurus die Weichen für eine umfassende Erneuerung der Bildung, Dichtung, Buchkunst und Architektur im Frankenreich gestellt wurden, nahm die Stadt Fulda 2019 zum Anlass, sich zusammen mit Petersberg um das „Europäische Kulturerbesiegel“ zu bewerben. Beide sind nach Auffassung der Initiatoren wie kein anderer Ort geeignet, die Bedeutung der Bildung als eine der wesentlichen Grundlagen des heutigen Europa darzustellen.

# Weiterführende Literatur

Eine Gesamtbibliographie der Bücher und Zeitschriftenbeiträge zur Fuldaer Geschichte wurde niemals erstellt. Wer sich daranmachen wollte, würde wohl mehrere tausend Titel zusammentragen müssen. Ausgangspunkt für alle Stadtgeschichtsforschungen sind die vom Fuldaer Geschichtsverein herausgegebene zweibändige Stadtgeschichte [26] und das Stadtlexikon [25]. Wegweisend sind auch zahlreiche Beiträge in dem zum Stadtjubiläum 1994 erschienenen Sammelband „Fulda in seiner Geschichte“ [52], die Vortragssammlung „Fulda im Alten Reich“ [60] sowie Hans Mauersbergs Darstellung der Fuldaer Wirtschafts- und Gesellschaftsgeschichte [84].
Als erster Einstieg zu empfehlen ist die von Otto Berge, Berthold Jäger und Thomas Martin verfasste Kurzdarstellung unter dem Namen „Zwischen Kreuz und Lilie“ [8], die auf Beiträgen in der Fuldaer Zeitung anlässlich des Stadtjubiläums 1994 beruht. Einen stringenten Überblick zur Fuldaer Stadtgeschichte bietet Berthold Jäger im Rahmen eines Zeitschriftenbeitrags [62]. Lesenswert ist die Einleitung von Werner Kirchhoff zur Denkmaltopographie über die siedlungs- und architekturgeschichtlichen Entwicklung Fuldas [74]. Sehr knapp und inhaltlich wie methodisch nicht mehr auf der Höhe der Zeit ist die Kleine Fulda-Chronik von Heinrich Hahn [29]. Mit der Quellenüberlieferung sowie der Forschungslage setzt sich Thomas Heiler auseinander [50]. Für die Architekturgeschichte stehen mit Erwin Sturms „Bau- und Kunstdenkmale der Stadt Fulda“ [125] und der „Denkmaltopographie“ [78] zwei Standardwerke zur Verfügung. Der 2019 herausgekommene Fulda-Band in der Reihe des Hessischen Städteatlas [53] bietet anhand eines reichen Kartenmaterials erstmals einen fundierten Einblick in die Stadtentwicklung. An ein größeres Publikum gerichtet ist die Trilogie „Fulda einst und heute“ [88] aus der Feder des Heimatforschers Michael Mott sowie dessen „Fuldaer Köpfe“ [89], ein zweibändiges Kompendium von Biographien zu Fuldaer Persönlichkeiten.
Einschlägig für die Kirchengeschichte ist der Fulda betreffende Teil der Germania Benedictina [16]. Eine prägnante Kloster- und Bistumsgeschichte bieten Werner Kathrein und Dieter Wagner [70]. Als Nachschlagewerk zu den Äbten eignet sich die Darstellung von Josef Leinweber [81]. Ein als Lexikon aufgebautes Kompendium zum geistlichen Fürstentum Fulda bietet Hans Eberhard Parzeller [94].
Als klassische Stadtführer sind die Werke von Anton Schmitt [112], Michael Imhof [59] und Klaus H. Orth [92] angelegt. Aus der Feder von Fuldaer Gästeführern stammt ein Band, der 50 Schätze und Besonderheiten Fuldas in den Blick nimmt [9]. An Bildbänden sind die Werke von Werner Kirchhoff / Klaus Krolopp [75] und Johannes Heller / Christian Tech [126] hervorzuheben.

**Kapitel I:**
Die Charakterisierung als „geistlich geprägte Stadt“ nach Berthold Jäger [62]. Zum katholischen Milieu ist die Arbeit von Siegfried Weichlein [134] maßgebend.

**Kapitel II:**
Das Zitat von Heinrich Koenig bei Schambony [108], S. 52. Das Zitat von Franz Anton Jäger in Jäger [67], Bd. 2, S. 59–61. Zum naturräumlichen Potential der Stadtgeschichte siehe den

Beitrag von Udo Lange [79]. Mit der Bedeutung der Fulda setzte sich Margrit Löbel [82] auseinander.

**Kapitel III:**
Zu den genannten Arbeiten Vonderaus siehe unter Nr. 129-131. Heinrich Hahns Erkenntnisse wurden im Rahmen der Festschrift zum Bonifatiusjahr 1954 publiziert [28]. Die Arbeit von Thomas Kind findet sich in Band 1 der Stadtgeschichte [72].

**Kapitel IV:**
Das Tagebuch von Gangolf Hartung wurde ediert von Theodor Haas [27]. Zu den schriftlichen Quellen siehe die Arbeit von Thomas Heiler [50]. Der Codex Eberhardi wurde von Heinrich Meyer zu Ermgassen vorbildlich in einer vierbändigen Edition erschlossen [87].

**Kapitel V:**
Die Edition der Sturmius-Vita wurde von Pius Engelbert besorgt [21]. Dort findet sich auch auf Seite 126 das genannte Zitat. Vom gleichen Autor stammt auch eine deutsche Übersetzung der Lebensbeschreibung [22]. Die Gegenposition von Steffen Patzold findet sich in einem Beitrag in den Fuldaer Geschichtsblättern [96]. Die Namen des Fuldaer Landes behandelt eine jüngst erschienene Arbeit von Diana Ascher [4]. Zur Karlmann-Schenkung siehe den Beitrag von Edmund Stengel [123], dem besten Kenner der frühen Fuldaer Urkundenüberlieferung.

**Kapitel VI:**
Das Zitat bei Ulrich Hussong [56], S. 91. Zur Frühzeit des Klosters siehe auch Hussong [57].

**Kapitel VII:**
Zu Rabanus Maurus siehe Norbert Kössinger [76], die Beiträge in der Festschrift des Domgymnasiums [55] sowie Marc-Aeilko Aris / Susanna Bullido de Barrio [3]. Fuldas Bedeutung für die althochdeutsche Literatur bei Beck [5]. Zur Malschule siehe Winterer [135]

**Kapitel VIII:**
Zur Stadtentwicklung und zum frühen Stadtgrundriss siehe Braasch-Schwersmann [10], zur Münzprägung Johannes Peter [100].

**Kapitel IX:**
Das Kapitel beruht auf den Beiträgen von Thomas Heiler in Band 1 der Stadtgeschichte [42, 46]. Zum mittelalterlichen Fulda siehe auch die Beiträge von Steffen Patzold [95] und Hermann Kratz [77] ebenfalls im ersten Band der Stadtgeschichte sowie von Thomas Franke [24] und Ursula Braasch-Schwersmann [10]. Zur Geschichte der Jüdischen Gemeinde siehe Paul Horn / Naftali Sonn [54], Michael Imhof [58] und Thomas Heiler [47]. Nach Abfassung des Textes erschien der wichtige Beitrag von Halm zur Rolle der Zünfte [31].

**Kapitel X:**
Zur Zeit der Reformation in Fulda siehe die Arbeiten von Breul [11–13] und von Leinweber [80]. Zur Ausbildung der Landesherrschaft im Streit zwischen Würzburg und Fulda siehe die

grundlegende Arbeit von Merz [86]. Zum Bauernkrieg gibt es eine populär gehaltene Darstellung von Wolfgang Seewald / Christian Aschenbrenner [114].

**Kapitel XI:**
Maßgeblich zur Frühen Neuzeit sind die Forschungen von Berthold Jäger [61, 63, 64, 66]. Die mangelnde Verteidigungsfähigkeit des Fuldaer Landes hat Horst Carl aufgezeigt [15]. Zur spektakulären Absetzung Dernbachs in der Stiftsrebellion hat Gerrit Walther eine umfangreiche und fesselnd geschriebene Darstellung vorgelegt [131]. Zu Georg Witzel siehe den Beitrag von Werner Kathrein [71].

**Kapitel XII:**
Das Kapitel basiert auf den Forschungen von Berthold Jäger [63], der Chronik des Gangolf Hartung [27] und der Darstellung über die Verwaltungsgeschichte in Band 1 der Stadtgeschichte [46]. Zur schwedisch-hessischen Besetzung siehe Ullrich Hanke [33]. Die Chronik des Valentin Muentzer [90] liegt leider in keiner modernen Ausgabe vor.

**Kapitel XIII:**
Neben den Darstellungen von Berthold Jäger [64] und Horst Carl [15] wurden für Fragen der Migration sowie die Ausweisung der Juden 1671 die Forschungen von Thomas Heiler [47, 49] herangezogen. Als Quelle diente die Edition des Türkensteuerregisters [36].

**Kapitel XIV:**
Zur barocken Umgestaltung der Stadt und zum Fuldaer Hof dienten die Arbeiten von Stephanie Hahn [30], Christian Peter [99], Volker Rößner / Sabine Wagner [104] und Gregor Stasch [118–122] als Grundlage.

**Kapitel XV:**
Das Kapitel beruht auf den Beiträgen von Thomas Heiler zur Wirtschaftsgeschichte und zur Migration [42 und 49].

**Kapitel XVI:**
Maßgeblich für die Darstellung sind die Beiträge von Berthold Jäger in Band 1 der Stadtgeschichte [63 und 64] und zur Bildungspolitik Heinrichs von Bibra [65], die Arbeit von Michael Müller zur katholischen Aufklärung [91], von Ursula Ried [103] zur Wirtschaftspolitik und von Christian Peter zu den Reiseberichten [98]. Das Zitat von Malkmus [83], S. 56–57. Zum Paulustor siehe Stasch [120]. Die Übersetzung der Obeliskeninschrift nach Edgar Siedschlag [116].

**Kapitel XVII:**
Zu Wilhelm Friedrichs Herrschaft in den „Streustaaten" von 1802-1806 erschien ein von der Bürgerschaftlichen Initiative herausgegebener Tagungsband [2]. Zu Wilhelm zusammenfassend die Arbeit von Vögler [128]. Den Aspekt der Verwaltungsreformen behandelt Heiler [37]. Das Zitat aus Koenigs Autobiographie „Auch eine Jugend", abgedruckt in der Anthologie von Schambony [108], S. 64. Die Geschichte des Landkrankenhauses untersuchte Christoph Weber [133]. Zur Geschichte der Evangelischen Gemeinde siehe Johannes Hattendorff [35].

**Kapitel XVIII:**
Die Epoche der wechselnden Herrschaften wird behandelt von Ludolf Pelizaeus [97]. Zu Thiébault siehe Helmut Stubbe da Luz [124].

**Kapitel XIX:**
Einen Überblick gibt Ludolf Pelizaueus [97]. Zu Migration und zum „Pauperismus" wurden die Arbeiten von Thomas Heiler zugrunde gelegt [44, 45 und 49]. Die Vorgeschichte des Bonifatiusdenkmals hat Werner Kirchhoff erforscht [73]. Die Revolution von 1848 nach Otto Berge [7].

**Kapitel XX:**
Für das Kapitel stellt die Überblicksdarstellung von Thomas Heiler in Band 2 der Stadtgeschichte die Grundlage dar [51]. Für die wirtschaftliche Entwicklung siehe ebenfalls Heiler [41 und 45] und Gerd Hardach [34]. Zum Kulturkampf liegt das Werk von Winfried Jestaedt vor [69].

**Kapitel XXI:**
Zum Ersten Weltkrieg siehe Elisabeth Ott / Thomas Heiler [93].

**Kapitel XXII:**
Zur Weimarer Republik siehe die Arbeiten von Otto Berge [6], Udo Engbring-Romang [18], Gerhard Menk [85], Christian Raulf [101], Wolfgang Seewald [115], Franz-Georg Trabert [127] und Thomas Heiler [40 und 45].

**Kapitel XXIII:**
Zur Zeit des Nationalsozialismus sind vor allem die Darstellungen von Udo Engbring-Romang [20], Thomas Heiler [39, 40 und 48], Gerhard Renner / Joachim Schulz/ Rudolf Zibuschka [102], Günter Sagan [107] und Elmar Schick [110 und 111] herangezogen worden. Den Luftkrieg behandelt ausführlich Sagan [106]. Zu den Opfern siehe die Arbeiten von Udo Engring-Romang [19 und 20], Michael Imhof [58], Elmar Schick [111] und Naftali Herbert Sonn / Otto Berge [117].

**Kapitel XXIV:**
Grundlegend sind die Arbeiten von Günter Sagan [105] und Wolfgang Hamberger [32]. Wesentliche Teile der Darstellung sind den Beiträgen des Verfassers im Ausstellungskatalog „Alles für Fulda" [1] entnommen. Zum OB Dr. Dregger siehe Michael Schwab [113]. Zur Wirtschaftsgeschichte ist der Beitrag von Gerd Hardach [34] hervorzuheben.

**Kapitel XXV:**
Auch hier stellt der Ausstellungskatalog „Alles für Fulda" [1] die Basis für das Kapitel dar.

1. „Alles für Fulda!“ Aspekte der Kommunalpolitik, bearbeitet von Thomas Heiler und Beate Kann unter Mitwirkung von Regina Pütz. Begleitband zur Ausstellung 28. April bis 9. Juli 2006, hg. von Gregor K. Stasch (Vonderau Museum Fulda – Kat. Bd. 17), Petersberg 2006.
2. „Wachse Hoch, Oranien!“ Auf dem Weg zum ersten König der Niederlande: Wilhelm Friedrich Prinz von Oranien-Nassau als regierender deutscher Fürst.1802-1806: Fulda + Corvey + Dormund + Weingarten, hg. von der Bürgerschaftlichen INITIATIVE (Studien zur Geschichte und Kultur Nordwesteuropas 24), Münster, New York, München, Berlin 2013.
3. Aris, Marc-Aeilko / Bullido del Barrio, Susanna (Hg.): Hrabanus Maurus in Fulda. Mit einer Hrabanus Maurus-Bibliographie (1979-2009) (Fuldaer Studien 13), Frankfurt am Main 2010.
4. Ascher, Diana: Die Ortsnamen des Landkreises Fulda (Fuldaer Studien 25), Fulda 2020.
5. Beck, Wolfgang: Fulda und die althochdeutsche Literatur, in: Geschichte der Stadt Fulda [26], Bd. 1, S. 692-702.
6. Berge, Otto: Arbeiter- und Soldatenrat, Bauernrat und die Wahlen zu den kommunalen Körperschaften in Fulda 1918/19, in: Fuldaer Geschichtsblätter 50 (1974), S. 137-165.
7. Berge, Otto: Fulda in der Revolution von 1848/49 in: Fuldaer Geschichtsblätter 51 (1975), S. 133-217.
8. Berge, Otto / Jäger, Berthold / Martin, Thomas: Zwischen Kreuz und Lilie. Beiträge zur Geschichte Fuldas, Fulda 1994.
9. Bohl, Susanne u.a.: Fulda 50 Schätze und Besonderheiten, Geschichte und Geschichten erzählt von Fuldaer Gästeführern, Petersberg 2016.
10. Braasch-Schwersmann, Ursula: Die Stadt Fulda vom Mittelalter bis in die Gründerzeit. Zur Siedlungsentwicklung und Geschichte ihres Gemeinwesens, in: Heinemeyer, Walter / Jäger, Berthold (Hg.): Fulda in seiner Geschichte [52], S. 373-438.
11. Breul, Wolfgang: Die „Dunkelmännerbriefe“ in Fulda verfasst?, in: Geschichte der Stadt Fulda [26], Bd. 1, S. 253-255.
12. Breul, Wolfgang: Herrschaftskrise, Reformation und Bauernaufstand – Die Stadt Fulda unter der Regentschaft des Johann von Henneberg (1516/21-1541), in: Geschichte der Stadt Fulda [26], Bd. 1, S. 244-272.
13. Breul-Kunkel, Wolfgang: Herrschaftskrise und Reformation. Die Reichsabteien Fulda und Hersfeld ca. 1500-1525 (Quellen und Forschungen zur Reformationsgeschichte 71), Heidelberg 2000.
14. Brower, Christoph: Fuldensium antiquitatum libri IIII, Antwerpen 1612.
15. Carl, Horst: Eine „offene Stadt“ – Fulda in den Kriegen der Frühen Neuzeit, in: Geschichte der Stadt Fulda [26], Bd. 1, S. 550-565.
16. Die Benediktinischen Mönchs- und Nonnenklöster in Hessen (Germania Benedictina, Band VII Hessen), München 2004.

17. Die Geschichte des Klosters Fulda von der Gründung bis ins 11. Jahrhundert, in: Geschichte der Stadt Fulda [26], Bd. 1, S. 143-162.
18. Engbring-Romang, Udo: Eine katholische Stadt in unruhiger Zeit (1918-1933), in: Geschichte der Stadt Fulda [26], Bd. 2, S. 100-114.
19. Engbring-Romang, Udo: Fulda. Auschwitz, Marburg 2006.
20. Engbring-Romang, Udo: Machtergreifung, Machtsicherung, Opposition, Widerstand und Verfolgung (1933-1945), in: Geschichte der Stadt Fulda [26], Bd. 2, S. 135-163.
21. Engelbert, Pius: Die Vita Sturmi des Eigil von Fulda. Literarkritisch-historische Untersuchung und Edition (Veröffentlichungen der Historischen Kommission für Hessen und Waldeck 29), Marburg 1968.
22. Engelbert, Pius: Eigil. Das Leben des Abtes Sturmi. Lateinischer Text mit deutscher Übersetzung, in: Fuldaer Geschichtsblätter 56 (1980), S. 17-49.
23. Fechter, Sabine (Hg.): Fulda handelt. Fulda prägt. 1000 Jahre Münz-, Markt- und Zollrecht. Begleitband zur Ausstellung im Vonderau Museum Fulda vom 12. März bis 4. August 2019, Petersberg 2019.
24. Franke, Thomas: Studien zur Geschichte der Fuldaer Äbte im 11. und frühen 12. Jahrhundert, in: Archiv für Diplomatik 33 (1987), S. S. 55-238.
25. Fulda – Das Stadtlexikon, hg. vom Fuldaer Geschichtsverein. Redaktion: Thomas Heiler und Klaus H. Orth, Fulda 2019.
26. Geschichte der Stadt Fulda. Bd.1: Von den Anfängen bis zum Ende des Alten Reiches. Bd. 2: Von der fürstlichen Residenz zum hessischen Sonderstatus, hg. Vom Fuldaer Geschichtsverein. Redaktion: Wolfgang Hamberger, Thomas Heiler, Werner Kirchhoff, Fulda 2008-2009.
27. Haas, Theodor (Hg.): Die chronikalischen Aufzeichnungen des Fuldaer Bürgers Gangolf Hartung (1607-1666), in: Fuldaer Geschichtsblätter 9 (1910), S. 49-172.
28. Hahn, Heinrich: Die Ausgrabungen am Fuldaer Domplatz 1953 (35. Veröffentlichung des Fuldaer Geschichtsvereins), Sonderdruck aus St. Bonifatius. Gedenkgabe zum zwölfhundertjährigen Todestag, Fulda 1954.
29. Hahn, Heinrich: Kleine Fulda-Chronik, 2 Aufl., Fulda 1989.
30. Hahn, Stephanie: Zur Zierde der Stadt. Bauten und Bauaufgaben der Residenzstadt im 18. Jahrhundert, Petersberg 2006.
31. Halm, Cornelia; Markt und Zunft – Die mittelalterliche Ordnung, in: Fechter (Hg.), Fulda handelt [23], S. 110-137.
32. Hamberger, Wolfgang: Neubeginn nach dem Zweiten Weltkrieg. Wiederaufbau und Stadtentwicklung – Die Zeit bis 1970, in: Geschichte der Stadt Fulda [26], Bd. 2, S. 239-294.
33. Hanke, Ullrich Christoph: Fulda in Hessens Hand. Die Besetzung des Stifts Fulda durch Hessen-Kassel (1631/32-1634) (68. Veröffentlichung des Fuldaer Geschichtsvereins), Fulda 2007.
34. Hardach, Gerd: Fuldas Wirtschaft im 19. und 20. Jahrhundert, in: Geschichte der Stadt Fulda [26], Bd. 2, S. 315-339.

35. Hattendorff, Johannes: Geschichte des evangelischen Bekenntnisses in der Stadt Fulda, mit hauptsächlicher Benutzung archivalischen Materials, Hamburg 1903.
36. Heiler, Thomas (Hg.): Das Türkensteuerregister der Fürstabtei Fulda von 1605 (64. Veröffentlichung des Fuldaer Geschichtsvereins), Fulda 2004.
37. Heiler, Thomas: „Um diese Staatsmaschine ihrem großen Zweck näherzubringen": Das Reformwerk Wilhelm Friedrichs von Oranien-Nassau im Fürstentum Fulda, in: „Wachse Hoch, Oranien!" [2], S. 89-110.
38. Heiler, Thomas: Am Anfang war eine Urkunde - Das kaiserliche Privileg für Fulda vom 1. Juli 1019, in: Rhönklub Hauptvorstand (Hg.), Menschen und Märkte. 55. Hauptkulturtagung, 23.3.2019 in Fulda, Fulda 2019, S. 8-19.
39. Heiler, Thomas: Der Synagogenbrand in Fulda und seine juristische Aufarbeitung nach 1945, in: Fuldaer Geschichtsblätter 90 (2014), S. 109-143.
40. Heiler, Thomas: Fulda 1938, in: Fuldaer Geschichtsblätter 89 (2013), S. 105-164.
41. Heiler, Thomas: Grundlinien der Fuldaer Industriegeschichte im 19. und 20. Jahrhundert, in: Maschinenbau in Fulda. Klein & Stiefel 1905-1979. Begleitband zur Ausstellung 20. Januar bis 2. April 2006, hg. von Georg Klein und Thomas Heiler (Vonderau Museum Fulda – Kat. Bd. 16), Petersberg 2006, S. 6-16.
42. Heiler, Thomas: Grundzüge der Wirtschaftsgeschichte vom Mittelalter bis zur Säkularisation, in: Geschichte der Stadt Fulda [26], Bd. 1, S. 505-549.
43. Heiler, Thomas: Hintergründe der Vertreibung der Juden aus der Fürstabtei Fulda, in: Michael Imhof (Hg.), Juden in Deutschland [55], S. 138.
44. Heiler, Thomas: Hungersnöte in hessischen Städten, in: Stadt und Stadtverderben. 47. Arbeitstagung des Südwestdeutschen Arbeitskreises für Stadtgeschichtsforschung in Würzburg, 21.-23. November 2008, hg. von Ulrich Wagner, Ostfildern 2012, S. 309-336.
45. Heiler, Thomas: Industrialisierung, Urbanisierung und soziale Frage in der Geschichte Fuldas, in: Stadtporträt: Fulda. Eine dialogische Sozialreportage. Dialoge mit Wolfgang Hamberger, Hildegard Hast, Thomas Heiler und Peter Krahulec, hg. von Karl-Heinz Braun und Frank Dölker [unter Mitarbeit von Schmidt, Thomas], 2., überarbeitete Auflage, Baltmannsweiler 2017, S. 95-141.
46. Heiler, Thomas: Innere Verwaltung und Finanzentwicklung in der Frühen Neuzeit, in: Geschichte der Stadt Fulda [26], Bd. 1, S. 379-403.
47. Heiler, Thomas: Jüdisches Fulda. Ein Stadtrundgang zu Erinnerungsorten jüdischen Lebens, hg. vom Magistrat der Stadt Fulda, Fulda 2013.
48. Heiler, Thomas: Kommunale Kunst und Kultur im Dienst des Nationalsozialismus. Der „Fuldaer Heimatbund" und die Gleichschaltung des städtischen Kulturlebens, in: Fulda in den Künsten. Festgabe für Gregor K. Stasch zum 65. Geburtstag, hg. von Alessandra Sorbello Staub u. a., Petersberg 2015, S. 237-251.
49. Heiler, Thomas: Migration in regionaler Perspektive. Zu- und Abwanderung, Flucht und Vertreibung in der Fuldaer Stadt- und Landesgeschichte, in: Fuldaer Geschichtsblätter 93 (2017), S. 201-246

50. Heiler, Thomas: Quellen- und Literaturbericht zur Stadtgeschichte von Fulda, in: Fuldaer Geschichtsblätter 77 (2001), S. 169-232.

51. Heiler Thomas: Von der Industrialisierung bis zum Ende des Ersten Weltkrieges (1866-1918), in: Geschichte der Stadt Fulda, Bd. 2: Von der fürstlichen Residenz zum hessischen Sonderstatus, hg. vom Fuldaer Geschichtsverein, Fulda 2008, S. 43-99.

52. Heinemeyer, Walter; Jäger, Berthold (Hg.): Fulda in seiner Geschichte. Landschaft, Reichsabtei, Stadt (Veröffentlichungen der Historischen Kommission für Hessen, Bd. 57), Fulda / Marburg 1995.

53. Hessischer Städteatlas. Lieferung IV,3: Fulda, hg. von Ursula Braasch-Schwersmann und Holger Th. Gräf, bearb. von Andrea Pühringer, Neustadt a.d. Aisch 2019.

54. Horn, Paul / Sonn, Naftali: Zur Geschichte der Juden in Fulda. Ein Gedenkbuch, Tel-Aviv 1969.

55. Hrabanus Maurus und seine Schule. Festschrift der Rabanus-Maurus-Schule 1980, hg. von Winfried Böhne, Fulda 1980,

56. Hussong, Ulrich: Die Reichabtei Fulda im frühen und hohen Mittelalter, in: Heinemeyer, Walter / Jäger , Berthold (Hg.): Fulda in seiner Geschichte [52], S. 89-179.

57. Hussong, Ulrich: Studien zur Geschichte der Reichsabtei Fulda bis zur Jahrtausendwende, in: Archiv für Diplomatik 31 (1985), S. 1-225; 32 (1986), S. 130-304.

58. Imhof, Michael Imhof (Hg.), Juden in Deutschland und 1000 Jahre Judentum in Fulda, Petersberg 2011.

59. Imhof, Michael / Schmidt, Mathias R./ Gutberlet, Erich: Fulda. Führer durch die Barockstadt, Fulda 2001.

60. Jäger, Berthold (Hg.): Fulda im Alten Reich. Vortragsreihe des Fuldaer Geschichtsvereins 1994 (59. Veröffentlichung des Fuldaer Geschichtsvereins), Fulda 1996.

61. Jäger, Berthold: „... das recht und überaus grosse sengen undt brennen ...“. Beiträge zur Geschichte der Hexenverfolgungen im Stift Fulda 1600-1606 (66. Veröffentlichung des Fuldaer Geschichtsvereins), Fulda 2006.

62. Jäger, Berthold: Fulda - die geistlich geprägte Stadt. Entwicklungslinien vom 8. bis zum 20. Jahrhundert, in: Mitteilungen des Oberhessischen Geschichtsvereins Gießen 1998, S. 133-179.

63. Jäger, Berthold: Fulda 1541-1648, in: Geschichte der Stadt Fulda [26], Bd. 1, S. 273-308.

64. Jäger, Berthold: Fulda 1648-1802, in: Geschichte der Stadt Fulda [26], Bd. 1, S. 309-369.

65. Jäger, Berthold: Fürstbischof Heinrich von Bibra und seine Bildungspolitik im aufgeklärten Hochstift Fulda, in: Buchenblätter 86 (2013), S. 85-87, 90-92, 94-96, 99-100, 102-103.

66. Jäger, Berthold: Zwischen Reformation und Gegenreformation. Das Stift Fulda in der Mitte des 16. Jahrhunderts, in: Archiv für mittelrheinische Kirchengeschichte 60 (2008), S. 133-171.

67. Jäger, Franz Anton: Briefe über die hohe Rhöne Frankens in geographisch-, topographisch-, physisch und historischer Hinsicht, 3 Bde., Nachdruck der Ausgabe Arnstadt und Rudolstadt 1803 (Langbein und Klüger), Sondheim vor der Rhön 1985.

68. Jestaedt, Aloys: Kataster der Stadt Fulda im XVIII. und XIX. Jahrhundert, 3 Teile, (23.-25. Veröffentlichung des Fuldaer Geschichtsvereins), Fulda 1937-1940.

69. Jestaedt, Winfried: Der Kulturkampf im Fuldaer Land (36. Veröffentlichung des Fuldaer Geschichtsvereins), Fulda 1960.

70. Kathrein, Werner / Wagner, Dieter: Erbe und Sendung. Heft 1: Das Bistum Fulda im 19. und 20. Jahrhundert; Heft 2: Das Hochstift Fulda – Vom Mittelalter zum Barock; Heft 3: Winfrid Bonifatius und die Anfänge des Klosters Fulda, Straßburg 1998-2001.

71. Kathrein, Werner: Georg Witzel (1501-1573) und das Hochstift Fulda, in: Fuldaer Geschichtsblätter 77 (2001), S. 29-56.

72. Kind, Thomas: Pfahlbauten und merowingische Curtis in Fulda?, in: Geschichte der Stadt Fulda [26], Bd. 1, S. 45-68.

73. Kirchhoff, Werner: Das Bonifatiusdenkmal in Fulda: Ein verkanntes Nationaldenkmal?, in: Bonifatius. Vom angelsächsischen Missionar zum Apostel der Deutschen (Aufsatzband), hg. von Michael Imhof und Gregor K. Stasch, Petersberg 2004, S. 235-250.

74. Kirchhoff, Werner: Fulda – eine osthessische Stadt, in: Denkmaltopographie [78] S. 13-64.

75. Kirchhoff, Werner / Krolopp, Klaus / Gutberlet, Erich: Fulda, Fulda 1995.

76. Kössinger, Norbert (Hg.): Hrabanus Maurus. Profil eines europäischen Gelehrten. Beiträge zum Hrabanus-Jahr 2006, St. Ottilien 2008.

77. Kratz, Hermann: Die innere Entwicklung der Stadt bis zur Ratsverfassung 1384, in: Geschichte der Stadt Fulda [26], Bd. 1, S. 180-219.

78. Landesamt für Denkmalpflege Hessen (Hg.): Stadt Fulda, Braunschweig, Wiesbaden 1992 (Denkmaltopographie Bundesrepublik Deutschland).

79. Lange, Udo: Das naturräumliche Potential, in: Geschichte der Stadt Fulda [26], Bd. 1, S. 11-25.

80. Leinweber, Josef: Das Hochstift Fulda vor der Reformation (Quellen und Abhandlungen zur Geschichte der Abtei und der Diözese Fulda 22), Fulda 1972.

81. Leinweber, Josef: Die Fuldaer Äbte und Bischöfe, Frankfurt a. Main 1989.

82. Löbel, Margrit: Die Bedeutung der Fulda für die Stadt Fulda, in: Fuldaer Geschichtsblätter 49 (1973), S.89-97 und 50 (1974), S. 1-21.

83. Malkmus, Georg Joseph: Fuldaer Historienbüchlein. Nachdruck der Ausgabe 1872 Fulda 1983.

84. Mauersberg, Hans: Die Wirtschaft und Gesellschaft Fuldas in neuerer Zeit, Göttingen 1969.

85. Menk, Gerhard: Politischer Liberalismus in Hessen zwischen Weimarer Republik und Nachkriegszeit. Rudolf Büttner, Margarete Grippentrog und die Deutsche Demokratische Partei Fuldas (70. Veröffentlichung des Fuldaer Geschichtsvereins), Fulda 2012.

86. Merz, Johannes: Fürst und Herrschaft. Der Herzog von Franken und seine Nachbarn 1470-1519, München 2000.

87. Meyer zu Ermgassen, Heinrich (Hg.): Der Codex Eberhardi des Klosters Fulda, 4 Bde. (Veröffentlichungen der Historischen Kommission für Hessen 58), Marburg 1995-2009.

88. Mott, Michael: Fulda einst und heute. Wenn Häuser, Plätze und Straßen Geschichte(n) erzählen, 3 Bde., Fulda 2000-2003.

89. Mott, Michael: Fuldaer Köpfe, 2 Bde., Fulda 2007, 2011.

90. Muentzer, Valentin: Chronographia oder Beschreibung der Jahre von Anfang der Welt bis auf unsere Zeit dieses laufenden 1549. Jahrs / durch Valentin Müntzer, Bürger zu Fulda, zusammengestellt, Bern 1549.

91. Müller, Michael: Fürstbischof Heinrich von Bibra und die Katholische Aufklärung im Hochstift Fulda (1759-88). Wandel und Kontinuität des kirchlichen Lebens (Quellen und Abhandlungen zur Geschichte der Abtei und der Diözese Fulda 28), Fulda 2005.

92. Orth, Klaus H.: Fulda zu Fuß, Die schönsten Sehenswürdigkeiten zu Fuß entdecken, Fulda 2012.

93. Ott, Elisabeth / Heiler, Thomas: Der Erste Weltkrieg in Fulda, hg. vom Magistrat der Stadt Fulda (Dokumentationen zur Stadtgeschichte 31), Fulda 2014.

94. Parzeller, Hans Eberhard: Fulda-Lexikon. Sachbegriffe zum geistlichen Fürstentum Fulda, Petersberg 2002.

95. Patzold, Steffen: Der lange Weg vom Kloster zur Stadt - Fulda in der Zeit der Karolinger und Ottonen: Geschichte der Stadt Fulda [26], Bd. 1, S. 166-179.

96. Patzold, Steffen: Konflikte im Kloster Fulda zur Zeit der Karolinger, in: Fuldaer Geschichtsblätter 76 (2000), S. 69-162.

97. Pelizaeus, Ludolf: Von der französischen Herrschaft bis zum Ende des Kurfürstentums Hessen (1806-1866), in: Geschichte der Stadt Fulda [26], Bd. 2, S. 11-42.

98. Peter, Christian: „die propere Häußer sambt der Stiffts Kirch (…) machen einen ungemein prospect, weilen alles groß und neu gebauen“. Das Bild Fuldas in europäischen Reiseberichten des Barock und der Aufklärung, in: Fuldaer Geschichtsblätter 94 (2018), S. 137-180.

99. Peter, Christian: Staatsbildung und Residenzausbau. Höfische Repräsentation, adlige Netzwerke und zeremonielle Selbstbehauptung im geistlichen Fürstentum Fulda (ca. 1670-1802) (69. Veröffentlichung des Fuldaer Geschichtsvereins), Fulda 2010.

100. Peter, Johannes: Die Fuldaer Münzen des Mittelalters, in: Fechter (Hg.), Fulda handelt [23], S. 98-109.

101. Raulf, Christian: Verwaltungsgeschichte (1930-1939), in: Geschichte der Stadt Fulda [26], Bd. 2, S. 115-134.

102. Renner, Gerhard / Schulz, Joachim / Zibuschka, Rudolf (Hg.): „…werden in Kürze anderweitig untergebracht…“. Das Schicksal der Fuldaer Juden im Nationalsozialismus. Eine Dokumentation, Fulda 1990.

103. Ried, Ursula: Die Wirtschaftspolitik Heinrichs VIII. von Bibra, Fürstbischofs von Fulda (1759–1789) (13. Veröffentlichung des Fuldaer Geschichtsvereins), Fulda 1916.

104. Rößner, Volker / Wagner, Sabine: Andrea(s) Gallasini 1681-1766. Vom Stuckateur zum fürstlichen Baumeister in Fulda. Mit Beiträgen von Thomas Heiler und Markus Miller. Begleitband zur Ausstellung 13. Mai bis 19. August 2018. Hg. von Sabine Fechter (Vonderau Museum Fulda – Kat. Bd. 46), Petersberg 2018.

105. Sagan, Günter: Besatzungsjahre (1945-1949), in: Geschichte der Stadt Fulda [26], Bd. 2, S. 205-238.

106. Sagan, Günter: Die Bevölkerung hatte Verluste. Der Luftkrieg im Raum Fulda vom September 1939 bis zum März 1945. 2. Auflage (58. Veröffentlichung des Fuldaer Geschichtsvereins), Fulda 1995.

107. Sagan, Günter: Kriegsjahre (1939-1945), in: Geschichte der Stadt Fulda [26], Bd. 2, S. 179-204.

108. Schambony, Ulrich (Hg.): Heinrich Koenig. Fuldas großer Schriftsteller im 19. Jahrhundert. Ein Lesebuch, Fulda 2016.

109. Schannat, Johann Friedrich: Historia Fuldensis..., Frankfurt/Main 1729.

110. Schick, Elmar: Stationen der Machtübernahme. Die NSDAP im Fuldaer Land. Beiträge und Materialien zur Geschichte des Kreises Fulda im Dritten Reich, Fulda 2002.

111. Schick, Elmar: Täter und ihre Opfer. Zur Geschichte der Diktatur des Dritten Reiches zwischen Rhön und Vogelsberg, Petersberg 2015.

112. Schmitt, Anton: Führer durch Fulda, 15. Aufl., Fulda 2001.

113. Schwab, Michael: Alfred Dregger für Fulda und Deutschland. Stationen eines charismatischen Politikers, hg. vom Magistrat der Stadt Fulda (Dokumentationen zur Stadtgeschichte 26), Fulda 2007.

114. Seewald, Wolfgang / Aschenbrenner, Christian: Buchenland in Bauernhand. Der Bauernkrieg im Hochstift Fulda, Fulda 1995.

115. Seewald, Wolfgang: Der Volkstribun Balthasar Mihm. Gewerkschafter, Sozialdemokrat, Anthroposoph, christlicher Utopist, Fulda [2004].

116. Siedschlag, Edgar: Die Inschriften auf dem Obelisken an der Stadtpfarrkirche, in: Fuldaer Geschichtsblätter 74 (1998), S. 147-170.

117. Sonn, Naftali Herbert / Berge, Otto: Schicksalswege der Juden in Fulda und Umgebung, Fulda 1984.

118. Stasch, Gregor K. (Hg.): 300 Jahre Dom zu Fulda und sein Architekt Johann Dientzenhofer (1663-1726), Begleitband zur Ausstellung 1. August 2012 bis 3. Oktober 2012 (Vonderau Museum Fulda – Kat. Bd. 30), Fulda 2012.

119. Stasch, Gregor K.: Architektur in Fulda vom Hochmittelalter bis zur Säkularisation, in: Geschichte der Stadt Fulda [26], Bd. 1, S. 599-666.

120. Stasch, Gregor K.: Das Paulustor in Fulda, in: Fuldaer Geschichtsblätter 58 (1982), S. 136-160.

121. Stasch, Gregor K.: Die Residenz der Fuldaer Fürstäbte. Studien zur barocken Gartenanlage (54. Veröffentlichung des Fuldaer Geschichtsvereins), Fulda 1989.

122. Stasch, Gregor K.: Haus Kurfürst in Fulda - drei Jahrhunderte eines barocken Palais, Petersberg 2018.

123. Stengel, Edmund E.: Die Umgrenzungsurkunde des Erzbischofs Bonifatius, in: Ders.: Abhandlungen und Untersuchungen zur Geschichte der Reichsabtei Fulda (37. Veröffentlichung des Fuldaer Geschichtsvereins), Fulda 1960, S. 40-63.

124. Stubbe da Luz, Helmut: Okkupanten und Okkupierte, Napoleons Statthalterregimes in den Hansestädten, Konterokkupation - Ausnahmezustand, mit kommentierten Auszügen aus den Memoiren des Gouverneurs Thiébault (Fulda 1806/07, Hamburg/Lübeck 1813/14), Band 3, München 2006.

125. Sturm, Erwin: Die Bau- und Kunstdenkmale der Stadt Fulda, Fulda 1984.

126. Tech, Christian / Heller, Johannes: Fulda. Ein Bilderbogen aus der Barockstadt, Petersberg 2019.

127. Trabert, Franz-Georg: Politische Öffentlichkeit – Die Entstehung der politischen Parteien, in: Geschichte der Stadt Fulda [26], Band 2, S. 340-366.

128. Vögler, Gudrun: Wilhelm Friedrich von Oranien-Nassau. Fürst von Fulda (1802-1806) und König der Niederlande (1815-1840) (Dokumentationen zur Stadtgeschichte 32), Petersberg 2018.

129. Vonderau, Joseph: Die Ausgrabungen am Dome zu Fulda in den Jahren 1919-1924 (17. Veröffentlichung des Fuldaer Geschichtsvereins), Fulda 1924.

130. Vonderau, Joseph: Die Ausgrabungen am Domplatz zu Fulda im Jahre 1941. Ein merowingerzeitlicher Gutshof auf dem nachmaligen Klostergelände (26. Veröffentlichung des Fuldaer Geschichtsvereins), Fulda 1946.

131. Vonderau, Joseph: Pfahlbauten im Fuldathale (1. Veröffentlichung des Fuldaer Geschichtsvereins), Fulda 1899.

132. Walther, Gerrit: Abt Balthasars Mission. Politische Mentalitäten, Gegenreformation und eine Adelsverschwörung im Hochstift Fulda (Schriftenreihe der Historischen Kommission bei der Bayerischen Akademie der Wissenschaften 67), Göttingen 2002.

133. Weber, Christoph: Beiträge zur Geschichte des Städtischen Krankenhauses in Fulda 1804-1870, in: Fuldaer Geschichtsblätter 31 (1955), S. 124-195.

134. Weichlein, Siegfried: Kleinstadtgesellschaft und katholisches Milieu. Fulda 1866-1933, in: Heinemeyer, Walter / Jäger, Berthold (Hg.): Fulda in seiner Geschichte [52], S. 461-501.

135. Winterer, Christoph: Das Fuldaer Sakramentar in Göttingen. Benediktinische Observanz und römische Liturgie (Studien zur internationalen Architektur- und Kunstgeschichte 70), Petersberg 2009.

**Seit 2020 erschienene Literatur:**

Ascher, Diana: Die Ortsnamen des Landkreises Fulda (Fuldaer Studien. Schriftenreihe der Theologischen Fakultät, Bd. 25), Freiburg i.Br. 2020.

Bohl, Susanne; Glaser, Marita: Horas und Aschenberg. Facetten eines Fuldaer Stadtteils im Wandel der Zeit (Dokumentationen zur Stadtgeschichte 35), Petersberg 2026.

Brendler, Albrecht (Bearb.): Apollo von Vilbel. Chronik. Mit einem Beitrag von Berthold Jäger (79. Veröffentlichung des Fuldaer Geschichtsvereins), Fulda 2026.

Cramer, Alexander: Verstrickung, Kollaboration, Belastung? Die Rolle der Fuldaer Stadtleitung und Stadtverwaltung im Nationalsozialismus. Bericht über die Ergebnisse der Erforschung der Rolle des Fuldaer Oberbürgermeisters und der Stadtverwaltung im Nationalsozialismus, Fulda 2021. Online unter (https://www.fulda.de/d67/41_Kulturamt/Archiv/Fulda_waehrend_der_NS_Zeit/Die_Rolle_der_Stadtleitung_waehrend_des_Nationalsozialismus.PDF).

Heiler, Thomas: Schlaglichter der Fuldaer Geschichte. Bilder und Objekte aus 1275 Jahren, Fulda 2025.

Heiler, Thomas: 125 Jahre GWG Fulda eG. Ein Beitrag zur Siedlungs- und Wirtschaftsgeschichte der Stadt Fulda, Petersberg 2025.

Heiler, Thomas: Fulda, in: Residenzstädte im Alten Reich. Abteilung I, Teil 3: Südwesten, hg. von Harm von Seggern, Ostfildern 2026, S. 176–182.

Magistrat der Stadt Fulda (Hg.): Raban. Bildung in Bewegung. Fulda und Petersberg. Orte der Karolingischen Bildungsreform, Fulda 2021.

Post, Rudolf: gesoecht on gefonge! Das Mundart-Wörterbuch des Fuldaer Landes. Geschichte, Erforschung, Charakteristik, Fulda 2020.

Sagan, Günter: Die frühe Nachkriegszeit in der Region Fulda. Die Jahre 1947 bis 1949, Petersberg 2020.

Sagan, Günter: Fulda 1944. Die Katastrophe im Krätzbachbunker, Petersberg 2022.

Sagan, Günter: Der Zweite Weltkrieg in Zeitzeugenberichten aus der Region Fulda, Petersberg 2026.

Somogyi, Paula: Protokollbuch der jüdischen Gemeinde Fulda, 1731–1786 (Quellen und Lehrmittel zur jüdischen Geschichte des Heiligen Römischen Reiches und seiner Nachfolgestaaten, Bd. 2), Wien 2024.

Sorbello Staub, Alessandra; Martin, Thomas; Jäger, Berthold (Hg.), Vom Wert schriftlicher Überlieferung. Festgabe für Thomas Heiler (80. Veröffentlichung des Fuldaer Geschichtsvereins), Fulda 2026.

Stasch, Gregor K.: Johann Andreas Herrlein (1723–1796) … halbes Jahrhundert Hofmaler in Fulda. Begleitband zur Ausstellung Johann Andreas Herrlein (1723–1796) im Vonderau Museum Fulda, 20. Dezember 2023 bis 25. Februar 2024 (Vonderau Museum Kataloge 56), Petersberg 2023.

Tietz, Jürgen: Gefilzt, gewebt und gummiert. Industriearchitektur, Fulda 2024.

Verse, Frank (Hg.): Als die Demokratie zurückkam. 75 Jahre Verfassung in Hessen und Fulda. Begleitband zur gleichnamigen Ausstellung im Vonderau Museum Fulda, 15. Juli bis 24. Oktober 2021 (Vonderau Museum Kataloge 50).

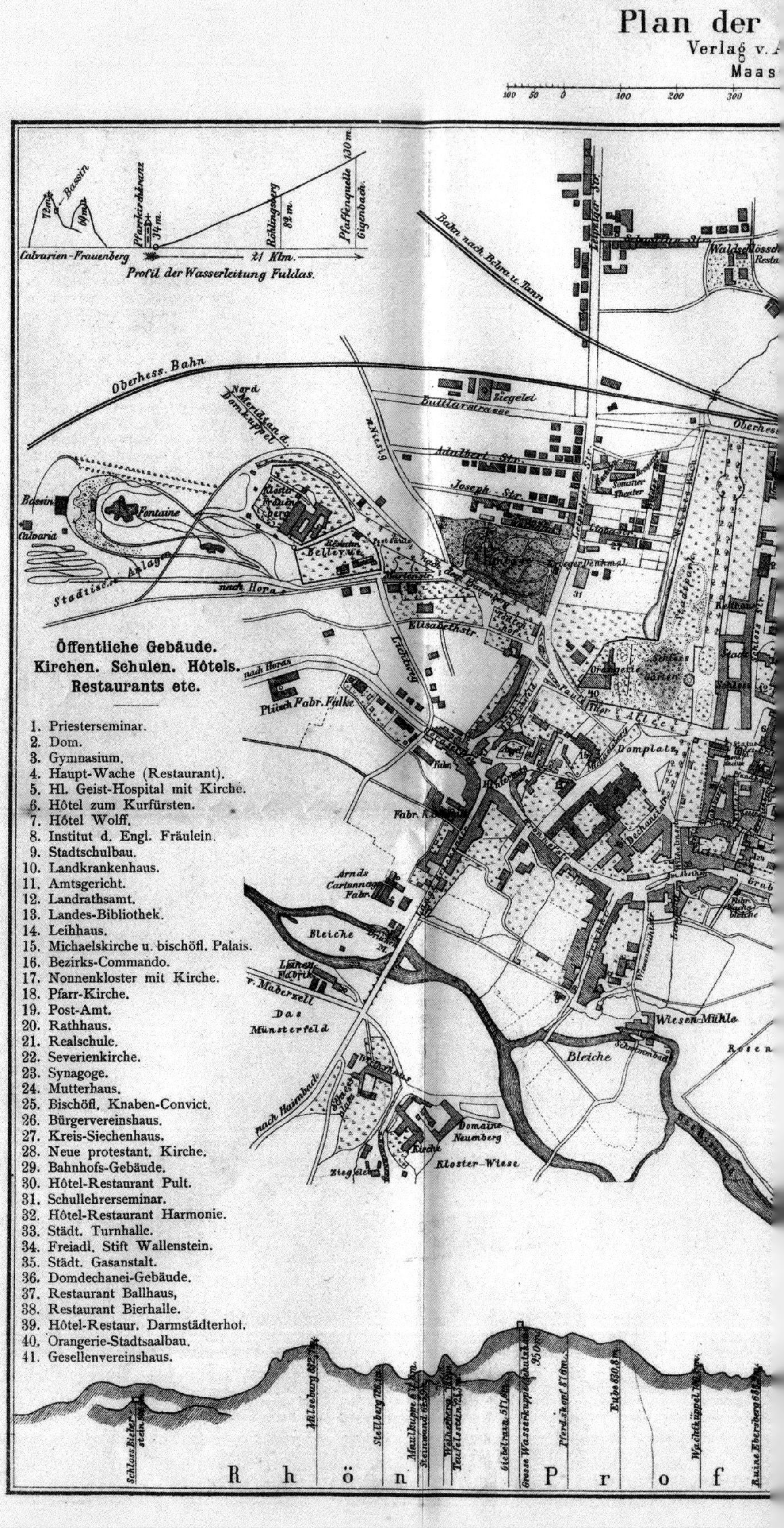

Plan der
Verlag v. A
Maas
Profil der Wasserleitung Fuldas.
Calvarien-Frauenberg
Bassin
Pfarrkirche Horas
Röhlingsberg
Pfaffenquelle
21 Klm.
Oberhess. Bahn
Bahn nach Bebra u. Tann
Leipziger Str.
Ziegelei
Bullarastrasse
Adalbert-Str.
Joseph-Str.
Fontaine
Calvaria
Städtische Anlagen
nach Horas
Elisabethstr.
Kriegerdenkmal
Domplatz
Dechaneistr.
Stadtpark
Schlossgarten
Orangerie
Bleiche
Wiesen-Mühle
Das Münsterfeld
v. Maberzell
nach Haimbach
Domaine Neuenberg
Kloster-Wiese
Öffentliche Gebäude.
Kirchen. Schulen. Hôtels.
Restaurants etc.
1. Priesterseminar.
2. Dom.
3. Gymnasium.
4. Haupt-Wache (Restaurant).
5. Hl. Geist-Hospital mit Kirche.
6. Hôtel zum Kurfürsten.
7. Hôtel Wolff.
8. Institut d. Engl. Fräulein.
9. Stadtschulbau.
10. Landkrankenhaus.
11. Amtsgericht.
12. Landrathsamt.
13. Landes-Bibliothek.
14. Leihhaus.
15. Michaelskirche u. bischöfl. Palais.
16. Bezirks-Commando.
17. Nonnenkloster mit Kirche.
18. Pfarr-Kirche.
19. Post-Amt.
20. Rathhaus.
21. Realschule.
22. Severienkirche.
23. Synagoge.
24. Mutterhaus.
25. Bischöfl. Knaben-Convict.
26. Bürgervereinshaus.
27. Kreis-Siechenhaus.
28. Neue protestant. Kirche.
29. Bahnhofs-Gebäude.
30. Hôtel-Restaurant Pult.
31. Schullehrerseminar.
32. Hôtel-Restaurant Harmonie.
33. Städt. Turnhalle.
34. Freiadl. Stift Wallenstein.
35. Städt. Gasanstalt.
36. Domdechanei-Gebäude.
37. Restaurant Ballhaus.
38. Restaurant Bierhalle.
39. Hôtel-Restaur. Darmstädterhof.
40. Orangerie-Stadtsaalbau.
41. Gesellenvereinshaus.
Rhön Prof